ÜBERSICHT

DER

BERGRECHTLICHEN ENTSCHEIDUNGEN

DES

KÖNIGLICHEN OBER-TRIBUNALS.

ÜBERSICHT

DER

BERGRECHTLICHEN ENTSCHEIDUNGEN

DES

KÖNIGLICHEN OBER-TRIBUNALS.

VON

R. KLOSTERMANN
BERGRATH.

BERLIN 1861.
VERLAG DER KÖNIGLICHEN GEHEIMEN OBER-HOFBUCHDRUCKEREI
(R. DECKER).

HERRN D$^{R.}$ EUGEN SKALLEY

WIRKLICHEM GEHEIMEN OBER-REGIERUNGSRATHE
UND DIRECTOR IM MINISTERIUM FÜR HANDEL, GEWERBE
UND ÖFFENTLICHE ARBEITEN A. D.,
MITGLIEDE DES STAATSRATHES, RITTER DES ROTHEN ADLERORDENS
ERSTER KLASSE MIT EICHENLAUB

IN DANKBARER VEREHRUNG

GEWIDMET.

VORWORT.

Die vorliegende Uebersicht umfasst hundert und zwanzig Entscheidungen des Ober-Tribunals, welche Rechtsfragen aus fast allen Materien des Bergrechts zum Gegenstande haben und in ihrer Zusammenstellung einen ziemlich vollständigen Ueberblick über dieses Rechtsgebiet gewähren. Die beifällige Aufnahme, welche diese Arbeit bei ihrem ersten Erscheinen in der Zeitschrift für Berg-, Hütten- und Salinenwesen Bd. VII. und VIII. gefunden hat, ermuthigt den Verfasser, dieselbe in einer besonderen Ausgabe dem grösseren juristischen Publicum vorzulegen.

Wenn früher das Bergrecht bei der Mehrzahl der Juristen für eine unverständliche Geheimlehre galt, deren Kenntniss nur wenigen Eingeweihten zugänglich und nur für den Fachmann von Nutzen sei, so wird gegenwärtig nicht nur die praktische Wichtigkeit, sondern auch der theoretische Werth dieses Zweiges der Rechtswissenschaft — Dank den Bestrebungen von Brassert, Strohn u. A., insbesondere des verewigten Gräff — ziemlich allgemein gewürdigt.

In demselben Maasse als die Lehrer des Bergrechts neben den Eigenthümlichkeiten des Specialrechts auch dessen Zusammenhang mit dem Gebiete des allgemeinen

Civilrechts zu berücksichtigen anfingen, in demselben Maasse haben ihre Bestrebungen auch ausserhalb des engeren Kreises der Fachmänner Beachtung gefunden. Sie haben die Ueberzeugung gefördert, dass das Deutsche Bergrecht in seiner sechshundertjährigen, von fremden Einflüssen wie von gesetzgeberischen Experimenten unberührten Entwickelung ein Stück unserer ureigensten Rechtsbildung darstellt; dass das Bergrecht aus einer innigeren Berührung mit der civilistischen Wissenschaft nicht nur selbst reiche Früchte ziehen, sondern auch in gewissem Grade und mehr als ein anderes Specialrecht das Empfangene zurückgewähren kann.

Diese Berührung hat zunächst seit der Aufhebung des Specialgerichtsstandes in Bergwerkssachen (Edict vom 21. Februar 1816 §. 8. Verordnung vom 2. Januar 1849 §. 13.) auf dem Gebiete der Praxis stattgefunden. Die zahlreichen Entscheidungen, welche seitdem, und besonders während der letzten beiden Decennien, bei dem Ober-Tribunal über bergrechtliche Fragen ergangen sind, bilden die bei weitem wichtigste Hülfsquelle für das Studium des Bergrechts. Sie nehmen zugleich in der rechtsfindenden Thätigkeit des höchsten Gerichtshofes nicht die letzte Stelle ein, da sie ein früher fast unberührtes Gebiet nach den verschiedensten Richtungen durchforscht und für die Wissenschaft zurück erobert haben.

Der bei der Zusammenstellung dieser Entscheidungen früher befolgte Plan ist in der vorliegenden Ausgabe unverändert beibehalten, und nur die seither neu ergangenen, so wie einige ältere Entscheidungen an den betreffenden Stellen nachgetragen worden. Zugleich sind die jüngsten Erscheinungen der bergrechtlichen Literatur, insbesondere der reichhaltige Inhalt der neu begründeten »Zeitschrift für Bergrecht« von Brassert und Achenbach und die in Gruchot's »Beiträgen zur Kenntniss des Preussischen Rechts« enthaltenen werthvollen Mittheilungen bergrechtlichen Inhalts nach Kräften zur Ergänzung und zum Theil zur Berichtigung der früheren Darstellung benutzt worden.

Zur Rechtfertigung der gewählten Form darf auf das in der Einleitung Gesagte verwiesen und das Ganze der nachsichtigen Beurtheilung des Lesers empfohlen werden.

Inhalts-Verzeichniss.

§. I. Einleitung.

Mehr als dreissig Jahre sind verstrichen, seit zuerst unter dem Titel: Rechtssprüche der Preussischen Gerichtshöfe (Bd. 1—4. Berlin 1828—1836) von Simon und von Strampff eine fortlaufende Sammlung der wichtigeren Entscheidungen des Ober-Tribunals veröffentlicht wurde, an welche sich vom Jahre 1837 ab die amtliche Sammlung der Entscheidungen des Ober-Tribunals (Erste bis vierte Folge. 42 Bde. Berlin 1837—1860); neben derselben vorübergehend die Rechtsfälle aus der Praxis des Ober-Tribunals neueren Verfahrens (4 Bde. Berlin 1847, 1848) und vom Jahre 1851 ab die unter Mitwirkung der Rechtsanwälte des Ober-Tribunals von Striethorst herausgegebene Sammlung: Archiv für Rechtsfälle des Ober-Tribunals (37 Bde. Berlin 1851—1860) anschlossen. Seit dem Beginn dieser regelmässigen Mittheilungen ist diese wichtige Quelle der praktischen Rechtskenntniss immer reichlicher geflossen, so dass während die erste der angeführten Sammlungen in dem Zeitraum von acht Jahren nur bis zur Stärke von vier mässigen Bänden anwuchs, gegenwärtig jährlich sechs inhaltreiche Bände von den beiden neben einander bestehenden Sammlungen herausgegeben werden. Mit der Masse des Stoffs ist fast in gleichem Maasse der Einfluss dieser Mittheilungen auf die Praxis der Gerichte und auf die theoretische Behandlung des Preussischen Rechts gewachsen, letzteres um so mehr, als seit einer Reihe von Jahren fast jede rein wissenschaftliche Production auf diesem Gebiete verstummt ist. Obgleich nun durch das Gesetz vom 7. Mai 1856 (Gesetzsammlung S. 293) §. 5. die relative Unabänderlichkeit der Senats-Entscheidungen und der Plenarbeschlüsse des Ober-Tribunals aufgehoben ist, und seine Urtheile daher aufgehört haben, die formale Quelle eines gesetzlich anerkannten Juristenrechts zu sein, so ist doch die materielle Wichtigkeit seiner Präjudizien für die Theorie und die Praxis unverändert geblieben, und das Ober-Tribunal behauptet noch gegenwärtig neben seiner Function als höchste Instanz für die Rechtspflege, auch für die Auslegung des Rechts die Stelle der ersten, ja fast der einzigen Autorität, nachdem auch der letzte namhafte Theoretiker des Preussischen Rechts das Feld der systematischen Erörterung verlassen und die Methode eines im Wesentlichen aus den Ober-Tribunals-Entscheidungen geschöpften kritischen Commentars zu den Gesetzbüchern adoptirt hat. Unsere neuere juristische Litteratur zählt daher neben den oben angeführten Sammlungen zu ihren beliebtesten und am meisten verbreiteten Erscheinungen die mannigfaltigen Bearbeitungen, welche den Inhalt der veröffentlichten Ober-Tribunals-Entscheidungen in kurz formulirten Sätzen, nach der Legalfolge oder nach irgend einem System geordnet zusammenstellen, sei es für einzelne Materien, sei es für das ganze Recht; und welche in dieser concentrirten Form gewissermaassen die Frucht der gesammten rechtsfindenden Thätigkeit des Ober-Tribunals zum sofortigen Verbrauch im Gerichtssaale oder in der Anwaltstube fertig vorgerichtet darbieten.

Die gegenwärtige Uebersicht soll nicht dem Mangel einer solchen für den Handgebrauch bestimmten Sammlung für das Preussische Bergrecht abhelfen; denn wie man auch über den Werth und den Nutzen solcher Sammelwerke denken möge, auf dem Felde des Bergrechts ist unseres Erachtens die Ernte für diese Schnitterarbeit noch nicht reif. Es würde schwer halten, auf dem ganzen Gebiete des Bergrechts eine zu solchem Zwecke irgend hinreichende Zahl unstreitiger Sätze ausfindig zu machen; und das Ober-Tribunal selbst hat dies deutlich dadurch anerkannt, dass es weder in den letzten acht Jahren irgend ein neues Präjudiz auf dem Gebiete des Bergrechts festgestellt hat*), noch auch aus der grossen Zahl der in jüngster Zeit zur Entscheidung gekommenen Bergwerksprocesse eine irgend namhafte Zahl in der amtlichen Sammlung seiner Entscheidungen veröffentlicht hat**). Während daher im Laufe der letzten Jahre zahlreiche Controversen auf dem Gebiete des Bergrechts neu entstanden und durch praktische Rechtsfälle angeregt sind, haben nur sehr wenige der aufgeworfenen Streitfragen bisher ihre endgültige Erledigung gefunden, und das Preussische Bergrecht muss vom Stand-

*) Das Präjudiz 2699 vom 30. April 1858 enthält nur die Aufhebung des früher unter No. 2226 eingetragenen Präjudizes vom 2. Juli 1850.

**) Von 1853—1859 nur acht Fälle, während das Archiv von Striethorst aus dem gleichen Zeitraume fünfzig bergrechtliche Entscheidungen enthält.

punkte der wissenschaftlichen Durchbildung aus als ein noch flüssiges im Werden begriffenes bezeichnet werden.

Die Ursache dieser Erscheinung liegt in der Geschichte des Preussischen Bergrechts und seiner Gerichtsverfassung. Die Entscheidung der Bergwerksprocesse war früher reinen Verwaltungsbehörden, den Bergämtern und Oberbergämtern, seit 1816 (Edict v. 21. Februar, Gesetzsamml. S. 104) eigenen, bei den Bergämtern bestellten Bergrichtern übertragen. Die erste Einrichtung, und fast in demselben Grade die zweite, war der wissenschaftlichen Durchbildung des Bergrechts nicht günstig. Denn wenn auch die Einrichtung der Berggerichte für die praktische Rechtspflege entschiedene Vortheile bot, indem sie die Entscheidung in erster Instanz einem juristisch gebildeten und zugleich mit den concreten Verhältnissen des Bergbaues vertrauten Richter übertrug, so war doch die Rechtsfindung bei dem Mangel collegialischer Gerichte und bei der durch Menschenalter unveränderten Besetzung der Berggerichte im Ganzen eine zu stetige, die, in ihren praktischen Resultaten sicher und fest, in der theoretischen Begründung sich häufig zu eng an die überlieferten Ansichten der älteren Bergrechtslehrer anschloss.

Obgleich in den beiden oberen Instanzen der Specialgerichtsstand für Bergwerkssachen seit 1816 aufgehoben und mit dem allgemeinen Instanzenzuge verschmolzen war (Edict vom 21. Februar 1816 §. 8.), so fand doch bei der verhältnissmässig geringen Zahl der Bergwerksprocesse nur selten eine Berufung statt, so dass sich erst spät eine constante Praxis bei den in zweiter Instanz erkennenden Ober-Landesgerichten und bei dem Ober-Tribunal ausbilden konnte.

Noch erheblichere Schwierigkeiten standen der Ausbildung einer gleichförmigen Rechtsprechung auf Seiten der materiellen Gesetzgebung im Wege. Wenn auch der vom Bergwerksregal handelnde Abschnitt des Allg. Preussischen Landrechts (Th. II. Tit. 16. Abschn. 4.) vollständig auf der Höhe der damaligen Rechtswissenschaft stand, und gegen die unmittelbar vorhergegangenen Codificationen des Cleve-Märkischen, Schlesischen und Magdeburgischen Provinzial-Bergrechts einen unverkennbaren Fortschritt enthielt, so war doch die Theorie des Bergrechts zur Zeit der Redaction des Allg. Landrechts so wenig vorgeschritten, dass der Gesetzgeber auf dieser Grundlage nichts zu schaffen vermochte, als eine Casuistik der einzelnen Rechtsverhältnisse, welche der Natur der Sache nach weder erschöpfend noch folgerichtig sein konnte. Und die in den Jahren 1825 bis 1850 ununterbrochen fortgesetzten Verhandlungen über die Revision des Preussischen Bergrechts haben bewiesen, dass die bedeutenden Schwierigkeiten, welche der mangelhafte Zustand der Theorie des Bergrechts der Codifikation desselben entgegenstellt, noch bis in die neueste Zeit nicht überwunden sind. In der That ist erst seit wenigen Jahren durch die kritischen Untersuchungen von Wenzel*), Otto**) und Schomburg***) die Bahn gebrochen, auf welcher die Theorie des Deutschen Bergrechts sich von den unhistorischen und unsystematischen Anschauungen des vorigen Jahrhunderts zu befreien im Begriff ist, während die älteren Versuche einer systematischen Darstellung, selbst der verdienstliche Commentar über das Bergrecht von Hake (Sulzbach 1823), sowohl in Bezug auf die rationelle Darstellung als auch in Bezug auf die historische Kritik, den Anforderungen der Wissenschaft keinesweges genügen, namentlich aber die nothwendige Beziehung der bergrechtlichen Grundsätze und Rechtsinstitute auf die entsprechenden Lehren des allgemeinen Civilrechts gänzlich vermissen lassen.

Es war eine nothwendige Folge dieses früheren Zustandes der bergrechtlichen Theorie, dass die oben erwähnten Revisionsverhandlungen, selbst diejenigen von 1845—1846, zu welchen die hervorragendsten Kräfte aus den Kreisen der Verwaltung und der Jurisprudenz unter dem Vorsitze eines Savigny vereinigt waren, trotz der gründlichsten Vorarbeiten keine dem Bedürfnisse entsprechende Codifikation des Bergrechts zum Abschluss gebracht haben, und dass die zur Abhülfe des dringenden praktischen Bedürfnisses in den Jahren 1821 und 1851 erlassenen Novellen den systematischen Bau der Berggesetzgebung keinesweges verbessert, vielmehr durch ihre zum Theil incongruenten Bestimmungen die juristischen Zweifel und Controversen noch erheblich vermehrt haben. Und diese Erfahrung lehrt, dass die Besserung des Rechtszustandes nicht, wie dies vielfach geschieht, von einem blossen Acte der Gesetzgebung erwartet werden darf, sondern dass der Codification der Berggesetzgebung eine gründliche Durchbildung der Theorie des Bergrechts vorangehen muss.

Was in dieser Beziehung für das Preussische Bergrecht bisher geleistet worden ist, beschränkt sich mit Ausschluss der werthvollen Untersuchungen von Gräff (Handbuch des

*) Handbuch des allgem. Oesterreichischen Bergrechts. 1855. S. 40—147.

**) Studien auf dem Gebiete des Bergrechts. 1856.

***) Betrachtungen über die neuere Deutsche Berggesetzgebung. 1857.

Preussischen Bergrechts. Breslau 1855) und weniger Monographieen über einzelne bergrechtliche Fragen, auf die zahlreichen Entscheidungen des Ober-Tribunals, welche sich bereits über alle wichtigen Materien des Bergrechts verbreiten und eine Reihe von Untersuchungen über die wesentlichsten bergrechtlichen Principien und deren Anwendungen enthalten. Der vorliegende Versuch soll eine Uebersicht der auf diesem Wege bisher erreichten Resultate gewähren. Zwar ist die bergrechtliche Jurisprudenz des Ober-Tribunals bereits mehrfach, namentlich in dem Handbuche des Preussischen Bergrechts von H. Gräff in eingehender Weise berücksichtigt worden. Allein abgesehen davon, dass aus dem neu hinzugekommenen Material manches werthvolle Resultat nachzutragen bleibt, dürfte es von Interesse sein, die Rechtsfindung des Ober-Tribunals für sich allein in ihrem Zusammenhange darzustellen und den Gang ihrer Entwickelung in Bezug auf die einzelnen Materien zu verfolgen. Vielleicht wird diese Darstellung dazu beitragen, einzelne von den Redactoren der verschiedenen Sammlungen aus dem Texte der Entscheidungsgründe als Axiomata hervorgehobenen Sätze durch die Zusammenstellung mit anderen Entscheidungen zu modificiren und zu berichtigen. Vielleicht wird der Versuch gelingen, die gewonnenen festen Resultate zu skizziren und die Fragen auszuscheiden, in Bezug auf welche eine bestimmte Praxis des höchsten Gerichtshofes sich noch nicht herausgebildet hat und welche noch der endgültigen Erledigung entgegensehen.

Der Gang dieser Untersuchung wird der natürlichen Ordnung der Materien folgen, ohne sich streng weder an die Legalordnung, noch an das System eines bestimmten Lehrbuchs anzuschliessen. Die Darstellung wird vielmehr hauptsächlich den Zweck der Uebersichtlichkeit verfolgen und die einzelnen Entscheidungen so zusammenstellen, wie dies ihre gegenseitige Beziehung verlangt. Diejenigen Präjudizien und Rechtsgrundsätze, welche als das feste, wenn auch nicht überall unstreitige Resultat der Rechtsprechung des Ober-Tribunals zu betrachten sind, werden unter fortlaufenden Nummern besonders hervorgehoben und die ausführlichere Begründung dieser Sätze ihrem wesentlichen Inhalte nach, sowie die zur Erläuterung oder Vergleichung anzuziehenden Entscheidungen in den begleitenden Text eingeschaltet werden. Es wird jedoch bei verschiedenen Materien erforderlich sein, die Erörterung auch über die von dem Ober-Tribunal gegebenen Entscheidungsgründe hinaus auszudehnen, um das in einer einzelnen

Anwendung ausgesprochene Princip in seiner Allgemeinheit zu entwickeln, oder die Tragweite des zur Begründung einer einzelnen Entscheidung aufgestellten allgemeinen Grundsatzes festzustellen. Diese Erläuterungen werden vielleicht denjenigen nicht unwillkommen sein, welchen die concrete Anschauung von den Rechtsverhältnissen und den Objecten mangelt, auf welche die Grundsätze des Bergrechts Anwendung finden. Die praktische Anwendung jedes Rechtes und am meisten der gewissen Lebens- und Berufsverhältnissen zugewendeten Specialrechte setzt die Bekanntschaft mit den Objecten voraus, welche der Herrschaft dieses Rechts unterworfen sind. Das juristische Urtheil setzt wie jedes andere nicht nur die Kenntniss der Rechtsregel, sondern auch die richtige Erkenntniss des darunter zu subsummirenden Falls voraus. So wie demnach die Kenntniss und die Anwendung des Bergrechts durch die eigenthümliche Gestaltung der Objecte und der Beziehungen des Bergbaues erschwert ist; eben so wird, und in noch höherem Grade, die Abstraction der allgemeinen Grundsätze des Bergrechts aus den Entscheidungen einzelner concreter Fälle, die Erkenntniss des in der Praxis lebenden Rechts, bedingt durch die richtige Würdigung der unterliegenden sachlichen Verhältnisse, ihrer Besonderheiten und ihrer Analogieen (Vergl. Entscheidungen Bd. 38. S. 283).

Hierdurch sind die Gesichtspunkte bezeichnet, von welchen aus die Interpretation der bergrechtlichen Entscheidungen des Ober-Tribunals versucht werden soll. Wenn die gestellte Aufgabe vielleicht nicht überall erreicht werden wird, so wird doch auch der blosse Versuch theils in dem erheblichen theoretischen und praktischen Interesse der Untersuchung seine Rechtfertigung, theils in der Schwierigkeit der behandelten Materie seine Entschuldigung finden; und wenn nichts Besseres, doch vielleicht die Anregung zu einer glücklicheren Lösung bewirken.

§. II. Die Bergregalität. — Begriff und Inhalt.

Das Bergrecht ist der Inbegriff der Normen, welche auf den Regalbergbau Bezug haben; d. h. es regelt die auf den Bergbau bezüglichen Rechtsverhältnisse, soweit sie nicht von dem Rechte des Grundeigenthümers abgeleitet, sondern unmittelbar durch staatliche Verleihung erworben sind.

Die Grundlage des Bergrechts besteht also in einer Einschränkung des Grundeigenthums, vermöge deren die

Lagerstätten gewisser Mineralien der Disposition des Grundeigenthümers entzogen, und als herrenlose Sachen der Occupation preisgegeben sind (Bergbaufreiheit); und in einer Erweiterung der Rechte des Staates, welchem in Bezug auf die Erwerbung und auf die Benutzung der Bergwerke gewisse Befugnisse zukommen (Bergregalität).

Von diesen beiden Grundprincipien des Staates ist die Bergbaufreiheit sowohl nach der rationellen, als nach der historischen Geltung das obere. Denn die Bergbaufreiheit hat bestanden, bevor die Bergregalität war, und die auf den Bergbau bezüglichen Rechtsinstitute lassen sich, ihrem wesentlichen Inhalte nach, ganz auf die gesetzliche Einschränkung des Grundeigenthums zurückführen. Die Befugnisse, welche dem Staate in Bezug auf den Regalbergbau zukommen, liegen der Hauptsache nach, wie namentlich das Recht der Verleihung und der Besteuerung der Bergwerke, innerhalb der Grenzen seiner natürlichen Rechtssphäre. Die durch das Bergrecht bedingte Erweiterung der Rechte des Staates ist also dem Princip nach nur eine Folge der durch das Institut der Bergbaufreiheit entstandenen Erweiterung des Kreises der Rechtsobjecte. Die Bergregalität gehört daher der rationellen Auffassung nach nicht in die Klasse der niederen Regalien, sondern in den Bereich der natürlichen Hoheitsrechte des Staates. Sie bildet die dem öffentlichen Rechte zugewendete Seite des Rechtsinstituts der Bergbaufreiheit.

Anders fasste die ältere Theorie des deutschen Bergrechts das Verhältniss beider Principien auf. Nach ihr steht dem Staate an den der Disposition des Grundeigenthümers entzogenen Mineralien das Eigenthum oder doch das Gewinnungsmonopol zu, auf welches er erst durch einen Act der Gesetzgebung (die Freierklärung), unter Vorbehalt gewisser Befugnisse, zu Gunsten der Bergbautreibenden, verzichtet hat. Diese jetzt allgemein verlassene Auffassung ist nicht nur für den Sprachgebrauch bestimmend geworden, indem noch heute das oben in seiner doppelten Beziehung erläuterte Rechsinstitut mit dem Namen der Bergregalität bezeichnet wird. Auch der materielle Inhalt des Deutschen Bergrechts ist in seiner geschichtlichen Entwicklung von dieser Theorie afficirt worden; und auf ihrer Grundlage sind die Befugnisse des Staates in Bezug auf den Bergbau über den Kreis der Hoheitsrechte hinaus erweitert und durch reine Vermögensrechte vermehrt worden. Dahin gehört insbesondere das Recht des Staates, selbst Bergbau zu treiben, ohne an die Schranken und an die Bedingungen gebunden zu sein, welche durch das Gesetz für die Erwerbung von Bergwerken durch Privatpersonen vorgeschrieben sind; ferner das Vorkaufsrecht an den edlen Metallen und andere, theils dem gemeinen Deutschen Bergrechte, theils den einzelnen Landesgesetzgebungen angehörige fiscalische Berechtigungen.

Der Inhalt des mit dem Namen der Bergregalität bezeichneten Rechtsinstituts zerlegt sich also nach dem Vorstehenden in eine gesetzliche Einschränkung des Grundeigenthums in Bezug auf die dem Regal unterworfenen Lagerstätten, zu Gunsten der in den Formen des Gesetzes stattfindenden Occupation, und in einen Inbegriff von Rechten des Staates in Bezug auf die Erwerbung und Benutzung der Bergwerke, welche der Hauptsache nach aus dem natürlichen Hoheitsrechte des Staates entspringen, zum Theil aber ausserhalb der natürlichen Rechtssphäre des Staates und in dem Bereiche der sogenannten niedern Regalien liegen.

Diese Begriffsbestimmung ist in ihren beiden Theilen von dem Ober-Tribunal für das Preussische und für das gemeine Deutsche Bergrecht in folgenden Sätzen anerkannt:

1. Der Staat schreibt sich nicht ein privatives Eigenthum an den unterirdischen Naturschätzen zu; er sieht sie vielmehr als herrenlos an; wohl aber vindicirt er sich das ausschliessende Recht der Besitznahme.

Entscheidungen Bd. 19. S. 48.

und in dem hieraus abgeleiteten speciellen Präjudiz:

2. Im Bereich der Cleve-Märkischen Bergordnung vom 29. April 1766 genügt die durch die Bergverwaltungsbehörden erklärte Reservation eines gewissen Feldes zum Betriebe des Bergbaues für den Fiscus, um, der Freierklärung des Bergbaues ungeachtet, die Muthung desselben durch andere Baulustige auszuschliessen. (Revidirte Bergordnung für das Herzogthum Cleve, Fürstenthum Meurs und die Grafschaft Mark vom 29. April 1766. Cap. I. §. 1. A. L. R. Th. II. Tit. 16. §§. 69. 79. 106.)

Präjudiz 2144, Plenarbeschluss vom 3. October 1849. Entsch. Bd. 19. S. 44—49.

Dieser Plenarbeschluss beseitigt das frühere unter No. 862. eingetragene Präjudiz vom 24. April 1840, welches dahin lautet:

»Die Reservation eines gewissen Districtes zum eigenen

Bergbau von Seiten des Staates, insofern solcher ein grösseres als das zur Verleihung an Privatpersonen geeignete Feld umfassen soll, kann rechtsbeständig nur unter landesherrlicher Sanction erfolgen; — vergl. Tit. 13. §. 6. und Tit. 14. §. 76.«

Das angeführte ältere Präjudiz beruhte auf der Erwägung: »Die Freigebung des Bergbaues sei im Wege der Gesetzgebung erfolgt. Das Recht, Gesetze zu ändern, sei nach A. L. R. II. 13. §. 6. dem Oberhaupt des Staates allein vorbehalten. Erklärungen eines Oberbergmeisters und Verfügungen eines Bergamtes vermöchten nicht, die Freiheit des Bergbaues ausser Kraft zu setzen.« (Entsch. Bd. 19. S. 46.) In den Gründen des Plenarbeschlusses wird jedoch ausgeführt: Die Reservation eines Feldes für den fiscalischen Bergbau enthalte keine Beschränkung der Bergbaufreiheit; da neben der Freierklärung das Recht des Staates zum eigenen Bergwerksbetriebe bestehe. Der Staat sei in Bezug auf dieses Recht nicht denjenigen Bedingungen unterworfen, an welche das Gesetz die Erwerbung des Bergwerkseigenthums durch Privatpersonen geknüpft hat. Ob dies auch in Bezug auf die gesetzlichen Beschränkungen hinsichtlich der Feldesgrösse gelte, sei im vorliegenden Falle nicht zu entscheiden.

Das aus diesen Erwägungen hervorgegangene neuere Präjudiz ist zwar mit Bezug auf den zur Entscheidung gestellten Fall unter ausdrücklicher Bezugnahme auf die Cleve-Märkische Bergordnung vom 29. April 1766 erlassen. Die Begründung desselben ist jedoch lediglich aus dem Begriffe der Bergregalität nach gemeinem Deutschen Bergrechte und nach den Bestimmungen des Allg. Landrechts entnommen, welcher für die Interpretation der angeführten Bergordnung deshalb für maassgebend erachtet worden ist, weil ihre Bestimmungen über die Muthung und Verleihung der Bergwerke auf denselben, allen gleichzeitigen Berggesetzgebungen übereinstimmend zu Grunde liegenden Regalitätsbegriff zurückzuführen sind. Der Inhalt des Präjudizes, die Berechtigung des Staates, selbst Bergbau zu treiben, ohne an die für die Erwerbung von Bergwerken durch Privatpersonen vorgeschriebenen Bedingungen gebunden zu sein, muss daher auch für das Preussische Bergrecht als festgestellt angenommen werden.

Der oben aufgestellte rationelle Begriff der Bergregalität hat indess unter dem Einflusse der früheren Monopoltheorie in der geschichtlichen Entwickelung des positiven Rechts noch eine weitere Veränderung erlitten, indem die natürlichen aus dem Hoheitsrechte fliessenden Befugnisse des Staates, namentlich das aus der Steuerhoheit fliessende Zehntrecht und das aus der Gerichtsbarkeit fliessende Recht der Verleihung mit den zufälligen Nutzungsrechten des Staates vermengt und zu einem Rechtsinstitut verschmolzen worden sind, welches unter dem Namen des Bergwerksregals unter die niederen Regalien subsumirt worden ist. Diese Verschmelzung ist aus dem Bereiche der Theorie in das Gebiet des positiven Rechts dadurch übergegangen, dass im Wege der Gesetzgebung die sämmtlichen unter den Begriff des niederen Bergwerksregals subsumirten Rechte des Staates für veräusserlich erklärt worden sind, so dass auch das Recht der Verleihung und das Zehntrecht von Privatpersonen besessen werden kann (A. L. R. Th. II. Tit. 16. §. 106.). Es muss daher auch vom Standpunkte der heutigen Theorie aus zugegeben werden, dass das Recht der Verleihung und das Zehntrecht, obgleich sie innerhalb der natürlichen Rechtssphäre des Staates liegen, dennoch nach dem positiven Rechte zu den Bestandtheilen des niederen Bergwerksregals zu zählen sind, insofern dieses von Privatpersonen besessen werden kann. Eben so unzweifelhaft ist es aber, dass diese Rechte da, wo das Bergwerksregal nicht von Privatpersonen besessen wird, ihren Charakter als natürliche Hoheitsrechte des Staates behalten haben und nicht nach den für die niederen Regalien maassgebenden Grundsätzen zu beurtheilen sind. Demnach ist der Bergzehnt da, wo er nicht einer Privatperson zusteht, eine allgemeine Abgabe, welche die Natur der Steuern hat. Daher findet eine Klage gegen den Fiscus auf Verleihung einer Vierung oder auf Gestattung des Bergbaues nicht statt (Bescheid des Justizministers vom 11. December 1835, Ergänzungen Bd. V. S. 295, Erkenntniss des Gerichtshofes zur Entscheidung der Kompetenzconflicte vom 12. Januar 1856, Just.-Min.-Blatt S. 70), sondern der Muther, welcher die gesetzlichen Bedingungen der Erwerbung des Bergwerkseigenthums erfüllt hat, ist berechtigt, das erlangte Recht unmittelbar gegen jeden Dritten, welcher auf das gemuthete Feld vorzüglichere Rechte zu haben behauptet, im rechtlichen Wege geltend zu machen (Präjudiz 781. vom 3. Januar 1840), weil eben die Verleihung nicht die Vergabung eines in dem Bergwerksregal enthaltenen Nutzungsrechtes, sondern eine kraft des Gesetzes mit Vorbehalt der richterlichen Cognition erfolgende Entscheidung über die nach den Formen des Gesetzes stattgefundene Occupation enthält.

Der im Vorstehenden entwickelte Grundsatz, welcher von wesentlich principieller Bedeutung ist, wird in der zuerst angeführten charakteristischen Anwendung von dem Ober-Tribunal anerkannt in dem folgenden Präjudize:

3. Der Bergzehnt ist eine allgemeine Last, welche auf allen im Betriebe von Privatpersonen befindlichen Bergwerken haftet, und daher beim Mangel ausdrücklicher entgegenstehender Verabredungen auch auf die Erwerber einer Grube übergeht, welche der Fiscus früher selbst gebaut, nachher aber veräussert hat. (§§. 98—100. Tit. 16. Th. II. A. L. R.; Cap. 75. §. 1. der Schlesischen Bergordnung vom 5. Juni 1769.)

Präjudiz 2024. Entsch. Bd. 17. S. 381.

Diese Entscheidung beruht auf der Erwägung, dass der Bergzehnt sowohl in den Lehrbüchern des gemeinen Deutschen Bergrechts als auch in dem Allg. Landrecht Th. II. Tit. 16. §. 343. als eine landesherrliche Gebühr bezeichnet wird. Wenn zur Unterstützung noch angeführt wird, dass auch bei den fiscalischen Bergwerken der Zehnt in den Rechnungen *ante lineam* zum Ansatz gebracht werde, und dass der bei der Veräusserung gezahlte Preis nicht als Aequivalent des in einer gewöhnlichen Beleihung enthaltenen Rechts, sondern der mitverkauften Gebäude und Inventarien zu betrachten sei, so sind zwar diese Gründe von keinem juristisch erheblichen Gewicht. Es bedarf jedoch dieser Erwägungen zur Unterstützung des aufgestellten Grundsatzes nicht. Wenn fest steht, dass der Zehnte zu den öffentlichen Abgaben zu zählen und nicht als eine zu den Nutzungen des niederen Regals gehörige Reallast zu betrachten ist, so kann von einem Untergange dieses Rechtes durch Consolidation nicht die Rede sein, und die lediglich in der Person des bergbautreibenden Fiscus begründete Steuerfreiheit geht nicht auf den Käufer des früher fiscalischen Werkes über. — Seit dem Erlass dieses Präjudizes hat der aufgestellte Grundsatz eine neue Bestätigung erhalten durch das Gesetz über die Besteuerung der Bergwerke vom 12. Mai 1851 (Gesetzsammlung S. 261), welches den auf den Zwanzigsten ermässigten Bergzehnt, ohne an den Grundsätzen seiner Erhebung etwas zu ändern, zu den Steuern zählt. Die oben aufgestellte Ansicht, dass das in der Bergregalität begründete Zehntrecht ein Ausfluss der Steuerhoheit ist und nicht zu den Nutzungen aus den niederen Regalien zu zählen ist, in Bezug auf welche dem Fiscus nur die Rechte der Privatpersonen zukommen (A. L. R. Th. II. Tit. 14. §. 76.) hat daher in dem angeführten Gesetze eine ausdrückliche Anerkennung erfahren.

§. III. Die Gegenstände des Bergregals.

Das Allg. Landrecht giebt in den §§. 69—74. Th. II. Tit. 16. eine ausführliche Specification der dem Bergregal unterworfenen Mineralien. Wenn gleichwohl diese Vorschriften, insbesondere die in den §§. 70. 71. aufgestellten Gattungsbegriffe der Steinarten, Salzarten und Inflammabilien zu häufigen Zweifeln Anlass gegeben haben, so sind die entstandenen Streitfragen doch mit einer Ausnahme nur zur Cognition der Verwaltungsbehörden, nicht zur richterlichen Entscheidung gediehen. Diese Ausnahme betrifft den Bernstein, welcher nach der Meinung einiger Juristen (Gräff, Handbuch S. 71) zu den im §. 71. erwähnten Inflammabilien zu zählen ist. Es ergiebt sich indess aus den von v. Duisberg in Simon und v. Strampf's Zeitschrift Bd. II. S. 74 ff. mitgetheilten Materialien, dass man in den Vorarbeiten zum Allgem. Landrecht zwar beabsichtigte, die Bernsteingewinnung dem Fiscus vorzubehalten, jedoch nicht auf Grund des Bergwerksregals, sondern als einen Ausfluss der Rechte des Staates an den Meeresufern. Auch die Provinzialgesetze, welche den Bernstein als einen Vorbehalt des Staates bezeichnen, gehen von derselben Auffassung aus. Denn das Ostpreussische Provinzialrecht enthält die bezügliche Bestimmung im Zusatz 228. zu §. 80. A. L. R. Th. II. Tit. 15. und das Westpreussische Provinzialrecht erwähnt den Bernstein in den §§. 73. ff. in dem Abschnitte: »Von den Rechten des Staates in Ansehung der Landstrassen, Ströme, Häfen und Meeresufer.« ebenfalls unter Bezugnahme auf §. 80. A. L. R. Th. II. Tit. 15. In den Provinzen Pommern und Posen ist die Bernsteingewinnung dem Grundeigenthümer überlassen (Gräff, Anhang S. 8). Die von den Redactoren des Allg. Landrechts beabsichtigte allgemeine Bestimmung hinsichtlich der Regalität des Bernsteins hat in das Gesetzbuch keine Aufnahme gefunden. Der Bernstein ist daher nur nach Preussischen Provinzialrechten ein Vorbehalt des Staates, und zwar nicht weil er zu den edlen Steinarten oder den Inflammabilien gehört, sondern weil er ein Product des Meeres ist. Und aus diesem Grunde kann auch die im §. 74. A. L. R. Th. II. Tit. 16. enthaltene Ausnahme, welche die nach §. 70. dem Bergwerksregal unterworfenen Steinarten der Disposition des Grundbesitzers überlässt, sofern sie auf den Aeckern liegen, oder bei Gelegenheit öconomischer Arbeiten einzeln gefunden werden, auf den Bernstein keine Anwendung finden, welcher nicht auf Grund des §. 70. A. L. R. Th. II. Tit. 16., sondern auf Grund des §. 80. A. L. R. Th. II. Tit. 15. der Disposition des Grundeigenthümers entzogen ist. Dies ist von dem Obertribunal in dem Erkenntnisse vom 10. October 1859 durch das folgende Präjudiz ausgesprochen:

4. Die Bestimmung des §. 74. A. L. R. Th. II. Tit. 16. ist in Ostpreussen in Beziehung auf Bernstein neben dem §. 2. des Zusatzes 228. des Ostpreussischen Provinzialrechts nicht zur Anwendung zu bringen.

Präjudiz des Senats für Strafsachen No. 261, Entscheidungen Bd. 42. S. 59*.

Uebrigens wird im §. 69. A. L. R. Th. II. Tit 16. in Bezug auf die Gegenstände des Bergregals ausdrücklich auf die Provinzialgesetze verwiesen. Die Provinzial-Bergordnungen sind daher für die Regalität der einzelnen Mineralien zunächst maassgebend und die Vorschriften des Allg. Landrechts können nur subsidiarisch zur Ergänzung der in den Bestimmungen der Bergordnungen etwa vorhandenen Lücken angewendet werden. Auf diese subsidiarische Geltung des Allg. Landrechts hat das Ober-Tribunal das für die Provinz Schlesien ergangene wichtige Präjudiz gestützt:

5. Braunkohlen gehören in Schlesien zu den Regalien.

Präjudiz No. 1979. vom 4. Januar 1848,

dessen Gründe in einem späteren Erkenntnisse vom 9. Juni 1852 (Entsch. Bd. 23. S. 381) ausführlich mitgetheilt sind. Die Schlesische Bergordnung vom 5. Juni 1769 bestimmt im §. 1. Cap. I., welche Mineralien zu dem Regale zu rechnen und im §. 2., welche Fossilien den Grundherren resp. den Dominien eigen sind. Da in keinem der beiden Paragraphen die Braunkohlen namhaft gemacht sind, so fehlt es nach der Ausführung des Ober-Tribunals an einer Vorschrift über die Regalität oder Nichtregalität der Braunkohlen und diese muss aus den Bestimmungen des Allg. Landrechts ergänzt werden, da die Sächsische Bergordnung, welche nach Cap. 87. §. 3. der Bergordnung von 1769 zunächst zur subsidiarischen Anwendung kommen würde, gar keine Bestimmungen über die Gegenstände des Bergregals enthält. — Gegen diese Ausführung ist zunächst von Gräff (Handbuch S. 11) und von Brassert (Zeitschrift für Bergrecht S. 69) erinnert worden, dass die Vorschrift des

Cap. 87. §. 3. der Schlesischen Bergordnung durch das Publicationspatent vom 5. Februar 1794 aufgehoben ist, welches im §. 1. bestimmt, dass das Allg. Landrecht an die Stelle aller fremden subsidiarischen Rechte treten soll. Sodann erinnert Koch (Commentar zum A. L. R. Anm. 17. zu §. 71. a. a. O.), dass die in der Provinzial-Bergordnung enthaltene Aufzählung der Gegenstände des Bergregals nicht durch Hinzurechnung der in dem Allg. Landrecht genannten erweitert werden dürfe, zumal da Beschränkungen des freien Eigenthums nicht durch Analogie ausgedehnt werden dürfen. Diese Erinnerung erscheint an sich begründet. Die Schlesische Bergordnung leitet im Cap. I. §. 1. mit den Worten: »Es gehören also zu Unserm Bergwerksregal« etc. eine vollständige Aufzählung der Gegenstände des Bergregals ein. Alle nicht namentlich darunter begriffenen Mineralien fallen von selbst der Herrschaft des Grundeigenthümers zu und es kann daraus, dass ein solches nicht zu den Objecten der Regalität gezähltes Fossil auch im §. 2. unter den Mineralien, welche »denen Grundherren eigen« sind, nicht besonders namhaft gemacht ist, ein Zweifel nicht abgeleitet werden.*) Dennoch muss das oben angeführte Präjudiz aufrecht erhalten werden.

Allerdings zählt die Schlesische Bergordnung nur die Steinkohlen zu den dem Regal unterworfenen Mineralien. Allein der Sprachgebrauch des vorigen Jahrhunderts unterscheidet nicht zwischen Steinkohlen und Braunkohlen, sondern gebraucht die erstere Bezeichnung für den Gattungsbegriff beider Species, welche durch die Namen Schwarzkohle und Braunkohle unterschieden werden. (So noch gegenwärtig das Oesterreichische Berggesetz von 1854, §. 1.) Es ist deshalb auch das Sächsische Mandat über den Steinkohlenbergbau vom 19. August 1743 von jeher sowohl in dem Königreich, als auch in der Preussischen Provinz Sachsen auf beide Arten der Mineralkohle angewendet worden. Ebenso sind die gleichlautenden Bestimmungen der Schlesischen und der Magdeburgischen Bergordnung über die Regalität der Steinkohle von Anfang an auch auf die Braunkohle angewendet worden, und erst mit der allmälig eingetretenen Veränderung des Sprachgebrauchs sind Zweifel aufgetaucht, zu deren Beseitigung nicht erst auf die subsidiarischen Bestimmungen des Allg. Landrechts zurückgegangen werden darf.

---

*) Gegen die Regalität der Braunkohle erklärt sich ferner: H. Simon, »Das Bergwerksrecht von Schlesien« S. 19 und der achte Schlesische Landtag (vergl. Brassert, Bergordnungen S. 944).

Ein ferneres Präjudiz von geringem juristischen Interesse ist zu Cap. 73. §. 4. der Cleve-Märkischen Bergordnung von 1766 ergangen:

6. Werksteinbrüche sind nach den Bestimmungen der Cleve-Märkischen Bergordnung vom 29. April 1766 (§. 4. Cap. 73.) der Regalität nicht unterworfen.

Präjudiz 2260. vom 13. November 1850,

dessen in Striethorst Archiv Bd. I. S. 113 mitgetheilte Begründung dahin lautet, dass unter den nach §. 4. cit. dem Bergregal unterworfenen kostbaren Steinen die Werksteine nicht verstanden werden können.

In Bezug auf das gemeine Deutsche Bergrecht hat das Ober-Tribunal den Grundsatz angenommen:

7. Gemeinrechtlich findet hinsichtlich aller Metalle und des Steinsalzes die Vermuthung für die Regalität statt. (Goldene Bulle, Cap. 9. §. 1.; A. L. R. Tit. II. Th. 16. §. 69.)

Erkenntniss vom 28. November 1856.
Striethorst's Archiv Bd. 23. S. 87.

Nach der Ansicht einzelner Rechtslehrer (Gründler, Polemik §. 461.) sollte diese Vermuthung auf die edlen Metalle beschränkt werden. Das Ober-Tribunal führt jedoch, theils mit Bezug auf die angeführte Stelle der goldenen Bulle, welche den Churfürsten das Regal an sämmtlichen Metallen verleiht, theils unter Berufung auf die Autorität der namhaftesten Rechtslehrer (Eichhorn, Mittermaier, Hake) aus, dass die Regalität sämmtlicher Metalle überall als die Regel gelte, und dass die Ausnahmen bewiesen werden müssen.

Endlich ist noch einer Entscheidung von mehr rechtshistorischem Interesse zu gedenken, welche in Bezug auf das Sächsische Provinzialrecht ergangen ist:

8. In den vormals zu Chur-Sachsen gehörigen Landestheilen sind auch vor Publication des Mandats vom 19. August 1743 Steinkohlen zum Bergwerksregal nicht gehörig gewesen. (A. L. R. Th. II. Tit. 16. §. 71.; Mandat vom 19. August 1743; *Codex August. Cont. T. I. p. 1379—1382.*)

Erkenntniss vom 27. October 1843.
Entscheidungen Bd. IX. S. 402.

welche theils aus dem Inhalte des angeführten Mandats selbst, theils aus den Zeugnissen der Sächsischen Bergrechtslehrer Hertwig, Köhler u. A. m. begründet wird.

Wie nach den angeführten Beispielen der Umfang des Bergregals in den verschiedenen Landestheilen örtlich sehr verschieden begrenzt ist, so haben auch der Zeitfolge nach in einzelnen Landestheilen bedeutende Veränderungen in den Grenzen des Bergregals stattgefunden. Und die Collisionsfälle, welche aus diesen successiven Erweiterungen des Bergregals entspringen, gewähren ein weit grösseres juristisches Interesse, als die vorhin berührten örtlichen Verschiedenheiten. Auch die praktische Tragweite dieser zeitlichen Veränderungen ist nicht unbedeutend, insbesondere für die Provinz Schlesien, in welcher das Bergregal durch die Einführung der Bergordnung vom 5. Juni 1769 auf die Steinkohle ausgedehnt wurde, und für einen Theil des ehemaligen Fürstenthums Essen, das Stift Rellinghausen, in welchem ebenfalls die Regalität der Steinkohlen durch das Patent wegen Verwaltung des Bergregals in den ehemaligen Stiftern Essen und Werden vom 12. April 1803 neu eingeführt wurde. In beiden Ländern wurde vor dieser Ausdehnung der Regalität bereits ein nicht regaler Bergbau auf Steinkohlen betrieben. Und da in beiden Fällen keine Ausnahmebestimmungen in Bezug auf die bereits früher betriebenen Steinkohlenbergwerke ergangen sind, so hat es nicht an Collisionsfällen zwischen den früheren Eigenthümern dieser Werke und neuen Muthern gefehlt. In beiden Landestheilen galten vor jener Ausdehnung des Bergregals in Bezug auf Steinkohlen die Vorschriften des gemeinen Rechts, vermöge deren diese Mineralien der Herrschaft des Grundeigenthümers unterworfen waren. Mit der Ausdehnung des Bergregals hörten die Steinkohlen jedoch auf, ein Bestandtheil des Grundstücks im rechtlichen Sinne zu sein. Sie fielen aus der Herrschaft des Grundeigenthümers heraus, so weit dieselben nicht bereits von ihrer Verbindung mit der Lagerstätte abgelöst und als bewegliche Sachen Gegenstand des Fruchterwerbs geworden waren. Im Uebrigen gingen die Rechte des Grundeigenthümers an dem von ihm betriebenen Steinkohlenbergwerke unter, und dieses wurde als ein im Freien belegenes Object des Bergregals Gegenstand der freien Erwerbung durch die bergrechtliche Muthung.

Dieser Grundsatz ist von dem Ober-Tribunal in verschiedenen Entscheidungen zur Anwendung gebracht worden, so namentlich in der Processsache der Gewerkschaft Waldhorn gegen die Gewerkschaft Vereinigte Henriette. Die Gewerkschaft der Grube Waldhorn behauptete schon vor der Publication des Patents vom 12. April 1803 auf dem Terrain ihres

Wolfshofes im Stifte Rellinghausen Bergbau betrieben und dadurch ein vorzügliches Recht auf die unter demselben liegenden Kohlenflötze erlangt zu haben, welches ihr nach der früher in dem Stifte bestandenen Observanz auch schon als Eigenthümerin dieses Terrains zustehe. Die Gewerkschaft der Grube Vereinigte Henriette dagegen stützte sich auf ihre nach Einführung des Steinkohlenregals eingelegte Muthung und auf die erfolgte Verleihung eines über den Wolfshof sich erstreckenden Geviertfeldes. Sie erhielt ein obsiegliches Erkenntniss in zwei Instanzen und das Ober-Tribunal wies die von der Gewerkschaft Waldhorn eingelegte Nichtigkeitsbeschwerde zurück, indem es den Grundsatz aufstellte:

9. Mit der Einführung des Bergwerksregals haben die früheren Rechte des Grundeigenthümers auf die unter seinem Grund und Boden befindlichen Bergwerksschätze aufgehört.

Erkenntniss vom 22. April 1853. Striethorst's Archiv Bd. 10. S. 46.

In den Gründen dieses Urtheils wird zunächst ausgeführt, dass nach gemeinem Rechte von einem selbstständigen Rechte des Grundeigenthümers auf die unter seinem Grund und Boden befindlichen Bergwerksschätze nicht die Rede sein könne. Die Befugniss, über dieselben zu disponiren, sei lediglich ein Ausfluss seines Eigenthums, nicht ein besonderes *jus quaesitum*, welches nach §. 4. des Publicationspatents wegen Einführung des Allg. Landrechts in die Erbfürstenthümer Paderborn, Münster, Essen und Werden vom 5. April 1803 (vergl. unten S. 18) von der Einführung des Steinkohlenregals unberührt geblieben wäre. Denn, sehe man nach gemeinrechtlichen Grundsätzen die Fossilien als *pars fundi*, den Eigenthümer mithin vermöge seines Eigenthumsrechts zur Ausbeutung derselben für berechtigt an, so dauere doch dieses Recht nur so lange, als nach der bestehenden Gesetzgebung die Fossilien eine *pars fundi* waren. Es habe also mit der Einführung des Bergwerksregals in Beziehung auf die zu demselben gehörigen Fossilien aufgehört.

Was von dem Rechte des Grundeigenthümers gilt, muss auch von den aus dem Grundeigenthume abgeleiteten Rechten gelten. So lange aber das Bergregal nicht besteht, so lange die Fossilien rechtlich und factisch einen integrirenden Bestandtheil des Grundstücks ausmachen, so lange können von dritten Personen nur abgeleitete Rechte in Bezug auf die Fossilien erworben werden. Das Recht zur Gewinnung der nicht regalen Fossilien erscheint daher lediglich als ein dingliches Recht an dem Grundstücke. Ein selbstständiges Recht an den Lagerstätten der Fossilien ist erst denkbar, wenn diese durch die Einführung des Bergregals zu besonderen Rechtsobjecten gemacht werden und aufhören, Bestandtheile des Grundstücks im gesetzlichen Sinne zu sein. Mit der Einführung der Bergregalität muss daher das Recht der Gewinnung von Steinkohlen auf fremdem Grund und Boden gegenstandslos werden und erlöschen, da derjenige Bestandtheil des dienenden Grundstücks, an welchem das Recht ausgeübt wird, aufgehört hat, Bestandtheil des Grundstücks zu sein, und es an jedem Rechtsgrunde fehlt, auf Grund dessen das bisherige *jus in re* zu einem selbstständigen Eigenthumsrechte an den nunmehr von dem Grundstücke unabhängigen Kohlenflötzen erstarken könnte.

Eine abweichende Ansicht findet sich in dem Erkenntnisse vom 16. Mai 1856 in Sachen der Gewerkschaft Stuput gegen die Gewerkschaft Vereinigte Henriette ausgesprochen, welches in Striethorst's Archiv Bd. 21. S. 184 abgedruckt ist. Die Gewerkschaft der Steinkohlengrube Stuput betrieb auf Grund einer von dem Stiftskapitel zu Rellinghausen »als Grund- und Eigenthumsherrschaft des Pieperbecks-Hofes« ertheilten Concession vom 30. September und 30. October 1793 Bergbau auf zwei daselbst entdeckten Steinkohlenflötzen, welche die Gewerkschaft Vereinigte Henriette auf Grund ihrer im Jahre 1836 erlangten Verleihung ebenfalls in Anspruch nahm. Nachdem in zweiter Instanz der klagenden Gewerkschaft Stuput das in Anspruch genommene Alter im Felde, jedoch aus einem anderen als dem eben erläuterten Fundamente, zuerkannt worden war, bestätigte das Ober-Tribunal in der Revisions-Instanz diese Entscheidung und fürte aus: durch die Concession von 1793 habe das Stift das ihm als Eigenthümer des Grund und Bodens zustehende Recht der Kohlengewinnung auf die klagende Gewerkschaft übertragen. Im Besitze dieses wohlerworbenen Rechts habe sich Klägerin befunden, als durch das Patent vom 5. April 1803 in den durch den Reichsdeputationsschluss ermittelten Entschädigungsländern das Allgemeine Landrecht eingeführt wurde, und sie müsse darin geschützt werden, denn der §. 4. des gedachten Patents bestimme:

> Auch soll ein Jeder, welcher zur Zeit der Publication des Allg. Landrechts in einem nach bisherigen Rechten gültigen und zu Recht beständigen Besitze irgend einer Sache oder eines Rechts sich befindet, dabei gegen Jedermann geschützt werden.

Diese Ausführung steht mit der oben unter No. 9. mitgetheilten Entscheidung nicht im Einklange; denn wenn das von dem Grundeigenthümer eingeräumte Recht der Kohlengewinnung als ein wohlerworbenes Recht von der Einführung des Bergregals unberührt bleibt, so muss von dem Rechte des bergbautreibenden Grundeigenthümers sicher dasselbe gelten. Es muss jedoch behauptet werden, dass die Ausnahmebestimmung des §. 4. des Publicationspatents vom 5. April 1803 auf die durch die Einführung des Steinkohlenregals beseitigten Eigenthums- und abgeleiteten Rechte gar nicht zu beziehen ist. Durch das Patent vom 5. April 1803 ist nur das Allg. Landrecht in das Stift Rellinghausen eingeführt worden. Dieses verweist aber im Th. II. Tit. 6. §. 69. in Bezug auf die Gegenstände des Bergregals zunächst auf die Provinzialgesetze, und seine Einführung brachte daher keine Aenderung in dem rechtlichen Charakter der Steinkohlenlagerstätten hervor. Erst als durch das weitere Patent wegen Verwaltung des Bergwerksregals in den bisherigen nunmehr säcularisirten Stiftern Essen und Werden vom 12. April 1803 das in der Grafschaft Mark und dem Herzogthum Cleve geltende Provinzialbergrecht in das Stift Rellinghausen eingeführt wurde, trat die Regalität der Steinkohlen ein. Die transitorische Bestimmung des §. 4. des Patents vom 5. April 1803 kann also überhaupt nicht auf die hierdurch entstandenen Veränderungen in den Privatrechten bezogen werden, so dass in Ermangelung von Ausnahmebestimmungen zu Gunsten des bestehenden nichtregalen Bergbaues angenommen werden muss, dass mit der Einführung des Bergregals nicht nur das Recht des Grundeigenthümers an den in seinem Grundstücke befindlichen Lagerstätten, sondern auch die von demselben abgeleiteten Nutzungs- und Gewinnungsrechte anderer Personen untergegangen sind.

Dieser Grundsatz ist denn auch in einem neueren Rechtsfalle aus dem Gebiete der Schlesischen Bergordnung von dem Ober-Tribunal angenommen worden.

Balthasar von K. hatte im Jahre 1584 die in seinem Gute A. stehenden und liegenden Steinkohlen von Kaiser Rudolf II. zu Lehn genommen und im Jahre 1751 hatte sein Besitznachfolger einen erneuerten Lehnbrief über das Gut A. nebst allen Zubehörungen, namentlich auch »den auf dortigem Terrain befindlichen Steinkohlen« von Friedrich II. erhalten. Der gegenwärtige Gutsbesitzer nahm auf Grund dieser Lehnbriefe klagend gegen den Königlichen Fiscus das Bergregal in Bezug auf Steinkohlen in Anspruch. Er wurde in zwei Instanzen mit seiner Klage abgewiesen, und zwar in der zweiten Instanz in der Erwägung, dass das Bergwerksregal in Bezug auf Steinkohlen erst durch die Bergordnung von 1769 eingeführt worden sei, mithin durch die früheren Lehnbriefe nicht habe erworben werden können, dass Balthasar v. K. und sein Nachfolger die verliehenen Steinkohlen demnach lediglich als Pertinenzien ihres Gutes A. besessen haben und dass mit der Einführung der Regalität der Steinkohle durch die Bergordnung von 1769 ihnen, wie allen übrigen Grundeigenthümern, dieser Bestandtheil ihres Grundeigenthums verloren gegangen sei.

Die von dem Kläger gegen dieses Urtheil eingelegte Nichtigkeitsbeschwerde wurde von dem Ober-Tribunal durch die ungedruckte Entscheidung vom 26. November 1857 verworfen. In den Gründen wird ausgeführt: Die Auslegung des Appellationsrichters gehe im Wesentlichen dahin, dass dem Balthasar v. K. die Steinkohlen als Pertinenz eines Gutes verliehen worden, dass er das vollständige Nutzungsrecht, das *dominium utile* daran besessen habe, und dass ihm hiernach weniger Rechte an seinen unterirdischen Schätzen zustanden, als den meisten übrigen Gutsbesitzern Schlesiens, denen das *dominium plenum* an denselben zustand. Nach dieser Auslegung könne nicht angenommen werden, dass dem Vorbesitzer des Klägers ein besonderer Rechtstitel hinsichtlich der auf seinem Gute befindlichen Steinkohlen zur Seite gestanden habe, vermöge dessen eine Ausnahme von der durch die Bergordnung von 1769 eingeführten Regalität der Steinkohle begründet werden könnte. Aus diesen Erwägungen zieht dann das Ober-Tribunal das folgende mit der Entscheidung zu No. 9. harmonirende Resultat:

10. Wenn die Bergordnung von 1769 im Cap. I. §. 1. bestimmt, dass auch Steinkohlen zum landesherrlichen Regal gehören, so traf dieses die Lehnsbesitzer wie andere Gutsbesitzer und es lässt sich nicht behaupten, dass in dem Lehnsverhältnisse ein besonderer Rechtstitel liege, wodurch die Anwendbarkeit der gedachten Bestimmung in der Bergordnung ausgeschlossen würde.

Erkenntniss vom 7. Mai 1858 (ungedruckt).

Mit Bezug auf die rechtsgeschichtliche Annahme, welche der hier mitgetheilten Entscheidung zu Grunde liegt, ist zu bemerken, dass das Ober-Tribunal in mehreren früheren Rechtsfällen von der Voraussetzung ausgegangen ist, dass die Regalität der Steinkohle nicht erst durch die Bergordnung vom 5. Juni 1769 eingeführt worden sei, sondern bereits früher in einer minder entwickelten Form in Schlesien bestanden habe. Diese Ansicht ist namentlich in den Gründen zweier ungedruckter Entscheidungen — vom 2. November 1835 in Sachen der Grafen H. H. v. H. wider das evangelische Kirchen-Collegium zu S., und vom 27. August 1847 in Sachen des Grafen von M. auf E. wider die Grafen v. P. auf Sch. — ausgeführt worden, und zwar theils unter Berufung auf die bis zum Jahre 1769 in Schlesien geltende Rudolfinische Bergordnung von 1577, in welcher »die Steinkohlen zwar nicht ausdrücklich als Regalien bezeichnet, aber auch keinesweges als Fossilien angegeben waren, die jeder Grundeigenthümer sich aneignen könne«, theils mit Bezug auf die von Steinbeck in dem Entwurfe seiner Geschichte der Schlesischen Bergwerksverfassung §. 27. erwähnten älteren Lehnbriefe. Allein die Rudolfinische Bergordnung von 1577 enthält keine Bestimmung, welche irgendwie einen Rückschluss auf die Regalität der Steinkohle gestattete. Sie zählt die Gegenstände des Regals zwar nicht einzeln auf, allein so oft sie deren beiläufig erwähnt, macht sie in allen Fällen nur edle und unedle Metalle und das Salz namhaft. Die der Verfügung des Grundeigenthümers überlassenen Mineralien aber sind in der Rudolfinischen Bergordnung gar nicht erwähnt. Was sodann die in der Zeit vor 1769 ertheilten Lehnbriefe angeht, so erwähnen dieselben der Steinkohlen regelmässig in keinem anderen Zusammenhange, als der übrigen Zubehörungen des Lehngutes: der Forsten, Teiche, Mühlen u. dgl. Sie rechtfertigen daher keinesweges den Schluss, dass sich schon vor 1769 durch Gewohnheitsrecht die Regalität der Steinkohle oder doch ein Uebergangszustand zu dem in der Entwickelung begriffenen Regal ausgebildet habe. Dagegen liegen sehr bestimmte Zeugnisse gegen diese Annahme vor, namentlich in den Verhandlungen, welche in den Jahren 1755—1756 bei den Kriegs- und Domainenkammern der Provinz Schlesien über die Zehntpflichtigkeit der Steinkohlenbergwerke gepflogen wurden. Aus diesen Verhandlungen erhellt nämlich, dass unter der Oesterreichischen Regierung niemals ein Zehnt von den Steinkohlengruben erhoben wurde, und dass die damals bestehenden Steinkohlengruben nicht muthungsweise erworben, sondern von den Grundherren nach ihren Kauf- und Lehnbriefen erb- und eigenthümlich besessen wurden. Ferner ergiebt sich, dass bis zum Jahre 1743 die Steinkohlennutzung bei der Anlegung des Grundsteuer-Katasters berücksichtigt wurde, welche Thatsache deutlich bekundet, dass die Steinkohlen als eine Pertinenz des Grund und Bodens angesehen wurden. Das Ober-Tribunal hat die früher angenommene Meinung daher mit vollem Grunde verlassen.

Die Grenzen der Bergregalität sind zugleich die Grenzen aller specifisch bergrechtlichen Rechtsinstitute und Grundsätze. Auf den nicht regalen Bergbau finden daher auch die Vorschriften über die Verpflichtung des Grundbesitzers zur Abtretung des erforderlichen Grund und Bodens und wegen der Feststellung seiner Entschädigung keine Anwendung (Vergl. Präjudiz 1890. vom 11. Juni 1847. Entsch. Bd. 14. S. 469). Eben daher findet auch das Vorkaufsrecht der Miteigenthümer bei den Hüttenwerken statt, insbesondere bei den Zinkhütten in Schlesien, welche nach dem Landtagsabschiede vom 22sten Februar 1829 dem Bergregal nicht unterworfen sind. Die Ausnahmebestimmung des §. 322. A. L. R. Th. II. Tit. 16. findet nur auf Kuxe, d. h. Antheile an Bergwerken, Anwendung (Entscheid. Bd. 14. S. 378).

§. IV. Das Bergregal im Privatbesitz. — Das *jus excludendi alios.*

Nach §. 106. A. L. R. Th. II. Tit. 16. kann das Bergregal auf einen bestimmten District, oder auf ein gewisses Object von Privatpersonen und Communen erworben und besessen werden. Dieser Besitz gründet sich entweder auf Verjährung oder auf staatliche Verleihung. Eine solche Verleihung des Bergregals ist im weitesten Umfange an die seit dem Jahre 1806 mediatisirten Deutschen Reichsfürsten erfolgt. Das Ober-Tribunal hat in Bezug hierauf den auch von den Verwaltungsbehörden stets anerkannten Grundsatz aufgestellt:

11. Soweit den vormaligen unmittelbaren Deutschen Reichsständen als früheren Landesherren das Bergregal zustand, ist ihnen dasselbe auch nach ihrer Mediatisirung verblieben.
   Erkenntniss vom 2. Juli 1850. Entscheid. Bd. XX. S. 405.

zu dessen Begründung das Ober-Tribunal Folgendes anführt:

»In der Verordnung vom 21. Juni 1815, betreffend die Verhältnisse der vormaligen unmittelbaren Deutschen Reichsstände, ist im §. 3. festgesetzt, dass dieselben im Besitze ihrer sämmtlichen Domainen und der davon herrührenden Einkünfte verbleihen sollen.

Der §. 5. derselben verordnet sodann:

Soll ihnen die Benutzung der Jagden aller Art, desgleichen der Berg- und Hüttenwerke verbleiben, jedoch dergestalt, dass sie sich den Anordnungen des Staats fügen, und diesem den Vorkauf der erzielten Metalle, Mineralien und Fabrikate nach den Marktpreisen lassen müssen.

Hiermit übereinstimmend heisst es im §. 23. der Instruction vom 30. Mai 1820:

Den Standesherren bleibt in ihren standesherrlichen Bezirken die Benutzung jeder Art der Jagd- und Fischerei-Gerechtigkeit, der Bergwerke, der Hütten- und Hammerwerke, soweit sie ihnen bereits zusteht, jedoch muss dieselbe nach den Landesgesetzen und den für deren Ausführung ergehenden Anordnungen der oberen Staatsbehörden geschehen, auch darf dem Staate der durch Unser Edict vom 21. Juni 1815 vorbehaltene Vorkauf nicht verweigert werden.

Hier ist zwar nur von der Benutzung der Bergwerke die Rede, allein es kann keinem Zweifel unterliegen, dass nicht bloss die Benutzung der bereits bestehenden Bergwerke, sondern auch das Bergregal selbst, soweit es ihnen zustand, den Standesherren verbleiben soll. Dies folgt aus der allgemeinen Tendenz der gedachten Verordnungen, insbesondere aus der Bestimmung, dass sie in dem Besitze ihrer sämmtlichen Domainen und der davon herrührenden Einkünfte verbleiben sollen. — Der Fürst von Bentheim Rheda ist daher noch jetzt als Inhaber des Bergwerksregals anzusehen, und zwar ist dies um so unzweifelhafter, als das A. L. R. Th. II. Tit. 16. §. 106. das Bergwerksregal auf einem bestimmten Districte oder auf ein bestimmtes Object unter die niederen Regalien rechnet, welche von Privatpersonen und Communen erworben und besessen werden können.«

Eine ähnliche gesetzliche Verleihung des Bergregals gehört dem Provinzialrechte der Oberlausitz an. Durch die mit den Ständen des Königreichs Böhmen vereinbarten sogenannten Bergwerksverträge König Ferdinands I. vom Montag vor Palmarum 1534 und Kaiser Maximilians II. vom 18. September 1575 ist den Gutsherrschaften das gesammte Bergregal mit Vorbehalt des halben Zehnten vom Gold und Silber, und des Vorkaufs an diesen Metallen zugestanden worden. Diese sogenannten Bergwerksverträge sind in der Oberlausitz durch Gewohnheitsrecht recipirt. In einem zur Entscheidung des Ober-Tribunals gekommenen Rechtsfalle war nicht nur diese Reception streitig, sondern es war auch behauptet worden, dass die angeführten Bergwerksverträge die unedlen Metalle für ein Accessorium des Grund und Bodens erklärt und dem Grundeigenthümer zur Benutzung überlassen haben. Das Ober-

Tribunal hat jedoch in dem Erkenntnisse vom 19. Februar 1858 folgende Sätze angenommen:

12. Die sogenannten Bergwerksverträge König Ferdinands I. vom Montage vor Palmarum 1534 und Kaiser Maximilians II. vom 18. September 1575 sind in der Oberlausitz durch Observanz recipirt. — Das den Gutsherrschaften durch diese Bergwerksverträge zugestandene Recht hinsichtlich der niederen Metalle erstreckt sich auch auf die in ihrem gutsherrlichen Bereich gelegenen Rustikalländereien.

Entscheidungen Bd. 38. S. 283. Striethorst's Archiv Bd. 29. S. 129.

Die Reception der Bergwerksverträge ist durch verschiedene Rechtsfälle und durch gleichförmige Aussprüche der Behörden und der ständischen Organe aus den letzten beiden Jahrhunderten belegt. Sodann wird aus den Bestimmungen des Vertrages von 1575 unter *Z.* X. und XXXVI. und des Vertrages von 1534 unter *W.* V. und II. nachgewiesen, dass unter dem Grundherrn, welchem die Nutzungen des Regals, sowie die Beleihung der Gewerken, die Bestellung des Bergmeisters und die Obrigkeit über das Volk, so sich an den Gründen niederlässt, zugestanden wird, nur die Gutsherrschaft des Orts verstanden werden kann. Von welcher Beschaffenheit das hiernach den Gutsherren in der Oberlausitz zustehende Recht auf unedle Metalle sei, ist in dem mitgetheilten Rechtsfalle nicht zur Entscheidung gekommen. Indess lassen die angeführten Bestimmungen der Bergwerksverträge keinen Zweifel darüber, dass dasselbe nicht, wie der Appellationsrichter angenommen hatte, ein Eigenthumsrecht, sondern lediglich das Bergwerksregal ist.

In Bezug auf die Erwerbung des Bergregals durch specielle Verleihung kommen die Vorschriften des A. L. R. Th. II. Tit. 14. §§. 24—34. über die Erwerbung der niederen Regalien zur Anwendung. Das Ober-Tribunal hat in einem Bd. 18. S. 35 des Archivs von Striethorst mitgetheilten Erkenntnisse vom 1. Juni 1855 insbesondere festgestellt, dass durch den Verkauf eines Territoriums Seitens des Landesherrn unter der Klausel: »mit allen Nutzungen, wie Käufer dieselben in, unter und auf dem Erdreich suchen kann und mag«, das Bergregal nicht für mitverkauft zu erachten ist, weil die Nutzung des Bergregals ein von dem Besitze des Grund und Bodens völlig unabhängiges Recht des Landesherrn bildet, auf welches die angeführten Worte des Vertrages nicht bezogen werden können. Von allgemeinerem Interesse ist ein auf die **mittelbare Erwerbung** des Bergregals bezügliches Urtheil vom 12. Juli 1852 in Sachen des Gutsbesitzers G. wider den Bergfiscus, in welchem das Ober-Tribunal folgenden Grundsatz aufgestellt hat:

13. **Wenn dem Eigenthümer eines Inbegriffs von Gütern das Bergregal verliehen ist, so geht bei einer Abzweigung einzelner Güter das Bergregal nur dann auf deren Erwerber über, wenn unter landesherrlicher Genehmigung der Uebergang ausdrücklich verabredet worden ist.**

Striethorst's Archiv Bd. VII. S. 48.

In dem zur Entscheidung gestellten Rechtsfalle war das Bergregal in dem Fürstenthume Pless den Besitzern dieses Fürstenthums landesherrlich verliehen worden. Von dem Territorium des Fürstenthums war dann die Herrschaft Myslowitz abgezweigt und unter landesherrlicher Genehmigung »mit allen Herrlichkeiten und Nutzungen, zusammt dem Gold, Silber, Kupfer und Bleierz, auch sonst allerlei Erz, keines ausgenommen« an Stanislaus von Benedektowitz verkauft worden. Das Ober-Tribunal hatte auch durch ein früheres Urtheil vom 28. Februar 1850 in Sachen der Eheleute von W. wider den Bergfiscus, den Klägern das Bergregal in ihrer Herrschaft Myslowitz zuerkannt. Bereits vor dieser Entscheidung war jedoch von dem Territorium der Herrschaft Myslowitz wiederum das Gut Zalenze abgetrennt und in das Eigenthum des Rittergutsbesitzers G. übergegangen. Dieser nahm nun ebenfalls das Bergregal in seinem Gutsbereiche gegenüber dem Fiscus klagend in Anspruch. Er wurde jedoch durch das angeführte Urtheil des Ober-Tribunals mit seiner Klage abgewiesen, weil das mit einem grösseren Gutscomplex verliehene Bergregal nicht als ein Recht zu betrachten sei, welches von selbst auf die einzelnen Theile und Stücke repartirt wird. Das verliehene Privilegium werde durch eine solche Theilung qualitativ verändert, während doch nach §. 31. A. L. R. Th. II. Tit. 14. die Verleihung der niederen Regalien sich allemal unter der Einschränkung auf den bestimmten Ort oder auf die vorausgesetzten Fälle und Begebenheiten verstehe. Eine Theilung des Districts, dessen Umfang und Begrenzung bei der Verleihung immer Gegenstand besonderer Erwägung sein werde, sei daher ohne Genehmigung des Landesherrn nicht zulässig.

In dem zuletzt angeführten Erkenntnisse vom 28. Februar 1850 in Sachen der Eheleute von W. wider den Bergfiscus sodann ist noch der Satz angenommen:

14. Wenn dem Privatbesitzer des Bergregals ausdrücklich das Recht auf alle Bergwerksschätze verliehen worden ist, so sind diejenigen Fossilien, welche zur Zeit der Verleihung nicht zum Regal gerechnet wurden, und erst durch spätere Gesetze der Regalität unterworfen sind, dem Rechte des Privatregalbesitzers ebenfalls unterworfen.

Striethorst's Archiv Bd. VII. S. 57.

In den Urtheilsgründen ist diese wichtige Entscheidung dadurch motivirt, dass »da die Urkunden deutlich ergeben, dass sich das Recht des Besitzers auf alle Bergwerksschätze erstrecken solle, auch diejenigen Fossilien, welche damals nicht zum Regal gerechnet wurden, nicht ausgeschlossen waren, und eine solche Ausschliessung auch dadurch nicht bewirkt werden kann, dass die Regalität später auf ein derselben in früherer Zeit nicht unterworfenes Fossil ausgedehnt wurde.« Diese Motivirung ist etwas unklar. Nach dem oben (S. 24) angeführten Urtheile vom 1. Juni 1855 ist das Bergregal ein von dem Besitze des Grund und Bodens völlig unabhängiges Recht des Landesherrn. Wenn also die Kläger den Grundbesitz der Herrschaft Myslowitz und das Bergregal in diesem Territorium erworben haben, so haben sie damit zwei von einander verschiedene und unabhängige Rechte erlangt. Zur Zeit der Verleihung waren die Steinkohlen nicht regal, sondern gesetzliche Bestandtheile des Grund und Bodens. Sie waren daher in dem verliehenen Grundeigenthum der Herrschaft begriffen, nicht in den Bergwerksschätzen, sofern darunter das Bergregal zu verstehen ist. Durch die Ausdehnung der Regalität auf die Steinkohle fielen diese aus den Bestandtheilen des verliehenen Grundeigenthums heraus. Sie müssen also dem anderen Rechte der Kläger, den Objecten ihres Bergregals zugewachsen sein, wenn die Kläger diejenigen Fossilien, welche sie früher als Grundeigenthümer besassen, nunmehr aus einem ganz anderen Rechte als Regalbesitzer in Anspruch nehmen wollen. In der Sache selbst wird man jedoch der Entscheidung des Ober-Tribunals beitreten müssen. Das Bergregal im Privatbesitze ist nach §. 106. A. L. R. Th. II. Tit. 16. entweder nach Districten, oder zugleich nach den Objecten begrenzt. Wenn die letztere Beschränkung fehlt, so wird der Umfang der Rechte des Regalbesitzers lediglich durch die objective Rechtsregel bestimmt. Wird dieselbe verändert, so verändert sich mit ihr sein Recht. Keinesweges aber kann die Erweiterung der Objecte der Regalität den Erfolg haben, sein bloss räumlich beschränktes Recht auch qualitativ zu beschränken, und ihm in der Person des Fiscus einen Mitberechtigten in demselben Raume zu geben, durch welchen er in der Ausübung seines Rechts auch in Bezug auf die ursprünglichen Objecte wesentlich beschränkt werden würde.

Ueber den Inhalt der Rechte des Regalbesitzers bestimmt das A. L. R. Th. II. Tit. 16. im

§. 107. Wem das Bergwerksregal auf solche Art zusteht, dem kommen alle darunter begriffenen Rechte des Staats zu, welche bei der Verleihung oder durch Provinzialgesetze nicht ausdrücklich ausgenommen worden.

§. 108. Doch bleibt er dabei allemal der Oberaufsicht des Staats, den allgemeinen Bergpolizeigesetzen und den Entscheidungen des Bergamts unterworfen; ist auch zur Entrichtung der §§. 103. und 104. bestimmten Abgaben verpflichtet.

Der angeführte §. 103. aber bestimmt, dass »ausser dem Zehnten die Beliehenen ein in den Provinzial-Berggesetzen bestimmtes Quatembergeld zur Unterhaltung des Bergamts entrichten müssen.«

Die Fassung der vorstehenden Bestimmungen lässt zweifelhaft, ob unter den im §. 108. erwähnten Abgaben auch der Zehnt zu begreifen sei. Das Ober-Tribunal hat jedoch in dem zuletzt angeführten Erkenntnisse vom 28. Februar 1850 ausgesprochen:

15. Der Privatregalbesitzer ist zur Entrichtung des Zehnten an den Staat nicht verpflichtet.
Striethorst's Archiv Bd. 7. S. 59.

Diese Entscheidung wird schon durch die blosse Wort-Interpretation unterstützt. »Denn die im §. 108. in Bezug genommenen §§. 103. und 104. enthalten nur Bestimmungen über das Quatember- und Rezessgeld. Vom Zehnten wird in den vorhergehenden §§. 98—102. gehandelt; und die eben erwähnten Worte, mit denen der §. 103. beginnt: »ausser dem Zehnten« enthalten keine Bestimmung über diese Abgabe, bilden vielmehr nur die Verbindung des Vorhergehenden mit dem Nachfolgenden.« Hierzu kommt, wie das Ober-Tribunal ferner ausführt, die verschiedenartige Natur des Zehnten, welcher gerade das wesentlichste, vielfach auf eine ehemalige Gemeinschaft des Bergherrn mit den Gewerken zurückgeführte Nutzungsrecht aus dem Bergregal ausmacht.

Die in dem Regal des Privatbesitzers enthaltenen Rechte sind theils Nutzungsrechte, wie das Zehntrecht, und die Befugniss selbst Bergbau zu treiben (vergl. oben S. 8 u. 10), theils gehören sie dem öffentlichen Rechte an, wie die Ertheilung der Bergverleihung und die Ausübung der Bergpolizei. In diesen Beziehungen ist der Regalbesitzer nach §. 108. der Aufsicht des Staats, den Gesetzen und den Entscheidungen des Bergamts unterworfen. Genauere Bestimmungen über die Formen, in welchen die dem öffentlichen Rechte angehörigen Befugnisse von den Privatregalbesitzern auszuüben sind, fehlen. Dieselben sind jedoch für die grösseren Regalbesitzer, insbesondere die mediatisirten Reichsstände, durch eigene mit dem Staate abgeschlossene Verträge geordnet. Zur richterlichen Cognition sind die hierbei auftretenden Fragen nicht gekommen, es sei denn in dem Bd. 20. S. 402 der Entscheidungen mitgetheilten Rechtsfalle, in welchem das Ober-Tribunal den Grundsatz ausgesprochen hat:

16. Auch Privatpersonen, welche das Bergwerksregal in einem gewissen Districte erworben haben, insbesondere die vormaligen Deutschen Reichsstände, denen dasselbe bei ihrer Mediatisirung belassen worden, sind bei ihren Bergwerksverleihungen an die gesetzlichen Bestimmungen über die gestattete Feldesgrösse gebunden.

   Präjudiz 2225. vom 2. Juli 1850. Entscheid. Bd. 20. S. 402.

Mit den durch die Verleihung des Bergregals nach §§. 106. ff. A. L. R. Th. II. Tit. 16. begründeten Rechtsverhältnissen wird häufig ein anderes ganz singuläres provinzielles Rechtsinstitut, das sogenannte Ausschliessungsrecht *(jus excludendi alios)* zusammengestellt, dessen eigenthümliche Beschaffenheit sich nur durch eine kurze Skizze seiner Entstehungsgeschichte veranschaulichen lässt.

Die Schlesische Bergordnung vom 5. Juni 1769, welche zuerst die Steinkohlen dem Bergregal unterwarf, bestimmte im Cap. I. §. 3. zu Gunsten der Grundherren:

> Wenn indessen eine Gewerkschaft ein zu unserm Regali gehöriges Bergwerk muthen will, so soll unser Oberbergamt dieses dem Grundherrn anzeigen, und bei demselben anfragen, ob er auf dem erschürften Gange Flötze

oder Stockwerke selbst bauen wolle, da dann der Grundherr den Vorzug haben soll.

Gleich nach der Emanation dieser Bergordnung erhoben die Besitzer der Güter Altwasser, Neuhaus, Weissstein und Ober-Waldenburg über verschiedene Bestimmungen dieses Gesetzes, insbesondere über die eingeführte Regalität der Steinkohle Beschwerde und beriefen sich auf die über ihre Güter ertheilten Kaiserlichen und Königlichen Lehnbriefe, in welchen ihnen die auf den Gütern befindlichen Kohlengruben als Zubehörungen derselben zu beständigem Eigenthum verliehen waren. Sie protestirten gegen die Zulassung von Schürfern und Muthern, gegen die Verpflichtung, selbst Beleihung nachzusuchen, und gegen die bergpolizeilichen Beschränkungen in der Benutzung ihrer Kohlengruben.

Auf diese Eingabe wurden sie »auf Allerhöchsten Specialbefehl« durch ein Rescript des Bergwerks- und Hütten-Departements vom 30. December 1769 beschieden, dessen entscheidende Stelle wie folgt lautet:

> »Seine Königliche Majestät lassen bemeldeten Dominiis zuvörderst auf ihre eingereichte Specialvorstellungen hierdurch bekannt machen, dass aus denen übergebenen Lehnbriefen, nach welchen ihnen der Berg- und Kohlengrubenbau verliehen worden, nichts weiter hervorgeht, als dass solcher nur mit einem specialen concedirten Gebrauch und Nutzung derer Steinkohlen privative ihren Gütern verliehen, und also wenn dieselben den Bau selbst betreiben oder betreiben lassen wollen, kein *tertius illis invitis* selbigen auf ihren Dominiis vornehmen kann, und also so lange eine wirkliche Selbstbebauung geschiehet, ein *jus alios excludendi* statt hat. Dahero denn auch Seine Königliche Majestät denen Dominiis die Versicherung allergnädigst ertheilen lassen, dass so lange sie die bereits gangbare und noch ferner zu entdeckende Steinkohlengruben selbst bauen oder bebauen lassen, kein *tertius* damit belehnet werden soll.«

Sodann wird den Bittstellern eröffnet, dass sie für ihre Kohlengruben die Belehnung im Wege der bergrechtlichen Muthung nachzusuchen haben und den übrigen Vorschriften der Bergordnung über den Betrieb der Bergwerke unterworfen bleiben. Auch die Zulassung von Schürfern und Muthern auf die in ihren Gütern zu entdeckende Steinkohle wird aufrecht erhalten.

Dieses Rescript liess es zweifelhaft, ob die Bittsteller lediglich auf das im Cap. I. §. 3. der Bergordnung den Grundherren vorbehaltene Vorbaurecht verwiesen seien, oder ob denselben ein besonderes Privilegium in Bezug auf den Steinkohlenbergbau auf ihren Gütern habe gewährt werden sollen. Als daher durch das Rescript des Bergwerks- und Hütten-Departements vom 4. August 1770 — welches durch die Declaration vom 1. Februar 1790 die gesetzliche Sanction erhielt — das Vorbaurecht der Grundherren in ein Mitbaurecht zur Hälfte verwandelt wurde, wandte das Schlesische Oberbergamt — der zuerst gedachten Ansicht folgend — die Bestimmungen dieses Rescripts auch auf die Gutsbezirke Altwasser, Neuhaus, Weissstein und Oberwaldenburg an. Dies rief neue Beschwerden der Gutsbesitzer hervor, in Folge deren das Bergwerks- und Hütten-Departement unter dem 27. Januar 1773 — abermals auf Allerhöchsten Specialbefehl — rescribirte, dass

> »*per rescriptum* vom 30. December 1769 dem Grafen von H. wegen seiner Beleihung mit Kohlen und Kohlengruben ein *jus excludendi alios* ausdrücklich verstattet worden, hieraus aber von selbst folgt, dass Niemand auf seinem *fundo*, welcher mit solcher Gerechtigkeit beliehen ist, das Recht des ersten Finders in der Maasse wie bei anderen Dominiis exerciren und sich die Hälfte anmaassen könnte, sondern wenn der Graf von H. allein bauen will, sich mit Erstattung der Kosten begnügen müsse.«

Auf Grund dieses Rescripts, welches durch den späteren Erlass vom 23. April 1773 lediglich bestätigt wurde, haben die Besitzer der vier oben erwähnten Güter ein Ausschliessungsrecht gegenüber den Muthern von Steinkohlen innerhalb ihrer Territorien fortwährend ausgeübt. Es geht jedoch aus dem Inhalte der angeführten Rescripte deutlich hervor, dass durch dieselben nur ein specielles Privilegium an die Besitzer der vier oben gedachten Güter verliehen, nicht eine allgemeine Rechtsregel für eine gewisse Classe von Gütern begründet worden ist. Das Letztere war in dem bereits S. 21 angeführten Urtheile des Ober-Tribunals vom 27. August 1847 angenommen worden, durch welches den Besitzern des in dem Rescripte vom 13. December 1769 nicht genannten Dominiums Sch. das Ausschliessungsrecht gegenüber der Steinkohlenmuthung des Grafen M. zuerkannt wurde. Diese Entscheidung beruhte jedoch, wie bereits erwähnt, auf der Annahme, dass die Regalität der Steinkohle bereits vor Emanation der Bergordnung von 1769 in einem gewissen Grade bestanden habe, und das Ausschliessungsrecht der Besitzer von Sch. war nicht aus dem Rescripte vom 13. December 1769, sondern aus den über das Dominium selbst ertheilten Kaiserlichen Lehnbriefen abgeleitet, in welchen unter den Appertinentien des Gutes auch die Kohlengruben und deren Nutzungen namhaft gemacht waren. Nach dieser Ansicht würde sämmtlichen Gutsbesitzern, deren Güter früher in Königlichem Lehnsverbande gestanden haben, ein Ausschliessungsrecht in Bezug auf die Steinkohlen, oder vielmehr ein Figenthumsrecht an denselben zustehen. Die Ausdehnung der Regalität auf die Steinkohle würde ihre Rechte unberührt gelassen haben. Das Ober-Tribunal hat jedoch in dem oben unter No. 10. mitgetheilten Erkenntnisse diese Auffassung verlassen und angenommen, dass das Lehnsverhältniss keinen besonderen Rechtstitel enthalte, wodurch die Anwendbarkeit der durch die Bergordnung von 1769 eingeführten Regalität der Steinkohle erhellt. Hiernach kann von einem allgemein für gewisse Klassen von Gütern bestehenden Ausschliessungsrechte in Bezug auf den Steinkohlenbergbau nicht weiter die Rede sein.

§. V. Die rechtliche Natur des Bergwerkseigenthums.

Die bisherige Erörterung hat sich mit dem Begriffe der Regalität, mit ihrem Umfange und mit den Modificationen beschäftigt, welche dieses Rechtsinstitut durch den Uebergang des Bergregals in den Privatbesitz erleidet. Es sind jetzt die Rechtsverhältnisse zu betrachten, welche auf der Grundlage dieser Regalität entstehen, und es ist zunächst der Weg zu erörtern, auf welchem durch die Ausübung der Bergbaufreiheit das Bergwerkseigenthum erworben wird. Bevor jedoch das reiche Material vorgeführt werden kann, welches in den Entscheidungen des Ober-Tribunals über diesen Gegenstand enthalten ist, müssen zunächst einige Bemerkuugen über den Gang der Untersuchung und über den allgemeinen Charakter dieser Rechtsverhältnisse vorausgeschickt werden.

Das Bergwerkseigenthum entsteht durch die unter staatlicher Autorität erfolgende Occupation der dem Regal unterworfenen, d. i. herrenlosen Lagerstätten. Diese Occupation beginnt mit der Aufsuchung der Mineralien, mit dem Schürfen. Sie wird zunächt wirksam durch das Finden einer Lagerstätte und durch die auf den Fund gegründete Muthung und sie vollzieht sich durch die vom Staate ausgehende Verleihung des Bergwerkseigenthums. Im Laufe dieses Processes tritt nach einander ein dreifaches dingliches Rechtsverhältniss zwischen den Bergbaulustigen und dem regalen Objecte ein: das Schürfrecht, das Recht des Finders und Muthers, und das Recht des Beliehenen: das Bergwerkseigenthum. Diese Rechte unterscheiden sich durch ihren Inhalt und durch ihr Object. Der Gegenstand des Schürfrechts ist zunächst nicht ein bestimmtes der Regalität unterworfenes Object, da ein solches erst aufgesucht werden soll. Das dingliche Recht des Schürfers erstreckt sich daher unmittelbar nur auf das Grundstück, an welchem er das Schürfrecht ausübt. Erst mit dem gemachten Funde wird das Recht des Schürfers an einem regalen Gegenstande wirksam, wobei es jedoch in dem in demselben Augenblicke entstehenden Finderrechte aufgeht. Das Recht des Finders und des Muthers hat die gefundene Lagerstätte zum Gegenstande, das Bergwerkseigenthum endlich das verliehene Feld mit allen darin enthaltenen Lagerstätten des verliehenen Minerals. — Schwieriger erscheint die Bestimmung des Inhalts der drei gedachten Rechte. Sie muss von der Definition des Bergwerkseigenthums ausgehen, in welchem das Recht des Finders und des Muthers, und durch dieses in zweiter Linie auch das Schürfrecht aufgeht. Ueber die Natur des Bergwerkseigenthums existiren zwei Theorien, von denen die eine ein körperliches Eigenthum des Beliehenen an den verliehenen Lagerstätten annimmt, während die andere ein unkörperliches Recht zur Gewinnung der Mineralien in dem verliehenen Felde statuirt. Diese Verschiedenheit der Theorien ist wichtig, nicht allein für den Sprachgebrauch, sondern auch für den Inhalt der Lehre von der Erwerbung des Bergwerkseigenthums. Gegenstand des Sacheigenthums kann nur ein räumlich begrenzter selbstständiger Theil der Körperwelt sein. Die Erwerbung des Sacheigenthums an den regalen Lagerstätten kann daher erst mit dem Momente eintreten, wo dieselben eine natürliche oder willkürliche Begrenzung erhalten haben. Wenn daher das Bergwerkseigenthum als Sacheigenthum betrachtet wird, so kann dasselbe erst in demjenigen Augenblicke erworben werden, wo das zu verleihende Feld definitiv bestimmt ist. Bis zu diesem Zeitpunkte ist eine, wenn auch nur bedingte, Erwerbung des Eigenthums nicht denkbar. Ist dagegen das Bergwerkseigenthum ein unkörperliches Recht, so ist die Erwerbung desselben von dieser Voraussetzung nicht abhängig. Sie tritt mit dem Augenblicke ein, wo die Bedingungen für die Erwerbung des Rechts überhaupt erfüllt sind, ohne dass die Feststellung des räumlichen Umfangs in Betracht kommt *).

Beide Theorien von der Natur des Bergwerkseigenthums sind an sich gleichberechtigt und es erscheint unmöglich, den über die Berechtigung der einen oder der anderen Meinung so lebhaft geführten Streit vom rechtsphilosophischen Standpunkte aus zu entscheiden. Vergl. insbesondere Schomburg: Betrachtungen S. 66—112 und Strohn: Bemerkungen über Bedingungen und Wirkungen der bergrechtlichen Muthung und Beleihung in Striethorst's Archiv Bd. 33. S. 351 ff. Beide Theorien finden sich auch in den verschiedenen positiven Gesetzgebungen verwirklicht **). Es fragt sich nur, welche von beiden Auffassungen dem Deutschen und insbesondere dem Preussischen Bergrechte zu Grunde liegt. Es kann hier nicht beabsichtigt werden, in eine ausführliche Untersuchung dieser Controverse einzugehen. Vielmehr muss sich unsere Erörterung darauf beschränken, das in den Entscheidungen des Ober-Tribunals über diese Frage enthaltene Material aufzuweisen. Im Uebrigen kann nur auf die bereits erwähnten Bemerkungen von Strohn verwiesen werden, welche eine kritische Nachweisung der verschiedenen Ansichten der Rechtslehrer enthalten.

Die Autorität des Ober-Tribunals ist für und wider beide Ansichten angeführt worden. Die unkörperliche Natur des Bergwerkseigenthums ist ausdrücklich angenommen in den Gründen des Plenarbeschlusses vom 18. April 1843 (Entscheidungen Bd. 9. S. 110). Es heisst daselbst:

»Auch das Allg. Landrecht spricht von einem Bergwerks-Eigenthum (Th. II. Tit. 16. §§. 82., 133., 138. und noch mehrere Stellen). Dies ist so verstanden worden, als sei das Bergwerks-Eigenthum auch auf den Grund und Boden, in dem der Bau betrieben wird, gerichtet, dergestalt, dass der Bergwerksbesitzer vollständiger Eigenthümer des Raumes unter der Erde, in dem er bauet, der frühere Grundeigenthümer aber auch noch Eigenthümer der Oberfläche der Erde über dem Bergwerke genannt, und angenommen wird, dass in dieser Weise zwei

---

*) Hierbei ist zu berücksichtigen, dass das Bergwerkseigenthum als unkörperliches Recht betrachtet, nicht den Charakter der *jura in re*, sondern den einer selbstständigen Gerechtigkeit hat.

**) So ist namentlich die Auffassung des Bergwerkseigenthums als reines Sacheigenthum in der Französischen Gesetzgebung vom 12. Juni 1791 und vom 21. April 1810 ziemlich folgerecht durchgeführt. Dagegen ist in dem Berggesetze für das Grossherzogthum Sachsen vom 22. Juni 1857 sogar der Name des Bergwerkseigenthums verbannt und das Bergbaurecht als eine Art der Gewerbeberechtigungen behandelt worden.

Grundeigenthümer über einander, wie sonst nur neben einander, vorhanden sind.«

»Das Bergwerks-Eigenthum ist jedoch als solches kein Eigenthum am Grund und Boden. Es entsteht durch die Verleihung, welche der Staat kraft des Bergregals vornimmt; aber das Bergregal enthält selbst nicht ein Recht auf das Eigenthum des Grundstücks, in welchem sich Erze befinden, sondern es begreift nur die Berechtigung zur Gewinnung der dem Regal unterworfenen Gegenstände in sich. Dies ergiebt sich aus den §§. 69—71. Th. II. Tit. 16. des Allg. Landrechts, wo als Gegenstand des Bergregals nur die Fossilien, aus denen Metalle und Halbmetalle gewonnen werden können, Edelsteine und gewisse andere Steinarten, auch Salze und Inflammabilien bezeichnet sind. Nur dieses Recht zur Gewinnung solcher dem Bergregal unterliegender Sachen kann der Staat verleihen, was auch der §. 79. ebendas. mit den Worten ausdrückt:«

»»Wer ein Stockwerk Erzlager, Gang oder Flötz von solchen Fossilien, welche nach §§. 69., 70. und 71. zum Bergwerksregal gehören, bauen will, muss damit gehörig beliehen sein.««

»Wird dieses Recht ein Bergwerks-Eigenthum genannt, so kann dieser Ausdruck nur in dem Sinne verstanden werden, in welchem das Allg. Landrecht auch ein Eigenthum an Rechten überhaupt kennt.«

Für die entgegengesetzte Meinung führt Strohn a. a. O. die Gründe des Plenarbeschlusses vom 7. Juli 1851 (Entscheidungen Bd. 21. S. 17) an, in welchen gesagt wird:

»Was die behauptete Unmöglichkeit einer Naturaltradition beim Bergwerks-Eigenthum anbetrifft, so kann dieselbe nicht anerkannt werden. Selbst wenn das Bergwerks-Eigenthum eine rein unkörperliche Sache wäre, so würde dennoch eine Uebergabe, möchte dieselbe auch nur durch eine dem §. 59. Tit. 7. Th. I. des Allg. Landrechts entsprechende Willenserklärung möglich sein, juristisch gedacht werden können. Aber das Bergwerks-Eigenthum ist keinesweges rein unkörperlich, das verliehene Feld tritt schon durch die Vermessung und Versteinung in die äussere Erscheinung, ausserdem ergeben die mit dem Betriebe verbundenen Anstalten, Hütten und sonstigen Anlagen über der Erde, dann die Bauten in der Erde, Maschinen und dergleichen einen materiellen körperlichen Besitz, welcher eine körperliche Uebergabe möglich macht.«

Doch ist in diesen Ausführungen die Anerkennung eines Sacheigenthums nicht zu finden. Als Gegensatz zu den »rein unkörperlichen Sachen« ist keinesweges die rein körperliche Sache, sondern offenbar nur das Recht gedacht, welches mit dem Besitze einer Sache verbunden ist (A. L. R. Th. I. Tit. 7. §. 77.). Und als die mit dem Rechte des Bergwerkseigenthümers verbundene Sache ist, neben den etwa vorhandenen Betriebsanstalten, das Grubenfeld genannt, an welchem allerdings nach Preussischem Rechte auch ohne die Unterstellung eines Sacheigenthums ein unvollständiger Sachbesitz Seitens des Bergwerkseigenthümers, also auch eine Naturaltradition denkbar ist. — Das Ober-Tribunal hat auch in den Gründen einer späteren Senats-Entscheidung vom 1. December 1858 (Striethorst's Archiv Bd. 32. S. 65) das Bergwerkseigenthum als »das Recht« bezeichnet, »innerhalb eines bestimmten Umfanges die Fossilien, welche den Gegenstand der Beleihung ausmachen, mit Ausschluss anderer zu gewinnen.«

Mehr noch als solche beiläufige Ausführungen, welche lediglich zur Beseitigung von Zweifelsgründen bestimmt sind, fallen solche Entscheidungen des Ober-Tribunals ins Gewicht, welche mit Nothwendigkeit die unkörperliche Natur des Bergwerkseigenthums voraussetzen und die Annahme eines Sacheigenthums ausschliessen. Dies ist namentlich der Fall bei dem Erkenntnisse vom 18. Februar 1853, betreffend die Wirkung einer Bergwerks-Consolidation auf die Realberechtigungen an einem der vereinigten Bergwerke, welches sich in den Entscheidungen Bd. 25. S. 293 und in Striethorst's Archiv Bd. 8. S. 310 abgedruckt findet:

Der Rittergutsbesitzer S. war in einem Vorprocesse rechtskräftig verurtheilt worden, dem Fahrsteiger L. 42⅔ Kuxe der Grube Präsident abzutreten. Während jenes Vorprocesses im Jahre 1844 war die genannte Grube mit den Gruben Marienburg und Münster unter dem Namen Vereinigte Präsident consolidirt und S., welcher 32 Kuxe der ursprünglichen Grube Präsident eingeworfen hatte, war mit 16 Kuxen an dem vereinigten Werke betheiligt worden. Auf diese 16 Kuxe hatte L. eine Protestation *de non amplius intabulando* eintragen lassen. S. verlangte die Löschung dieser Protestation, während L. widerklagend die Abtretung derjenigen Rechte in Anspruch nahm, »welche nach der Betheiligung des S. an der Grube Präsident bei der Consolidation dieser Grube mit der Grube Münster vertreten seien.« Die beiden ersten Richter erkannten nach dem Antrage des Klägers auf Löschung der Protestation und auf Abweisung der Widerklage. Der Appellationsrichter führte aus, durch die eingetretene Consolidation und durch die erfolgte Löschung der Einzelbergwerke im Berg-Hypothekenbuche sei die Grube Präsident und mit ihr der dingliche Anspruch des Widerklägers erloschen. Das Ober-Tribunal vernichtete auf die Beschwerde des Widerklägers dieses Urtheil und erkannte auf Abweisung der Klage, sowie nach dem Antrage des Widerklägers.

3*

Zur Begründung dieses Urtheils wird ausgeführt:

»Stand wirklich dem Widerkläger ein dinglicher Anspruch auf die frühere Einzelzeche Präsident zu, so kann derselbe durch die blosse Consolidation unmöglich erloschen sein. Die Consolidation besteht nach §. 7. des Gesetzes vom 12. Mai 1851 über die Verhältnisse der Miteigenthümer eines Bergwerks (Ges.-Samml. S. 265) in der Vereinigung zweier oder mehrerer Bergwerke zu einem Bergwerke und der §. 10. dieses Gesetzes verordnet ausdrücklich, dass das Recht der Hypothekengläubiger und anderer Realberechtigten bei Beschlüssen der im §. 7. gedachten Art ohne Weiteres auf den entsprechenden Antheil an dem vereinigten Werke übergehe. Allerdings gehört das Gesetz vom 12ten Mai 1851 einer späteren Zeit an als diejenige Consolidation, woraus die Zeche Vereinigte Präsident hervorgegangen ist, allein mit Recht macht Implorant geltend, dass die gedachten Vorschriften des Gesetzes vom 12. Mai 1851 Rechtsgrundsätze aussprechen, die lange vorher schon gegolten haben. Eben so wenig wie durch das Zusammenschlagen zweier Grundstücke etwa zum Zwecke der Errichtung eines Fabrik-Etablissements die auf denselben haftenden Realrechte erlöschen, eben so wenig kann einer Vereinigung mehrerer Bergwerke eine solche Wirkung beigelegt werden. Bei der Consolidation zweier oder mehrerer Bergwerke werfen die einzelnen Eigenthümer ihr bisheriges Sondereigenthum zusammen und jeder erhält an dem so gebildeten Gesammteigenthum einen entsprechenden Antheil, welcher der Natur der Sache nach den Realberechtigten der zusammengeschlagenen einzelnen Bergwerke verhaftet bleibt. Diese aus der Natur der Sache hervorgehenden Grundsätze sind in den obengedachten Vorschriften des Gesetzes vom 12. Mai 1851 ausgesprochen, aber schon lange vorher beobachtet und als gültig anerkannt worden, wie aus der Ministerial-Instruction für die Königlichen Bergämter zu Bochum und Essen wegen Einrichtung und Bearbeitung des Berghypothekenwesens insbesondere hervorgeht (vergl. v. Kamptz Jahrb. Bd. 40. S. 226 ff.). Diese bestimmt nämlich im §. 30.:

> Bis zu den über die Consolidationen zu erwartenden näheren gesetzlichen Bestimmungen verbleibt es dabei, dass erst nach vollständig vollzogener Consolidations-Urkunde die Umschreibung bei dem Berggegenbuche in der Art erfolgt, dass die consolidirte Zeche mit den vereinbarten Antheilen der einzelnen Gewerke an derselben und mit den auf ihr und den einzelnen Antheilen haftenden Schulden und Lasten auf ein neues Folium eingetragen und dagegen jede einzelne der Vereinigung beigetretene Zeche gänzlich gelöscht wird.

Hier werden also die auf den einzelnen Zechen haftenden Lasten und Schulden als solche betrachtet, die — als die einzelnen Antheile des neu gebildeten Ganzen treffend — auf das neue Folium zu übertragen sind. Karsten in seinem Grundriss der Deutschen Bergrechtslehre geht von gleichen Grundsätzen aus. Er sagt im §. 350., wo von Consolidationen die Rede ist:

Die Berggläubiger — wenn solche vorhanden — würden sich der Vereinigung mit einer anderen Zeche nicht widersetzen können, weil ihr Interesse darunter nicht leidet,

wobei augenscheinlich vorausgesetzt wird, dass das Recht, welches ein Berggläubiger bisher an einer einzelnen Zeche gehabt hat, auf den demselben entsprechenden Antheil an dem vereinigten Werke übergehe.«

In dieser Deduction wird zunächst die Bergwerks-Consolidation mit der Vereinigung von zwei Grundstücken, also mit einem Fall aus dem Gebiete des Sacheigenthums verglichen, um zu zeigen, dass die dinglichen Rechte an den Einzelgruben durch die Consolidation nicht untergehen. Sodann wird behauptet, dass dieselben auf die durch die Consolidation entstehenden ideellen Theile an dem gebildeten Ganzen übergehen. Hier hört offenbar die Parallele auf. Denn wenn zwei Grundeigenthümer ihre Grundstücke dergestalt vereinigen, dass jeder von ihnen für sein einzelnes Grundstück einen ideellen Antheil an dem vereinigten Grundstück erhält, so gehen die auf den einzelnen Grundstücken haftenden dinglichen Rechte nicht auf die gebildeten ideellen Theile über, sondern sie bleiben an den reellen Theilen des vereinigten Grundstücks haften. Bei den Bergwerken ist nach §. 10. des Gesetzes vom 12. Mai 1851 das Umgekehrte der Fall. Wenn indess diese gesetzliche Bestimmung eine rein positive Abweichung von der juristischen Regel enthielte, so würde wohl die Autorität Karsten's und der oben angeführten Ministerial-Instruction vom 21. September 1832 nicht ausreichen, um dieselbe auf einen rückwärts liegenden Fall anzuwenden. Das Ober-Tribunal hat es daher auch für nothwendig gefunden, die Vorschrift des §. 10. cit. aus der Natur der Bergwerks-Consolidation zu begründen. Es fasst zu diesem Zwecke die in Folge der Consolidation eingetretene Veränderung der streitigen Sache näher ins Auge und bemerkt:

»Dass dieselbe untergegangen sei, lässt sich nicht behaupten; der angebliche Untergang ist nur ein scheinbarer und formeller, letzteres insofern, als im Gegenbuche in Folge der Consolidation die früheren Einzelzechen gelöscht und für das consolidirte Werk ein neues Folium angelegt worden. In der Wirklichkeit besteht das frühere Bergwerk der Zeche Präsident fort. Dessen Betrieb ist nur mit dem eines anderen Bergwerks, resp. zweier, in Verbindung gesetzt worden, womit natürlich eine Regulirung der Theilnahmerechte der verschiedenen Gewerken an dem Gesammtertrage des vereinigten Werkes verbunden ist.

Hieraus ergiebt sich zugleich, dass auch eine Veräusserung der *res litigiosa* nicht angenommen werden kann; denn der Widerverklagte hat nicht sein Recht auf einen Anderen übertragen, es sind vielmehr durch die Consolidation nur gewisse Veränderungen in der Art der Benutzung desselben eingetreten. Enthielten dieselben eine Verschlimmerung der *res litigiosa*, so würde Verklagter nach dem oben angezogenen §. 48. Th. I. Tit. 7. der Allg. Gerichtsordnung sogar dafür verantwortlich und Widerkläger berechtigt sein, die verschlimmerte Sache nebst Entschädigung für die Verschlimmerung zu verlangen. Eine Verschlimmerung hat jedoch Widerkläger nicht behauptet. Er verlangt vielmehr die ihm, resp. seiner Ehefrau, im Vorprocesse zugesprochene Sache, wie sie jetzt in Folge der Consolidation beschaffen ist, und hierzu muss er nach der allegirten Gesetzesstelle für befugt erachtet werden. Auch hat er seinen Reconventionsantrag richtig gestellt, wenn er vom Widerverklagten die Abtretung derjenigen Rechte verlangt, welche durch seine dem Eigenthume nach dem Verklagten und Widerkläger zustehende Betheiligung an der Zeche Präsident bei Consolidation dieser Zeche durch Act vom 20. Mai 1844 vertreten sind, was nur dahin verstanden werden kann, dass er die Abtretung desjenigen Antheils an dem consolidirten Werke fordert, welcher bei der Consolidation an die Stelle des dem Widerkläger im Vorprocesse zugesprochenen Antheils an der früheren Einzelzeche Präsident getreten, d. h. lediglich ein Aequivalent dieses Antheils ist.«

Diese Gründe sind jedoch nicht erschöpfend und nicht concludent. Wenn das frühere Bergwerk Präsident trotz der erfolgten Consolidation noch fortbestand, wenn nur eine Betriebsgemeinschaft mit den Gruben Münster und Marienburg und eine Regulirung der Theilnahmerechte an dem Gesammtertrage eingetreten war, so konnte L. nur die Abtretung der ihm zuerkannten Kuxe an der Einzelgrube Präsident verlangen. Wenn keine Veräusserung der litigiösen Sache eingetreten war, so kann auch nicht von einem »Aequivalent« die Rede sein, »welches durch die Consolidation an die Stelle des Antheils der früheren Einzelzeche Präsident getreten ist«. Die obige Ausführung widerspricht auch der im Eingange der Urtheilsgründe gegebenen Definition der Consolidation, wonach »die einzelnen Eigenthümer ihr bisheriges Sondereigenthum zusammenwerfen und jeder an dem so gebildeten Gesammteigenthum einen entsprechenden Antheil erhält«. Und diese Definition ist unzweifelhaft richtig. Die Consolidation enthält eine vollständige Vereinigung der einzelnen Gruben zu einem Bergwerke, in Folge deren das Eigenthum an den früheren Einzelwerken in ein Miteigenthum an dem vereinigten Werke umgewandelt wird. Der Uebergang der Realberechtigungen an den Einzelwerken auf diese ideellen Antheile muss daher, vom Standpunkte des Sacheigenthums betrachtet, als eine Anomalie erscheinen, da der für das Grundeigenthum geltenden Regel nach, diese Rechte an den reellen Theilen des vereinigten Bergwerks haften würden. Anders wenn man das Bergwerkseigenthum als ein unkörperliches Recht zur Gewinnung von Mineralien in einem bestimmten Raume betrachtet, und zugleich berücksichtigt, dass der Umfang dieses Raumes durch das Gesetz und durch das Ermessen der Behörde bestimmt wird und dass eine Veränderung dieses Umfanges nur unter Mitwirkung der verleihenden Behörde statthaft ist. Unter dieser Voraussetzung enthält die Consolidation neben dem Gesellschaftsvertrage unter den Besitzern der einzelnen Bergwerke noch ein zweites Rechtsgeschäft, durch welches das Recht jedes einzelnen Bergwerksbesitzers zur Mineralgewinnung über die Grenzen seines früheren Einzelbergwerks hinaus auf den Umfang des consolidirten Werkes erweitert wird, während dasselbe zugleich durch die Concurrenz der übrigen Mitberechtigten und durch den abgeschlossenen Gesellschaftsvertrag auf ein gewerkschaftliches Miteigenthum beschränkt wird. Nur dieser Vorgang macht die Umwandlung des früheren Eigenthums an den Einzelbergwerken in ein Miteigenthum, ohne die Unterstellung einer Veräusserung denkbar. Diese Auffassung allein rechtfertigt die Vorschrift des §. 10. des Gesetzes vom 12. Mai 1851, betreffend den Uebergang der Realberechtigungen als eine Anwendung, nicht Ausnahme, von der juristischen Regel, während mit der Annahme eines Sacheigenthums an den verliehenen Mineralien diese Ansicht sowohl als die oben mitgetheilte Entscheidung des Ober-Tribunals schlechterdings unvereinbar ist.

Mit noch grösserer Bestimmtheit ist die unkörperliche Natur des Bergwerkseigenthums anerkannt und als wesentlicher Entscheidungsgrund ausgesprochen in dem Erkenntnisse vom 23. September 1852 (Striethorst's Archiv Bd. 35. S. 110).

Der Gewerke W. machte ein Vorzugsrecht der von ihm eingelegten Muthungen Antipode I—X., Pluto, Alliance und Justitia vor den beliehenen Eisenerzgruben Neulahn VIII., IX., X. gegen G. A. L. als Eigenthümer der letzteren geltend. Er wurde jedoch mit diesem Anspruche auf Grund des von dem Verklagten geltend gemachten Einwandes, dass er die Gruben Neulahn VIII., IX., X. auf den Glauben des Berggegenbuches von dem daselbst eingetragenen Vorbesitzer durch lästigen Vertrag erworben habe, durch Erkenntniss der ersten Instanz abgewiesen. Auf die Appellation des Klägers erkannte jedoch das Appellationsgericht zu Hamm unter dem 17. Februar 1859 für Recht, dass unter Verwerfung des von dem Verklagten geltend gemachten Einwandes die Sache zur weiteren Entscheidung in die erste Instanz zurückzuweisen. Das Ober-Tribunal hat auf die von dem Verklagten eingelegte Revision dieses Erkenntniss durch das angeführte Urtheil vom 17. Februar 1859 aus folgenden Gründen bestätigt:

»Mit Recht hat der Appellationsrichter den auf den Glauben des Hypothekenbuches gestützten Einwand verworfen. Der Glaube des Hypothekenbuches würde dem Verklagten nur dann zur Seite stehen, wenn Kläger behauptet, dass das Recht, welches Verklagter von dem eingetragenen Vorbesitzer erworben hat, nicht dem Verklagten, sondern dem Kläger zustehe. Diese Voraussetzung trifft aber nicht zu.

Kläger behauptet nicht, dass ihm ein besseres Recht auf die Eisenzechen Neulahn VIII. IX. und X., welche Verklagter von dem Grafen Stolberg und dieser von dem Kaufmann Moeller erworben hat, zustehe, seine Klage ist vielmehr auf die Behauptung gegründet, dass diese Zechen unberechtigt seien, dass die denselben zum Grunde liegenden Muthungen nicht hätten angenommen, dass auf Grund derselben eine Verleihung nicht hätte erfolgen sollen, sondern dass ihm, dem Kläger, auf Grund anderer älterer Muthungen das Vorzugsrecht zustehe. Dieser Streit wird durch die Vorschriften §. 255. Th. II. Tit. 16. und §§. 7., 8. und 18. Th. I. Tit. 10. A. L. R., welche Verklagter für sich in Anspruch nimmt, gar nicht berührt. Allerdings gelten die im Tit. 10. Th. I. A. L. R. enthaltenen Vorschriften von der mittelbaren Erwerbung der Grundstücke nach §. 255. Th. II. Tit. 16. A. L. R. auch beim Bergwerkseigenthum, welches nach §. 253. ibid. überhaupt zum unbeweglichen Vermögen gerechnet wird. Allein die §§. 7. und 8. Tit. 10. Th. I. A. L. R. gewähren nur demjenigen, der sich mit dem im Hypothekenbuche eingetragenen Besitzer in Verhandlungen eingelassen hat, Schutz in dem Rechte, welches er von dem eingetragenen Besitzer erworben hat, gegen Anfechtungen von Seiten des nicht eingetragenen Besitzers, resp. von Seiten desjenigen, dessen Recht sich nur von diesem herschreibt.

Hierum handelt es sich, wie schon dargethan ist, im vorliegenden Falle nicht; Kläger behauptet nicht, dass die Zechen, welche Verklagter von dem Grafen Stolberg gekauft hat, ihm, dem Kläger gehören, er führt vielmehr aus, dass die diesen Zechen zum Grunde liegende Verleihung ungültig sei und gegen das anderweitig begründete bessere Recht des Klägers zurückstehen müsse.

Auch auf §. 18. Th. I. Tit. 10. A. L. R. kann sich Verklagter nicht berufen. Denn durch die auf seinen Namen erfolgte Eintragung würde nach demselben nur dann ein Vorzugsrecht vor dem Kläger begründet werden, wenn dieser einen rechtsgültigen Titel auf die mehrgedachten Zechen, welche Verklagter von dem Grafen Stolberg erworben zu haben behauptet, was aber, wie schon ausgeführt worden, nicht der Fall ist.«

Diese Ausführung unterscheidet zwischen den im Hypothekenbuche eingetragenen Bergwerken Neulahn VIII—X. und demjenigen Gegenstande, auf welchen der Kläger auf Grund seiner Muthungen Antipode I—X., Pluto, Alliance und Justitia Anspruch macht. Diese Muthungen sind jedoch auf dasselbe Feld und auf dasselbe Mineral gerichtet, welches mit den Bergwerken Neulahn VIII—X. verliehen ist. Wird daher das Bergwerkseigenthum als ein Sacheigenthum an den verliehenen Mineralien betrachtet, so kann kein Zweifel darüber bestehen, dass der Gegenstand des von dem Kläger verfolgten Rechts mit dem Gegenstande des für den Verklagten eingetragenen Bergwerkseigenthums vollkommen identisch ist. Es kann dagegen nicht eingewendet werden, dass der Kläger nicht die verliehenen Bergwerke Neulahn VIII—X., sondern die unter ganz anderen Namen von ihm gemutheten Bergwerke in Anspruch nimmt, in sofern feststeht, dass die unter diesen verschiedenen Namen bezeichnete Sache dieselbe ist. Ebenso wenig kann es darauf ankommen, dass hier zwei verschiedene originaire Erwerbsgründe collidiren, dass dem eingetragenen Besitze des Verklagten nicht ein fehlerhafter derivativer Titel, sondern der Mangel des ursprünglichen Erwerbsgrundes — der gültigen Verleihung — vorgeworfen wird. Denn die §§. 7., 8. und 18. A. L. R. Th. I. Tit. 10. müssen ohne Zweifel auch in dem Falle Anwendung finden, wenn der Autor des einen Theils aus einem fehlerhaften originairen Erwerbsgrunde besass. Wenn z. B. A. ein Grundstück als angeblich neu gebildete Flussinsel auf Grund des §. 256. A. L. R. Th. I. Tit. 9. vom Staate übereignet erhalten und demnächst nach erfolgter Eintragung im Hypothekenbuche an B. veräussert hat, so wird diesem neuen Besitzer gegenüber C. nicht mehr mit dem aus §. 243. a. a. O. entnommenen Anspruche gehört werden können, dass das Grundstück keine neue Insel, sondern nur ein umflossener Theil seines Ufergrundstücks sei, dass also die Occupation des A. unberechtigt gewesen und dass die Uebereignung nicht hätte erfolgen sollen. — Dasselbe muss von dem Felde eines Bergwerks gelten, vorausgesetzt, dass dieses Feld mit den darin enthaltenen Lagerstätten den körperlichen Gegenstand eines Sacheigenthums bildet. Die Erwerbung auf den Glauben des Hypothekenbuchs muss den Besitzer gegen jeden Anspruch sichern, welchen ein nicht eingetragener Prätendent auf diese seine Sache erhebt, gleichviel ob dieser Anspruch von demselben originairen Erwerbsgrunde, von derselben Verleihung abgeleitet, oder auf eine eigene Verleihung resp. Muthung gestützt ist. Die Annahme eines Sacheigenthums an den Bergwerken führt daher mit Nothwendigkeit zu dem Schlusse, dass der nicht beliehene und nicht eingetragene Muther gegenüber demjenigen, welcher das gemuthete Feld von dem beliehenen und eingetragenen Besitzer, dem Glauben des Hypothekenbuchs folgend, erworben hat, sein Vorzugsrecht nicht geltend machen kann.

Das Ober-Tribunal geht indess von der gerade entgegengesetzten Annahme aus. Es bezeichnet als Fundament der Klage die Behauptung, dass die Zechen des Verklagten unberechtigt seien. Es betrachtet also diese Bergwerke nicht als eine Sache, sondern als ein Recht, welches durch ein gegenüberstehendes besseres Recht unwirksam gemacht werden kann. Von dieser Auffassung ausgehend, sieht das Ober-Tribunal in dem Bergwerkseigenthum nur das Eigenthum an dem durch die ertheilte Verleihung begründeten Rechte, und wendet die Regeln der §§. 7., 8. und 18. Tit. 10. Th. I. und des §. 255. Tit. 16. Th. II. A. L. R. über die Collision verschiedener Eigenthumsansprüche nur auf das Zusammentreffen von Ansprüchen auf die durch eine bestimmte Verleihung begründete Gerechtigkeit an, wogegen es die Collision zwischen den durch verschiedene Acte der Verleihung begründeten Rechten von diesen Regeln ausschliesst.

Ob diese letztere Annahme eine nothwendige Consequenz von der unkörperlichen Natur des Bergwerkseigenthums ist, oder ob etwa der §. 255. A. L. R. Th. II. Tit. 16. jene Regeln auch auf das Zusammentreffen ungleichnamiger Eigenthumsansprüche, auf den Streit über das Alter im Felde (§§. 359—364. a. a. O.) ausdehnt, ist an diesem Orte nicht zu entscheiden. Für den gegenwärtigen Zweck der Erörterung genügt es festgestellt zu haben, dass die in dem Erkenntnisse vom 1. December 1858 aufgestellte Definition der rechtlichen Natur des Bergwerkseigenthums:

17. Das Bergwerkseigenthum ist das ausschliessliche objectiv dingliche Recht auf Gewinnung der verliehenen Fossilien innerhalb eines bestimmten Bezirks.

Striethorst's Archiv Bd. 32. S. 62. — Zeitschrift für Berg-, Hütten- und Salinenwesen Bd. VII. Abth. B. S. 88.

von dem Ober-Tribunal in den verschiedenartigsten Anwendungen aufrecht erhalten worden ist.

Dieselbe Ansicht von der rechtlichen Natur des Bergwerkseigenthums wird von der Mehrzahl der Lehrer des Deutschen Bergrechts vertreten. Sie ist vom Standpunkte des Preussischen Bergrechts angegriffen worden in den oben (S. 33) angeführten »Bemerkungen« von Strohn, welcher unter andern ein entscheidendes Gewicht auf den Sprachgebrauch des Allg. Landrechts legt, und insbesondere den Gegensatz hervorhebt, welchen der Gesetzgeber durchgehends zwischen der blossen Gerechtigkeit des Erbstöllners und dem Bergwerkseigenthum an den verliehenen Gängen, Flötzen u. dergl. macht (a. a. O. S. 370). Da jedoch das Allg. Landrecht nach der im §. 1. Tit. 8. Th. I. gegebenen Definition den Begriff des Eigenthums nicht auf das Sacheigenthum beschränkt, so sind die entscheidenden Kennzeichen für die rechtliche Natur des Bergwerkseigenthums nicht in dem Sprachgebrauch des Gesetzes, sondern in den materiellen Bestimmungen zu suchen, durch welche der Gesetzgeber dieses Rechtsinstitut regelt, unter denen als charakteristisch und gegen die Annahme eines Sacheigenthums entscheidend insbesondere die Bestimmungen über das Alter im Felde (§§. 352—368 A. L. R. Th. II. Tit. 16.) und über den Verlust des Bergwerkseigenthums durch Nichtgebrauch (§§. 188—205. a. a. O.) hervorzuheben sind.

Ein Sacheigenthum ist, wie bereits bemerkt wurde, nur an einem bestimmten Stücke der Körperwelt von fester räumlicher Begrenzung denkbar. Es kann kein Sacheigenthum bestehen an der Hufe Landes, auf welche der nächste Meteorstein fallen, oder auf welcher die grösste magnetische Declination des nächsten Jahres stattfinden wird. Das Sacheigenthum kann in seiner Entstehung oder seiner Dauer bedingt, die Person des Berechtigten kann ungewiss oder hypothetisch sein. Aber die Sache, an der das Eigenthum besteht, muss wirklich vorhanden sein, muss aus dem Bereiche der übrigen Körperwelt unterschieden werden können; ihre Begrenzung kann nicht hypothetisch bestimmt sein. Nach dem A. L. R. Th. II. Tit. 16. §§. 355. 357. 367. 368. wird aber der Gegenstand des Bergwerkseigenthums, das Grubenfeld, in der Regel begrenzt durch das unbekannte Verhalten der Lagerstätte. Mit der Veränderung ihres Streichens verändert sich auch das Feld. Die Verwerfung eines Ganges aus der Vierung oder in die fremde Vierung, das Schaaren zweier Gänge bewirkt eine Veränderung in den Rechten der betheiligten Bergwerkseigenthümer. Die Umstände, welche diese Veränderungen bewirken, sind allerdings keine zukünftigen Ereignisse, allein sie sind bei der Constituirung des Bergwerkseigenthums eben so ungewiss, wie jene; sie können der Natur der Sache nach erst in einer künftigen Zeit bekannt werden. Die Abhängigkeit der Begrenzung des Grubenfeldes von solchen ungewissen Umständen schliesst daher die Annahme eines Sacheigenthums aus.

Nicht minder unverträglich mit dieser Annahme ist der Untergang des Bergwerkseigenthums durch die unterlassene Benutzung (A. L. R. Th. II. Tit. 16. §§. 188—205.). Das Sacheigenthum erlischt nach Preussischem, wie nach gemeinem Rechte, ohne den Willen des Eigenthümers nur durch den (physischen oder juristischen) Untergang des Objects und durch die Succession eines anderen Eigenthümers. Der Verlust durch den blossen Nichtgebrauch ist mit der in dem Begriffe des Eigenthums enthaltenen Totalität der Herrschaft unverträglich, und daher immer als ein unterscheidendes Kennzeichen der beschränkteren dinglichen Rechte betrachtet worden.

Die angeführten Bestimmungen des Allg. Landrechts, mit welchen das gemeine Deutsche Bergrecht vollständig übereinstimmt, sind also beweisend für die unkörperliche Natur des Bergwerkseigenthums. Und diese findet auch in dem Sprachgebrauche des Allg. Landrechts an sehr charakteristischer Stelle ihre Bestätigung, indem der §. 154. a. a. O. das Recht auf Verleihung des Bergwerkseigenthums, wie folgt definirt.

> §. 154. Wer auf erhaltenen Schürfschein ein Stockwerk Erzlager Gang oder Flötz zuerst erschürft hat, ist befugt, zu verlangen, dass ihm der Bau auf das entdeckte Werk innerhalb eines gewissen Districts vor allen Anderen verliehen werde.

Der Erbstollngerechtigkeit gegenüber bewahrt das Bergwerkseigenthum trotz seiner unkörperlichen Natur noch einen charakteristischen Unterschied in seiner Ausschliesslichkeit. Und diese Eigenschaft, welche das Bergbaurecht der rechtlichen Natur des Grundeigenthums möglichst nahe bringt, hat ihm in dem gesammten Deutschen Bergrechte den ausgezeichneten Namen des Bergwerkseigenthums verschafft, einen Namen, welcher nach dem Sprachgebrauche des Preussischen Rechts sich sehr wohl mit seiner unkörperlichen Natur verträgt und daher zu keinen Zweifeln Anlass geben kann.

Es ist bereits an den oben (S. 35—41) mitgetheilten Entscheidungen des Ober-Tribunals gezeigt worden, dass die rechtliche Natur des Bergwerkseigenthums von entscheidender

Bedeutung für verschiedene wichtige Fälle der mittelbaren Erwerbung ist, dass also die im Vorstehenden erörterte Frage nicht mit Gräff (Handbuch S. 42) als praktisch unerheblich bezeichnet werden darf. Von noch entscheidenderem Gewichte ist die Lösung dieser Frage, wie bereits angedeutet wurde (S. 32) für die Lehre von der unmittelbaren Erwerbung des Bergwerkseigenthums. Bevor indess aus der gefundenen Lösung die Bedingungen der Erwerbung des Bergwerkseigenthums und die Regeln für die Beurtheilung collidirender Ansprüche abgeleitet werden können, sind die Formen zu erörtern, an welche das Gesetz die Ausübung der Bergbaufreiheit, die Occupation der regalen Lagerstätten geknüpft hat.

§. VI. Der Schürfschein und das Recht des ersten Finders.

Schürfen heisst das Aufsuchen der im Freien liegenden Lagerstätten zum Zweck der Erlangung des Bergwerkseigenthums. Da das Schürfen im rechtlichen Sinne mit dem Funde einer regalen Lagerstätte abschliesst und die Occupation erst an einer bereits gefundenen Lagerstätte erfolgen kann, so würde die Handlung des Schürfens für die Erwerbung des Bergwerkseigenthums ohne rechtliche Bedeutung sein, wenn nicht das Gesetz schon mit dieser vorbereitenden Handlung für den Fall des Fundes besondere Vorrechte verknüpft hätte. Nach den blossen Regeln der Occupation würde die gefundene Lagerstätte nicht von dem ersten Finder allein, sondern auch von jedem dritten in Anspruch genommen werden können, so lange die Muthung durch den Finder nicht erfolgt ist. Es würde zwischen beiden nur die Regel der Prävention entscheiden. Im deutschen Bergrechte hat jedoch von jeher der Grundsatz gegolten, dass der erste Finder binnen einer bestimmten Frist vorzugsweise berechtigt ist, die gefundene Lagerstätte in Anspruch zu nehmen. Und dieser Grundsatz wird ausgedrückt in der alten Rechtsparömie: Der erste Finder ist der erste Muther.

Durch dieses Recht des ersten Finders gewinnt auch die Handlung des Schürfens für die Erwerbung des Bergwerkseigenthums rechtliche Bedeutung, denn so oft eine Lagerstätte nicht durch Zufall, sondern in Folge von Schürfarbeiten gefunden wird, ist auch der Schürfer der Natur der Sache nach jedesmal der erste Finder. Das Recht zum Schürfen ist nach gemeinem Deutschen Bergrechte in der allgemeinen Bergbaufreiheit enthalten. Es kann daher, so weit nicht durch besondere Landesgesetze ein Anderes bestimmt ist, Jeder die im Freien liegenden Lagerstätten aufsuchen und durch ihre Entblössung das Recht des ersten Finders erwerben.*) Die meisten neueren Bergordnungen und insbesondere das A. L. R. Th. II. Tit. 16. §§. 141. 154. schreiben jedoch vor, dass, wer auf die zum Bergwerksregal gehörigen Fossilien schürfen will, dazu vorher einen Erlaubnissschein von der Bergbehörde einholen soll. Dieser Schürfschein wird auf einen bestimmten District ertheilt (a. a. O. §. 143.).

Hiernach entsteht für das Preussische Bergrecht die Frage, in wiefern das Recht des ersten Finders durch den Besitz eines Schürfscheins bedingt ist. Bei der Beantwortung dieser Frage muss abermals auf die in der vorigen Anmerkung angeführte Abhandlung von H. Brassert verwiesen werden, welche (S. 216 bis 218, S. 221 ff.) eine ausführliche geschichtliche Darstellung über die Einführung der Schürfscheine und ihr Verhältniss zum Finderrecht, unter Anführung der einschlägigen Bestimmungen der verschiedenen Berordnungen enthält. Nach dieser Darstellung ist die Veranlassung zur Einführung der Schürfscheine in dem Verhältnisse des Schürfers zu dem Grundeigenthümer zu suchen. Sie hatte den Zweck, den Schürfer mit einer Legitimation zu versehen, auf welche er sich dem Grundeigenthümer gegenüber berufen konnte, und dagegen Letzterem das Recht zu gewähren, jeden nicht von der Bergbehörde zugelassenen Schürfer zurückzuweisen. Der Schürfschein bildete daher seiner ursprünglichen Bestimmung nach nicht eine nothwendige Voraussetzung für das Recht des ersten Finders. So wenig vor der Einführung der Schürfscheine das Finderrecht durch die Vornahme von Schürfarbeiten bedingt war, eben so wohl konnte auch nach ihrer Einführung das Recht des ersten Finders zufällig, ohne Schürfarbeiten, mithin ohne den Besitz eines Schürfscheins, erworben werden. Eine Veränderung trat nur insofern ein, als durch Schürfarbeiten, welche ohne Schürfschein unternommen wurden, auch das Recht des ersten Finders nicht mehr erlangt werden konnte, weil das Recht zum Schürfen

---

*) Zur Begründung des obigen Satzes wird auf die Abhandlung von Brassert: »Nach gemeinem Deutschen Bergrechte ist das Recht des ersten Finders nicht von dem Besitze eines Schürfscheins abhängig«, (Zeitschr. f. Berg-, Hütten- u. Salinenwesen Bd. III. B. S. 209 bis 228) Bezug genommen.

durch den Besitz eines Schürfscheins bedingt war.*) Neben dem Schürfscheininhaber konnte daher nur noch der zufällige Finder und der Grundeigenthümer, welcher zum Schürfen auf eigenem Grund und Boden keiner Schürferlaubniss bedurfte, das Recht des ersten Finders erwerben, wie dies in den von Brassert S. 221 angeführten Bestimmungen der Churpfälzischen Bergordnung vom 31. Juli 1781 Art. 40. und des Bayerischen Privilegiums vom 6. Mai 1784 Art. 20. ausdrücklich anerkannt wird.

Das Allg. Preussische Landrecht dagegen schreibt unter der Rubrik: Vom Rechte des ersten Finders, im §. 154. Th. II. Tit. 16. ausdrücklich vor:

> Wer auf erhaltenen Schürfschein ein Stockwerk Erzlager Gang oder Flötz zuerst erschürft, ist befugt, zu verlangen, dass ihm der Bau auf das entdeckte Werk innerhalb eines gewissen Districts vorzüglich vor allen Anderen verliehen werde.

Und diese Bestimmung wird bereits von Hake (Commentar §. 139.) dahin ausgelegt, dass das Recht des ersten Finders durch den Besitz eines Schürfscheins bedingt sei. Brassert, welcher die Bestimmungen des Allg. Landrechts ausdrücklich von der Erörterung ausschliesst (a. a. O. S. 209), bezeichnet es beiläufig als zweifelhaft, ob überhaupt bei Abfassung des Allg. Landrechts die Ausschliessung des zufälligen Finders beabsichtigt worden sei (S. 227). Diese Frage muss jedoch nach der Redactionsgeschichte des angeführten §. 154. bejaht werden.

In dem ersten gedruckten Entwurfe des Allgemeinen Gesetzbuchs für die Preussischen Staaten fehlen die Worte: »auf erhaltenen Schürfschein«, in dem §. 94., welcher dem §. 154. cit. des Allg. Landrechts übrigens wörtlich entspricht. Zu diesem §. 94. des Entwurfs bemerkte der Bergrichter Sack zu Wetter in seinen gemeinschaftlich mit dem Freiherrn von Stein verfassten Erinnerungen:

> »Endlich kann auch der Zweifel entstehen, ob bloss der, welcher auf einen erhaltenen Schürfschein das Fossil erschürft, oder auch Jeder, der es bloss von ohngefähr entdeckt hat, das Recht des ersten Finders

*) Auch der Besitzer eines Schürfscheins erlangt das Finderrecht nicht, wenn er einem Verbotsgesetze zuwider gehandelt hat, so namentlich, wenn er der Verordnung vom 24. Februar 1839 (Achenbach, Bergpolizeivorschriften S. 82) zuwider im Sicherheitspfeiler geschürft hat. (Entscheidung vom 2. Juli 1858, Striethorst's Archiv Bd. 30. S. 158.)

haben soll. Letzteres scheint billig zu sein, kann aber zu Collisionen zwischen dem durch einen Schürfschein Berechtigten und dem zufälligen Finder Anlass geben, daher es besser wäre, es zur Nothwendigkeit für den ersten Finder zu machen, dass er dazu durch einen Schürfschein berechtigt sei. Der zufällige Finder verliert auch nichts weiter, als dass er sich einen Schürfschein holen muss.*) Dann steht es auch mit §. 80. mehr in Harmonie.«

Zu diesem Zwecke schlägt Sack vor, in den Vordersatz des §. 94.: »Wer — zuerst erschürft hat«, die Worte: »auf einen erhaltenen Schürfschein« einzuschalten. Und in Folge dieser Erinnerung hat der §. 154. cit. zunächst in dem Allg. Gesetzbuche, sodann in dem Allg. Landrecht die gegenwärtige Fassung erhalten.

Die Entstehungsgeschichte des §. 154. cit. beweist also, dass die an sich nicht ganz deutliche Fassung dieses Paragraphen den ausdrücklichen Zweck hatte, das Recht des ersten Finders auf den Schürfscheininhaber zu beschränken und den zufälligen Finder davon auszuschliessen. Das Preussische Bergrecht weicht daher in diesem Punkte von dem gemeinen Deutschen Bergrechte ab.**) Auch der Grundeigenthümer, welcher auf eigenem Grund und Boden eine regale Lagerstätte erschürft, hat nach dem Allg. Landrechte das Recht des ersten Finders nicht. Denn während die übrigen Bergordnungen die Einholung der Schürferlaubniss nur für das Schürfen auf fremdem Grund und Boden vorschreiben, bestimmt das Allg. Landrecht:

> §. 141. Niemand hat das Recht, auf die nach §§. 69. 70. und 71. zum Bergwerksregal gehörenden Fossilien zu schürfen, ohne von dem Bergamte einen Erlaubnissschein erhalten zu haben.

Im §. 142. wird sodann ausdrücklich der Fall erwähnt, dass der Grundeigenthümer mit einem Schürfscheine versehen ist. Und dass diese Voraussetzung nicht eine bloss facultative ist, dass auch der Grundeigenthümer zur Einholung eines Schürfscheins verpflichtet ist, ergiebt sich abermals aus den

---

*) §. 141. A. L. R. Th. II. Tit. 16.

**) Dies gilt jedoch nur für das Rechtsgebiet des Allg. Landrechts. Die drei Preussischen Provinzialbergordnungen schreiben zwar übereinstimmend die Einholung der Schürferlaubniss vor, sie machen jedoch das Recht des ersten Finders nicht von dem Besitze eines Schürfscheins abhängig. (Cleve-Märkische B. O. Cap. I. §. 4. Schlesische B. O. Cap. II. §. 4. Magdeburgische B. O. Cap. II. §. 4. Brassert, a. a. O. S. 222.)

Materialien der Gesetzes-Redaction. Der Entwurf des Allg. Gesetzbuchs hatte an Stelle des jetzigen §. 141. die folgenden beiden Paragraphen:

§. 79. Jedermann, welcher nach Vorschrift des ersten Theils Tit. IX. §. 94.*) für den Grundherrn zu achten ist, hat die Befugniss, auch die nach §§. 1. 2. und 3. zum Bergwerksregal gehörenden Fossilien in seinem Grund und Boden aufzusuchen oder zu schürfen.

§. 80. Auf fremdem Gebiet darf Niemand sich des Schürfens anmaassen, ohne von dem Bergamte einen Erlaubnissschein dazu erhalten zu haben.

Hiergegen bemerkte der Geheimerath von Reden in seinen Erinnerungen: »§. 79. kann cessiren, ist gegen die Verfassung.« In Folge dessen wurde in der von Gossler und von Reden bewirkten Umarbeitung des Abschnitts vom Bergwerksregal der §. 79. gestrichen und dem §. 80. diejenige Fassung gegeben, welche gegenwärtig der §. 141. des A. L. R. Th. II. Tit. 16. hat. Es ist daher unzweifelhaft, dass durch diese Fassung auch das Schürfen auf eigenem Grund und Boden von einer Erlaubniss abhängig gemacht werden sollte.

Dem Allg. Landrechte eigenthümlich ist ferner eine analoge Beschränkung der Finderrechte in Bezug auf die beim Bergwerksbetriebe überfahrenen Lagerstätten, indem nur dem Erbstöllner ein Finderrecht eingeräumt wird (A. L. R. Th. II. Tit. 16. §. 234.), wogegen die Muthung des Grubenbesitzers, der einen Gang überfahren hat, durch die Muthung des Finders (des Erbstöllners oder des Schürfschein-Inhabers) ausgeschlossen wird (a. a. O. §. 159.).

Das Recht des Finders muss binnen vier Wochen durch Einlegung der Muthung ausgeübt werden. Nach Ablauf dieser Frist und in allen übrigen Fällen, wo das Recht des Finders nicht stattfindet, entscheidet allein das Alter der Muthung über das Vorrecht zur Verleihung (a. a. O. §§. 155. 158. 161.).

Wenden wir uns nach Feststellung dieser Grundsätze zu einer Beurtheilung der einschlagenden Entscheidungen des Ober-Tribunals, so ist zunächst das Erkenntniss vom 20. Juni 1854 (Striethorst's Archiv Bd. 13. S. 202) zu erwähnen, in welchem für das gemeine Deutsche Bergrecht die Ansicht aufgestellt wird, »dass dem zufälligen Finder, wenn er mit einem

---

*) §. 94. Das Recht des Eigenthümers auf einen Schatz kommt dem nutzbaren Eigenthümer allein zu und derjenige, welchem bloss ein Antheil an der Proprietät zusteht, kann darauf keinen Anspruch machen.

mit Schürfschein versehenen Finder collidirt, die Rechte eines ersten Finders nicht zustehen.« Die Gründe dieser Entscheidung sind in der oben angeführten Abhandlung von Brassert (S. 210) vollständig mitgetheilt. Auch ist daselbst die Unhaltbarkeit dieser Ansicht so vollständig nachgewiesen, dass lediglich auf diese Ausführung Bezug genommen werden kann. In Bezug auf das Preussische Recht ist an die Spitze zu stellen das Präjudiz 1182.:

18. Die Erlaubniss zum Schürfen ist kein nothwendiges Erforderniss der Einlegung einer Muthung. Auch auf Grund eines **zufälligen** Fundes kann eine Muthung eingelegt werden. In diesem letztgedachten Falle begründet aber nicht schon die Auffindung, sondern erst die in Folge derselben vorschriftsmässig eingelegte Muthung ein wohlerworbenes Recht auf Verleihung, in so weit dieser letzteren sonst keine Hindernisse entgegenstehen.

Erkenntniss vom 3. December 1841. Präjudiz 1182.

Dieses wichtige Präjudiz tritt der ganz ungerechtfertigten und doch so häufig vorkommenden Verwechselung des Finderrechts mit dem Rechtsanspruch auf Verleihung entgegen. Der Rechtsanspruch auf Verleihung kann vermöge der allgemeinen Bergbaufreiheit von Jedem durch Einlegung der Muthung erworben werden. Es bedarf dazu nicht der vorhergehenden Handlung des Findens, sondern nur eines vorhandenen Fundes, einer zur Verleihung geeigneten Lagerstätte. Das Recht des ersten Finders, oder wie dasselbe mit einem Worte genannt wird: das Finderrecht, enthält allerdings eine Ausnahme von dieser Regel, jedoch nur insofern, als dem gesetzlichen Finder ein besonderes Vorrecht zur Muthung seines Fundes binnen einer gewissen Frist gegeben ist, vermöge dessen seine rechtzeitig eingelegte Muthung auf den Tag des Fundes zurückdatirt und den in der Zwischenzeit eingelegten Muthungen vorgezogen wird. Das Finderrecht ist daher nicht die Voraussetzung, sondern nur eine Verstärkung des Rechtes aus der Muthung. Hiernach muss das obige Präjudiz dahin erweitert werden, dass die Gültigkeit einer Muthung überhaupt nicht von der Art der Entdeckung der gemutheten Lagerstätte abhängt, und dass die Handlung des Findens nur dann in Betracht kommt, wenn das Recht des Finders, wenn ein Vorzugsrecht vor einer älteren Muthung geltend gemacht werden soll (vergl. das Ministerial-Rescript vom 30. Juni 1857 Zeitschrift für Berg-, Hütten- und Salinenwesen Bd. V. Abth. B. S. 21).

Das Allg. Landrecht stellt zwar in der Lehre von der unmittelbaren Erlangung des Bergwerkseigenthums das Recht des ersten Finders an die Spitze (§§. 154—157. 159. 160. Th. II. Tit. 16.) und schliesst die Vorschriften über die nicht mit einem Finderrechte verknüpfte Muthung im §. 158. wie folgt an dieselben an:

> §. 158. Macht der Finder nach §§. 154. sqq. von seinem Rechte keinen Gebrauch, so tritt derjenige, der am ersten den Gang oder das Flötz muthet, an dessen Stelle.

Hieraus ist die Folgerung abgeleitet worden, dass die Muthung jederzeit ein Finderrecht, wenn auch nicht in der Person des Muthers, voraussetze; dass das Recht des blossen Muthers auf einer Succession in das Recht des ersten Finders beruhe. Man hat deshalb die Gültigkeit jeder Muthung von dem Finderrechte des ersten Entdeckers abhängig machen wollen, und behauptet, eine Lagerstätte, welche ohne Schürferlaubniss, also widerrechtlich erschürft sei, könne überhaupt von Niemandem gemuthet werden. Sie müsse zuvor von Neuem von einem rechtmässigen Finder entdeckt, zu einem rechtmässigen Funde werden, ehe eine Muthung auf dieselbe zugelassen werden könne. Diese Ansicht findet jedoch in dem logischen Zusammenhange der §§. 154—161. a. a. O. ihre Widerlegung. Der Gesetzgeber, welcher den Grundsatz der allgemeinen Bergbaufreiheit stillschweigend voraussetzt, beginnt im §. 154. mit der zu Gunsten des ersten Finders gemachten Ausnahme. Allein schon in der Fassung dieses Paragraphen, in den Worten: »ist befugt zu verlangen, dass ihm der Bau auf das entdeckte Werk vorzüglich vor allen Anderen verliehen werde«, ist deutlich ausgesprochen, dass abgesehen von diesem Vorzugsrechte jeder Andere ebenfalls einen Rechtsanspruch auf die Verleihung durch Einlegung der Muthung begründen kann. Wenn nun auch im §. 158. unter der Rubrik: »vom Muthen« zunächst der Fall erwähnt wird, wo das Recht des ersten Finders durch Nichtgebrauch erloschen ist, so führt doch der gleich folgende §. 159. unter der Rubrik: »Verhältnisse mehrerer Muther unter einander« auch denjenigen Muther auf, »der den Gang nur überfahren hat«, der also weder selbst Finderrechte erworben hat, noch auch in fremde Finderrechte eintritt. Der §. 161. stellt endlich für alle Muthungen, die nicht auf Finderrechte sich stützen, die allgemeine Regel der Prävention auf. Er macht das Recht zur Verleihung von der Präsentation der Muthung beim Bergamte abhängig und bedingt also die Erwerbung dieses Rechts lediglich durch die Einlegung der Muthung auf einen vorhandenen Fund. — Auch das Ober-Tribunal hat in einer späteren Entscheidung vom 23. August 1849 diese Erweiterung des in dem Präjudiz 1182. angenommenen Grundsatzes anerkannt und wie folgt ausgesprochen:

»Wenn gefunden wird, ohne dass besonders gesucht wäre, oder wenn ein ohne Schürfschein unternommenes Schürfen zum Funde führt, wenn also im ersten Falle ein zufälliger, im zweiten Falle ein unbescheinigter Fund, und in dem einen wie in dem anderen Falle ein Fund ohne Schürfrecht gemacht wird, so kann darum allein einem solchen Funde noch keinesweges jedes Anrecht auf Muthung und Verleihung abgesprochen werden. — Wenn das Gesetz bestimmt, dass der, welcher auf erhaltenen Schürfschein ein Stockwerk Erzlager, einen Gang oder ein Flötz zuerst erschürfe, die Verleihung des Baus auf das entdeckte Werk vorzüglich vor allen Anderen zu verlangen befugt sei; (oder dass, welcher Schürfer nach den über den Schürfschein bestimmten Sätzen ein Flötz etc. entblössen und ausrichten oder finden werde, derselbe der erste Finder sein solle) — A. L. R. Th. II. Tit. 16. §. 154. (Cleve-Märkische Bergordnung Cap. I. §. 4.) — so bedeutet das nicht, ohne Schürfrecht gebe es kein Finderrecht.«

Entscheidungen Bd. 18. S. 326.

Bei dieser Ausführung ist nur der unrichtige Gebrauch der Bezeichnung: Finderrecht zu erinnern, welche nach dem Sprachgebrauche des Gesetzes und der Wissenschaft nur auf das Recht des ersten Finders angewendet wird. Der Schürfer, der ohne Schürferlaubniss eine Lagerstätte aufsucht, erlangt durch seine polizeiwidrige Handlung keinesweges ein Finderrecht, der zufällige Finder erlangt dasselbe wenigstens nach dem Allg. Landrechte ebenfalls nicht. Ihre Berechtigung, den gemachten Fund zu muthen, gründet sich nicht auf ein besonderes Anrecht zur Muthung, sondern auf die allgemeine Befugniss aller Personen, eine verleihbare Lagerstätte zu begehren, auf die Bergbaufreiheit, nicht auf ein Finderrecht. — Dieselbe irrige Bezeichnung findet sich in dem folgenden Präjudiz:

»Auch die Muthung eines zufälligen Fundes ist gesetzlich zulässig; der Schürfschein deckt nur das Feld. Wer ihn erhalten hat und daher befugt ist zu verlangen, dass ihm der Bau auf ein entdecktes Werk innerhalb eines gewissen Districts vorzüglich vor allen Anderen verliehen werde, schliesst die Rechte eines zufällig Findenden innerhalb der Grenzen, die im Schürfschein bestimmt sind und während dessen Dauer aus. Hieraus kann aber nicht gefolgert werden, dass ein ohne Schürfschein gemachter Fund kein Finderrecht gewähre.«

Präjudiz 861. vom 24. April 1840.

dessen Prämissen unten bei der Besprechung des Plenarbeschlusses vom 12. Juni 1843 nähere Berücksichtigung finden werden. Und diese Verkehrung des Sprachgebrauchs ist es, welche in dem oben angeführten Urtheile vom 23. August 1849 zu der Schlussfolgerung geleitet hat, dass zwischen zwei zufälligen Findern nicht das Alter der Muthung, sondern das Alter des Fundes entscheide, eine Ansicht, die nach den Bestimmungen des Allg. Landrechts ohne Zweifel zu verwerfen und auch in dem oben angeführten Präjudiz 1182. verworfen ist. Wie bereits von Strohn in Striethorst's Archiv Bd. 26. S. 10—12 nachgewiesen worden ist, hat nur der gesetzlich privilegirte erste Finder den Vorzug, seinen Rechtsanspruch vom Tage des Fundes zu datiren. Jeder andere Muther, welcher sein Recht nicht aus der Handlung des Finders, sondern erst aus der Muthung ableitet, kann nur das Alter seiner Muthung für sich geltend machen (A. L. R. Th. II. Tit. 16. §§. 154. 155. 161. 362. 363.). Die Annahme, dass neben dem gesetzlich privilegirten Finderrechte des Schürfschein-Inhabers noch ein schwächeres Finderrecht des zufälligen Finders existire, welches zwar dem Rechte des Schürfschein-Inhabers weiche, aber anderen Muthern gegenüber den Vorzug gebe, deren Fund von jüngerem Datum ist, entbehrt der gesetzlichen Begründung. Diese Hypothese hat jedoch noch eine weitere Ausbildung erfahren, und es ist auf Grund derselben eine förmliche Prioritätsordnung unter den Muthern aufgestellt worden (Gräff's Handbuch S. 37). Diese Classification ist indess zu verwerfen und die Reihenfolge der zur Verleihung Berechtigten ist einfach dahin festzustellen, dass die mit einem gesetzlichen Finderrechte versehenen Muther nach dem Alter ihres Fundes, die übrigen Muther nach dem der Präsentation ihrer Muthung rangiren, so dass dem ersten Finder alle späteren Finder und die nach dem Zeitpunkte seines Fundes eingelegten Muthungen weichen *).

---

*) Nach dem Allg. Landrechte gehören in die Klasse der Finder: der Schürfschein-Inhaber und der Erbstöllner zu gleichen Rechten. Strohn, a. a. O. S. 12, stellt die Ansicht auf, dass der Erbstöllner dem Schürfschein-Inhaber weiche. Dies dürfte jedoch aus §. 159. A. L. R. Th. II. Tit. 16. nicht

Ganz anders fasst das Ober-Tribunal das Verhältniss des Schürfschein-Inhabers zu dem zufälligen Finder auf. Nach dem oben (S. 52) mitgetheilten Präjudize 861. soll der Schürfschein-Inhaber nicht bloss den Vorzug vor denjenigen Muthungen haben, welche nach dem Zeitpunkte seiner Fündigkeit eingelegt werden, sondern auch alle früheren auf einen zufälligen Fund gerichteten Muthungen ausschliessen, sofern er nur während der Dauer seiner Schürferlaubniss fündig wird. Diese Ansicht ist durch den Plenarbeschluss vom 12. Juni 1843 (Entscheidungen Bd. 9. S. 90) aufrecht erhalten worden, welcher dahin lautet:

»Der Schürfschein deckt für die Dauer seiner Gültigkeit das Feld dergestalt, dass dadurch die Muthung eines zufällig Findenden ausgeschlossen wird.«

Zur Begründung dieses Satzes wird Folgendes angeführt:

»Der Bergbau ist allerdings für frei erklärt, aber nichtsdestoweniger sind alle in den §§. 69—71. des A. L. R. Th. II. Tit. 16. bezeichneten unterirdischen Schätze noch immer ein Vorbehalt des Staates, bei denen das Occupationsrecht des Einzelnen aus eigenem Rechte durchaus keine Anwendung findet (§. 6. l. c., cf. §§. 8. 9. 14. 15. des A. L. R. Th. I. Tit. 9.). An sich ist also das zufällige Entdecken eines Erzlagers ein Moment von gar keiner rechtlichen Bedeutung; für den Finder entspringt daraus keinerlei Anspruch im civilrechtlichen Sinne. Der Staat muss also in jedem einzelnen Falle das Occupationsrecht erst noch besonders übertragen, verleihen — und dies thut er denn auch durch die Austheilung von Schürfzetteln. In dem Antrage auf Ertheilung der Erlaubniss zum Schürfen von Seiten des Baulustigen und in der Aushändigung eines solchen Schürfscheins von Seiten des obersten Bergherrn liegt in der That nichts Geringeres als eine bedingte Verleihung, eine Uebereinkunft, wodurch dem Schürfer für ein gewisses Revier und auf eine gewisse Zeit das Occupationsrecht des Staates unter Vorbehalt der künftigen förmlichen und definitiven Belehnung abgetreten oder zugesichert wird. Kraft dieses speciellen vom Staate abgeleiteten Rechts schliesst er aber noth-

---

folgen. Der §. 159. wendet lediglich die Regel des §. 154. auf das Ueberfahren beim Grubenbetriebe an und bestimmt, dass auch hier der gesetzliche Finder (der Erbstöllner und der Schürfschein-Inhaber) dem bloss zufälligen Finder vorgehe, der den Gang nur überfahren hat. — Nach den drei Prov. Bergordnungen gehören in die privilegirte Klasse der Finder: der Schürfschein-Inhaber, der Erbstöllner und der zufällige Finder zu gleichen Rechten, in die Klasse der Muther dagegen nur: der Schürfer ohne Schürfrecht und der Muther eines fremden Fundes. — Die Vorrechte des Freimachers (§. 160. A. L. R. Th. II. Tit. 16.) und der vorliegenden Gruben (§§. 239. 250. a. a. O.) in Bezug auf auflässige Gruben und Stolln kommen hier nicht in Betracht.

wendig auch alle Anderen, die ihr Recht nicht vom Staate ableiten, und durchaus kein eigenes Occupationsrecht haben, aus — und so rechtfertigt sich das Vorrecht des rechtmässigen Schürfers zur Belehnung vor allen Anderen, und so auch vor dem durch einen blossen Zufall auf einen Mineralschatz Stossenden, auch nach allgemeinen Rechtsgrundsätzen vollkommen.«

In dieser Ausführung ist ein erhebliches rechtliches Moment, nämlich die Muthung des zufälligen Finders ganz unberücksichtigt gelassen. Wenn die ertheilte Schürferlaubniss eine Uebertragung des Occupationsrechtes in Bezug auf eine noch aufzusuchende Lagerstätte enthält, so liegt in der Annahme der Muthung des zufälligen Finders die Einräumung des Occupationsrechtes in Bezug auf eine bereits gefundene Lagerstätte. Und so wie der Schürfschein-Inhaber nach der eigenen Anführung des Ober-Tribunals erleiden muss, dass auch an andere Personen auf dasselbe Feld Schürfscheine ertheilt werden, eben so wohl muss er erleiden, dass in diesem Felde Muthungen eingelegt werden, so weit er nicht bereits Finderrechte auf dasselbe erworben hat. Die Deduction des Ober-Tribunals beweist auch jedenfalls zu viel. Wenn der Schürfschein als eine bedingte Verleihung bezeichnet wird, wenn derselbe als eine vertragsmässige zeitweise Abtretung des ausschliesslichen Occupationsrechtes angesehen wird, und wenn ohne die Schürferlaubniss ein Rechtsanspruch auf Verleihung nicht begründet werden kann, dann ist das Grundprincip unseres Bergrechts, die Bergbaufreiheit, das Recht des ersten Finders und Muthers zerstört, dann wird der Rechtsgrund der Verleihung in eine Concession der Verwaltungsbehörde gelegt, die an keine Voraussetzung gebunden, keiner gesetzlichen Regel unterworfen und der richterlichen Cognition entzogen ist.

Der Schürfschein enthält jedoch keineswegs eine solche Uebertragung des Occupationsrechtes. Dieses ist vielmehr bereits durch die Freierklärung Jedem übertragen, der es ausüben will. Der Schürfschein ist eine blosse polizeiliche Erlaubniss, welche das Suchen einer Lägerstätte, aber nicht das Finden bedingt. Die Muthung ist daher nicht durch den Besitz eines Schürfscheins, sondern durch den Nachweis eines Fundes bedingt. Der Besitz des Schürfscheins giebt dem Muther nur die Befugniss, seinen Rechtsanspruch auf den Tag seines Fundes, jedoch höchstens um vier Wochen zurückzudatiren, und die in der Zwischenzeit eingelegten Muthungen auszuschliessen. Uebrigens hat auch das Ober-Tribunal die dem Plenarbeschlusse vom 12. Juni 1843 zu Grunde liegenden

Anschauungen in der späteren Entscheidung vom 23. August 1849 (Entscheidungen Bd. 18. S. 326 ff.) vollständig verlassen. Es ist daher eintretenden Falls wohl auch die formelle Zurücknahme jenes Präjudizes zu erwarten*).

Mit der besprochenen Entscheidung steht in innigem Zusammenhange das Präjudiz 1924.:

»Der Schürfschein äussert seine Wirkung für den, welchem er ertheilt ist, (deckt das Feld) erst von der Zeit seiner Aushändigung und nicht schon durch den von dem Bergamte gefassten Beschluss über die Ertheilung, oder durch die Ausfertigung. Eine vor der Aushändigung des Schürfscheins an einen Anderen erfolgte Muthung begründet also ein Vorzugsrecht vor der durch den Schürfschein ertheilten Befugniss.«

Erkenntniss vom 12. October 1847. Entscheidungen Bd. 15. S. 493.

dessen Erörterung nach dem Vorigen auf sich beruhen kann. Aehnlich verhält es sich mit dem Erkenntnisse vom 13. Januar 1846 (Entscheidungen Bd. 13. S. 362 ff.), welches eine Ausnahme von der Regel des Plenarbeschlusses vom 12. Juni 1843 zu Gunsten des Grundeigenthümers statuirt, »welcher auf seinem Grund und Boden zufällig aber rechtmässig gefunden, insbesondere wenn derselbe bei dem Suchen nach einem nicht zum Bergregal gehörigen Fossil zufällig ein anderes Fossil gefunden hat.« Die Gründe, durch welche diese Ausnahme motivirt wird, sind mit dem Plenarbeschlusse vom 12. Juni 1843 allerdings nicht in Einklang zu bringen. Es heisst nämlich (Entscheidungen Bd. 13. S. 374):

»Der Grundeigenthümer, welcher (in Schlesien) nach Eisenerz schürft, ist in seinem Rechte, und ein dabei gemachter Fund eines anderen Fossils ist ebenso rechtmässig wie derjenige, welcher auf Grund eines Schürfscheins gemacht worden ist. Was bereits gefunden ist, braucht nicht erst gesucht zu werden, es bedarf dazu keines Schürfscheins, d. h. keiner Erlaubniss zum Suchen und es kann daher auch

*) Dies ist bis jetzt nicht geschehen. Doch ist in dem neueren Erkenntnisse vom 18. März 1859 (Strieth. Archiv Bd. 33. S. 76) ausdrücklich anerkannt worden, dass auf ein und dasselbe Feld mehrere Schürfscheine ertheilt werden können und dass zwischen den mehrern Schürfschein-Inhabern nicht das Datum der Schürferlaubniss, sondern die Priorität des Fundes über das Vorrecht zur Verleihung entscheidet. Hiermit ist die Auffassung des Plenarbeschlusses vom 12. Juni 1843 abermals geradezu verlassen worden. Denn wenn der Schürfschein eine Uebertragung des Occupationsrechtes, eine bedingte Verleihung enthielte, so würde eine nochmalige Uebertragung dieses Rechtes mit Bezug auf dasselbe Feld ganz unzulässig und unwirksam sein.

bei Bestimmung der Rechte des Grundeigenthümers, der auf seinem Grund und Boden rechtmässig gefunden hat, nicht entscheidend sein, dass er nicht vorher einen Schürfschein nachgesucht und erhalten hat.«

Alles das passt vollständig auch auf jeden zufällig auf fremdem Grund und Boden gemachten Fund. Der Reisende, welcher gegen Entrichtung des Fahrgeldes mit der Post fährt, befindet sich in seinem Rechte. Und wenn er bei dieser Fahrt in einem Einschnitte der Chaussee ein zufällig blossgelegtes Erzlager zuerst entdeckt, so ist sein Fnnd ebenso rechtmässig wie derjenige, welcher auf Grund eines Schürfscheins gemacht worden ist; und so weiter. Man wird indess gegen diese Ausnahme nichts zu erinnern finden, wenn man die Regel selbst verwirft. Dagegen ist die Folgerung, welche Gräff (Handbuch S. 36 und S. 37 Anmerkung) aus dem zuletzt angeführten Erkenntnisse zieht, nicht gerechtfertigt. Das Ober-Tribunal legt dem Grundeigenthümer in dem angeführten Falle keinesweges die Rechte des ersten Finders bei; es stellt seinen zufälligen Fund dem Funde des Schürfschein-Inhabers nicht unbedingt gleich. Dies ist weder in den Gründen gesagt, noch auch aus der getroffenen Entscheidung abzuleiten. Denn der Grundeigenthümer hatte in dem mitgetheilten Falle eher gemuthet, als der Schürfschein-Inhaber gefunden hatte (Entscheidungen Bd. 13. S. 364). Das Finderrecht des Letzteren konnte ihn daher gegen die ältere Muthung des Grundeigenthümers nicht schützen. Die Gleichstellung des zufällig findenden Grundeigenthümers mit dem fündigen Schürfschein-Inhaber, welche Gräff a. a. O. mit Recht bekämpft, ist daher von dem Ober-Tribunal wenigstens nicht ausgesprochen.

In höherem Grade der Missdeutung ausgesetzt ist das Bd. 22. S. 271 ff. der Entscheidungen mitgetheilte Urtheil vom 21. Januar 1852, an dessen Spitze von den Redactoren der Entscheidungen folgender Satz gestellt wird:

> Der Schürfberechtigte, in dessen Schürfgebiet ein Anderer einen Fund gemacht hat, ist berechtigt, auf Grund dieses fremden Fundes Muthung einzulegen, soweit der Finder daraus keine Rechte erlangt hat.

Der Rechtsfall ist folgender: Sch. bohrte ohne Schürferlaubniss in dem Schürfdistricte des B. nach Kohlen, ward fündig und legte eine Muthung ein, die jedoch zurückgewiesen wurde. Nachdem Sch. auf die Rechte aus dieser zurückgewiesenen Muthung zu Gunsten des B. verzichtet, muthete B. den Fund des Sch. Dieser Muthung wurde indess von den Muthern D. und H. widersprochen, welche auf Grund eines anderen Fundes einen grossen Theil des von B. gemutheten Feldes ebenfalls begehrt hatten. Zur Beseitigung dieses Widerspruchs wurde B. gegen D. und H. klagbar. Er wurde jedoch in zwei Instanzen mit seiner Klage abgewiesen, und zwar in zweiter Instanz deshalb, weil seine Muthung nicht in gehöriger Art erfolgt sei, indem sie nicht auf einen eigenen Fund, sondern auf den Fund des Sch. gegründet sei. Dieses Urtheil hat das Ober-Tribunal vernichtet wegen Verletzung der §§. 158. bis 161. des A. L. R. Th. II. Tit. 16. Nach wörtlicher Anführung dieser Bestimmungen fährt das Ober-Tribunal fort:

»Aus diesen Vorschriften geht klar hervor, dass ein eigener Fund kein nothwendiges Erforderniss einer Muthung ist, dass vielmehr auch auf einen fremden Fund eine Muthung gegründet werden kann, soweit die Ansprüche des Finders nicht entgegenstehen. Wenn daher dem Sch. aus dem auf dem Schürffelde des Klägers gemachten Funde keine Finderrechte eingeräumt werden können, so steht nichts entgegen, dass der Schürfberechtigte, in dessen Felde der Fund gemacht worden, auf Grund dieses Fundes Muthung einlegt. Wollte man dieses nicht annehmen, so würde der gemachte Fund, da alsdann weder der Finder noch ein Anderer Anspruch auf denselben hätte, völlig unbenutzt liegen bleiben müssen, was gewiss dem Geiste der Berggesetze nicht entspricht. Gegen diese Grundsätze hat der Appellationsrichter dadurch gefehlt, dass er die Muthung des Klägers, weil sie nicht auf einen eigenen Fund gegründet ist, als gar nicht eingelegt ansieht. Dies ist um so unrichtiger, als im vorliegenden Falle Sch. der Einzige, welcher möglicherweise aus dem Funde besondere Rechte herleiten könnte, nach der mit der Muthung des Klägers überreichten Erklärung auf alle Rechte aus dem Funde zum Vortheil des Klägers verzichtet hatte.«

Aus diesen Entscheidungsgründen ergiebt sich, dass der Inhalt des Präjudizes in dem von den Redactoren vorangestellten Satze nicht richtig wiedergegeben ist. Die Fassung der Redactoren hebt zunächst als besonders wesentlich ein Moment hervor, welches für die Entscheidung ganz unerheblich gewesen ist, nämlich: dass der Schürfscheinberechtigte in seinem Schürfdistricte einen fremden Fund gemuthet hat. Sie verschweigt ferner ein wesentlich entscheidendes Moment, nämlich: dass der Finder Sch. nicht nur keine Finderrechte erlangt, sondern auch die früher eingelegte Muthung nicht verfolgt, vielmehr dem B. cedirt hatte. Die Entscheidung des Ober-Tribunals geht einfach dahin, dass zur Gültigkeit der Muthung nicht ein eigener Fund gehört, dass J e d e r befugt ist, einen fremden Fund zu muthen, soweit ihm nicht das Recht des Finders oder eines früheren Muthers entgegensteht. Die Fassung der Redactoren verleitet dagegen zu dem Glauben, es sei eine besondere Befugniss des Schürfberechtigten, Muthungen auf fremde Funde einzulegen; als sei er berechtigt, die Muthung des Finders selbst auszuschliessen und ein Finderrecht da geltend zu machen, wo er weder gesucht noch gefunden hat. Das hat, das kann das Ober-Tribunal nicht sagen wollen. Das Finderrecht des Schürfberechtigten ist nicht durch den blossen Besitz eines Schürfscheins bedingt, sondern dadurch, dass er die gemuthete Lagerstätte zuerst erschürft oder sonst findet. Wenn also der Schürfschein-Inhaber zwar auch an denjenigen Lagerstätten ein Finderrecht erlangt, welche er zufällig zuerst entdeckt, weil, was bereits gefunden ist, nicht mehr gesucht werden darf, so ist er dagegen bei der Muthung eines fremden Fundes jedem anderen Muther gleich zu achten.

In Bezug auf die Dauer der durch die Schürferlaubniss ertheilten Befugniss ist endlich die Entscheidung vom 18. März 1859 zu erwähnen, welche den Grundsatz enthält:

19. Dadurch, dass der Schürfberechtigte auf Grund des ersten Fundes Muthung eingelegt hat, ist der Schürfschein noch nicht für erledigt zu erachten.

Striethorst's Archiv Bd. 33. S. 76.

In den Entscheidungsgründen wird ausgeführt:

»Die Ertheilung von Schürfscheinen sei Sache der Bergbehörden und der Umfang und die Bedeutung dieser Erlaubniss müsse daher, sofern nicht ausdrückliche gesetzliche Vorschriften entgegenstehen, nach dem Sinne beurtheilt werden, in dem sie von der competenten Bergbehörde beurtheilt werden. Der §. 33. der Ministerialverfügung vom 31. März 1852 (Bd. I. S. 45 der Zeitschrift für Berg-, Hütten- und Salinenwesen) ergebe aber, dass die ertheilte Schürferlaubniss auch nach eingelegter Muthung zu dem Zwecke fortbestehen solle, den Muther in den Stand zu setzen, fernere Aufschlussarbeiten auf der erschürften Lagerstätte vorzunehmen. Hieraus folge, dass, wenn der Schürfschein-Inhaber bei solchen weiteren Arbeiten einen neuen Fund innerhalb des Schürfdistricts mache, er berechtigt sei, auch für diesen Fund das Finderrecht in Anspruch zu nehmen.«

§. VII. Die Muthung und die Feldesstreckung.

Die Muthung ist die förmliche Handlung, durch welche das Bergwerkseigenthum an einer gefundenen Lagerstätte in Anspruch genommen wird. Sie muss bei der competenten Behörde in Form einer schriftlichen oder protocollarischen Erklärung angebracht werden. Zu dem wesentlichen Inhalte dieser Erklärung gehört die Bezeichnung des Fundes und der

Antrag auf Verleihung. Zu einer vollständigen Muthung gehört ferner die Angabe der begehrten Maassenzahl.

Die vorstehenden Sätze sind ihrem wesentlichen Inhalte nach unstreitig. Sie bedürfen jedoch in mehreren Punkten einer näheren Bestimmung, die in Folgendem versucht werden soll.

1. Die Muthung muss bei der competenten Bergbehörde eingelegt werden. Hierüber ist kein Streit. Es fragt sich nur, welche Vorschriften für die Competenz der Behörden maassgebend sind. Die Provinzial - Bergordnungen übertragen die Annahme der Muthungen meistens dem Bergmeister, nur einige dem Bergvoigt, wie die Homburgische und die Eisleben-Mansfeldische, oder dem Oberbergmeister, wie die Churcölnische, die Schlesische und die Magdeburg - Halberstädtische Bergordnung. Das Allg. Landrecht schreibt dagegen in den §§. 155. 161. Th. II. Tit. 16. vor, dass die schriftliche Muthung bei dem Bergamte niedergelegt werden soll, und dass das Alter der Muthung nach dem Präsentatum des Bergamts beurtheilt wird. Auf Grund dieser Vorschrift des Allg. Landrechts wird von Seiten der Verwaltung die Einlegung von Muthungen nur bei den Bergämtern zugelassen, sofern nicht in einem Bezirke besondere Beamte als Commissarien des Bergamts zur Annahme der Muthungen delegirt sind, wie dies in dem Bergamtsbezirk Siegen mit den Revierbeamten der Fall ist. Das Ober-Tribunal hat jedoch in einem Rechtsfalle aus dem Gebiete der Cleve - Märkischen Bergordnung folgenden abweichenden Grundsatz angenommen:

> Im Bereiche der Gesetzeskraft der Cleve-Märkischen Bergordnung vom 29. April 1766 gewährt sowohl eine zum Protokoll des Bergmeisters aufgenommene, als auch eine schriftlich beim Bergmeister eingereichte und von ihm präsentirte Muthung, wenn sie nach den übrigen gesetzlichen Vorschriften erfolgt ist, Altersrechte. Insoweit findet daher dort die Vorschrift des §. 161. Th. II. Tit. 16. des Allg. Landrechts keine Anwendung.
>
> Erkenntniss vom 24. September 1843, Präjudiz 1363. Entscheidungen Bd. 9. S. 414.

Das Ober-Tribunal motivirt seine Ansicht durch die Vorschrift der Cleve-Märkischen Bergordnung Cap. II. §§. 3. und 4., wonach der Bergmeister die Muthungen annehmen und mit seinem Präsentatum begleiten soll. Hierin sei um so weniger etwas geändert, als die Stellung des Bergmeisters unverändert geblieben sei, denn schon die Bergordnung setze nach §. 3.

Cap. V. einen dem Bergmeister vorgesetzten Bergdirector voraus. — Gegen diese Ansicht hat sich Strohn in Striethorst's Archiv Bd. 33. S. 352 ausgesprochen und mit vollem Rechte. Die Bestimmungen über die Competenz der Behörden gehören dem öffentlichen Rechte an und sind lediglich aus den allgemeinen Landesgesetzen zu entnehmen (vergl. das Erkenntniss des Ober-Tribunals vom 11. April 1840, Entscheidungen Bd. 6. S. 86). Die §§. 155. 161. des A. L. R. Th. II. Tit. 16. finden daher auf den ganzen Gesetzesbereich des Allg. Landrechts Anwendung und schliessen die abweichenden Vorschriften der Provinzial-Bergordnungen unbedingt aus.

2. Zu dem wesentlichen Inhalte der Muthung gehört die Bezeichnung des Fundes. Die Bezeichnung des Fundes schliesst ein die Benennung des Minerals, welches die gefundene Lagerstätte führt und die Angabe des Fundortes. Beide Requisite sind zur vollständigen Bezeichnung der gemutheten Lagerstätte nothwendig. Die Angabe des Fundortes oder des Fundpunktes hat jedoch noch eine besondere hiervon unabhängige Bedeutung, welche auf der künstlichen Begrenzung des Feldes beruht, auf dessen Verleihung der Muther Anspruch hat. Dieses Feld setzt sich zusammen aus der Fundgrube, deren Lage durch den Fundpunkt bestimmt wird (A. L. R. Th. II. Tit. 16. §. 177.) und aus den Maassen, welche sich an die Fundgrube anschliessen müssen (a. a. O. §. 179.). Hieraus folgt, dass nicht nur die Lage des zu verleihenden Feldes, sondern insbesondere auch der Rechtsanspruch des Muthers vorzugsweise von der Lage des Fundpunktes bedingt wird. Denn so oft der Anspruch des Muthers an dem Fundpunkte einem stärkeren Rechte weichen muss, geht dadurch zugleich sein Anspruch auf die übrige Lagerstätte verloren, da ohne Fundpunkt keine Fundgrube und ohne Fundgrube kein Feld construirt werden kann. Diese specifische Bedeutung des Fundpunktes ist in dem Erkenntnisse des Ober-Tribunals vom 11. März 1853 (Entscheidungen Bd. 25. S. 189) erläutert, an dessen Spitze folgender Grundsatz gestellt ist:

20. Das gemuthete Flötz muss an dem in der Muthung bezeichneten Fundpunkte entblösst werden. Erfolgt die Entblössung an einem anderen Punkte, so ist dieselbe als ein neuer Fund zu betrachten, für welchen aber nicht das Alter der früher eingelegten Muthung in Anspruch genommen werden kann.

Entscheidungen Bd. 25. S. 180.

Es ist ferner in zwei Rechtsfällen die Frage zur Entscheidung gekommen, was zur genügenden Bezeichnung des Fundortes gehöre. Diese Frage ist jedoch in beiden Fällen nur negativ beantwortet worden. Das Ober-Tribunal sagt nämlich:

»Die Muthung ist nur dann eine blinde, wenn der Ort des Fundes und das gefundene Mineral gar nicht angegeben sind.

Das in der Cleve-Märkischen Bergordnung vorgeschriebene Formular eines Muthzettels ergiebt nicht, dass der Fundort darin nothwendig so genau bezeichnet sein müsse, um ihn darnach ohne weitere Ermittelung auffinden zu können, vielmehr deuten die in dem Formulare enthaltenen Worte: »am Berge in der Haide, im Amte, im Gerichte«, nur auf eine ungefähre Bezeichnung hin (Cleve-Märkische Bergordnung Cap. II. §. 2.).«

Erkenntniss vom 19. September 1855. Striethorst's Archiv Bd. 18. S. 149.

Und an diesen letzteren Satz, welcher in dem zweiten Falle auf Grund der gleichlautenden Vorschrift der Magdeburg-Halberstädtischen Bergordnung Cap. III. §. 2. wiederholt anerkannt wird, knüpft das Ober-Tribunal sodann die allgemeine Regel:

21. Ob in dem Muthzettel der Ort des Fundes genügend bezeichnet sei, ist dem verständigen Ermessen der Behörden und des Gerichts überlassen*).

Erkenntniss vom 6. Juni 1856. Striethorst's Archiv Bd. 22. S. 24.

Welche Regel für dieses verständige Ermessen maassgebend ist, ergiebt sich aus der oben erörterten doppelten Bedeutung des Fundpunktes. Die Bezeichnung in dem Muthzettel muss hinreichen, um darnach sowohl die Identität der gemutheten Lagerstätte, als auch die Freiheit des Fundpunktes und die Lage der Fundgrube in dem concreten Falle ohne nachträgliche Erläuterungen beurtheilen zu können.

Eine Ausnahme von der Regel, dass zu dem Inhalte der Muthung die Bezeichnung des Fundpunktes gehöre, findet statt bei der sogenannten Maassenmuthung, welche nicht

*) Durch diese Entscheidungen wird die in dem Erkenntnisse vom 23. August 1849 (Entscheidungen Bd. 18. S. 332) ausgesprochene Ansicht berichtigt, dass eine Muthung beim Mangel einer genauen Bezeichnung des Fundortes für durchaus nichtig zu halten sei. Vergl. Dr. Achenbach: »Ist zur Gültigkeit einer Muthung die genaue Bezeichnung des Fundpunktes nothwendig?« (Zeitschr. für Berg-, Hütten- u. Salinenwesen Bd. VI. B. S. 128) und das daselbst mitgetheilte Urtheil des Rheinischen Senats vom 28. April 1857.

einen eigenen Fund zur Voraussetzung, sondern die nächsten Maassen einer von dem Finder bereits gemutheten Lagerstätte zum Gegenstand hat. Diese Art der Muthung findet in den Bestimmungen des Allg. Landrechts Th. II. Tit. 16. §§. 154. ff. keine Erwähnung. Es muss deshalb angenommen werden, dass nach dem System des Allg. Landrechts auf einen und denselben Fund nur eine Muthung angenommen und nur eine Verleihung ertheilt werden kann. Nach den revidirten Provinzial-Bergordnungen findet dagegen die Maassenmuthung statt (Cleve-Märkische B. O. Cap. II. §§. 1. 2. Schlesische B. O. Magdeburg-Halberstädter B. O. Cap. III. §§. 1. 2.). Es gilt jedoch auch von dieser Maassenmuthung die Regel, dass eine genaue Bezeichnung des in Anspruch genommenen Objects zur Gültigkeit der Muthung erforderlich ist, auf Grund deren das Ober-Tribunal in dem Erkenntnisse vom 13. Mai 1853 folgenden Grundsatz angenommen hat:

22. Eine sogenannte Maassenmuthung setzt voraus, dass der Umfang des Rechtes des ersten Finders, an welches sich der die nächsten Maassen Muthende anschliessen will, bereits feststeht.

Entscheidungen Bd. 26. S. 75.

Eine analoge Anwendung der auf die Maassenmuthung bezüglichen Vorschriften der Provinzial-Bergordnungen ist nicht zulässig. Sie finden insbesondere da keine Anwendung, wo nicht die Fortsetzung einer bereits gemutheten Lagerstätte, sondern das Tiefste derselben, d. h. die von dem früher Beliehenen in der oberen Sohle bereits abgebaute Lagerstätte, gemuthet wird; mit anderen Worten:

23. Eine Muthung auf das Tiefste findet nicht statt.

Erkenntniss vom 27. Januar 1860. Striethorst's Archiv Bd. 36. S. 191.

und es muss für die Muthung eines in oberer Sohle bereits gebauten Flötzes ebenfalls das Requisit einer genauen Bezeichnung des Fundpunktes festgehalten, die ohne solche Bezeichnung auf das Tiefste des Flötzes eingelegte Muthung aber für rechtlich unwirksam erachtet werden*).

---

*) Die in Strieth. Archiv a. a. O. S. 193 mitgetheilten Gründe der oben angeführten Entscheidung verfehlen den eigentlichen Rechtsgrund dieser Ungültigkeit. Das Ober-Tribunal spricht der Muthung des Klägers aus dem Grunde das Vorzugsrecht ab, weil er keinen eigenen Fund gemacht habe und weil er auch nicht in die Rechte eines fremden Finders eingetreten sei. Es wiederholt

3. Der Antrag auf Verleihung ist der eigentlich charakteristische Theil der Muthung, welche davon ihren Namen führt, denn muthen ist der technische Ausdruck für das Begehren des Bergwerkseigenthums an einer Lagerstätte. Die wesentlichen Requisite einer Muthung sind daher vorhanden, wenn der Antragsteller erklärt, dass er den gehörig bezeichneten Fund muthe. Durch diese Erklärung allein wird der Rechtsanspruch auf Verleihung jedem späteren Muther gegenüber begründet. Eine solche Muthung ist jedoch unvollständig. Wenn der Muther diesen Rechtsanspruch in seinem ganzen Umfange verwirklichen will, so muss noch eine weitere Erklärung hinzukommen.

4. Zu einer vollständigen Muthung gehört das ausdrückliche Begehren einer bestimmten Maassenzahl. Wie bereits oben bemerkt wurde, besteht das Feld, auf dessen Verleihung ein Anspruch erhoben werden kann, aus der Fundgrube und mehreren Maassen. Die Maassen sind gleichförmige Maaseinheiten, deren je nach der Beschaffenheit der Lagerstätte eine bestimmte Zahl in Anspruch genommen werden kann. Die Fundgrube dagegen, deren Umfang in der Regel von dieser Maasseinheit abweicht, hat eine eigenthümliche Bedeutung, zu deren Erklärung auf das Recht des ersten Finders zurückgegangen werden muss.

Nach gemeinem Rechte erstreckt sich das vorzügliche Recht des ersten Finders nicht auf das ganze Feld, welches durch Muthung erworben werden kann, sondern auf einen engeren District, die Fundgrube. In Bezug auf das übrige Feld, die Maassen, entscheidet lediglich das Alter der Muthung. Der erste Finder hat daher, wenn er zugleich der erste Muther ist, zwar ausser der Fundgrube zugleich Anspruch auf die gesetzliche Maassenzahl. Wenn aber ein anderer Muther ihm zuvorkommt, so bleibt sein Anspruch auf die Fundgrube beschränkt (vergl. Dr. Achenbach: Worin besteht das Recht des ersten Finders? Zeitschrift für Berg-, Hütten- und Salinenwesen Bd. VI. Abth. B. S. 135.).

---

sich daher hier die von dem Ober-Tribunal selbst früher reprobirte Verwechslung des Finderrechtes mit dem Rechtsanspruche auf Verleihung, welcher letztere durch die blosse Muthung eines vorhandenen Fundes, auch ohne die Handlung des Findens erworben wird (oben S. 50). Die Muthung des Klägers, welche älter war als diejenige der Verklagten, musste, wie Brassert in der Zeitschrift für Bergrecht (Jahrg. I. S. 280) gezeigt hat, nicht wegen des mangelnden Finderrechtes, sondern wegen der mangelnden gehörigen Bezeichnung des Fundes für ungültig erklärt werden.

Anders verhält es sich nach Preussischem Bergrechte. Das Allg. Landrecht bestimmt nämlich Th. II. Tit. 16.:

§. 156. Der Umfang des dem Bauenden anzuweisenden Feldes oder Districts, worauf sich das Recht des ersten Finders erstreckt, ist in Ermangelung besonderer Provinzialgesetze auf streichenden Gängen, Stockwerken oder Erzlagern, deren Fallen mehr als fünfzehn Grad beträgt, zwei und vierzig Lachter Längenmaass; auf Gängen und Erzlagern, deren Fallen unter fünfzehn Grad beträgt, zwei und vierzig Lachter ins Gevierte; und auf Flötzen oder Seifenwerken, ohne Unterschied des Fallens, fünfzig Lachter ins Gevierte.

§. 157. Doch sollen dem Finder auf ausdrückliches Begehren ausser seiner Fundgrube vorzüglich zugetheilt werden: auf Gängen, Stockwerken und Erzlagern, deren Fallen mehr als fünfzehn Grad beträgt, und welche gangweise oder nach Längenmaass vermessen werden, zwölf Maassen, jede zu acht und zwanzig Lachtern Feldeslänge; auf Gängen und Erzlagern, deren Fallen unter fünfzehn Grad beträgt und die nach geviertem Felde vermessen werden, zwanzig Maassen, jede zu acht und zwanzig Lachtern ins Gevierte, auf Flötzen und Seifenwerken aber, ohne Unterschied des Fallens, soviel als füglich in einen zusammenhängenden Bau gefasst werden kann, bis zwölfhundert Maassen, jede vierzehn Lachter ins Gevierte.

Hiernach erstreckt sich das vorzügliche Recht des ersten Finders nach Preussischem Bergrechte nicht auf die Fundgrube allein, sondern auch auf die Maassen, auf das ganze Feld, welches auf der gefundenen Lagerstätte verliehen werden kann. Der Satz des gemeinen Rechts, dass das Recht des ersten Finders auf die Fundgrube beschränkt ist, gilt daher, wie bereits Strohn in Striethorst's Archiv Bd. 33. S. 355. ausgeführt hat, für das Preussische Bergrecht nicht.*)

*) Dasselbe wird für das Rechtsgebiet der drei revidirten Bergordnungen angenommen werden müssen mit Rücksicht auf die im Cap. II. §. 1. der Cleve-Märkischen B. O. enthaltene Bestimmung:

»Jedoch versteht es sich von selbst, dass dem Finder allerdings das Vorrecht gebühre, die nächsten Maassen an seiner Fundgrube entweder ganz ober- oder ganz unterhalb, oder auch nach seiner Willkühr zum Theil über und zum Theil unter der Fundgrube *id est* ins Osten und Westen, oder wie der Gang sonst sein Streichen haben möchte,

Das Allg. Landrecht verlangt jedoch übereinstimmend mit dem gemeinen Bergrechte im §. 157. cit., dass die Maassen ausdrücklich begehrt werden sollen. Der Rechtsanspruch auf Verleihung der Maassen kann daher nur durch den Antrag auf Gewährung einer bestimmten Maassenzahl erworben werden und die blosse Muthung der gefundenen Lagerstätte ohne diesen Antrag, begründet nur den Anspruch auf die Fundgrube, sofern nicht auch dieser durch das bessere Recht des ersten Finders ausgeschlossen wird. Das Begehren einer bestimmten Feldesgrösse nach Fundgruben und Maassen gehört daher zu einer vollständigen zur Verleihung geeigneten Muthung. Und dies ist auch von dem Ober-Tribunal anerkannt in dem folgenden Präjudize:

24. Wenn auf eine eingelegte Muthung von den Bergbehörden bei der ertheilten Belehnung die in den Gesetzen vorgeschriebenen Grenzen über den Umfang des Feldes überschritten sind und die Belehnung dabei auf künftig erst zu entdeckende Flötze, jedoch mit der Bestimmung ausgedehnt ist, dass diese Flötze bei der künftigen Auffindung noch besonders zu muthen seien, so kann eine solche Generalbelehnung demjenigen nicht entgegengesetzt werden, welcher in diesem Felde bisher unentdeckte Flötze auffindet und auf Grund dieses Fundes die specielle Muthung darauf einlegt. Vielmehr wird das Alter im Felde nur durch die zur Belehnung geeignete **Specialmuthung** begründet.*)

Erkenntniss vom 3. December 1841. Präjudiz 1182.

Auch mit dem Antrage auf Verleihung der bestimmten

---

vorher wegmuthen zu können, ehe andere Liebhaber mit ihren Muthungen auf die nächstfolgenden Maassen zu admittiren sind.«

Anderer Meinung ist Brassert (Bergordnungen der Preuss. Lande. Anmerk. 1. ad h. l.). Wörtlich dieselbe Bestimmung ist in der Schlesischen und in der Magdeburg-Halberstädtischen B. O. Cap. III. §. 1. enthalten.

*) Im Widerspruch mit diesem unzweifelhaft richtigen Präjudiz hat das Ober-Tribunal in der neueren Entscheidung vom 1. December 1848 (Strieth. Archiv Bd. 33. S. 1) angenommen, dass das mit einer nach den Vorschriften der Provinzialbergordnung unzulässigen Maassenzahl gemuthete und verliehene Feld durch die spätere Vorschrift des Gesetzes vom 1. Juli 1821, welches eine solche Maassenzahl gestattet, convalescire. (Vergl. dagegen Strohn in Strieth. Archiv Bd. 33. S. 358. Brassert, Bergordnungen S. 831.)

Maassenzahl ist jedoch die Thätigkeit des Muthers noch nicht erschöpft. Damit die Verleihung eines bestimmten Feldes erfolgen könne, ist es nicht hinreichend, dass die Grösse dieses Feldes feststehe. Es muss auch die Lage und die Begrenzung des Feldes bestimmt werden und auch hierzu ist die Thätigkeit des Muthers erforderlich. Wie bereits oben (S. 61) angeführt wurde, ist nur die Fundgrube durch die Bezeichnung des Fundpunktes in ihrer Lage und in ihren Grenzen fest bestimmt. Die Lage der Maassen hängt dagegen von der Wahl des Muthers ab mit der Maasgabe allein, dass dieselben mit der Fundgrube und unter sich zusammenhängen und ein ungetrenntes Feld bilden müssen. Zur Feststellung des Gegenstandes der Verleihung gehört daher nothwendig die Bestimmung der Grenzen des Feldes, die Feldesstreckung. Es hat daher niemals ein Zweifel darüber bestehen können, dass die Feldesstreckung eine nothwendige Voraussetzung der Erwerbung des Bergwerkseigenthums ist. Es ist jedoch streitig, ob dieselbe einen Bestandtheil der Muthung bildet und ob der vorzügliche Anspruch auf die Verleihung von dem Zeitpunkte der Feldesstreckung, oder lediglich von dem Alter der Muthung und des Finderrechts abhängig sei. Bevor auf diese Controverse näher eingegangen werden kann, ist es nothwendig, den Inhalt der Feldesstreckung mit Rücksicht auf die verschiedenen Arten der Feldesbegrenzung kurz zu beleuchten.

Die Feldesstreckung gestaltet sich zunächst verschieden, je nachdem das zu verleihende Feld zum Theil natürlich begrenzt, oder ausschliesslich in künstliche Grenzen eingeschlossen ist. In dem ersten Falle, bei der sogenannten Längenvermessung, schliesst sich das Feld dem Verhalten der Lagerstätte an und wird durch den Körper der letzteren gebildet. Die künstliche Begrenzung ist in diesem Falle eine lineare, durch zwei Endpunkte gegebene, deren Entfernung von dem Fundpunkte (beziehungsweise der Fundgrube) in Längenmaassen ausgedrückt wird.*) Bei dem ausschliesslich in künstliche Gren-

*) Eine weitere künstliche Begrenzung des Längenfeldes ist in der Vierung gegeben, durch welche das Feld über den Körper der Lagerstätte hinaus in die Breite erweitert wird. Sie wird durch zwei den Seitenflächen der Lagerstätte, dem Hangenden und dem Liegenden parallele Ebenen gebildet und deshalb ebenfalls durch ein blosses Längenmaass, nämlich durch den Abstand dieser Grenzebenen von dem Hangenden und dem Liegenden bezeichnet. Zur Streckung des Längenfeldes gehört daher die Zahlangabe der oberhalb und unterhalb der Fundgrube begehrten Maassen und die Bestimmung der Vierung in das Hangende und in das Liegende. Vergl. das Formular zum

zen eingeschlossenen Felde, bei der gevierten Vermessung reicht jedoch diese einfache Bezeichnung nicht aus, sondern es müssen die Grenzen des Feldes auf der Oberfläche vollständig angegeben und durch Festpunkte, Linien, Winkel- und Längenmaasse je nach der mehr oder minder regelmässigen Gestalt des Feldes bezeichnet werden.

Der für unsere Untersuchung relevante Unterschied beider Vermessungsarten besteht jedoch nicht in der verschiedenen mathematischen Bezeichnung der Grenzen, sondern in einem anderen Umstande. Da nämlich das gestreckte Feld sich dem Verhalten der Lagerstätte anschliesst, so genügt die Aufschliessung derselben an einem Punkte zur Construirung des zu verleihenden Feldes. Sobald die Lagerstätte an dem Fundpunkte zwischen Hangendem und Liegendem vollständig entblösst ist, gewährt das beobachtete Streichen und Fallen derselben hinreichenden Anhalt für die Streckung des Feldes. Die Veränderungen, welchen das Verhalten der Lagerstätte in ihrer Fortsetzung etwa unterliegt, sind für die Streckung des Feldes gleichgültig, da das Längenfeld sich jeder dieser Veränderungen anschliesst.

Anders bei dem gevierten Felde, dessen unveränderliche Grenzen auf der Oberfläche ein für allemal fest bestimmt werden. Hier reicht der Aufschluss am Fundpunkte nur bei einer sehr geringen Feldesausdehnung aus, um das Feld dem Verhalten der Lagerstätte angemessen zu bestimmen. Bei grösserem Feldesumfange sind ausser der Entblössung der Lagerstätte am Fundpunkte in der Regel noch andere Aufschlüsse in ihrer Fortsetzung nothwendig, um das Feld so zu projectiren, dass dasselbe sich dem Verhalten der Lagerstätte anschliesst.

Die Provinzialbergordnungen kennen nur Geviertfelder von sehr geringem Umfange von einer bis zu zwanzig Maassen. Erst das Allg. Landrecht (§. 157. Th. II. Tit. 16.) gestattete auf Flötzen und Seifenwerken die Verleihung von Geviertfeldern bis zu zwölfhundert Maassen. Während daher die Provinzialbergordnungen auch für die gevierte Vermessung nur einen Aufschluss am Fundpunkte erfordern und die Legung der Maassen lediglich der Wahl des Muthers überlassen, musste das Allg. Landrecht bei einer so enormen Vergrösserung des Feldesumfanges ein weiteres Requisit aufstellen, die Möglichkeit

---

Muthschein in der Cleve-Märkischen B. O. Cap. II. §. 2. Schlesische B. O. Cap. III. §. 2. Magdeburg-Halberstädtische B. O. Cap. III. §. 2.

eines zusammenhängenden Baues in dem projectirten Felde. Um diesem Requisite zu genügen, muss der Muther der verleihenden Behörde die Ueberzeugung von der Verbreitung der gefundenen Lagerstätte in dem begehrten Felde verschaffen. Er muss sich, so weit dieser Nachweis nicht geführt wird, die Beschränkung seines Feldes gefallen lassen. Die Feldesstreckung verwandelt sich daher aus einem einseitigen Acte des Muthers in ein Verfahren vor der Behörde, welches eine Beweisführung und eine *causae cognitio* involvirt.

So lange die angeführte Vorschrift des Allg. Landrechts nur in Ermangelung besonderer Provinzialgesetze Geltung hatte, konnte dieselbe nur eine sehr beschränkte Anwendung finden und ist kaum je practisch geworden. Von weit durchgreifenderem Einflusse war dagegen das Gesetz, die Verleihung des Bergeigenthums auf Flötzen betreffend, vom 1. Juli 1821 (Ges. Samml. S. 106). Dieses Gesetz hebt die Vorschriften der Provinzialbergordnungen über die Feldesgrösse bei Verleihungen auf Flötzen vollständig auf und setzt an Stelle der früheren festen Regel eine Vorschrift, welche nicht nur die Art der Vermessung, sondern auch den Umfang des zu verleihenden Feldes dem Ermessen der Behörde überlässt. Und dieses Ermessen der Behörde wird zwar bei der gevierten Vermessung von einem objectiven Maassstabe abhängig gemacht, indem dem Muther ausser der Fundgrube so viel Maassen zugestanden werden sollen, »als zu einem zusammenhängenden Bau erforderlich ist*), jedoch nicht über zwölfhundert Maassen hinaus« (§. 3.). Bei der Längenvermessung dagegen ist die Bestimmung der Vierung dem Ermessen der Behörde anheim gegeben, ohne dass für dieses Ermessen ein objectives Anhalten gegeben wird**) (§. 4.)

*) Das Allg. Landrecht sagt richtiger »so viel als in einen zusammenhängenden Bau gefasst werden kann« (§. 157. cit.). Die Ausdehnung des Feldes und der Zusammenhang des Baues stehen in einem umgekehrten Verhältnisse.

**) Ueber die Zahl der Maassen, welche bei der Längenvermessung gewährt werden sollen, ist keine Bestimmung getroffen. Es muss daher angenommen werden, dass die hierauf bezüglichen Vorschriften der Provinzialbergordnungen und des Allg. Landrechts in Kraft geblieben sind. Den meisten Bergordnungen ist jedoch die Längenvermessung auf Flötzen ebenso wie dem Allg. Landrecht ganz fremd. Sofern also diese Art der Vermessung nach §. 1. des Gesetzes vom 1. Juli 1821 auch in diesen Rechtsgebieten Anwendung finden soll, müssen die Vorschriften über die Grösse und die Zahl der Maassen bei der Vermessung auf Gängen zu Hülfe genommen werden. Wo indess eine doppelte Art der Längenvermessung für verschiedene Lagerstätten vorgeschrieben ist, wie nach der Chur-Cölnischen B. O. Th. III. Art. 1. 6. Th. V.

Wenn nach der oben angeführten Vorschrift des Allg. Landrechts (§. 157. Th. II. Tit. 16.) die Feldesstreckung auch bei der Muthung auf Flötze im Wesentlichen noch ihren Ausgang von dem Muther nahm und der Behörde nur die Befugniss eingeräumt war, das gestreckte Feld nach dem Befunde der örtlichen Untersuchung zu beschränken, so ist durch das Gesetz vom 1. Juli 1821 die eigentlich bestimmende Thätigkeit bei der Feldeslegung auf die Behörde übergegangen, welche nach §. 2. in jedem vorkommenden Fall ermessen soll, welche der beiden Vermessungsarten sie dem zweckmässigen Abbau des Flötzes und dessen Verhalten angemessen findet. Es bedarf nicht der Ausführung, dass diese totale Umgestaltung des Verfahrens einen durchgreifenden Einfluss auf die rechtliche Bedeutung und auf die Wirkungen der Feldesstreckung haben muss. Kehren wir daher zu den oben (S. 67) aufgestellten Fragen zurück, ob die Feldesstreckung ein Bestandtheil der Muthung ist und ob das vorzügliche Recht auf die Verleihung von dem Zeitpunkte der Feldesstreckung abhängt, so müssen dieselben für das durch das Gesetz vom 1. Juli 1821 geschaffene und für das ältere Recht abgesondert beantwortet werden.

Nach den Vorschriften der drei revidirten Bergordnungen, welche für die Entscheidung der vorliegenden Frage allein ein vollständiges Material geben, werden beide Fragen ohne Zweifel bejaht werden müssen. Die Cleve-Märkische Bergordnung schreibt im Cap. II. §. 2. eine Formel der Muthzettel vor, in welcher es heisst:

> Ich Endesbenannter muthe und begehre Sr. Königl. Majestät — — Bergfreies, als 1 Fundgrube und Maassen benebst der Vierung ins Hangende (Liegende) oder halb ins Hangende, halb ins Liegende u. s. w.

und in der folgenden Formel für die Maassenmuthung:

> Ich Endesbenannter muthe und begehre Sr. Königl. Majestät — — Bergfreies, als die nächsten 3, 4, 6 Maassen ins Osten (Westen) benebst der Vierung ins Hangende (Liegende) oder halb ins Hangende und halb ins Liegende u. s. w.

Dieselbe Formel findet sich auch in der Schlesischen und in der Magdeburg-Halberstädtischen Bergordnung Cap. III. §. 2. vorgeschrieben. Diese Formel enthält alle Requisite,

---

Art. 3. Th. XII. Art. 3. 4., bleibt es unentschieden, welche Vorschriften für die Vermessung auf Flötzen maassgebend sein sollen.

welche zur Feldesstreckung nach Längenvermessung erfordert werden, die Legung der Maassen nach beiden Seiten der Fundgrube (ins Osten oder Westen) und die Streckung der Vierung ins Hangende oder Liegende. Es geht daher aus derselben hervor, dass die Feldesstreckung allerdings als ein Bestandtheil der Muthung betrachtet wird. Es ergiebt sich aber ferner aus §. 1. des angeführten Capitels, dass auch das Alter der Muthung in Bezug auf die Maassen von dem Zeitpunkte ihrer Legung abhängig ist. Es heisst nämlich in der bereits angeführten Stelle (S. 65 Anmerkung), »dass dem Finder allerdings das Vorrecht gebührt, die nächsten Maassen an seiner Fundgrube entweder ganz ober- oder ganz unterwärts oder auch nach seiner Willkür zum Theil über, zum Theil unter der Fundgrube, id est ins Osten und Westen — — vorher wegmuthen zu können.« Der Finder ist hiernach nicht berechtigt, die nächsten Maassen überhaupt unter Vorbehalt der künftigen Legung wegzumuthen, sondern er muss sein Vorzugsrecht dadurch wahren, dass er bestimmte Maassen, entweder die oberen oder die unteren, oder einen Theil der oberen und einen Theil der unteren Maassen muthet, also in der Muthung das Feld streckt. Nach den drei revidirten Provinzialbergordnungen gehört daher zu einer vollständigen Muthung die Streckung der Maassen und das vorzügliche Recht auf die Verleihung der Maassen hängt von dem Zeitpunkt ihrer Streckung, nicht von dem Präsentatum der (unvollständigen) Muthung ab.

In den älteren Bergordnungen sind ähnliche detaillirte Bestimmungen über die Legung der Maassen nicht enthalten. Wo die letztere jedoch überhaupt erwähnt wird, geschieht dies immer in unmittelbarer Verbindung mit der auf die Maassen gerichteten Muthung (vergl. Chur-Cölnische Bergordnung Th. III. Art. 1.), so dass kein Zweifel darüber bestehen kann, dass das ältere Bergrecht unter der Muthung der Maassen nicht bloss das Begehren einer bestimmten Zahl verstand, sondern die Bezeichnung ihrer Lage dabei voraussetzte*).

*) Das Allg. Landrecht enthält keine für die Beantwortung der obigen Frage entscheidende Vorschriften. Strohn (in Striethorst's Archiv Bd. 33. S. 356) folgert aus der Bestimmung der §§. 169. 170. A. L. R. Th. II. Tit. 16., dass die Feldesstreckung nicht in der Muthung zu erfolgen habe, sondern mit dem wiederholten Antrage auf Verleihung zu verbinden sei, welcher nach §. 169. a. a. O. nach erfolgter Untersuchung des aufgeschlossenen Fundes gestellt werden soll. Diese Vorschrift findet sich indess bereits in den drei revidirten Bergordnungen, welche, wie oben ausgeführt, die Feldesstreckung als einen

Eben so unzweifelhaft ist es dagegen, dass nach dem Gesetze vom 1. Juli 1821 die Feldesstreckung nicht einen Bestandtheil der Muthung ausmacht, denn bei der Einlegung derselben ist der Muther noch gar nicht in der Lage, ein bestimmtes Feld definitiv begehren zu können. Er muss erst die Entschliessung der Behörde über die Art der anzuwendenden Vermessung erwarten und demnächst die gefundene Lagerstätte nach den Anweisungen der Behörde in ihrer Fortsetzung aufschliessen. Das Resultat dieser Aufschlüsse wird demnächst dem Ermessen der Behörde bei der Begrenzung des Feldes zu Grunde gelegt. Es wäre ungerecht und begriffswidrig, dem Muther nicht ebenfalls die Benutzung dieser Aufschlüsse bei der Feldeslegung zu gestatten. Von dem Muther eines grossen Geviertfeldes verlangen, dass er vor der Ausführung dieser Aufschlussarbeiten über das in Verleihung begehrte Feld sich bindend erkläre, hiesse das Recht des Muthers von dem Errathen noch völlig unbekannter Thatsachen abhängig machen. Dennoch muss auch nach dem Gesetze vom 1. Juli 1821 eine bindende Erklärung über die Feldeslegung irgend einmal abgegeben werden, und es besteht kein Zweifel darüber, dass von dieser bindenden Erklärung der Umfang der Rechte des Muthers wesentlich bedingt wird. Wann aber diese Erklärung abgegeben werden müsse, welche Erklärung als die bindende zu betrachten sei und von welchem Zeitpunkt ab dieselbe wirksam werde, darüber schweigt das Gesetz vom 1. Juli 1821 vollständig.

Die Praxis des Ober-Tribunals hat diese offenbaren Lücken des Gesetzes, so weit es anging, im Wege der Interpretation ergänzt und über die Feldesstreckung nach den Vorschriften des Gesetzes vom 1. Juli 1821 bestimmte Grundsätze aufgestellt, deren Inhalt sich aus der Zusammenstellung folgender Entscheidungen ergiebt:

Bestandtheil der Muthung behandeln (Cleve-Märkische B. O. Cap. IV. §. 2. Schlesische, Magdeburg-Halberstädtische B. O. Cap. V. §. 2.). Auch nach dem älteren Bergrecht muss der Muther nach vollendeter Aufschliessung der Lagerstätte die Verleihung noch besonders nachsuchen (Nassau-Katzenelnbog. B. O. Art. 16. Chur-Trier. B. O. Th. I. Art. III. §. 6. Joachimsthaler B. O. Th. II. Art. 3.) und zwar binnen 14 Tagen nach Einlegung der Muthung. Nach §. 179. A. L. R. Th. II. Tit. 16. könnte es den Anschein gewinnen, als ob die Feldesstreckung überhaupt nicht vor der Beleihung, sondern erst nachher bei der Vermessung erfolgen müsse. Diese Annahme wird jedoch durch §. 170. a. a. O. vollständig widerlegt. Der §. 179. cit. ist als eine *lex fugitiva* zu betrachten, durch welche die im §. 157. fehlende Bestimmung über die Lage der zu verleihenden Längenmaassen nachgeholt wird.

I. F. muthete am 5. October 1832 bei dem Bergamte zu Essen das Flötz Sandknappen auf Grund eines Fundes am sogenannten Krengel im Märkischen (?) unter dem Namen Alwine und begehrte die gesetzliche Feldeslänge in der Richtung nach Westen. Schon am 4. October hatte indess die Gewerkschaft H. dasselbe Flötz auf Grund eines weiter östlich im Essendischen belegenen Fundes gemuthet und das Feld nach Osten bis an die Märkische Grenze gestreckt. Da jedoch diese Grenze mit der gesetzlichen Feldeslänge von 1 Fundgrube und 20 Maassen nicht erreicht wurde, so hatte die Gewerkschaft den Antrag gestellt, ihr das überschiessende Feld von 60 bis 80 Lachter Länge als Ueberschaar zuzutheilen, oder als ein besonderes Grubenfeld auf Grund des Fundes am Krengel zu verleihen. Statt des am 4. October gestreckten Längenfeldes begehrte die Gewerkschaft später ein geviertes Feld und streckte dasselbe nach Osten bis an die Märkische Grenze. Das so begehrte Geviertfeld wurde der Gewerkschaft am 11. März 1837 verliehen. (Die eventuelle auf den Fund am Krengel gegründete Muthung ist, wie es scheint, von der Gewerkschaft nicht weiter verfolgt worden.) F., dessen Muthung von dem Bergamte zurückgewiesen worden war, erhob gegen die Gewerkschaft Klage mit dem Antrage, ihm das Vorzugsrecht auf das durch die Muthung Alwine in Anspruch genommene Feld vor der Verklagten zuzuerkennen. Nachdem in erster Instanz nach dem Antrage des Klägers erkannt, in zweiter Instanz dagegen die Klage abgewiesen war, bestätigte das Ober-Tribunal auf die Revisionsbeschwerde des Klägers unter dem 24. September 1843 das Appellations-Erkenntniss. Von dem Bd. 9. S. 414 ff. mitgetheilten Inhalte dieses Urtheils kommen nur die auf die zweite Revisionsbeschwerde bezüglichen Gründe in Betracht. Sie lauten (a. a. O. S. 424, 425):

»Der Revident hat aber auch die materielle Gültigkeit jener Muthung bestritten. Er behauptet nämlich, die Verklagte habe, bei ihrer am 4. October zum Protocoll des Bergmeisters eingelegten Muthung, L ä n g e n vermessung gewählt, und die Fundgrube 20 Maassen nach Osten gestreckt. Durch diese, das provinzialbergrechtliche Maximum der zu gewährenden Maassen enthaltende Streckung, sei aber das Grubenfeld bis zur Märkischen Grenze nicht überdeckt worden, und die Verklagte, dieses selbst anerkennend, habe die übrig gebliebenen 60 bis 80 Lachter als Ueberschaar oder event. als besonderes Grubenfeld begehrt. Dieses Begehren sei nach den Bestimmungen der Bergordnung unstatthaft und ohne Rechtswirkung. Bei Einlegung der Muthung des Klägers (am 5. October) sei also freies Feld vorhanden gewesen, in Bezug auf welches ihm das Altersrecht vor der Verklagten gebühre. Zwar habe die Letztere am 28. December 1835 statt der ursprünglich begehrten Längenvermessung, Geviertvermessung gewählt, und werde durch diese das Grubenfeld bis zur Märkischen Grenze überdeckt, allein durch diese Aenderung könne das bereits erworbene Recht des Klägers, aus der früheren Muthung, nicht beeinträchtigt werden.

Die vom Revidenten angeführten Thatsachen sind zwar richtig; auch muss ihm darin beigepflichtet werden, dass nach der Bergordnung von 1766, Cap. II. §. 1. und Cap. VIII. §. 2., dem Verklagten die 60 bis 80 Lachter weder als Ueberschaar, noch als besonderes Grubenfeld verliehen werden durften; allein das Gesetz vom 1. Juli 1821 stellt die Beurtheilung unter einen anderen Gesichtspunkt. Dasselbe hebt zuvörderst alle entgegenstehenden Vorschriften der Provinzial-Bergordnungen und des Allg. Landrechts auf, und setzt im §. 3. fest:

> In der Verleihung eines gevierten Feldes auf einem Flötz sollen, statt der in den Provinzial-Bergordnungen bestimmten Maasse, sowohl dem ersten Finder ausser seiner Fundgrube, als jedem folgenden Muther, so viel Maassen zugestanden werden, als zu einem zusammenhängenden Bau erforderlich ist, jedoch nicht über 1200 Maassen hinaus, jede zu 14 Lachtern ins Gevierte gerechnet.

Die Verklagte, welche in ihrer Muthung vom 4. October 1832 das Grubenfeld bis zur Märkischen Grenze begehrte, überschritt dadurch das im §. 3. festgesetzte Maass nicht. Zwar verlangte sie allerdings Längenvermessung, allein der §. 2. des eben angeführten Gesetzes giebt es dem Ermessen der Behörden anheim: welche von diesen beiden Arten der Vermessung in vorkommenden Fällen anzuwenden sei.

Nun ist zwar die Bergbehörde nicht befugt, durch dieses Ermessen bereits erworbene Rechte zu beeinträchtigen, und durch die von ihr gewählte Vermessungsart fremdes Feld zu überdecken. Allein es kommt hier der entscheidende Umstand in Betracht, dass die Verklagte das Feld bis zur Märkischen Grenze begehrt, und dass dieses Feld auch dann, wenn das Bergamt, der ihm im §. 2. beigelegten Befugniss gemäss, Geviertvermessung wählte, durch die Muthung der Verklagten bestrickt war. Bei dieser Lage der Sache konnte also der Kläger, durch seine Muthung auf ein von der Verklagten bereits begehrtes, und, unter Voraussetzung des §. 2., ihr auch zu verleihendes Feld — keine Rechte erwerben.«

II. W. muthete am 29. August 1850 ein Eisensteinflötz unter dem Namen Dreckbank und begehrte ein Längenfeld von 1 Fundgrube und 20 Maassen von dem westlichen Ende der Fundgrube bis an die bei Hattig durchsetzende Verwerfung. Unter dem 11. October 1853 änderte er auf Erfordern des Bergamts das Begehren des Längenfeldes in das eines gevierten Feldes und in seiner Eingabe sagte er: »dass er ursprünglich im Streichen, also auf der Vermessungslinie bis zu der bei Hattig durchsetzenden Verwerfung begehrt habe. Mit diesem Längenfelde würde er zwar nicht bis dahin gelangt sein. Allein, da es ihm jetzt aufgegeben, das Feld innerhalb des früheren Begehrs in ein geviertes umzuwandeln, so müsse es ihm auch erlaubt sein, mit der neuen Streckung bis Hattig zu gehen.»

Inzwischen hatten H. H. und J. H. im Juli, August und am 8/11. October 1853 ebenfalls Eisensteinmuthungen unter den Namen Hamm, Helmich, Hermann und Hamm II. eingelegt, deren Fundpunkte von jenem gevierten Felde der Muthung Dreckbank überdeckt wurden. Sie nahmen jedoch gegen W. das Vorzugsrecht für ihre genannten Muthungen im Wege der Klage in Anspruch, weil die Fundpunkte derselben nach der anfänglichen Feldesstreckung des Verklagten sich im Bergfreien befunden und erst später, nachdem ihre Muthungen längst eingelegt gewesen, von dem nachträglich begehrten Geviertfelde des Verklagten überdeckt worden seien. Durch die gleichförmigen Urtheile der ersten und zweiten Instanz wurden die Kläger abgewiesen.

Das Ober-Tribunal hat durch das in Striethorst's Archiv Bd 22. S. 123 ff. mitgetheilte Urtheil vom 14. Juli 1856 die von den Klägern eingelegte Nichtigkeitsbeschwerde aus folgenden Gründen verworfen:

»Der Appellationsrichter verkennt nicht, dass die in der Muthung Dreckbank in Anspruch genommene Ausdehnung des Feldes bis an die bei Hattig durchsetzende Verwerfung das im §. 1. Cap. II. der Bergordnung gestattete Maximum eines Längenfeldes überschreite, hält dieses aber für unerheblich, weil es nach §. 2. des Gesetzes vom 1. Juli 1821 in das Ermessen der Bergbehörde gestellt sei, geviertes Feld zu bewilligen. — Ein Verstoss gegen die allegirte Vorschrift der Bergordnung liegt hierin nicht vor. -- Es fragt sich daher nur noch, ob der Appellationsrichter gegen §. 2. des Gesetzes vom 1. Juli 1821 verstossen habe, wie die Imploranten ferner behaupten. Aber auch dieses ist nicht der Fall. Der §. 2. des Gesetzes überlässt es ganz dem Ermessen der Bergbehörde, welche der beiden Arten der Vermessung in vorkommenden Fällen anzuwenden sei; desgleichen bestimmt der §. 3., dass bei der Verleihung eines gevierten Feldes statt der in der Provinzial-Bergordnung bestimmten Maassen so viel Maassen zugestanden werden sollen, als zu einem zusammenhängenden Bau erforderlich ist, jedoch nicht über 1200 Maassen, und innerhalb des Maximums muss das Urtheil darüber, wieviel zu einem zusammenhängenden Bau gehöre, der Natur der Sache nach der Behörde frei bleiben. Die Imploranten rügen in dieser Beziehung auch nur:

Die Bergbehörde sei nicht befugt, durch die Umwandelung eines

Längenfeldes in geviertes Feld ein Feld zu überdecken, welches nach der ursprünglichen Muthung des Muthers und dessen bestimmter Projection frei war und demnächst vor der Umwandelung von einem Dritten gemuthet ist.

Allein sie gehen hierbei von einer unrichtigen Voraussetzung aus, indem sie annehmen, dass die ursprüngliche Muthung den in Rede stehenden Feldtheil freigelassen habe. Nach der von den Klägern selbst überreichten Karte, mit welcher in dieser Beziehung die vom Verklagten der Klagebeantwortung beigefügte Karte übereinstimmt, reicht die Muthung Dreckbank unmittelbar bis zur Muthung Wulff, so dass zwischen beiden kein Zwischenraum übrig bleibt. Ein solcher Zwischenraum, wie er nach der in den Berechtsamsacten von Maria Agnes jetzt Wulff befindlichen Karte vorhanden ist, ergiebt sich erst dann, wenn man die Muthung Dreckbank auf das gesetzliche Maximum eines Längenfeldes reducirt, und nur in diesem Sinne können Imploranten behaupten, dass diese Muthung den in Rede stehenden Feldestheil freigelassen habe. Dagegen umfasste das in der Muthung Dreckbank ausgesprochene Begehren des Verklagten das Feld bis zur Verwerfung bei Hattig, und diese Verwerfung liegt nach der Feststellung des Appellationsrichters noch im Felde der Muthung, jetzt Zeche Wulff dergestalt, dass das ganze Feld bis zur Muthung Wulff durch die Muthung Dreckbank bestrickt wurde. Hat aber ein Muther einmal ein bestimmtes Feld in Anspruch genommen, so bleibt dasselbe innerhalb des Umfanges, innerhalb dessen überhaupt eine Verleihung erfolgen darf, so lange durch die Muthung bestrickt, bis sich findet, dass dasselbe nicht in dem verlangten Umfange verliehen werden kann. Dieser Fall ist in Beziehung auf den in Rede stehenden Feldestheil nicht eingetreten. Sowohl die Muthung als auch die Verleihung umfasst denselben, er ist also nicht im Freien geblieben. Ist nun auch der Muther bei seiner früheren Feldesprojection von der unrichtigen Voraussetzung ausgegangen, dass das in Anspruch genommene gesetzliche Längenfeld sich soweit erstrecke, so ist dieses doch unerheblich, weil die Bergbehörde, wie es in ihrer Befugniss stand, ein geviertes Feld in der gedachten Ausdehnung bewilligt hat.«

III. Der Freiherr v. E. muthete am 31. Mai 1831 ein Steinkohlenflötz unter dem Namen Friedlicher Nachbar und begehrte am 7. März 1839 und 4. November 1853 ein Längenfeld. Inzwischen hatte am 2. Februar 1853 M. ein anderes Steinkohlenflötz unter dem Namen Lindenberg II. gemuthet und ein geviertes Feld begehrt, welches das von v. E. begehrte Längenfeld zum grössten Theil überdeckte. M. nahm in einem Vorprocesse für seine Muthung Lindenberg II. sammt dem dazu begehrten Geviertfelde ein Vorrecht vor der Muthung des Verklagten in Anspruch, wurde aber mit dieser Klage rechtskräftig abgewiesen. Inzwischen hatte am 2. October 1854 v. E. sein früheres Begehren geändert und für seine Muthung Friedlicher Nachbar statt des Längenfeldes ein geviertes Feld begehrt, welches mit dem Felde der Muthung Lindenberg II. zum Theil zusammenfiel und war mit diesem Geviertfelde beliehen worden. M. erhob nun von Neuem Klage gegen die Gewerkschaft der Grube Friedlicher Nachbar mit dem Antrage: die Verklagte mit ihrem beanspruchten Vorrechte auf denjenigen Theil des gevierten Feldes der Muthung Lindenberg II., welches durch das von ihr für die Grube Friedlicher Nachbar projectirte gevierte Feld überdeckt werden würde, abzuweisen.

Der Kläger räumte zwar der verklagten Gewerkschaft das Vorrecht auf das früher begehrte Längenfeld ein; er behauptete aber, dass durch die Verleihung des erst am 2. October 1854 begehrten Geviertfeldes sein Recht aus der Muthung vom 2. Februar 1853 verletzt worden sei, da die unterhalb des Längenfeldes des Verklagten gelegenen Flötze damals im Freien belegen gewesen. Diese Flötze, auf welche er durch die Muthung des Geviertfeldes Lindenberg II. einen Rechtsanspruch erworben habe, würden nunmehr von der Verklagten in Folge der Umwandelung ihres Feldes in Geviertfeld zum Theil in Anspruch genommen. Die Verklagte entgegnete: wenn nach dem Klageantrage erkannt würde, so würde sie ungeachtet ihrer älteren Muthung und ungeachtet des Judicats im Vorprocesse gar kein Feld erhalten — ein Längenfeld nicht, weil die Behörde dies für unangemessen halte, und ein geviertes Feld nicht, weil ein jüngerer Muther dasselbe in Anspruch genommen habe. Die Richter erster und zweiter Instanz wiesen den Kläger auch mit dieser Klage ab. Auch die von dem Kläger eingelegte Nichtigkeitsbeschwerde ist durch das in Striethorst's Archiv Bd. 32. S. 284 ff. mitgetheilte Urtheil vom 18. Februar 1859 aus folgenden Gründen verworfen:

»Den Hauptangriff bildet die behauptete Verletzung des §. 2. des Gesetzes vom 1. Juli 1821, die Verleihung des Bergeigenthums auf Flötzen betreffend (Ges.-Samml. S. 106). Nachdem im §. 1. verordnet ist, dass die Muthung und Verleihung des Bergeigenthums auf Flötzen künftig nicht blos im gevierten, sondern auch im gestreckten Felde nach Längenvermessung zulässig sein solle, folgt im §. 2. nachstehende Bestimmung:

> Welche dieser beiden Arten der Vermessung in vorkommenden Fällen anzuwenden sei, bleibt dem Ermessen der Bergbehörde

überlassen, je nachdem sie die eine oder die andere Art dem zweckmässigen Abbau eines Flötzes nach dessen Verhalten angemessen findet.

Der Appellationsrichter führt in Uebereinstimmung mit dem ersten Richter aus:

> dass der §. 2. jede Einwirkung des Muthers ausschliesse, derselbe vielmehr von vorn herein ein alternatives Recht auf beide Feldesarten habe, mithin, da jedes Feld, soweit ein Muther ein bedingtes Recht darauf habe, unfrei sei, auch das vorliegende Feld insoweit unfrei geworden, als es von einer Längen- und Geviertvermessung ergriffen werde.

Hiernach legt der Appellationsrichter dem Umstande, dass der Muther von Friedlicher Nachbar früher ein Längenfeld begehrt habe, gar kein Gewicht bei, und ist der Meinung, dass auch das später projectirte gevierte Feld durch diese Muthung für bestrickt anzusehen, und dass mithin der Kläger darauf aus seiner späteren Muthung und dem dabei begehrten gevierten Felde keine Rechte herleiten könne. Diese Ausführung ist ganz richtig und dem Sinne und Geiste des Gesetzes entsprechend. Das Gesetz überlässt die Bestimmung der Feldesart lediglich dem Ermessen der Bergbehörde, um eines zweckmässigen Baues versichert zu sein, und dieser Zweck würde verfehlt werden, wenn die Bergbehörde dabei an die Vorschläge und Anträge des Muthers gebunden sein sollte. Hält man dieses fest, so kann man dem Umstande, dass der Muther in der Muthung ein gestrecktes Feld begehrt hat, kein besonderes Gewicht beilegen. Es ist darin nur ein vorläufiger Vorschlag und eine Ansicht über einen Gegenstand ausgesprochen, der nicht von der Wahl des Muthers, sondern lediglich von dem Ermessen der Bergbehörde abhängt, und wenn im §. 20. der Circular-Verordnung vom 31. März 1852 als Erforderniss einer Muthung unter d. aufgestellt ist, dass sich der Muther über die Art des begehrten Feldes ausspreche, so kann dieses nur die Bedeutung haben, dass die Behörde, bevor sie ihren Ausspruch thut, die Meinung des Muthers hören will. Hat sich der Muther demzufolge über seine Ansicht ausgesprochen und z. B., wie im vorliegenden Falle, ein Längenfeld begehrt, so liegt darin keine definitive Bestimmung über die Art des Feldes, welche lediglich der Bergbehörde gebührt, diese wird dadurch weder verhindert ein geviertes Feld zu bewilligen, wenn ein solches dem zweckmässigen Abbau mehr entspricht, noch kann in der Erklärung des Muthers eine Verzichtleistung auf diejenigen Rechte gefunden werden, welche mit der Bewilligung eines gevierten Feldes verbunden sind. Dieser Fall liegt daher durchaus nicht so, wie der im Bd. V. des Archivs S. 312 abgedruckte, in welchem angenommen worden, dass der Muther, welcher sein Feld gestreckt hat, zum Nachtheil eines inzwischen aufgetretenen jüngeren Muthers die Feldesstreckung nicht ändern dürfe. Es muss vielmehr, so lange sich die allein competente Bergbehörde über die Feldesart nicht ausgesprochen hat, sowohl Dasjenige, was bei einem gestreckten, als auch Dasjenige, was bei einem gevierten Felde dem Muther zu Theil wird, als durch die Muthung bestrickt angesehen werden.

Implorant macht hiergegen geltend, das Gesetz vom 1. Juli 1821 enthalte nur eine Anweisung an die Bergbehörde und habe nicht die Bestimmung, in Fällen der Collision zwischen verschiedenen Muthern zur Entscheidungsnorm zu dienen, vielmehr sei anzunehmen, dass das bergamtliche Ermessen immer beschränkt werde durch die Rechte dritter Muther. Dieses ist jedoch unrichtig, da nach der obigen Ausführung von einem durch eine jüngere Muthung erworbenen Rechte nicht die Rede sein kann, indem durch die ältere Muthung sowohl Dasjenige, was innerhalb eines gevierten, als auch Dasjenige, was innerhalb eines gestreckten Feldes liegt, für bestrickt erachtet werden muss, so lange sich die Bergbehörde nicht für das eine oder das andere entschieden hat.«

In diesen drei Urtheilen erörtert das Ober-Tribunal die Frage, welche Wirkung der Feldesstreckung für den Fall beizulegen sei, dass die verleihende Behörde auf Grund der ihr durch §. 2. des Gesetzes vom 1. Juli 1821 beigelegten Befugniss die gewählte Art der Vermessung verwirft und von dem Muther die Streckung eines gevierten statt des ursprünglich begehrten Längenfeldes verlangt? Diese Frage wird in den ersten beiden Erkenntnissen dahin beantwortet, dass die erste Feldesstreckung ihre Wirkung behält, dass der Muther also innerhalb der Grenzen des früher begehrten Längenfeldes ein Geviertfeld strecken kann und für das so gestreckte Geviertfeld dasselbe Alter und dasselbe Vorzugsrecht behält, welches er durch die frühere Streckung des Längenfeldes erlangt haben würde, wenn diese die Genehmigung der verleihenden Behörde erlangt hätte. Es wird ferner ausgeführt, dass über die Frage, ob das Feld in dem begehrten Umfange mit rechtlicher Wirkung gemuthet werden könne, nicht die von dem Muther gewählte Vermessungsart, sondern die demnächst von der Behörde vorgeschriebene Vermessung entscheide.

Diese Ansicht wird von Brassert (Bergordnungen S. 831) und Strohn (in Striethorst's Archiv Bd. 33. S. 358) bekämpft, und wie es scheint mit Recht. Das Ober-Tribunal lässt in den beiden zuerst angeführten Urtheilen die generische Verschiedenheit unberücksichtigt, welche zwischen den beiden Vermessungsarten des Gesetzes vom 1. Juli 1821 besteht. Die gevierte und die Längenvermessung sind nicht verschiedene Maasse für ein und dieselbe Raumgrösse, wie etwa Schachtruthen und Kubikfuss. Sie sind vielmehr in der Art verschieden, dass man schlechterdings nicht mit der einen Vermessungsart dasselbe Feld bestricken kann, wie mit der anderen. Man kann ebensowenig den Inhalt eines gevierten Feldes in Längenmaassen ausdrücken, als man vermag, die Grösse eines Winkels nach Fussen zu messen. Die Längenmaassen sind, wie bereits oben (S. 67) bemerkt wurde, nicht wie die Geviertmaassen absolut bestimmte Maasseinheiten von einem gleichförmigen räumlichen Werthe, sondern Stücke der Lagerstätte, deren kubische Grösse von dem Verhalten der Lagerstätte abhängt. Die Längenmaassen werden nicht, wie das Geviertfeld, von senkrechten Ebenen, sondern von Flächen begrenzt, die den Seitenflächen der Lagerstätten parallel laufen. Wenn daher die Projection eines Längenfeldes auf der Erdoberfläche mit den Grenzen eines Geviertfeldes zusammenfällt, so folgt daraus nicht, dass die Felder selbst zusammenfallen. Dies wäre nur in einem factisch unmöglichen Falle, nämlich bei einer ganz senkrecht stehenden und bis zum Mittelpunkt der Erde einfallenden Lagerstätte denkbar. In jedem andern Falle liegt ein Theil des Geviertfeldes ausserhalb der Grenzen des überdeckenden Längenfeldes, und umgekehrt, weil die Vierungsebenen des Geviertfeldes senkrechte, diejenigen des Längenfeldes dagegen geneigte sind, beide daher nicht zusammenfallen können. Wenn das Ober-Tribunal also in dem Urtheile vom 14. Juli 1856 (oben S. 76) sich auf die Karte beruft zum Beweise, »dass das ganze Feld bis zur Muthung Wulff durch die Muthung Dreckbank bestrickt wurde«, so ist dabei übersehen, dass dies nur auf der Karte der Fall sein kann, dass jedenfalls im Liegenden und vielleicht auch im Hangenden des begehrten Längenfeldes freies Feld vorhanden war, und dass, wenn die Fundpunkte der Kläger auf der Karte innerhalb der Projection des Längenfeldes der Verklagten lagen, daraus noch nicht folgt, dass sie wirklich innerhalb der Grenzen dieses Feldes gelegen haben. — Mag aber dies auch der Fall gewesen sein, so ist doch jedenfalls die in diesem Urtheile und in dem Erkenntnisse vom 24. September 1843 (oben S. 74) unterstellte Annahme unrichtig, dass das später gestreckte Geviertfeld bereits mit dem früher begehrten Längenfelde bestrickt gewesen sei. Dies ist schlechterdings unmöglich und der aufgestellte Rechtsgrundsatz wird in der Anwendung schon durch den factischen Umstand beseitigt, dass es ganz unausführbar ist, innerhalb der Grenzen eines Längenfeldes ein Geviertfeld so zu strecken, dass es auch in der Teufe nicht aus diesen Grenzen herausfällt, und umgekehrt.

Diese factische Unmöglichkeit war in dem dritten der oben mitgetheilten Fälle (S. 76 No. III.) offenbar, denn das streitige Stück gevierten Feldes lag, wie beide Parteien einräumten, ausserhalb des von der Verklagten früher begehrten Längenfeldes, wenn auch beide Felder auf der Oberfläche einander überdeckten. Die Collision war erst durch das Begehren des gevierten Feldes für die Grube Friedlicher Nachbar entstanden. Die in den Erkenntnissen vom 24. September 1843 und vom 14. Juli 1856 aufgestellte Regel konnte also nicht aushelfen und das Ober-Tribunal war genöthigt, nach einer anderen Lösung der vorhin aufgestellten Frage zu suchen; und diese Frage wurde nunmehr in dem Urtheile vom 18. Februar 1859 dahin beantwortet: So lange die Bergbehörde sich nicht gemäss §. 2. des Gesetzes vom 1. Juli 1821 über die Art des zu verleihenden Feldes ausgesprochen habe, finde eine Feldesstreckung mit rechtlichem Effecte überhaupt nicht statt. Die vor dieser Entscheidung gestellten Anträge des Muthers seien nur vorläufige unmaassgebliche Vorschläge. Bis zu dieser Entscheidung bleibe dem Muther je nach dem Ausfall derselben die Streckung eines gevierten und eines Längenfeldes vorbehalten.

IV. Die bisher angeführten Erkenntnisse betrafen die Veränderungen in der Feldesstreckung, welche durch die von der Bergbehörde nach §. 2. des Gesetzes vom 1. Juli 1821 getroffene Entscheidung über die zu wählende Vermessungsart nothwendig geworden sind. Auf die willkürlichen Veränderungen der Feldesstreckung bezieht sich eine fernere Entscheidung des Ober-Tribunals vom 11. Juni 1852 (Striethorst's Archiv Bd. 5. S. 312 ff.), an deren Spitze der folgende Rechtsgrundsatz gestellt ist:

25. Der Muther, welcher sein Feld gestreckt hat, kann zum Nachtheil eines inzwischen aufgetretenen jüngeren Muthers die Feldesstreckung nicht ändern.

Zur Begründung dieses Satzes führt das Ober-Tribunal Folgendes aus (S. 313 a. a. O.):

»Zu einer vollständigen Muthung gehört auch die Angabe der Grösse des Feldes, welches der Muther begehrt. In Uebereinstimmung hiermit schreibt die Cleve-Märkische Bergordnung Cap. II. §. 2. vor, dass in der Muthung deutlich ausgedrückt sein soll, was der Lehnträger an Fundgrube, Maassen, Stolln etc. gemuthet und an welchem Gebirge das Gemuthete liegt.

In vielen Fällen mag es nicht möglich sein, die Lage und Grösse des gemutheten Feldes schon in der Muthung ganz genau zu bezeichnen: alsdann ist die Muthung unvollständig und es muss dem Muther eine Frist gesetzt werden, um sie zu vervollständigen. Hat sich der Muther aber einmal mit Bestimmtheit darüber ausgesprochen, was er begehrt, so sind dadurch die Grenzen bezeichnet, auf welche sich sein durch die Muthung begründetes Recht beschränkt. Was ausserhalb dieser Grenzen liegt, wird durch seine Muthung nicht berührt und sind darauf Muthungen durch Andere eingelegt worden, so kann jener Muther nicht zum Nachtheile derselben sein Feld ändern und auf Grund seiner zwar älteren aber ein anderes Feld besprechenden Muthung ein Vorzugsrecht vor diesen anderen Muthungen begehren.«

V. In Bezug auf den Zeitpunkt, in welchem die Feldesstreckung wirksam wird, ist in dem Urtheile vom 13. November 1857 (Striethorst's Archiv Bd. 28. S. 79) folgender Grundsatz angenommen:

26. Das Vorzugsrecht des älteren Muthers wird lediglich durch das Präsentatum der Muthung, nicht durch den Zeitpunkt der Feldesstreckung bedingt. Daher gebührt der jüngeren Feldesstreckung des älteren Muthers vor der älteren Feldesstreckung des jüngeren Muthers das Vorzugsrecht.

dessen Richtigkeit für das Rechtsgebiet des Gesetzes vom 1. Juli 1821 nicht in Zweifel zu stellen ist. Die Feldesstreckung bildet nach diesem Gesetze nicht einen Bestandtheil der Muthung, deren Alter allein das Vorzugsrecht bestimmt, sondern eine selbstständige Rechtshandlung. Das Ober-Tribunal führt also mit vollkommenem Rechte (a. a. O. S. 80) aus:

> Das dem älteren Muther zustehende Vorzugsrecht wird durch das Präsentatum der Muthung bestimmt, — §. 161. Th. II. Tit. 16. des Allg. Landrechts. Der Zeitpunkt der Feldesstreckung ist dabei nicht maassgebend und kann nur insofern von Einfluss sein, als damit entweder eine Verabsäumung der dem Muther obliegenden Pflichten verbunden ist — §§. 155. 165. daselbst und Cap. III. §§. 1. 2. der Cleve-Märkischen Bergordnung; oder als sich der Muther durch eine bestimmt ausgesprochene Feldesstreckung in der Art gebunden hat, dass er nachher nicht zum Nachtheil wohlerworbener Rechte anderer Personen eine Aenderung vornehmen darf.

Aus den hier zusammengestellten Entscheidungen ergeben sich folgende von dem höchsten Gerichtshofe constant angenommene Grundsätze:

1. Die Feldesstreckung erfolgt erst dann, wenn die Bergbehörde über die Art des zu verleihenden Feldes entschieden hat.

2. Die Feldesstreckung kann erfolgen, so lange das Recht aus der Muthung nicht durch Versäumniss der in den §§. 162—169. des A. L. R. Th. II. Tit. 16. vorgeschriebenen Fristen erloschen ist.

3. Die Wirkung der Feldesstreckung erstreckt sich auf den Zeitpunkt der Muthung oder der Fündigkeit zurück. Das vorzügliche Recht des Muthers auf Verleihung ist von dem Zeitpunkte der Feldesstreckung unabhängig.

Diese Sätze gelten, wie oben (S. 71 ff.) ausgeführt ist, nur für das Rechtsgebiet des Gesetzes vom 1. Juli 1821. Sie stehen in einem entschiedenen Gegensatze zu dem Rechte der Bergordnungen, nach welchem die Feldesstreckung ein Theil der Muthung ist. Auch das Ober-Tribunal hat die vorstehenden Sätze in den oben angeführten Entscheidungen nur auf solche Fälle angewendet, welche nach dem Gesetze vom 1. Juli 1821 zu beurtheilen waren. Für diese Fälle jedoch sind die obigen Sätze als wohlbegründet anzuerkennen. Sie folgen mit Nothwendigkeit aus der Bestimmung des §. 2., dass die Wahl der zu verleihenden Feldesgattung dem jedesmaligen Ermessen der Behörde überlassen bleibt.

Es ist gegen die oben aufgestellten Grundsätze eingewendet worden, das Ober-Tribunal gebe dem Rechte des Muthers eine ungebührliche Ausdehnung. Dieses Recht werde durch die angenommenen Grundsätze bis zur erfolgten Feldesstreckung auf dasjenige Areal ausgedehnt, welches von dem Fundpunkte aus mit irgend einem Geviert- oder Längenfelde bedeckt werden könne, während doch das Gesetz das Recht des Muthers auf die bestimmte Maassenzahl allein beschränke (vergleiche Dr. Achenbach, Zeitschrift für Berg-, Hütten- und Salinenwesen Band VI. *B.* S. 138 ff.). Diese Einwendungen beziehen sich jedoch nicht auf die Erfordernisse und Bedingungen der Feldesstreckung, mit denen allein die gegenwärtige Untersuchung sich beschäftigt; sondern auf den Inhalt des durch die Muthung und die Feldesstreckung erworbenen Rechts, wovon erst im folgenden Paragraphen die Rede sein wird. Die folgende Untersuchung wird ergeben, dass nicht bloss in Bezug auf die Form und den Inhalt der zur Erwerbung des Bergwerkseigenthums dienenden Handlungen, sondern auch in Bezug auf den materiellen Inhalt des durch diese Handlungen erzeugten Rechts, wie auch Dr. Achenbach a. a. O. ausführt, ein entschiedener Gegensatz zwischen dem älteren Bergrechte und dem Gesetze vom 1. Juli 1821 besteht. Was dagegen die formelle Seite dieser Handlungen betrifft, so bleibt der Satz bestehen, dass die Feldesstreckung nach der Feststellung der Vermessungsart in jedem Zeitpunkte mit gleicher rechtlicher Wirkung erfolgen kann, weil der §. 2. des Gesetzes vom 1. Juli 1821 die Feldesstreckung in der Muthung und vor der Entscheidung über die Vermessungsart unmöglich macht, ohne dass über den Zeitpunkt, in welchem diese Entscheidung und demnächst die Feldesstreckung zu erfolgen hat, irgend eine Bestimmung getroffen wäre.

Die verleihende Behörde hat, um der Rechtsunsicherheit zu begegnen, welche aus diesem Mangel des Gesetzes thatsächlich entspringt, schon seit längerer Zeit die gevierte Vermessung auf Flötzen als die Regel vorgeschrieben und bestimmt, dass die Längenvermessung nur als Ausnahme da zugelassen werden soll, wo dieselbe durch die Lagerungs- oder Berechtsamsverhältnisse nothwendig bedingt wird. Es ist ferner durch die Circular-Verfügung vom 31. März 1852 §§. 20. 24. (Bd. I. *A.* S. 43 der Zeitschrift für Berg-, Hütten- und Salinenwesen) eine vierwöchentliche Frist für die Streckung des grossen Geviertfeldes vorgeschrieben, nach deren Ablauf der Muther auf die bergordnungsmässige Maassenzahl beschränkt werden soll. Durch diese Verfügungen, von denen die zweite im folgenden Paragraphen eine nähere Erörterung finden wird, ist das Muthungsverfahren den einfachen Grundsätzen des älteren Rechts wieder angenähert. Die wohlthätige Wirkung dieser administrativen Anordnungen ist jedoch immerhin eine unvollständige und es ist deshalb mit Strohn (a. a. O. S. 359) zu wünschen, dass die künftige Berggesetzgebung die durch das Gesetz vom 1. Juli 1821 eingeführte Concurrenz zweier Vermessungsarten ganz ausschliessen wird.

§. VIII. Die Feldesfreiheit.

In den beiden letzten Abschnitten sind die Bedingungen der unmittelbaren Erwerbung des Bergwerkseigenthums erörtert und es sind als die wesentlichen Voraussetzungen festgestellt worden:

1. das Dasein eines verleihungsfähigen Fundes,
2. die vorschriftsmässige Muthung,
3. die Feldesstreckung (so weit dieselbe nicht zu dem Inhalte der vollständigen Muthung gehört).

Zu diesen positiven Erfordernissen des Rechtes auf Verleihung tritt jedoch noch ein negatives Requisit hinzu: die Feldesfreiheit. Es bedarf nicht der Ausführung, dass auf ein bereits verliehenes Feld durch die Muthung keine Rechte erworben werden können. Allein auch im noch unverliehenen Felde kann die Verleihung einer mit allen Erfordernissen versehenen Muthung durch die Concurrenz eines besseren Rechts ausgeschlossen werden. Es ist bereits oben (S. 50 ff.) ausgeführt worden, dass auf einen vorhandenen Fund Jeder Muthung einlegen und dadurch das Recht auf Verleihung erwerben kann. Hierdurch ist die Möglichkeit einer Collision zwischen verschiedenen einander ausschliessenden Anrechten auf Verleihung gegeben. Die Regel, nach welcher sich diese Collision erledigt, ist bereits im §. VI. erörtert; es ist das Vorrecht des ersten Finders und Muthers. Im §. VII. ist ferner die Frage beantwortet, inwiefern dieses Vorrecht durch den Zeitpunkt der Feldesstreckung bedingt wird. Das Resultat der Untersuchung war, dass das Recht auf die Fundgrube durch die blosse Einlegung der Muthung erworben wird, mithin allein von dem Präsentatum der Muthung und dem etwa hinzukommenden Finderrechte abhängt. In Bezug auf die Maassen dagegen ergab sich eine Verschiedenheit zwischen dem älteren Rechte und dem Rechtsbereiche des Gesetzes vom 1. Juli 1821, indem nach dem älteren Rechte das Vorzugsrecht auf die Maassen erst durch die Feldesstreckung erworben wird, während das Vorzugsrecht auf die nach dem Gesetze vom 1. Juli 1821 zu verleihenden Maassen von dem Zeitpunkte der Feldesstreckung unabhängig ist und lediglich von dem Alter der Muthung oder des Finderrechtes bedingt wird.

Bei der Anwendung dieser Regeln auf das Zusammentreffen zweier Muthungen müssen drei verschiedene Arten der Collision unterschieden werden. Die collidirenden Muthungen sind nämlich entweder auf denselben Fund gerichtet, so dass ihre Fundgruben zusammenfallen, oder sie sind auf verschiedene Funde gegründet und zwar so, dass nur ihre Maassen ganz oder zum Theil zusammenfallen; oder endlich der Fund der einen Muthung liegt innerhalb der für die andere Muthung begehrten Maassen*). In dem ersten Falle, welcher mit dem Namen der ausschliessenden Concur-

*) Es kann sich ereignen, dass der Fund jeder der beiden Muthungen innerhalb der Maassen der collidirenden Muthung liegt. Dieser Fall der gegenseitigen Ueberdeckung unterscheidet sich jedoch von der bloss einseitigen Ueberdeckung nicht.

renz bezeichnet werden mag, kann nur eine der beiden collidirenden Muthungen zur Verleihung kommen. In dem zweiten Falle, der beschränkten Concurrenz, können beide Muther die Verleihung erhalten, jedoch nicht in dem begehrten Umfange. Der dritte Fall der gemischten Concurrenz lässt beide Lösungen zu, indem entweder die überdeckte Muthung von der überdeckenden ausgeschlossen wird, oder beide Muthungen zur Verleihung gelangen, in welchem Falle die überdeckende Muthung eine Beschränkung ihrer Maassen erleiden muss.

Für den ersten Fall der ausschliessenden Concurrenz ist die Anwendung der Regel in den §§. 154 — 161. A. L. R. Th. II. Tit. 16. vollständig gegeben. Diese Vorschriften, welche oben im §. VII. erläutert worden sind, bedürfen keines weitern Commentars. Sie beruhen auf der einfachen Combination des Erstfinderrechts mit der Regel der Prävention. Auf den zweiten Fall der beschränkten Concurrenz beziehen sich die Vorschriften über das Alter im Felde (§§. 352. ff. A. L. R. Th. II. Tit. 16.). Wie sich aus der Stellung dieser Vorschriften ergiebt, verlegt das Allg. Landrecht, in Uebereinstimmung mit den älteren Bergordnungen, die Entscheidung über diesen Collisionsfall in die Zeit nach der Ertheilung der Verleihungen, welche eben deshalb nach §. 352. a. a. O. »älteren Rechten unbeschadet« erfolgen. Dieses Verfahren entsprach für das ältere Recht dem Bedürfnisse vollständig. Die nach den Bergordnungen zu begehrenden Felder schlossen sich meist der natürlichen Begrenzung der Lagerstätte an und gewährten auf dieser Lagerstätte nur eine verhältnissmässig geringe Ausdehnung. Ausserdem konnte nach dem älteren Rechte auf ein und derselben Lagerstätte nur ein Finderrecht erworben und nur eine Fundgrube verliehen werden. Wurden ausserdem auf dieselbe Lagerstätte in ihrer weiteren Erstreckung noch andere Muthungen eingelegt, so hatten dieselben den Charakter von blossen Maassenmuthungen und schlossen sich den Maassen der ersten Muthung dergestalt an, dass eine Collision unter ihnen rechtlich unmöglich war*). Dem älteren

*) Vergl. Nassau-Katzenelnbogische B. O. vom 1. Mai 1559 Art. 12.: »Item hat einer einen neuen Gang funden, der hiervor nicht verlehnet ist, und begehrt denselben von dem Bergmeister zu Lehen zu empfangen, demselbigen soll der Bergmeister — — — 6 Wehre auf dem Gang, 21 Lachter in sein Hangents, und 21 Lachter in sein Liegents, zu einer Fundgrube leihen.« — — — »Item der nechsten, der andern, der dritten und vierten nach einander, also viel als auf demselbigen Gang Zechen verliehen werden, soll kei-

Rechte ist daher neben der ausschliessenden Concurrenz mehrerer auf denselben Fund gerichteter Muthungen die beschränkte Concurrenz nur insoweit bekannt, als die von zwei Muthern auf verschiedenen Lagerstätten begehrten Felder räumlich zusammenfallen. Diese Art der Collision kann aber bei den natürlich begrenzten Feldern erst dann zum Vorschein kommen, wenn das Verhalten der Lagerstätten in ihrer ganzen Ausdehnung bekannt ist, d. h. bei der Vermessung oder beim Abbau. Sie kann zur Zeit der Verleihung immer nur als hypothetisch vorhanden angenommen werden, weil jede Veränderung in dem vorausgesetzten Verhalten der Lagerstätten das gegenseitige Verhältniss der beiden Felder verändert. In diesen Collsionsfällen ist also eine Entscheidung über die zusammentreffenden Ansprüche vor der Ertheilung der Verleihung weder erforderlich noch ausführbar. Das der Verleihung vorausgehende Verfahren konnte daher auf die in den §§. 162. bis 169. A. L. R. vorgeschriebene Untersuchung des gemutheten Fundes beschränkt bleiben, weil ausser diesem objektiven Befunde nur die Priorität der auf denselben Fund gerichteten Muthungen, d. i. der Fall der ausschliessenden Concurrenz, in Betracht kam.

Auch in Bezug auf die Fälle der gemischten Concurrenz, d. h. der Ueberdeckung des Fundpunktes durch die Maassen oder die Vierung einer anderen Muthung, sind weder in den Bergordnungen, noch auch in dem Allg. Landrecht Vorschriften gegeben. Eine solche Ueberdeckung kann allerdings auch bei den bergordnungsmässigen Feldern eintreten, so z. B., wenn der Fund der einen Muthung innerhalb der Vierungsgrenzen des für die andere Muthung begehrten Feldes liegt. Diese Collisionsfälle können indess bei der geringen Ausdehnung der bergordnungsmässigen Felder nur selten eintreten. Da überdies die Feldesstreckung nach älterem Rechte einen Bestandtheil der Muthung ausmacht, so erledigt sich diese Collision nach denselben Regeln, wie die Fälle der ausschliessenden Concurrenz und es bedurfte in Bezug auf die Fälle der Ueberdeckung keiner besonderen gesetzlichen Bestimmung.

Ganz anders gestalten sich die Fälle der beschränkten und

---

nem mehr denn drei Wehre verliehen werden, das ist 13 Lachter, auch 5 Lachter in Hangents und 5 in Liegents.«

Vergl. ferner Cleve-Märk. B. O. Cap. II. §§. 1. 2. Schlesische B. O. Cap. III. §§. 1. 2. Magdeburg-Halberstädt. B. O. Cap. III. §§. 1. 2. Chur-Cöln. B. O. Th. III. Art. 6.

der gemischten Concurrenz in dem Bereiche des Gesetzes vom 1. Juli 1821. Nicht nur, dass die Collision der auf verschiedene Funde gegründeten Muthungen durch die grosse Ausdehnung der zu verleihenden Felder sehr begünstigt wird. Auch die Grundsätze, welche das ältere Recht für die Entscheidung dieser Collisionsfälle aufstellt, erleiden durch die Bestimmungen des Gesetzes vom 1. Juli 1821 wesentliche Modificationen. Was zunächst den Fall der beschränkten Concurrenz betrifft, so ist von selbst klar, dass die Erledigung dieser Collision bei den nach dem angeführten Gesetze begehrten Geviertfeldern nicht der künftigen Vermessung vorbehalten werden kann, sondern vor der Verleihung erfolgen muss, weil die Begrenzung der Felder eine künstliche, nicht nach dem Verhalten der Lagerstätte, sondern absolut bestimmte ist, mithin auch die Collision sich als eine nicht bloss hypothetische, sondern vollkommen greifbare darstellt. Es kann daher nicht wie bei den natürlich begrenzten Längenfeldern jedem der beiden Muther die volle begehrte Maassenzahl unter Vorbehalt der durch das bessere Recht des älteren Muthers entstehenden Ausfälle verliehen werden. Es müssen vielmehr die Grenzen des jedem Muther zu verleihenden Feldes so bestimmt werden, dass zwischen beiden Feldern keinerlei Collision stattfinden kann.

Bei der Feststellung dieser Grenzen entscheidet einerseits das bessere Recht des älteren Muthers, andrerseits das Ermessen der verleihenden Behörde, die nicht nur zu bestimmen hat, welche Art der Vermessung anzuwenden ist (Gesetz vom 1. Juli 1821 §. 2.), sondern auch wieviel Maassen bei der Verleihung eines gevierten Feldes zu einem zusammenhängenden Bau erforderlich sind (§. 3.), und welche Vierung bei der Verleihung eines gestreckten Feldes dem Muther zugestanden werden soll (§. 5.).

Die Verleihung nimmt also nach dem Gesetze vom 1. Juli 1821 in Bezug auf die Feldesfeststellung einen von dem ältern Rechte wesentlich verschiedenen Charakter an. Die Verleihung des älteren Rechts ist wesentlich declaratorischer Natur. Ihr Inhalt ist durch die Regel des Gesetzes und den dieser Regel gemässen Antrag des Muthers vollständig gegeben. Sie hat nur insoweit einen selbstständigen Inhalt, als sie den objectiven Befund des gemutheten Gegenstandes, die Verleihbarkeit und den juristisch relevanten Charakter der Lagerstätte festgestellt. So weit der Antrag des Muthers diesem Befunde und der entsprechenden Vorschrift des Gesetzes gemäss ist, muss auch die Verleihung diesem Antrage vollständig entsprechen. Sie kann nicht selbstständige und abweichende Festsetzungen über die Zahl und die Lage der Maassen, über die Richtung und die Ausdehnung der Vierung enthalten, da alle diese Punkte innerhalb der durch das Gesetz bestimmten Grenzen der freien Wahl des Muthers überlassen sind. Die Verleihung gilt daher auch nur, so weit sie mit ihren Prämissen: der Regel des Gesetzes, dem objectiven Befunde und dem Antrage des Muthers übereinstimmt. So weit dies nicht der Fall ist und so weit sie das bessere Recht eines Muthers verletzt, kann sie durch richterlichen Ausspruch ohne Weiteres aufgehoben werden.

Nach dem Gesetze vom 1. Juli 1821 hat dagegen die Verleihung einen wesentlich constitutiven Charakter. Sie bestimmt, ohne an den Antrag des Muthers irgendwie gebunden zu sein, welche Vermessungsart angewendet werden, wieviel Maassen und welche Vierung gewährt werden soll. Der Fall der beschränkten Concurrenz zweier Muthungen nimmt daher eine ganz andere Gestalt an, als nach dem älteren Rechte. Der ältere Muther ist nicht wie bei der bergordnungsmässigen Muthung berechtigt, seine Maassen in beliebiger Zahl oberhalb und unterhalb der Fundgrube zu legen, die Vierung bis zu dem gesetzlichen Maximum in das Hangende und Liegende zu strecken und den jüngeren Muther auf Grund seiner einseitigen Feldesstreckung aus dem Felde zu schlagen. Die Begrenzung des Feldes erfolgt durch die verleihende Behörde, welche ihrer Entscheidung einerseits das Vorzugsrecht unter den concurrirenden Muthungen, andrerseits ihr nach §§. 2. 3. 5. a. a. O. maassgebendes technisches Ermessen zu Grunde legt.

Die richterliche Entscheidung über das Vorzugsrecht unter den concurrirenden Muthungen kann daher nach dem Gesetze vom 1. Juli 1821 im Falle der beschränkten Concurrenz nur den Charakter eines Präjudiciums haben, weil es von dem Ermessen der verleihenden Behörde abhängt, innerhalb welcher Grenzen der Anspruch des obsiegenden Muthers durch die Verleihung verwirklicht werden wird. Der richterliche Ausspruch kann eben deshalb im Falle der bloss beschränkten Concurrenz nur vor erfolgter Verleihung wirksam werden. Liegt ein Fall der ausschliessenden oder der gemischten Concurrenz vor, so kann auch nach ertheilter Verleihung das bessere Recht des zurückgewiesenen Muthers verfolgt und die ertheilte Verleihung für unwirksam erklärt werden. Erstreckt sich die Collision dagegen nur auf die Maassen oder auf die

Vierung, so ist der nachträgliche Ausspruch über das Vorzugsrecht nach dem Gesetze vom 1. Juli 1821 ohne Bedeutung, weil nicht erhellt, ob und in wieweit die erfolgte Feststellung der Grenzen auf einer entgegengesetzten Beurtheilung des Vorzugsrechtes oder auf dem nach §§. 3. 5. maassgebenden Ermessen der Behörde beruht, ob dem betreffenden Muther ein Theil der begehrten Maassen oder der Vierung wegen des entgegenstehenden Rechtes des concurrirenden Muthers, oder aus dem Gesichtspunkte der §§. 3. u. 5. versagt worden ist. Der richterliche Ausspruch würde nur die auf die concurrirenden Rechte bezügliche Entscheidung aufheben können. Da jedoch die Verleihung in dem Falle der bloss beschränkten Concurrenz eine solche Entscheidung weder ausspricht, noch auch nothwendig voraussetzt, so kann dieselbe in dem angeführten Falle nachträglich nicht mehr wirksam angefochten werden. Das Gesetz vom 1. Juli 1821 hat deshalb die nothwendige Folge gehabt, dass die Fälle der beschränkten Collision der Muthungen nicht mehr wie nach §. 352. A. L. R. Th. II. Tit. 16. dem Austrage nach erfolgter Verleihung vorbehalten werden können, sondern dass die collidirenden Ansprüche vor der Ertheilung der Verleihung zum Austrag gebracht werden müssen, und dass die Parteien, wenn sie sich bei der Entscheidung der verleihenden Behörde über das Vorzugsrecht nicht beruhigen wollen, vor der erfolgten Verleihung den Rechtsweg beschreiten müssen. Dass dies zulässig ist, dass auch der blosse Muther berechtigt ist, gegen jeden Dritten Klage zu erheben, welcher auf das von ihm begehrte Feld Ansprüche macht, ist von dem Ober-Tribunal durch das Urtheil vom 3. Januar 1840 anerkannt worden, auf Grund dessen in dem Präjudizienbuche S. 298 folgender Rechtsgrundsatz vermerkt ist:

27. Die von dem Muther eines Bergwerks bei der competenten Bergbehörde vorschriftsmässig eingelegte Muthung reicht hin, ihn für legitimirt zu achten gegen jeden Dritten, welcher auf das gemuthete Feld vorzüglichere Rechte zu haben behauptet, das aus der Muthung erlangte Recht im rechtlichen Wege geltend zu machen. Zu seiner Activlegitimation ist es keinesweges erforderlich, dass er von der Bergbehörde bereits die Belehnung erhalten habe.
Präjudiz 781. Vergl. die Entscheidung vom 9. September 1857. Striethorst's Archiv Bd. 27. S. 14.

Auch die verleihende Bergbehörde verweist daher in denjenigen Fällen, in welchen das Vorzugsrecht unter den concurrirenden Muthern für die Grenzbestimmung präjudiziell ist, die Erörterung dieses Rechtspunktes zum gerichtlichen Verfahren, indem sie vor der Ausfertigung der Verleihungsurkunden demjenigen Theile, welchen sie für den minder berechtigten erachtet, zur Ausführung seines besseren Rechts im Wege der gerichtlichen Klage eine Frist setzt. Und dies geschieht nicht nur in den Fällen der beschränkten Concurrenz, wo die präjudizielle Entscheidung des Rechtspunktes durch das Gesetz vom 1. Juli 1821 zur Nothwendigkeit wird, sondern aus Gründen der Zweckmässigkeit häufig auch in den Fällen der ausschliessenden und der gemischten Concurrenz, in welchen die Verleihung füglich wie nach dem älteren Rechte auf Recht und Unrecht ertheilt werden kann.

Es muss indess als ein wesentlicher Mangel des Gesetzes vom 1. Juli 1821 bezeichnet werden, dass in demselben keine Vorschriften über die Folgeordnung der der Verleihung vorhergehenden Partei- und Amtshandlungen gegeben sind. Wie sich nämlich aus der bisherigen Erörterung ergiebt, muss der Ertheilung der Verleihung ein Verfahren vorangehen, welches in dem Falle der beschränkten Concurrenz zweier Muthungen folgende wesentliche Handlungen einschliesst:

1. die Feststellung der für jede Muthung anzuwendenden Vermessungsart (§. 2.);
2. die Erklärung der Muther über die Zahl und die Lage der begehrten Maassen (§. 3.), oder über die Grösse und die Richtung der begehrten Vierung (§. 5.);
3. die Feststellung der zu einem zusammenhängenden Bau erforderlichen Maassenzahl oder Vierungsbreite und die entsprechende Beschränkung jedes der beiden Feldesprojecte durch die Bergbehörde;
4. sofern nach erfolgter Beschränkung noch eine Collision stattfindet, die Entscheidung über das Vorzugsrecht unter beiden Muthern.

Jede dieser Handlungen ist der folgenden präjudiziell und es würde zur Herstellung eines streng geregelten Verfahrens erforderlich sein zu bestimmen, in welcher Form und in welchem Zeitpunkte jede dieser Handlungen zum endgültigen Abschluss gelangt, was nach Lage der Gesetzgebung nicht der Fall ist. Hierzu kommt, dass die zu 3. erwähnte Entscheidung über das Requisit des zusammenhängendes Baus nach §. 2. des Gesetzes vom 1. Juli 1821 lediglich zur Cognition der Verwaltungsbehörde gehört, wie dies auch von dem Ober-Tribunal in der Entscheidung vom 11. Januar 1856 wie folgt anerkannt ist:

28. Hat die Bergbehörde ein geviertes Feld verliehen, so findet darüber', ob ein in diesem Felde liegendes Flötz einen zusammenhängenden Bau gestattet, der Weg Rechtens nicht statt.

Striethorst's Archiv Bd. 19. S. 267.

Das Vorzugsrecht der concurrirenden Muther kann daher nur insofern ein Gegenstand der richterlichen Entscheidung werden, als die bestehende Collision nicht bereits durch die Entscheidung der Verwaltungsbehörde über die anzuwendende Vermessungsart oder über die zu gestattende Maassenzahl beseitigt wird. Die Entscheidung über diese Punkte ist daher der richterlichen Entscheidung über das Vorzugsrecht unbedingt präjudiziell und es würde einer ausdrücklichen Bestimmung darüber bedurft haben, in welchem Stadium des Verfahrens und in welchen Formen diese Entscheidung seitens der Verwaltungsbehörde endgültig getroffen wird. Eine solche Bestimmung fehlt.

Es kann sowohl die verleihende Behörde nach erfolgter Feldesstreckung und nach rechtskräftiger Feststellung des Vorzugsrechtes ihren Ausspruch über die anzuwendende Vermessungsart widerrufen, als auch der Muther in jedem Stadium der Verhandlung bis zur erfolgten Verleihung seine Feldesstreckung umändern und dadurch das ganze bisherige Verfahren resultatlos machen. Wie sehr durch diese Lücke des Gesetzes nicht nur die Form des Verfahrens, sondern auch die materielle Rechtssicherheit beeinträchtigt wird, ergiebt sich aus folgendem Rechtsfalle:

Die Gewerkschaft der Grube Vereinigte Sellerbeck muthete am 14. September 1830 ein Steinkohlenflötz unter dem Namen Steinkuhle Südflügel und begehrte am 4. October 1830 ein Längenfeld, welches mit dem für die Muthung Anna Gertrud vom 4. September 1824 begehrten Längenfelde collidirte. Nachdem längere Zeit über diese Collision verhandelt worden war, streckten die Muther von Anna Gertrud am 17. October 1845 ein geviertes Feld an Stelle des früher begehrten Längenfeldes und wurden mit diesem Geviertfelde beliehen, welches einen Theil des für Steinkuhle Südflügel begehrten Längenfeldes überdeckte. Die Bergbehörde erklärte, dass auch für die Muthung Steinkuhle Südflügel ein geviertes Feld zu wählen sei und forderte die Gewerkschaft von Vereinigte Sellerbeck auf, ein solches zu strecken. Die Gewerkschaft kam jedoch dieser Aufforderung nicht nach, sondern erhob gegen die Gewerkschaft von Anna Gertrud Klage mit dem Antrage, ihr für das am 4. October 1830 begehrte Längenfeld das Vorzugsrecht vor der nach der Feldesstreckung vom 17. October 1845 ertheilten Verleihung der Grube Anna Gertrud zuzuerkennen. Das Gericht erster Instanz erkannte nach dem Antrage der Klage; das Gericht zweiter Instanz wies die Klage ab. Das Ober-Tribunal vernichtete das Appellations-Erkenntniss auf die Beschwerde der Klägerin durch das in Striethorst's Archiv Bd. 15. S. 27 ff. mitgetheilte Urtheil vom 22. September 1854 wegen Verletzung des folgenden Rechtsgrundsatzes:

»Eine Aenderung des ursprünglichen Feldesbegehrens in der einmal getroffenen Feldprojection ist nur soweit zulässig, als das mit dieser Aenderung überdeckte Feld noch ein freies ist. Ist letzteres schon vor jener Aenderung von einem Dritten gemuthet worden, so kann dem Dritten auf Grund des ersten beschränkten Feldbegehrens und des früheren Fundes das Alter im Felde nicht mehr streitig gemacht werden.«

Zur Begründung dieses Urtheils führt das Ober-Tribunal Folgendes aus:

»Zwar muss dem Appellationsrichter darin beigepflichtet werden, dass das Alter der Muthung nach dem Präsentatum derselben beim Bergamt und nicht nach dem Zeitpunkte des bestimmt begehrten Grubenfeldes zu beurtheilen ist, und dass die bestimmte Bezeichnung des in Anspruch genommenen Grubenfeldes nicht immer gleich bei Einlegung der Muthung erfolgen kann. Der Appellationsrichter geht aber zu weit, wenn er bei Bestimmung des durch die Muthung begründeten Vorzugsrechts auf die in der Muthung enthaltene Erklärung über den Umfang des in Anspruch genommenen Feldes gar keine Rücksicht nimmt. Hat sich der Muther einmal mit Bestimmtheit darüber ausgesprochen, was er begehrt, so sind dadurch die Grenzen bezeichnet, auf welche sich sein Recht beschränkt. Was ausserhalb dieser Grenzen liegt, wird durch seine Muthung nicht berührt, und sind darauf Muthungen durch Andere eingelegt, so kann jener Muther nicht zum Nachtheile derselben sein Feld ändern und auf Grund seiner zwar älteren, aber ein anderes Feld besprechenden Muthung ein Vorzugsrecht vor diesen anderen Muthungen begehren. Diese Grundsätze sind schon in früheren Entscheidungen angenommen worden, — vergl. Archiv für Rechtsfälle Bd. 5. S. 312 ff., und die Ausführung des Appellationsrichters in der vorliegenden Sache bietet keinen Anlass dar, dieselben zu verlassen. Mag immerhin im Fundrechte der eigentliche Rechtsgrund des Anspruchs auf Verleihung der findig gemachten Lagerstätte liegen, so muss doch, wenn ein wirkliches Recht entstehen soll, die Muthung hinzutreten. Der Finder ist nach §. 154. Th. II. Tit. 16. des A. L. R. befugt, zu verlangen, dass ihm der Bau auf das entdeckte Werk innerhalb eines gewissen Districtes vorzüglich vor allen Anderen verliehen werde. Von diesem Rechte muss er aber, bei Verlust desselben, innerhalb vier Wochen von Zeit der wirklichen Entdeckung Gebrauch machen und schriftliche Muthung bei dem Bergamte einlegen, §. 155. a. a. O. Hat er dieses nicht gethan, oder hat er die Muthung nur auf einen Theil dessen, was er vermöge des Finderrechts in Anspruch nehmen konnte, eingelegt, so kann er hinsichtlich des durch die Muthung nicht besprochenen, ausser Anspruch gelassenen Theils nicht das nach dem Präsentatum der Muthung zu beurtheilende Vorrecht des Alters in Anspruch nehmen. Gegen diese Grundsätze hat der Appellationsrichter gefehlt. Allerdings ist die Muthung der verklagten Gewerkschaft die ältere, sie ist am 4. September 1824 eingelegt, während Kläger das in Rede stehende Steinkohlenflötz erst am 14. September 1830 gemuthet hat. Allein Kläger behauptet, dass die verklagte Gesellschaft das jetzt streitige Feld durch ihre frühere Muthung gar nicht in Anspruch genommen, vielmehr erst unterm 17. October 1845 ihre frühere Feldesprojection geändert und das inzwischen von der Klägerin gemuthete Feld theilweise in Anspruch genommen habe. Der Appellationsrichter stellt auch selbst fest, dass sich nach dem Gutachten des Markscheiders H. das jetzige Streitobject erst durch den veränderten Antrag der Verklagten vom 17. October 1845 habe herausstellen können. Dessenungeachtet erkennt er der Verklagten auf Grund der früher eingelegten Muthung das Vorzugsrecht des Alters zu, ohne auch nur zu untersuchen, ob und wieweit das jetzt streitige Grubenfeld durch die Muthung der Verklagten in Anspruch genommen worden. Hierdurch verstösst er gegen die oben entwickelten Rechtsgrundsätze, und die eingelegte Nichtigkeitsbeschwerde musste daher für begründet erachtet werden.

Was von Seiten der Implorantin für die Richtigkeit der angefochtenen Entscheidung geltend gemacht worden, ist nicht geeignet, dieselbe aufrecht zu erhalten. Der Plenarbeschluss vom 12. Juni 1843 (Entscheidungen Bd. 9. S. 90 ff.) ist hier nicht anwendbar. Derselbe handelt nur von dem Vorrecht concessionirten Schürfens in Concurrenz mit einem zufälligen Finder. Die Verklagte hat ohne Zweifel früher gefunden und gemuthet, als die Klägerin, sie braucht daher ihr Recht nicht auf das besondere Recht des mit einem Schürfschein versehenen Finders zu gründen. Es fragt sich nur, ob ihre Muthung auch das jetzt streitige Feld umfasst, oder ob sie dasselbe ausser Anspruch lässt. Auch der §. 5. des Gesetzes vom 1. Juli 1821, nach welchem die zu bewilligende Vierung dem Ermessen der Bergbehörde überlassen ist, entscheidet die Sache für sich allein nicht. Denn der vorliegende Rechtsstreit betrifft nur die Frage, ob das Recht der Verklagten dem

Anspruch der Klägerin entgegensteht, und hierüber hat der Richter zu entscheiden, wodurch aber dem Ermessen der Bergbehörde, ob der Klägerin ohne Rücksicht auf das Recht der Verklagten die grosse Vierung zu bewilligen sei, durchaus nicht vorgegriffen wird. Aus eben diesen Gründen kommt es auch auf die weitere Ausführung der Verklagten nicht an, dass Klägerin ein Feld begehre, welches mit keiner der gesetzlichen Vermessungsarten in Einklang zu bringen sei, indem auch dieses nicht Gegenstand dieser Entscheidung, sondern lediglich dem Ermessen der Bergbehörde zu überlassen ist.«

In diesen Urtheilsgründen ist im Widerspruch mit der oben (S. 77) mitgetheilten Entscheidung vom 18. Februar 1859 auf den Ausspruch der verleihenden Behörde über die zu wählende Vermessungsart keine Rücksicht genommen.

Dennoch lag hier ebenfalls der Fall vor, dass die frühere Feldesstreckung vor der Entscheidung der Behörde über die Vermessungsart gewählt und demnächst in Uebereinstimmung mit der von der Behörde getroffenen Entscheidung von dem älteren Muther abgeändert worden war. Die Verklagte hatte auch in der ersten Instanz ausdrücklich geltend gemacht, dass die Bergbehörde bereits auf Grund des §. 2. des Gesetzes vom 1. Juli 1821 dahin entschieden habe, dass für Steinkuhle Südflügel wie für Anna Gertrud gevierte Vermessung zu wählen sei, dass deshalb ein Vorzugsrecht für das von der Behörde verworfene Längenfeld nicht geltend gemacht werden könne. Der Richter erster Instanz hatte jedoch diesen Einwand verworfen, weil die Bergbehörde ihre Ansicht möglicherweise ändern und nachträglich die gestreckte Vermessung gestatten könne. Für diesen Fall allein werde allerdings das der Klägerin zuerkannte Vorzugsrecht von Wirkung sein; dies hindere die Klägerin jedoch nicht, dasselbe im Wege Rechtens zu verfolgen. Das Ober-Tribunal hat bei der Entscheidung in der Sache selbst über diesen Einwand nicht erkannt, sondern die Sache in die erste Instanz zurückgewiesen zur Verhandlung darüber, ob und wieweit das streitige Grubenfeld von der Verklagten bereits vor der Klägerin begehrt worden sei?

Der weitere Verlauf des Processes hat sodann zu der Wiederherstellung des ersten verurtheilenden Erkenntnisses geführt. In diesem Falle ist daher die Ansicht des ersten Richters maassgebend geblieben, dass die Feststellung der Altersrechte im Processwege der Endentscheidung der Bergbehörde über die zu verleihende Feldesgattung vorhergehen könne, während nach dem zuletzt angeführten Urtheile vom

18. Februar 1859 die Entscheidung über die Vermessungsart derartig präjudiziell ist, dass erst nach erfolgter Feststellung der Vermessungsart die Feldesstreckung als eine definitive, im Rechtswege zu verfolgende betrachtet werden kann. Die letztere Ansicht verdient ohne Zweifel den Vorzug, da eine Collision nur innerhalb derjenigen Vermessungsgrenzen stattfinden kann, welche nach dem Ermessen der verleihenden Behörde zur Anwendung kommen, und weil ein Rechtsstreit über eine von der verleihenden Behörde *in genere* verworfene Feldesstreckung gegenstandslos und wirkungslos ist. Es ist zwar richtig, dass die Bergbehörde ihren Ausspruch über die zu wählende Vermessungsart bis zur erfolgten Verleihung jederzeit ändern kann. Im vorliegenden Falle war jedoch diese Entscheidung bereits dadurch unabänderlich geworden, dass das streitige Feld bereits nach Geviertvermessung an die verklagte Gewerkschaft verliehen worden war. Allein auch hiervon abgesehen, muss es in jedem Falle dem Muther, welcher die verworfene Feldesstreckung verfolgen will, überlassen bleiben, zunächst diesen veränderten Ausspruch herbeizuführen, ehe er den Rechtsweg beschreitet. Die entgegengesetzte Auffassung führt zu dem perplexen Resultate, dass dem jüngeren Muther das Vorzugsrecht für die begehrte Längenvermessung deshalb zuerkannt wird, weil die Bergbehörde diese Art der Vermessung für unzulässig erklärt hat, mithin auf Seiten der älteren Muthung eine neue Feldesstreckung nothwendig geworden ist; und dass dem Muther ein Recht zuerkannt wird, welches weder die verleihende Behörde noch der Richter zur Ausführung bringen kann, weil der Verwirklichung desselben die von der verleihenden Behörde getroffene Entscheidung über die anzuwendende Vermessungsart entgegensteht.

Uebrigens hat das Ober-Tribunal die hier von dem Richter der ersten Instanz aufgestellte Ansicht in dem neueren Erkenntnisse vom 18. Februar 1859 (oben S. 77) ausdrücklich reprobirt und den Grundsatz aufgestellt, dass die Feldesstreckung mit rechtlicher Wirkung erst nach erfolgter Entscheidung über die anzuwendende Vermessungsart stattfindet und dass nur die von der Bergbehörde *in genere* bereits genehmigte Feldesstreckung zum Nachtheil jüngerer Muther nicht verändert werden kann. In Bezug auf den Fall der beschränkten Concurrenz der Muthungen können daher für das Gebiet des Gesetzes vom 1. Juli 1821 folgende Grundsätze als feststehend bezeichnet werden:

1. Die Collision ist erst dann als vorhanden anzunehmen, wenn die von den Muthern gewählte Vermessungsart von der Bergbehörde genehmigt ist.
2. Auf Grund einer solchen Feldesstreckung kann das Vorzugsrecht gegen den concurrirenden Muther vor erfolgter Verleihung im Rechtswege geltend gemacht werden.
3. Das obsiegende Urtheil giebt dem Muther nicht den unbedingten Anspruch auf die im §. 3. bezeichnete Maassenzahl, oder auf das Maximum der nach §. 5. zu verleihenden Vierung, sondern der Umfang des zu verleihenden Feldes wird von der Bergbehörde nach dem Erforderniss des zusammenhangenden Bau's bestimmt.

Die vorstehenden Grundsätze müssen der Natur der Sache nach auch auf die gemischte Concurrenz der Muthungen, d. h. auf die Fälle Anwendung finden, in welchen der Fundpunkt einer Muthung von den Maassen oder der Vierung einer anderen Muthung überdeckt wird. Das Unterscheidende dieses Collisionsfalles besteht darin, dass in Bezug auf die überdeckte Muthung eine ausschliessende, in Bezug auf die überdeckende Muthung eine beschränkte Concurrenz vorliegt. Uebrigens findet hier derselbe Unterschied zwischen dem Systeme des älteren Rechts und des Gesetzes vom 1. Juli 1821 statt. Während nach dem Rechte der Bergordnungen der ältere Muther durch seine einseitige Muthung und Feldesstreckung den Anspruch des jüngeren Muthers ohne Weiteres beschränkt oder ausschliesst, tritt nach dem für die Verleihung auf Flötzen maassgebenden Gesetze von 1821 die Collision erst ein, wenn die von dem überdeckenden Muther gewählte Vermessungsart genehmigt ist. Während dort der jüngere Muther mit dem unbedingten Rechte des älteren collidirt, ist hier der Anspruch des überdeckenden Muthers nicht von seinem Vorrechte allein, sondern auch von dem beschränkenden Ermessen der verleihenden Behörde abhängig. Es besteht auch über die Anwendbarkeit der oben aufgestellten Grundsätze auf den Fall der Ueberdeckung kein Streit. Dagegen herrscht eine grosse Meinungsverschiedenheit darüber, wieweit die Wirkungen der Ueberdeckung von dem Fortbestehen der überdeckenden Muthung abhängig sind, oder hiervon unabhängig fortdauern. Bei der beschränkten Concurrenz ist man darüber einverstanden, dass die Wirkungen der Collision nur so lange bestehen, als die concurrirende Muthung in Kraft bleibt. Fällt diese Muthung später fort, so besteht kein Zweifel darüber, dass die streitigen Maassen dem übrig bleibenden jüngeren Muther verliehen werden können, ohne dass es einer neuen auf diese Maassen gerichteten Muthung bedarf. Bei der ausschliessenden Concurrenz muss nach den übereinstimmenden Vorschriften des Allg. Landrechts, der revidirten und der älteren Bergordnungen das Gegentheil angenommen werden. Der von einer rechtsgültigen Muthung bestrickte Fund befindet sich, so lange die Muthung in Kraft bleibt, nicht mehr im Freien, er hat durch die Muthung aufgehört, Gegenstand der Occupation, des freierklärten Bergbaues zu sein. (A. L. R. Th. II. Tit 16. §§. 162. 163.*). Es gilt also von einem bloss gemutheten Funde dasselbe, wie von einer bereits verliehenen Lagerstätte. Jede auf die Erwerbung einer solchen nicht mehr bergfreien Lagerstätte gerichtete Handlung ist ohne alle rechtliche Wirkung. Wenn daher auch das zur Zeit der Muthung bestehende Bergwerkseigenthum oder das Recht aus der älteren Muthung in der Folge erlischt, und die Lagerstätte wieder bergfrei wird, so lebt doch die frühere Muthung nicht wieder auf, weil dieselbe bei ihrer Einlegung nicht wegen eines entgegenstehenden besseren Anrechts, sondern wegen des fehlenden muthbaren Objectes unwirksam war. Das Ober-Tribunal hat diesen Grundsatz anerkannt in dem S. 219 des Präjudizienbuches eingetragenen Satze:

29. Wenn sich ergiebt, dass das gemuthete Feld zur Zeit der eingelegten Muthung nicht im Bergfreien belegen war, so ist die Muthung gegenstandlos und nichtig, und kann selbst dann, wenn das in Rede stehende Feld in der Folge frei würde, keine rechtliche Wirkung haben.

Präjudiz 1310 vom 16. Juni 1843.

In einer späteren Entscheidung vom 13. November 1850 hat das Ober-Tribunal dieses Präjudiz dahin näher erläutert,

---

*) §. 162. Der Finder sowohl als der Muther müssen mit Fleiss und unausgesetzter Arbeit bemühet sein, den gemutheten Gang, das Flötz oder die Bank zu entblössen, das ist selbige mit dem Stolln oder Schurf in vollem frischen Anbruche zu zeigen.

§. 163. Wer binnen vier Wochen nach erfolgter Approbation die Arbeit nicht anfängt, oder sie nicht beständig fortsetzt, wird seines Rechts verlustig, und das Werk ist ins Freie gefallen.

Vergl. ferner: Cleve-Märk. B. O. Cap. III. §. 2. Schles. B. O. Cap. IV. §. 2. Magdeb. B. O. Cap. IV. §. 2. Chur-Trierische B. O. Th. I. Art. III. §. 6. Hennebergische B. O. Th. II. Art. 4. Chur-Sächs. B. O. Art. 7. Chur-Cöln. B. O. Th. III. Art. 4.

dass unter dem nicht bergfreien Felde, nicht bloss die bereits verliehene, sondern auch die bloss gemuthete Lagerstätte zu verstehen ist.

Der Landwirth K. legte beim Bergamt in Essen auf ein Steinkohlenflötz Muthung ein. Da er dasselbe innerhalb der ihm vorgeschriebenen Frist nicht entblösste, so verfügte das Bergamt am 3. Februar 1843 die Löschung dieser Muthung. Auf seine beim Oberbergamt in Dortmund erhobene Beschwerde wurde ihm jedoch, bevor die Löschung bewirkt war, eine Nachfrist bewilligt. Auch diese hielt er nicht ein, weshalb die Löschung erfolgte. Inzwischen hatte am 14. Februar 1843 der S. auf dasselbe Feld eine Muthung angebracht, welche aber mit Rücksicht auf die vom Oberbergamt verfügte Fristverlängerung wegen Unfreiheit des Feldes vom Bergamt zurückgewiesen worden war. Demnächst, und zwar nachdem die dem K. bewilligte Nachfrist abgelaufen war, reichte der Rechtsanwalt D. eine gleichfalls das nämliche Feld besprechende Muthung ein, die auch vom Bergamt angenommen wurde. Der beantragten Beleihung widersprach indessen der L., als Nachfolger des S. Zum Wege Rechtens vom Bergamt verwiesen, klagte er gegen den D. auf Zuerkennung des Vorzugsrechts.

Der erste Richter wies seine Klage zurück. Der zweite erkannte nach deren Antrage. Das Ober-Tribunal stellte unter Abänderung des Appellationsurtheils das erste Urtheil wieder her, aus folgenden in Striethorst's Archiv Bd. I. S. 121 mitgetheilten Gründen:

»Die Muthung vom 14. Februar 1843, auf welche Kläger das in Anspruch genommene Vorzugsrecht gründet, ist eine wirkungslose, weil zu der Zeit ihrer Einlegung das begehrte Feld nicht im Bergfreien lag. Dasselbe war schon früher von dem Landwirth K. gemuthet worden und obwohl am 3. Februar 1843 das Bergamt die Löschung dieser Muthung verfügt hatte, so kann doch dieser Verfügung kein Gewicht beigelegt werden, weil sie durch die Verfügungen der höheren Verwaltungsbehörden wieder aufgehoben und dem K. eine fernere Fristverlängerung bewilligt wurde. Auch kann es keinem Bedenken unterliegen, dass, wie auch die beiden früheren Richter übereinstimmend annehmen, den Bergverwaltungsbehörden allein die Entscheidung über die zu bewilligende Fristverlängerung zusteht. Besonders geht dies aus Cap. VI. §. 2. der Bergordnung vom 29. April 1766 hervor, wo vorgeschrieben ist:

»Dahingegen soll den Schürfern und Muthern, wenn sie wegen der ihnen im Cap. I. §. 2. und Cap. IV. §. 2. bestimmten Obliegenheit Verhinderung erhalten und deswegen Frist und Verlängerung nachsuchen, das Bergamt dieselbe zwei auch höchstens dreimal erlängen, weiter aber keine Frist, ohne specielle Approbation der Kriegs- und Domainenkammer, wohin darüber zu referiren, geben, in allen Fällen aber zuvörderst die Ursachen wohl untersuchen, ob sie zur Fristverstattung und Erlängerung der Schürfscheine hinlänglich und gegründet sind.«

Hiernach ist die Bewilligung einer Fristverlängerung in das Ermessen des Bergamts und der höhern Verwaltungsbehörde gestellt, was auch darin seine Rechtfertigung findet, dass es dabei hauptsächlich auf technische Würdigung der Hindernisse und Schwierigkeiten des Baues ankommt.

Zur Zeit der Einlegung der Muthung vom 14. Februar 1843 war also das besprochene Kohlenfeld nicht bergfrei, die ältere auf dasselbe eingelegte Muthung des K. dauerte vielmehr noch fort und die Muthung vom 14. Februar 1843 musste daher zurückgewiesen werden, weil es derselben an dem Hauptерforderniss einer rechtsgültigen Muthung, dass nämlich der Gegenstand derselben im Bergfreien liegt, fehlt. Vergl. §§. 154. u. folg., 161. und 169. Th. II. Tit. 16. des A. L. R. und das im Cap. II. §. 2. der Bergordnung vom 29. April 1766 vorgeschriebene Formular.

Es fragt sich aber:

Kann einer solchen, zur Zeit ihrer Einlegung ungültigen Muthung Wirkung beigelegt werden, wenn später das derselben entgegenstehende Hinderniss dadurch beseitigt wird, dass der ältere Muther wegen Verabsäumung der ihm obliegenden Verpflichtung sein Recht verliert?

Der Appellationsrichter nimmt dieses an und sagt deshalb in seinen Entscheidungsgründen:

»Erlischt aber die erste Muthung, so treten die folgenden Muthungen wieder in Wirksamkeit, sofern nur die Muther von denselben wieder Gebrauch machen wollen, und dann hat wieder die ältere den Vorzug vor der jüngeren.«

Dies ist jedoch unrichtig. Einer Muthung kann nur dann die Wirkung beigelegt werden, dass sie dem Muther den Vorzug des Alters giebt, wenn zur Zeit der Einlegung die gesetzlichen Bedingungen einer rechtsgültigen Muthung vorlagen, und dazu gehört vor allen Dingen, dass derselben keine älteren Ansprüche eines früheren Muthers entgegenstehen. Ist ein solches Hinderniss vorhanden, so fehlt es an den gesetzlichen Voraussetzungen zur Einlegung einer rechtsgültigen Muthung, und wird desungeachtet Muthung eingelegt, so können derselben nicht die Folgen beigelegt werden, die sonst mit einer rechtsgültigen Muthung verbunden sind. Die Einlegung von Muthungen auf Gegenstände, auf welche bereits von andern rechtsgültige Ansprüche erworben sind, mit eventueller Wirkung für den Fall, dass sich diese Ansprüche künftig einmal erledigen sollten, kennt das Gesetz nicht.

Diese Grundsätze sind auch schon in früheren Fällen angenommen worden, wie namentlich das Präjudiz No. 1310. S. 219 des gedruckten Präjudizienbuches ergiebt.

Revise will dieses nur für den Fall gelten lassen, wenn das durch Muthung in Anspruch genommene Feld einem Dritten bereits wirklich verliehen gewesen sei. Allein man kann ihm darin nicht beistimmen, da auch eine ältere Muthung auf ein bestimmtes Feld dasselbe in dem Sinne unfrei macht, dass eine neue Muthung auf denselben Gegenstand mit rechtlicher Wirkung nicht eingelegt werden kann.«

In dieser Entscheidung ist der Fall einer ausschliessenden Concurrenz vorausgesetzt. Das Feld, welches K. und S. gemuthet hatten, war ein und dasselbe. Es blieb neben der älteren Muthung des K. für die jüngere des S. kein im Freien befindliches Object übrig. Das Ober-Tribunal bezeichnet daher die jüngere Muthung mit vollem Rechte als gegenstandslos und nichtig. Bei der gemischten Concurrenz findet ein solches vollständiges Zusammentreffen der beiderseitigen Ansprüche nicht statt, der Gegenstand der beiden Muthungen ist nicht identisch. Jede derselben ist auf einen eigenen Fund gegründet. Es fragt sich daher, ob auch in dem Falle der gemischten Concurrenz die überdeckte jüngere Muthung deshalb als vollständig nichtig zu bezeichnen ist, weil ihr Fundpunkt innerhalb der Maassen oder der Vierung einer älteren Muthung belegen ist. Diese Frage muss für das ältere Recht und für das Rechtsgebiet des Gesetzes vom 1. Juli 1821 verschieden beantwortet werden.

Nach älterem Rechte gilt die Regel des Präjudizes 1310. auch für den Fall der gemischten Concurrenz. Wenn also der Fundpunkt einer Muthung zur Zeit der Einlegung nicht im Bergfreien belegen war, so ist die ganze Muthung gegenstandslos und nichtig, und kann selbst dann keine rechtliche Wirkung haben, wenn das Feld der älteren Muthung in der Folge wieder frei wird. Dieser Satz ist mehrfach bestritten worden. Es wird behauptet, die blosse Einlegung der Muthung hebe die Bergfreiheit nur in Bezug auf den gemutheten Fund oder die Fundgrube auf, nicht in Bezug auf das mit den Maassen bestrickte Feld. Die Concurrenz zweier Muthungen könne überdies in jedem Falle nicht die Nichtigkeit, sondern nur die relative Ungültigkeit der jüngeren Muthung bewirken. Die blosse Einlegung der Muthung begründe nicht ein dingliches Recht an dem gemutheten Felde, sondern nur ein persönliches Recht zur Sache. Die Existenz eines solchen Rechtes schliesse aber keinesweges die Entstehung neuer gleichartiger, auf dieselbe Sache gerichteter Rechtsansprüche aus. Vielmehr sei die Coexistenz mehrerer Mutherrechte auf dasselbe Feld dadurch von dem Gesetzgeber anerkannt, dass ausdrücklich bestimmt werde, welchem von mehrern Muthern das vorzügliche Recht zur Verleihung zukomme.

Diese Ansicht ist jedoch mit den oben angeführten §§. 162. 163. A.L.R. Th.II. Tit. 16. nicht zu vereinigen, welche bestimmen, dass das gemuthete Werk erst nach dem Erlöschen des durch die Muthung begründeten Rechts in das Freie zurückkehrt. Bis dahin ist das Werk im Unfreien befindlich: und zwar in denselben Grenzen, auf welche sich das Recht aus der Muthung erstreckt, also nach §§. 156. 157. 158. a. a. O. nicht bloss innerhalb der Fundgrube, sondern auch in dem Bereiche der Maassen, sofern, was zur Vollständigkeit der Muthung nach älterem Rechte erfordert wird, dieselben nicht bloss der Zahl, sondern auch der Lage nach bestimmt sind.*)

Wenn der Gesetzgeber in dem §. 163. cit. für das Erlöschen des Rechtes aus der Muthung denselben Ausdruck gebraucht, mit welchem er im §. 190. a. a. O. den Untergang des verliehenen Bergwerkseigenthuns bezeichnet, so ist dies nicht ein zufälliger, vielleicht gar incorrecter Sprachgebrauch. Diese Gleichförmigkeit der Bezeichnung, welche in den drei revidirten und in den meisten älteren Bergordnungen wiederkehrt, entspricht vielmehr der wesentlichen Gleichartigkeit des Rechtes aus der Muthung und des Rechtes aus der Verleihung.

Das Recht aus der Muthung ist nach älterem Rechte das in seiner Wirkung bedingte Bergwerkseigenthum.

Die Begründung dieses Satzes ist in der bisherigen Untersuchung über die Natur des Bergwerkseigenthums und die Voraussetzungen seiner Erwerbung enthalten. Diese Untersuchung hat folgende Sätze ergeben:

1. Das Bergwerkseigenthum ist das objectiv dingliche Recht auf Gewinnung der regalen Mineralien innerhalb eines gewissen Bezirks (S. 42).
2. Dieses Recht entsteht durch die Occupation der dem

*) Die Muthung ohne Feldesstreckung macht bloss den Bereich der Fundgrube unfrei. Sie begründet indess nach älterem Rechte auch das Vorzugsrecht nur in Bezug auf die Fundgrube. Die Ueberdeckung einer jüngeren Muthung durch eine nachträgliche Feldesstreckung findet nach älterem Rechte nicht statt (oben S. 71). Der Umfang des Vorzugsrechts und der Feldesunfreiheit, der momentanen und der dauernden Wirkungen der Collision, fällt daher auf diesem Rechtsgebiete vollständig zusammen.

Regal unterworfenen Lagerstätten in der Form des Findens und der Muthung (S. 31).

3. Zur Erwerbung des Rechtes auf Verleihung genügt das Vorhandensein eines verleihungsfähigen Fundes und die mit der Feldesstreckung verbundene Muthung (oben S. 71 u. 84).
4. Die Verleihung hat (nach älterem Rechte) einen bloss declarativen Charakter. Das durch die Muthung erworbene Recht kann vor ertheilter Verleihung gegen jeden Dritten geltend gemacht werden (S. 88 u. 90).
5. Die Verleihung erfolgt allen älteren und besseren Rechten unbeschadet und gewährt nicht mehr Rechte, als durch die zu Grunde liegende Muthung erworben sind (S. 86).

Nach dem Resultate der bisherigen Untersuchung wird also das Bergwerkseigenthum durch die Einlegung der vollständigen Muthung begründet und nur seiner Wirkung nach bedingt durch die Verpflichtung des Muthers, binnen einer gewissen Frist das Dasein und die Beschaffenheit seines Fundes nachzuweisen und die amtliche Bestätigung seines Anspruchs einzuholen. Diese Bedingung ist indess keine wahre Suspensivbedingung, durch welche die Entstehung des Rechtes selbst aufgeschoben würde, weil sie sich nicht auf künftige und ungewisse Ereignisse, sondern auf gegenwärtige Umstände bezieht, so dass nicht die Existenz des Rechtes von dem Eintritte der Voraussetzung, sondern die Wirksamkeit des Rechtes von der Feststellung der vorhandenen Requisite abhängig ist.

Die in der Anmerkung zu Seite 98 angeführten Gesetzesstellen nennen daher den Gegenstand des Rechtes aus der Muthung geradezu »das Lehen« oder »das Werk«, ebenso wie das verliehene Bergwerkseigenthum. Sie bezeichnen die Verleihung zum Theil ausdrücklich als die »Bestätigung« der Muthung oder des gemutheten Lehens (Chur-Trier. B. O. Th. III. Art. III. 6. Chur-Sächs. B. O. Art. 7.). Alle aber, auch das A. L. R. Th. II. Tit. 16. §§. 169. 170., bezeichnen als den Inhalt der Verleihung nur die Feststellung der gesetzlichen Requisite: der Bauwürdigkeit, der Feldesfreiheit, des Erstfinder- oder Mutherrechts und des Feldesumfangs.

Im geraden Gegensatze zu dieser Auffassung ist von den Vertheidigern der oben (S. 101) angeführten Ansicht, das Recht aus der Muthung als ein Recht zur Sache in das Gebiet des Obligationenrechts eingereiht worden. Diese Ansicht stützt sich vornehmlich auf die §§. 1—6. A. L. R. Th. II. Tit. 16., in welchen die unterirdischen Schätze der Natur als ein Vorbehalt des Staates bezeichnet werden, welche ohne dessen Einwilligung von keinem Andern in Besitz genommen werden dürfen. Die Muthung soll hiernach, auf Grund des in den §§. 154 ff. dem ersten Finder und Muther eingeräumten Anrechts, eine Forderung gegen den Staat auf Ueberlassung der zu seiner Disposition stehenden regalen Lagerstätten begründen. Die Concurrenz verschiedener derartiger Forderungsrechte in Bezug auf dieselbe Lagerstätte oder dasselbe Feld, von denen der Natur der Sache nach nur das eine verwirklicht werden kann, soll dann eine Collision erzeugen, welche sich nach der Priorität des Muther- oder Finderrechtes erledigt. Diese Collision würde dann consequenter Weise nicht die Existenz der concurrirenden Rechte berühren, da ja sehr wohl mehrere Forderungsrechte in Bezug auf ein und dieselbe Sache bestehen können, sondern nur die Verwirklichung derselben. Der Wegfall des älteren Forderungsberechtigten würde mithin den Eintritt des bisher ausgeschlossenen zunächst Berechtigten zur Folge haben. Die jüngere Muthung wäre in keinem Falle absolut nichtig, sondern nur relativ ungültig in Bezug auf das bestehende bessere Recht des älteren Muthers.

Diese Ansicht geräth indess nicht nur in ihren Folgerungen in Widerspruch mit den mehrfach angeführten Gesetzesstellen, welche das Recht aus der Muthung als ein dingliches Recht an dem gemutheten Felde erscheinen lassen. Sie geht auch in ihren principiellen Voraussetzungen von einer Auffassung aus, welche bereits in der Erörterung über den Begriff und Inhalt der Bergregalität (S. 7 ff.) und über die Bedeutung des Schürfscheins (S. 55) bekämpft worden ist. Die §§. 1—6. A. L. R. Th. II. Tit. 16., welche den Zweck haben, eine Anzahl der verschiedenartigsten Rechtsinstitute unter einen gemeinschaftlichen Gesichtspunkt zu vereinigen, rechtfertigen keinesweges die daraus für den Begriff der Muthung abgeleiteten Folgerungen, denn der Vorbehalt des Staates und die zur Besitznahme erforderliche Einwilligung kann mit demselben Rechte auf die in dem Hoheitsrechte begründete Einwirkung des Staats auf die Occupation der von der Herrschaft des Grundeigenthümers ausgeschlossenen Lagerstätten bezogen werden, als auf die Abtretung des angeblichen Gewinnungsmonopols. Die Bestimmungen der §§. 141. 154. ff. über die unmittelbare Erlangung des Bergwerkseigenthums enthalten auch keinerlei Beziehung auf die in den §§. 1—6. vorausgesetzte Einwilligung des Staates zur Besitznahme. Sie räumen vielmehr dem Muther kraft seiner Muthung ein Recht auf die gemuthete Lagerstätte ein, ohne dass derselbe in eine andere Beziehung tritt, als in das dingliche Verhältniss zu dem gemutheten Gegenstande.

Das Recht aus der Muthung ist also ein dingliches Recht. Und dies ist auch von dem Ober-Tribunal in einer wichtigen Entscheidung anerkannt worden, deren Gründe mit der oben S. 102 versuchten Beweisführung in den wesentlichsten Punkten übereinstimmen.

Das in den Entscheidungen Bd. 38. S. 341 ff. mitgetheilte Urtheil vom 19. März 1858 bejaht die Zulässigkeit des dinglichen Gerichtsstandes in dem Falle, wenn ein Muther gegen einen andern Muther seinen gesetzlichen Anspruch auf vorzugsweise Beleihung verfolgt*). Der bezügliche Theil der Urtheilsgründe lautet:

»Die Entscheidung über die erhobene Nichtigkeitsbeschwerde ist von Beantwortung der Frage abhängig:

ob im vorliegenden Falle der Gerichtsstand vor den hiesigen Gerichten, insbesondere, ob der dingliche Gerichtsstand vor dem Gerichte desjenigen Orts, an welchem sich die gemuthete Lagerstätte befindet, begründet ist?

Diese Frage muss bejahet werden. Der §. 111. Th. I. Tit. 2. der A. G. O. verordnet:

In dem Gerichtsstande der Sache können nur Klagen, bei welchen ein dingliches Recht auf die Sache zum Grunde liegt, nicht aber bloss persönliche, angestellt werden.

Dass diese Vorschrift sich nur auf unbewegliche Sachen bezieht, ergiebt sich unzweifelhaft aus dem Zusammenhange mit den vorhergehenden Paragraphen von §. 107. an, sowie aus den nachfolgenden Paragraphen, insbesondere aus dem Gegensatze zu §. 116., welcher von dem dinglichen Gerichtsstande in Ansehung beweglicher Sachen spricht. Hierüber ist auch kein Streit. Die Anwendung der gedachten Vorschrift setzt daher voraus, einmal,

dass der streitige Anspruch eine unbewegliche Sache zum Gegenstande habe,

und dann,

dass das geltend gemachte Recht ein dingliches sei.

Beide Erfordernisse sind hier vorhanden.

Der Appellationsrichter legt besonderes Gewicht darauf, dass erst

*) In einer späteren Entscheidung vom 7. März 1859 (Entscheidungen Bd. 40. S. 279) stellt das Ober-Tribunal ferner fest, dass eine Concurrenz des persönlichen Richters des Verklagten neben dem Gerichtsstande der Sache nicht stattfindet.

durch die Beleihung oder Belehnung das Bergwerk im juristischen Sinne ins Dasein gerufen werde, und dass das Gesetz nur dem verliehenen Bergwerkseigenthume den Charakter einer unbeweglichen Sache beilege (cf. §. 253. Th. II. Tit. 16. A. L. R.), woraus er weiter folgert, dass vorher eine Sache nicht existire und von einem Rechte auf die Sache nicht die Rede sein könne.

Dies kann nicht für richtig anerkannt werden. Allerdings kann vor der Beleihung von einem Bergwerke nicht wohl die Rede sein, daraus folgt aber nicht, dass ein Recht auf das zu verleihende Bergwerk vor der Beleihung nicht bestehen könne. Es giebt viele Rechte, deren Wirksamkeit von dem Eintreten gewisser Bedingungen und Voraussetzungen abhängig ist, ohne dass man deren juristische Existenz bestreiten kann. Das Recht des Muthers ist ein solches. Der Muther, welcher eine gefundene Lagerstätte muthet, hat das Recht, vorzüglich vor allen Anderen die Beleihung zu verlangen (§. 154 a. a. O.). Sein Recht setzt nothwendig einen Fund voraus, d. h. die Entdeckung der Lagerstätte eines zum Bergwerksregal gehörigen Fossils. Es ist mithin auch eine Sache vorhanden, auf die sich ein Recht bezieht. Dieses Recht ist allerdings an gewisse Bedingnngen und Voraussetzungen geknüpft, insbesondere muss die gefundene Lagerstätte bauwürdig und im Freien gelegen sein, — §. 169. ibid. — auch darf das zu verleihende Feld gewisse vom Gesetz bezeichnete Grenzen nicht überschreiten (§§. 156 u. folg. ibid. und Gesetz v. 1. Juli 1821 Gesetzsamml. S. 106); hieraus geht aber nur hervor, dass sein Recht ein bedingtes, von gewissen Voraussetzungen abhängiges ist, nicht aber, dass der Muther vor der Beleihung noch gar kein Recht hat. Als Gegenstand seines Rechts muss die gefundene Lagerstätte, resp. das künftig durch Beleihung zu erwerbende Bergwerk angesehen werden. Wenn der §. 253. Th. II. Tit. 16. des A. L. R., welchen der Appellationsrichter in Bezug nimmt, verordnet:

> Jedes verliehene Bergwerkseigenthum, und also auch Bergtheile oder Kuxe werden zum unbeweglichen Vermögen gerechnet,

so folgt daraus nicht, dass vor der Beleihung eine unbewegliche Sache, auf die sich das Recht des Muthers beziehen könnte, nicht existire. Das Gesetz hat es nur für erforderlich gehalten, sich darüber auszusprechen, dass ein bereits verliehenes Bergwerk und einzelne Antheile an demselben zum unbeweglichen Vermögen zu rechnen seien, über das Recht des Muthers vor der Beleihung enthält es einen derartigen Ausspruch nicht, und dieses muss daher nach den allgemeinen gesetzlichen Bestimmungen beurtheilt werden. Hält man aber fest, dass als Gegenstand des Rechts des Muthers die gefundene Lagerstätte resp. das auf derselben künftig zu errichtende Bergwerk angesehen werden muss, so kann es nicht zweifelhaft sein, dass der Gegenstand seines Rechts eine unbewegliche Sache ist, da ein Flötz oder Gang unter der Erde lagernder Fossilien nicht als eine bewegliche Sache betrachtet werden kann — (§. 6., verglichen mit §§. 4. u. 5. Th. I. Tit. 2. des

A. L. R.). Hiermit ist die eine Voraussetzung zur Anwendung des §. 111. Th. I. Tit. 2. der A. G. O. dargethan, nämlich: der Anspruch des Klägers hat eine unbewegliche Sache zum Gegenstande. Es fragt sich daher nur noch, ob das Recht des Muthers als ein dingliches anzusehen ist? Auch diese Frage muss bejaht werden.

Die Freierklärung des Bergbaues bringt es mit sich, dass jeder, der gewisse Bedingungen erfüllt, ein Recht darauf hat, mit den zum Bergwerksregal gehörigen Fossilien beliehen zu werden. §§. 154 u. f. Th. II. Tit. 16 des A. L. R. Dieses Recht wird zunächst bei den Bergbehörden verfolgt, bei ihnen wird die Muthung eingelegt, — §. 155. — sie verfügen die Annahme derselben, controlliren die ferner erforderlichen Arbeiten zur Entblössung des Ganges, — §. 163 u. f. — prüfen, ob der Fund bauwürdig und im Freien belegen sei und ertheilen endlich die Beleihung — §. 169. — Durch diese werden aber die entgegenstehenden Ansprüche anderer Muther nicht unbedingt ausgeschlossen, vielmehr verordnet der §. 352. a. a. O. ausdrücklich:

> Alle Bergwerksbeleihungen geschehen älteren Rechten unbeschadet und die jüngeren müssen den älteren weichen.

Später folgen nähere Vorschriften über das Alter, namentlich verordnet der §. 362:

> Hatte ein Theil schon gemuthet, ehe der andere beliehen ward und selbst später Beleihung erhalten, so giebt das ältere Präsentatum der gehörig geschehenen Muthung das Alter.

Ein älterer Muther ist daher berechtigt, sein aus der älteren Muthung hervorgehendes besseres Recht gegen denjenigen, der ungeachtet desselben Beleihung erhalten hat, im Wege Rechtens zu verfolgen (cf. Präjudiz No. 718. — S. 298 des Präjudizienbuchs u. Entscheidungen Bd. 9. S. 414 u. folg.), und ebenso kann er gegen eine andere collidirende, von der Bergbehörde angenommene Muthung im Wege Rechtens ausführen, dass sich sein Recht auf einen wirklichen Fund gründe (cf. Entscheidungen Bd. 18. S. 326 u. folg.).

In allen diesen Beziehungen verfolgt der Muther sein gesetzliches Recht gegen denjenigen, der sich entweder als Beliehener im Besitze des Bergwerks, oder doch vor der Beleihung im Besitze der aus der Muthung hervorgehenden Rechte befindet, ohne alle Rücksicht auf ein ihm gegen die Person des Verklagten zustehendes Recht, und es muss daher sein Recht im Sinne der §§. 126 u. folg. Th. I. Tit. 2. A. L. R. als ein objectiv dingliches erachtet werden.«

Das Recht aus der Muthung muss nach dem Resultate der bisherigen Erörterung als ein dingliches Recht und zwar als ein in seinen Wirkungen, nicht in seiner Entstehung bedingtes Bergwerkseigenthum bezeichnet werden. Hieraus ergiebt sich für die im Eingange der Untersuchung aufgeworfene Frage, dass jedes Zusammentreffen von zwei auf denselben Gegenstand gerichteten Muthungen für eine derselben die absolute

Nichtigkeit zur Folge hat, weil an demselben Gegenstande nicht zwei einander ausschliessende Rechte als bestehend zu denken sind. Und dies gilt nicht nur von der ausschliessenden Concurrenz, sondern auch von der gemischten, soweit von derselben die überdeckte Muthung betroffen wird. Obgleich nämlich die überdeckte Muthung nur zum Theil durch das dingliche Recht des älteren Muthers ausgeschlossen wird, so betrifft doch diese Collision denjenigen Theil des gemutheten Feldes, ohne welchen das Recht aus der Muthung überhaupt nicht bestehen kann, nämlich den Fundpunkt.*)

Für das Rechtsgebiet des Gesetzes vom 1. Juli 1821 gelten, wie bereits bemerkt ist, zwar dieselben Grundsätze in Bezug auf die Fälle der ausschliessenden Concurrenz. In Bezug auf die gemischten Concurrenzfälle dagegen führt die Anwendung der oben S. 97 gefundenen Regeln zu dem entgegengesetzten Resultate. Die Muthung und Streckung eines Feldes auf einem Flötze nach den Vorschriften des Gesetzes vom 1. Juli 1821 gewährt, wie oben nachgewiesen ist, dem Muther nicht das unbedingte Recht auf die Verleihung der begehrten Maassenzahl oder der verlangten Vierung. Die Begrenzung derselben hängt vielmehr von dem Erfor-

*) Für die beschränkte Collision gilt, wie Gräff in der Zeitschrift für Bergrecht Jahrg. I. S. 127 nachgewiesen hat, dieselbe Regel. So weit die begehrten Maassen zur Zeit der Muthung oder der älteren Feldesstreckung von einem älteren Muther begehrt waren, bleibt die jüngere Muthung gegenstands- und wirkungslos. Das Recht aus der jüngeren Muthung wird also durch die beschränkte Collision zwar nicht ganz, aber doch in dem überdeckten Feldestheile vernichtet. Dem jüngeren Muther bleibt zwar der Anspruch auf die gesetzliche Maassenzahl offen, er muss aber die früher wirkungslos begehrten Maassen, wenn dieselben frei geworden sind, von Neuem begehren, da der Anspruch auf die gesetzliche Maassenzahl nicht ein bestimmtes Feld von selbst ergreift, sondern erst durch die Legung der Maassen, durch das Begehren eines bestimmten Feldes erworben werden muss (S. 67).

Hiernach muss die früher (Zeitschrift für Berg-, Hütten- u. Salinenwesen Bd. VIII. S. 95) ausgesprochene abweichende Meinung als irrig zurückgenommen werden. Was dagegen die von Gräff, a. a. O. S. 123 Anm. 1., vertheidigte Behauptung anbetrifft, dass die Regel des älteren Bergrechts auch für das Rechtsgebiet des Gesetzes vom 1. Juli 1821 keine Ausnahme erleide, so beruht dieselbe auf der Voraussetzung, dass die maassgebende Entscheidung der Bergbehörde über die anzuwendende Vermessungsart u. s. w. in irgend einem Zeitpunkte vor der Verleihung endgültig und unwiderruflich werde, so dass auf Grund derselben ein unbedingter Anspruch auf ein bestimmtes begehrtes Feld von dem Muther erworben werden könne. Dies ist nach S. 92 ff. nicht der Fall. Es muss also an der Ansicht festgehalten werden, dass der Muther eines Flötzes bis zur Verleihung nur einen bedingten Anspruch auf die begehrten Maassen erwirbt.

dernisse des zusammenhängenden Baus, von dem Ermessen der Bergbehörde ab. Hieraus folgt, dass die Muthung eines Flötzes und die darauf erfolgte Feldesstreckung nicht wie die bergordnungsmässige Muthung ein dingliches Recht an dem ganzen Feldesumfange, ein nur in seinen Wirkungen bedingtes Bergwerkseigenthum begründet. Das begehrte Bergwerkseigenthum ist vielmehr, was die Maassen und die Vierung betrifft, in seiner Entstehung bedingt, weil der Act der Verleihung nicht eine bloss declarirende, sondern eine constituirende Wirkung auf das verliehene Bergwerkseigenthum ausübt. Mag daher der Feldesstreckung der Ausspruch der Behörde über die Art der anzuwendenden Vermessung vorhergegangen sein oder nicht, das Feldesbegehren bringt jederzeit nur ein suspensiv bedingtes Recht an den begehrten Maassen oder der Vierung hervor. Und diese Suspensivbedingung wird erst erfüllt durch den Ausspruch der Behörde über den Umfang des zu verleihenden Feldes, welcher endgültig erst in der Verleihung erfolgt. Ein in seiner Entstehung bedingtes Recht hat aber nicht die Kraft, ein anderes auf denselben Gegenstand gerichtetes Recht auszuschliessen, sondern nur es seinerseits zu bedingen. Wenn daher auch der Fall der Ueberdeckung des Fundpunktes einer Muthung durch die *in genere* genehmigte Feldesstreckung einer älteren Muthung vorliegt, so wird dadurch die jüngere Muthung keinesweges nichtig. Ihre Rechtsgültigkeit wird nur durch den Umstand bedingt, in welchem Umfange die ältere Muthung zur Verleihung kommt.

Die gerichtliche Praxis hat diesen Unterschied zwischen beiden Rechtsgebieten bisher nicht gemacht, und auch das Ober-Tribunal hat die in den früher angeführten Urtheilen festgestellten Grundsätze unterschiedslos auch auf den Fall der gemischten Collision nach dem Gesetze vom 1. Juli 1821, — der Ueberdeckung durch ein grosses Geviertfeld — angewendet. Diese Anwendung hat eine doppelte Modification des in dem Präjudiz 1310. aufgestellten Grundsatzes zur Folge gehabt, welche auf das wesentlich verschiedene Verhältniss der Feldesstreckung zur Muthung zurückzuführen ist. Da nämlich nach dem Gesetze vom 1. Juli 1821 die Feldesstreckung erst nach der Einlegung der Muthung erfolgen, und im Laufe der Instruction, soweit nicht Rechte anderer Muther entgegenstehen, beliebig verändert werden kann, ohne dass das Alter der Muthung dadurch verändert wird, so entsteht vom Standpunkte der herrschenden Gerichtspraxis die Frage:

1. Bewirkt die nachträgliche Ueberdeckung einer im

freien Felde eingelegten Muthung durch das grosse Geviertfeld oder die grosse Vierung einer älteren Muthung ebenfalls die absolute Nichtigkeit der jüngeren Muthung?

2. Hat eine Veränderung in der Feldesstreckung der überdeckenden Muthung die Heilung der Nichtigkeit zu Gunsten der früher überdeckten jüngeren Muthung zur Folge?

Diese Fragen hat das Ober-Tribunal in einer Entscheidung vom 5. März 1858 bejaht, welche in Striethorst's Archiv Bd. 29. S. 171 ff. wie folgt, mitgetheilt ist:

»Der Hörder Bergwerks- und Hüttenverein legte am 22. November 1854 bei dem Bergamte zu Bochum eine Muthung »Geschwindigkeit« ein und ergänzte die bei dieser Muthung fehlende Feldesstreckung durch eine Eingabe vom 18. December dess. J., worauf diese Muthung von dem Bergamte am 17. März 1855 vorbehaltlich älterer Rechte angenommen wurde. — Unterdessen hatte die Gewerkschaft der Steinkohlenzeche »Freie Vogel und Unverhofft« am 29. November 1854 eine mit der näheren Bezeichnung des Feldes bezeichnete Eisenstein-Muthung »Gelungen« eingelegt, welche jedoch durch Verfügung des Bergamts vom 17. Mai 1855 zurückgewiesen wurde, weil ihr Fundpunkt von der Muthung »Geschwindigkeit« überdeckt worden ist. Bei dieser Zurückweisung hat sich die gedachte Gewerkschaft beruhigt.

Am 20. April 1855 trug der Hörder Bergwerks- u. Hüttenverein auf Löschung seiner Muthung »Geschwindigkeit« an, legte aber an demselben Tage eine neue Muthung »Geschwindigkeit« mit anderer Feldesstreckung ein und muthete zugleich den Gegenstand der gelöschten Eisenstein-Muthung »Gelungen« unter dem Namen »Gelungen«. Am 3. Juni 1855 trug nun die Gewerkschaft der Steinkohlenzeche »Freie Vogel und Unverhofft« bei dem Bergamte darauf an, ihre ältere Muthung »Gelungen« anzunehmen, da dieselbe durch die Löschung der Muthung »Geschwindigkeit« wieder aufgelebt sei, und hat auch das Bergamt diesem Antrage deferirt, jedoch dem Hörder Bergwerks- und Hüttenverein den Rechtsweg vorbehalten. Derselbe hat denn auch den Rechtsweg beschritten und gegen die mehrgedachte Gewerkschaft seinen Klageantrag dahin gerichtet:

> die verklagte Gewerkschaft mit deren bei dem Bergamte in Bochum gestellten Anspruche: »ihr für das Feld, welches sie durch ihre unterm 25./29. November 1854 eingelegte Eisensteinmuthung »Gelungen« begehrt habe, das Vorzugsrecht vor allen späteren Concurrenzmuthungen zuzugestehen«, — dem Kläger gegenüber bezüglich derjenigen Felder abzuweisen, welche derselbe für die von demselben unterm 20. April 1855 neu eingelegten Eisensteinmuthungen »Geschwindigkeit und Gelungen« begehrt habe.

Das Gericht erster Instanz hat der Verklagten das beanspruchte

Vorzugsrecht abgesprochen. Das Gericht zweiter Instanz hat dagegen auf Abweisung des Klägers erkannt. Der Kläger legte die Nichtigkeitsbeschwerde ein.

Das Ober-Tribunal hat das Apellationserkenntniss vernichtet und in der Sache selbst das erste Erkenntniss dahin abgeändert, dass der von der verklagten Gewerkschaft erhobene Anspruch auf das Feld, welches sie durch ihre unterm 26. u. 29. November 1854 eingelegte Eisensteinmuthung »Gelungen« begehrt hat, dem Kläger gegenüber bezüglich desjenigen Feldes für unbegründet zu erachten, welches er unterm 20. April 1855 für seine neu eingelegte Eisensteinmuthung »Geschwindigkeit« beansprucht hat, wogegen Kläger mit seinem weiter gehenden Klageantrage, namentlich bezüglich der unter dem 20. April 1855 neu eingelegten Muthung »Gelungen«, abzuweisen, und zwar aus nachstehenden Gründen:

»Der Appellationsrichter legt zuvörderst besonderes Gewicht darauf, dass zur Zeit, als die verklagte Gewerkschaft ihre Muthung einlegte, der Kläger sein Feld noch nicht gestreckt hatte, von einem Felde des Klägers mithin damals noch nicht die Rede sein konnte, wodurch sich auch die Annahme des ersten Richters, dass das von der verklagten Gewerkschaft gemuthete Feld nicht im Bergfreien gelegen habe, erledige. Hieraus folgert der Appellationsrichter ferner, dass die Muthung der verklagten Gewerkschaft zur Zeit ihrer Einlegung eine vollkommen gültige und keineswegs gegenstandslos und nichtig gewesen sei. Schon hierin kann man dem Appellationsrichter nicht beistimmen. Die sofortige genaue Bezeichnung des Feldes ist, wie der Appellationsrichter auch anerkennt, kein wesentliches Erforderniss einer Muthung, §. 2. Cap. II. der Cleve-Märkischen Berg-Ordnung vom 29. April 1766 und Karsten's Grundriss §. 95. Diese Bezeichnung kann vielmehr auch nachträglich erfolgen, und geschicht dieses rechtzeitig, so hat die Muthung ihr nach dem Präsentatum derselben zu berechnendes Alter, so dass das in Anspruch genommene Feld von diesem Tage an als nicht mehr im Bergfreien belegen anzusehen ist, mithin auch von diesem ab nicht mehr Gegenstand einer andern Muthung sein kann. Zwischen Einlegung der Muthung und der Feldesstreckung kann hiernach ein kürzerer oder längerer Zeitraum vergehen, in welchem es zweifelhaft ist, welches Feld von der Muthung überdeckt wird. Während dieses Zeitraums müssen der Natur der Sache nach neuere Muthungen, die möglicherweise innerhalb der künftigen Feldesstreckung, mithin im Bergunfreien, möglicherweise aber auch ausserhalb jeder Feldesstreckung, mithin im Bergfreien liegen, angenommen werden. Solche Muthungen sind aber keinesweges aus dem Grunde, weil die Feldesstreckung der älteren Muthung noch nicht erfolgt war, vollkommen gültige. Die Frage: ob sie gültig oder nichtig seien, bleibt vielmehr bis zur Feldesstreckung der älteren Muthung suspendirt. Erhellt demnächst, dass durch diese auf das Präsentatum der älteren Muthung in Bezug auf ihre Wirkung zurückzuziehende Feldesstreckung der Fundpunkt der jüngeren Muthung überdeckt wird, so müssen dieselben der Regel nach als nicht mehr bergfreies Feld besprechend, und deshalb als gegenstandslos und nichtig angesehen werden.

Gegen die vorstehend entwickelten Grundsätze fehlt der Appellationsrichter in doppelter Beziehung, insofern, als derselbe die Muthung der verklagten Gewerkschaft deshalb für eine vollkommen gültige erachtet, weil zur Zeit ihrer Einlegung Kläger sein Feld noch nicht gestreckt hatte.

Aus diesen Gründen musste das Appellationserkenntniss vernichtet werden.

Was nun die anderweitige Entscheidung in der Sache selbst betrifft, so hängt dieselbe hauptsächlich von Beantwortung der Frage ab:

ob und in wie weit die Muthung des Klägers als die ältere die Muthung der Verklagten ausschliesst?

Anscheinend steht der Verklagten das Präjudiz No. 1310. (Präjudizienbuch I. S. 219*) entgegen. Dies ist jedoch keinesweges der Fall, wenn man die eigenthümlichen Verhältnisse des vorliegenden Falles in nähere Erwägung zieht, weshalb auch die abermalige Prüfung dieses Präjudizes hier auf sich beruhen kann.

Kläger hat am 21. November 1854 — wenige Tage vor der verklagten Gewerkschaft — Muthung eingelegt, am 18. December sein Feld gestreckt, am 17. März 1855 ist seine Muthung angenommen, an demselben Tage die Muthung der Verklagten zurückgewiesen worden, und am 20. April desselben Jahres hat demnächst Kläger auf seine Muthung Verzicht geleistet, an demselben Tage aber von Neuem Muthung mit veränderter Feldesstreckung eingelegt und zugleich in einer zweiten Muthung den Gegenstand der gelöschten Muthung der Verklagten von Neuem gemuthet. Es kann unerörtert bleiben, ob diesem Verfahren nicht eine dolose Machination zur Vereitelung der Muthung der Verklagten zum Grunde liege, soviel ist jedenfalls ohne weitere Ausführung klar, dass es dem Kläger am 20. April 1855 gar nicht um eine Verzichtleistung auf sein durch Fund und Muthung begründetse Recht, sondern um eine andere Feldesstreckung zu thun war. Hiernach gestaltet sich die Sache in der Wirklichkeit dahin:

Der Kläger hat Anfangs bei Einlegung der Muthung gar nicht angegeben, welches Feld er in Anspruch nehme, nachher ein Feld begehrt, wodurch der Fundpunkt der Verklagten überdeckt wurde, und später dieses wieder aufgegeben. Man ist nicht berechtigt, zum Nachtheile der verklagten Gewerkschaft gerade den ihr ungünstigen Zeitpunkt, in welchem Kläger sein den Fundpunkt der Verklagten überdeckendes Feld gestreckt hatte, bei Beurtheilung der beiderseitigen Rechtsverhältnisse als den allein entscheidenden zu berücksichtigen; man muss vielmehr die in Folge der Muthung des Klägers stattgefundenen Erörterungen und Erklärungen bis zur definitiven Feststel-

*) Vergl. oben S. 98; Striethorst's Archiv Bd. I. S. 120.

lung des vom Kläger begehrten Feldes als ein Ganzes betrachten, und geschieht dieses, so gelangt man zu dem Ergebniss, dass der Grund, aus dem die Muthung der verklagten Gewerkschaft zurückgewiesen worden, wenn auch nach der augenblicklichen Lage der Sache begründet, doch in der That ein irrthümlicher war, indem angenommen wurde, der Kläger habe sich schon definitiv über die Wahl eines Feldes ausgesprochen, während er bald darauf das begehrte Feld wieder aufgab und eine andere Feldesstreckung wählte. Hiernach ist kein Grund vorhanden, die Muthung der Verklagten als eine solche zu betrachten, deren Gegenstand nicht mehr im Bergfreien gelegen war, und aus demselben Grunde, aus welchem dem Kläger eine nachträgliche Streckung seines Feldes unbeschadet des Alters seiner Muthung gestattet ist, muss es der Verklagten auch zu Gute kommen, wenn sich in Folge einer veränderten Feldesstreckung des Klägers die frühere Voraussetzung, dass das Feld des Klägers den Fundpunkt der Verklagten überdecke, als unrichtig ergiebt.

Fragt man hiernach, wie sich die Rechtsverhältnisse der beiderseitigen Muthungen in Folge der Erklärungen des Klägers vom 20. April 1855 gestalten, so war dieser zuvörderst berechtigt, für seine Muthung eine veränderte Feldesstreckung vorzunehmen, sofern diese nicht in die Rechte Anderer eingreift. Dieses ist hier nach Lage der Acten nicht der Fall, im Gegentheil wird durch die veränderte Feldesstreckung der Fundpunkt der Verklagten frei. Der Kläger hat demnach auch für diese veränderte Feldesstreckung, oder mit andern Worten: »für seine neu eingelegte Muthung Geschwindigkeit«, den Vorzug des Alters für sich, da diese neu eingelegte Muthung nach der vorstehenden Ausführung nichts Anderes ist, als eine veränderte Feldesstreckung für die unter demselben Namen eingelegte ältere Muthung. Insofern musste der von der Verklagten erhobene Anspruch:

> ihr für das Feld, welches sie durch ihre unterm 25. u. 29. November 1854 eingelegte Eisensteinmuthung Gelungen begehrt hat, das Vorzugsrecht vor allen später eingelegten Concurrenzmuthungen einzuräumen,

dem Kläger gegenüber für unbegründet erachtet werden. Insoweit dagegen Kläger, ausser dem für seine unterm 20. April 1855 neu eingelegte Muthung Geschwindigkeit begehrten Felde, auch noch den Gegenstand der Muthung der Verklagten muthen zu können geglaubt hat, und für diese unter dem Namen Gelungen eingelegte Muthung das Vorzugsrecht vor der Verklagten in Anspruch nimmt, ist sein Anspruch völlig unbegründet.«

In diesen Urtheilsgründen ist mit Bestimmtheit ausgesprochen, dass auch die nachträgliche Ueberdeckung eines im freien Felde gemutheten Fundes durch das für eine ältere Muthung begehrte grosse Geviertfeld die Nichtigkeit der überdeckten

Muthung zur Folge habe, dass aber diese Wirkung der Ueberdeckung »bis zur definitiven Feststellung des Feldes« *in suspenso* bleibt, so dass eine Veränderung in der Feldesstreckung, in Folge deren der überdeckte Fundpunkt wieder frei wird, die Heilung der Nichtigkeit zur Folge hat. — Anders ist die letztere Frage beurtheilt worden in einer Entscheidung vom 12ten August 1847, welche den folgenden Rechtsfall zum Gegenstande hat.

R. muthete am 12. August 1847 ein Kohlenflötz unter dem Namen Schwierigkeit. Die Muthung wurde von dem Bergamte der concurrirenden Muthung Augustin des S. gegenüber abgewiesen. R. erstritt jedoch in einem Vorprocesse rechtskräftig das Vorzugsrecht für seine Muthung Schwierigkeit gegenüber der Muthung Augustin. In Folge dieser Entscheidung wurde nunmehr die Muthung Schwierigkeit am 5. September 1853 von dem Bergamte angenommen, und R. bestimmte auf die Aufforderung des Bergamts am 3. October 1853 ein Geviertfeld, mit welchem der Fundpunkt einer von S. am 16. August 1848 im freien Felde eingelegten Muthung Werner überdeckt wurde. Zwischen den Muthern von Schwierigkeit oder, wie die Muthung jetzt genannt wurde, Neudorstfeld und dem Muther von Werner entstand jetzt ein Process über das Vorzugsrecht zur Verleihung, welcher in der zweiten Instanz dahin entschieden wurde: dass der Muthung Schwierigkeit, jetzt Neudorstfeld, das Vorzugsrecht vor der überdeckten Muthung Werner zustehe und der Verklagte S. mit den Ansprüchen und Rechten aus seiner Muthung Werner, soweit dieselben das für die Muthung Schwierigkeit in der Erklärung vom 3ten October 1853 begehrte Feld befassen, zurückzuweisen sei.

Dieses Urtheil wurde auf die Nichtigkeitsbeschwerde des Verklagten durch die Entscheidung des Ober-Tribunals vom 13. November 1857 (Striethorst's Archiv Bd. 28. S. 79) bestätigt. Im Laufe des Processes verzichteten die Muther auf denjenigen Theil des am 3. October 1853 begehrten Feldes, welcher den Fundpunkt von Werner überdeckte und einer der Interessenten, der Gastwirth C., legte auf diesen Fund unter dem Namen Gerechtigkeit Muthung ein. Inzwischen hatte der Gastwirth C. am 5. October 1853 unter dem Namen Ausdauer auf einen Steinkohlenfund Muthung eingelegt, welcher in dem für die Muthung Werner begehrten Felde belegen war. Da die Muthung mit Rücksicht auf das ältere Recht der Muthung Werner von dem Bergamte zurückgewiesen wurde, so erhob

C. gegen S., den Inhaber der Muthung Werner, Klage mit dem Antrage:

der Muthung Ausdauer vor der Muthung Werner das Vorzugsrecht zuzuerkennen, letztere auch mit ihrem Widerspruch gegen die Muthung Ausdauer abzuweisen.

Das Gericht erster Instanz wies den Kläger ab. Das Appellationsgericht erkannte nach dem Klageantrage. Das Ober-Tribunal hat auf die Revisionsbeschwerde des Verklagten das zweite Urtheil durch die in Striethorst's Archiv Bd. 31. S. 62 ff. abgedruckte Entscheidung vom 18. October 1855 aus folgenden Gründen bestätigt:

»Die Muthung des Verklagten, Werner, ist unstreitig älter, als die des Klägers, und die Entscheidung des vorliegenden Rechtsstreits hängt daher von Entscheidung der Frage ab:

ob die Muthung Werner durch die Feldesstreckung der noch älteren Muthung Schwierigkeit untergegangen und beseitigt sei?

Insofern ist der vorliegende Streit connex mit der unter dem 13. November 1857 entschiedenen Processsache zwischen den Muthungen Werner und Schwierigkeit, in welcher das Vorzugsrecht zwischen diesen beiden Muthungen streitig war, auf welche daher auch in zweiter Instanz von den Parteien Bezug genommen worden ist. In Uebereinstimmung mit der Entscheidung des Appellationsrichters in der jetzt vorliegenden Sache ist auch in jener früheren Sache in zweiter Instanz der Muthung Schwierigkeit, jetzt Neudorstfeld, das Vorzugsrecht vor der Muthung Werner zuerkannt, und letztere Muthung mit ihren Ansprüchen und Rechten, soweit dieselben das von der Muthung Schwierigkeit in der Streckungserklärung vom 3. October 1853 gestreckte Feld befassen, zurückgewiesen, diese Entscheidung auch in dritter Instanz bestätigt worden, wie die beigelegten, in dritter Instanz verhandelten Acten ergeben. In dieser Entscheidung ist damals, in Uebereinstimmung mit der Ausführung in dem jetzt vorliegenden Appellationserkenntnisse, angenommen worden, dass der Muthung Schwierigkeit, als der älteren Muthung, vor der Muthung Werner das Vorzugsrecht zuerkannt werden müsse, und dass es nicht darauf ankomme, dass die Muthung Schwierigkeit ihr Feld erst später gestreckt habe. Allerdings ist hierdurch noch nicht festgestellt, dass die Muthung Werner gar kein Recht habe, dass sie, wie in der Klage behauptet wird, untergegangen sei. Allein, wie die eigenen Erklärungen der Verklagten unzweifelhaft ergeben, wird durch die Feldesstreckung der Muthung Schwierigkeit der Fundpunkt der Muthung Werner überdeckt, und da jede Muthung ihrer Natur nach einen Fund voraussetzt, widrigenfalls sie als eine sogenannte blinde Muthung nichtig ist, vergl. Karsten's Grundriss §. 94. und A. L. R. Th. II. Tit. 16. §. 154. ff., so hat die Entscheidung des Appellationsrichters, welche der Muthung Ausdauer vor der Muthung Werner das Vorzugsrecht zugesprochen und letztere mit ihrem Widerspruch gegen die Muthung Ausdauer abgewiesen hat, bestätigt werden müssen.

Auf die in zweiter Instanz von der Verklagten aufgestellte Behauptung:

> dass die Interessenten der Muthung Schwierigknit auf denjenigen Theil des in Anspruch genommenen Feldes, in welchem der Fundpunkt von Werner liegt, später wieder verzichtet haben,

kann kein besonderes Gewicht gelegt werden, da der Muthung Werner entgegensteht, dass zur Zeit ihrer Einlegung das gemuthete Feld nicht im Freien belegen war, und die Feldesstreckung der Muthung Schwierigkeit, wodurch ihr Fundpunkt überdeckt wird, nicht als eine bloss provisorische betrachtet werden kann, wie daraus hervorgeht, dass die Klage des mehrgedachten Vorprocesses auf diese Feldesstreckung gegründet ist. Sollte daher wirklich die Muthung Schwierigkeit auf denjenigen Theil des Feldes, in welchem der Fundpunkt der Muthung Werner liegt, später wieder verzichtet haben, so kann dadurch allein die Muthung Werner nicht gültig werden; — vergl. Präjudiz No. 1310. Präjudiziensammlung I. S. 219. — «

Der letzte Theil dieser Urtheilsgründe steht mit der S. 112 mitgetheilten Ausführung in der Entscheidung vom 5. März 1858 in einem unverkennbaren Widerspruch, indem dort die Nichtigkeit der überdeckten Muthung von der definitiven Feststellung des Feldes der überdeckenden Muthung abhängig gemacht wurde, hier dagegen der eingetretenen Veränderung in der Feldesstreckung der überdeckenden Muthung Neudorstfeld kein Gewicht beigelegt wird. Das Ober-Tribunal sagt zwar, dass die Feldesstreckung vom 3. October 1853 »nicht als eine bloss provisorische« betrachtet werden könne. Hierdurch wird jedoch der Widerspruch mit der früheren Entscheidung nicht beseitigt. Denn der definitiven Feststellung des Feldes stehen alle früheren Feldesstreckungen als bloss provisorische gegenüber. Wenn feststeht, dass der Muther die ursprüngliche Feldeslegung später abgeändert hat, so ist es schlechterdings unzulässig, jene abgeänderte Feldesstreckung als eine definitive zu bezeichnen und es giebt kein Kennzeichen, an welchem eine bloss provisorische von jeder andern nicht endgültigen Feldesprojection unterschieden werden könnte. Am wenigsten dazu geeignet ist aber der Umstand, dass der überdeckende Muther eine Klage auf die abgeänderte Feldesstreckung gegründet hat. Denn wenn einer Feldesprojection, bei welcher der Muther nicht zu verbleiben gedenkt, durch die blosse Einlegung der Klage gegen den concurrirenden Muther eine dauernde Wirkung verschafft werden könnte, so wäre dies das sicherste Beförderungsmittel der dolosen Machination, welche das Ober-Tribunal in der Entscheidung vom 5. März 1858 kennzeichnet; der Machination nämlich, dass ein Muther den Fund einer benachbarten jüngeren Muthung nur deshalb überdeckt, um demnächst diesen Fund nach erfolgter Veränderung seiner Feldesstreckung für sich zu muthen.

Der Herausgeber des Archivs sucht in einer Anmerkung den Widerspruch der beiden Entscheidungen auf andere Weise zu beseitigen, indem er bemerkt, dass in jenem ersten Urtheile mit Rücksicht auf die besonderen Umstände des Falls angenommen sei, dass keine Verzichtleistung, sondern eine Veränderung der Feldesstreckung vorliege. Allerdings hat in jenem früheren Falle (S. 113) das Ober-Tribunal aus nicht näher erläuterten Gründen angenommen, dass der Muther von Geschwindigkeit durch die Verzichtleistung auf die Rechte aus seiner Muthung das Alter im Felde nicht verloren habe, dass diese Verzichtleistung, verbunden mit der Einlegung einer neuen Muthung, nur als eine Veränderung der Feldesstreckung zu betrachten sei. Allein das Ober-Tribunal leitet aus dieser Annahme hauptsächlich die Folgerung ab, dass der Kläger für seine erneuerte Muthung Geschwindigkeit das frühere Altersrecht behalten habe. Das Dasein einer Verzichtleistung wird also zu Gunsten des überdeckenden Muthers verneint und der Verzichtleistung die Feldesveränderung als das Mindere gegenüber gestellt. Der Herausgeber will dagegen zwischen der Verzichtleistung auf einen Theil des begehrten Feldes und der Verlegung des Feldes unterscheiden, und betrachtet mit Recht die letztere Veränderung als die grössere, zu Ungunsten des überdeckenden Muthers. Diese Distinction ist indess von dem Ober-Tribunal selbst nicht gemacht worden, denn auch in den Gründen des Urtheils vom 18. October 1858 wird nicht darauf Gewicht gelegt, dass der Muther von Neudorstfeld (Schwierigkeit) seine frühere Feldesstreckung bloss eingeschränkt hat, ohne neue Maassen anstatt der aufgegebenen zu begehren, sondern lediglich darauf, dass er auf die ursprüngliche Feldesprojection eine Klage gegründet hatte.

Wenn nun auch zugegeben werden muss, dass die scharfsinnige Distinction des Herausgebers den einzig möglichen Versuch einer Vereinigung der widerstreitenden Entscheidungen enthält, so wird doch dadurch der innere Widerspruch keinesweges gehoben, welcher in der von dem Ober-Tribunal adoptirten Auffassung des Rechtsverhältnisses liegt und sich in jedem der beiden Urtheile ausgeprägt findet. Nach der Ansicht des Ober-Tribunals ist eine im freien Felde eingelegte Muthung als gegenstandslos und nichtig zu betrachten, wenn ihr Fundpunkt von der nachträglichen Feldesstreckung einer älteren Muthung übedeckt wird. Dies soll auch in dem Falle gelten, dass die überdeckende Muthung später von dem Muther wieder aufgegeben wird und ins Freie zurückfällt. Der Grund dieser Vernichtung wird in dem Rechte gefunden, welches der überdeckende Muther auf die Fundlagerstätte des jüngeren Muthers erworben hat, durch welches das Recht des Letztern rückwirkend aufgehoben wird. Eine Ausnahme von dieser Regel soll dagegen stattfinden, wenn der ältere Muther nicht das Recht aus der Muthung, sondern nur das Recht aus der überdeckenden Feldesstreckung aufgiebt. Es sind indess nur zwei Möglichkeiten vorhanden. Entweder der Muther erwirbt durch die blosse Muthung und Feldesstreckung ein sofort wirksames, unbedingt ausschliessendes Recht auf das ganze begehrte Feld, oder aber er erwirbt ein durch die hinzutretende Verleihung bedingtes Recht. Ist das Erstere der Fall, so kann die ausschliessende Wirkung durch eine Veränderung in der Feldesstreckung ebenso wenig berührt werden, als durch den Verlust des ganzen Rechts. Der oben S. 100 angeführte Satz:

> »Die Einlegung von Muthungen auf Gegenstände, auf welche von Andern rechtsgültige Ansprüche erworben sind, mit eventueller Wirkung für den Fall, dass sich diese Ansprüche künftig einmal erledigen sollten, kennt das Gesetz nicht.«

muss dann auch in folgender Fassung richtig sein:

> Die Einlegung von Muthungen auf ein Feld, auf welches von Andern rechtsgültige Ansprüche erworben sind, mit eventueller Wirkung für den Fall, dass sich diese Ansprüche durch eine Veränderung in der Feldesstreckung künftig einmal erledigen sollten, kennt das Gesetz nicht.

Wenn andrerseits für die in dem Urtheil vom 8. März 1858 statuirte Ausnahme geltend gemacht wird, dass einer im freien Felde eingelegten, später überdeckten, und demnächst durch eine Veränderung des Feldes wieder frei gelegten Muthung gegenüber nicht gerade der ungünstigste Moment als entscheidend festgehalten werden dürfe, sondern dass die definitive Legung des Feldes allein entscheiden müsse, so muss diese Folgerung nothwendig auch auf den Fall Anwendung finden, wo das begehrte Feld bloss eingeschränkt wird, denn die definitive Festsellung des Feldes wird nicht minder durch die Einschränkung als durch die Verlegung der Maassen suspendirt. Was endlich von der Veränderung der Feldesstreckung gilt, muss mit demselben Rechte von dem Erlöschen der überdeckenden Muthung gelten. Oder ist man berechtigt, eine Feldesstreckung deshalb eine definitive zu nennen, weil die Möglichkeit einer Abänderung durch das Erlöschen der Muthung ausgeschlossen ist? Darf man der Collision mit einem untergegangenen Rechte eine grössere Wirkung zuschreiben, als dem Zusammentreffen mit einem bestehenden Rechte, bei welchem nur die Collision zu bestehen aufgehört hat?

Es ergiebt sich aus dem Vorstehenden, dass die Ausnahme, welche das Ober-Tribunal in dem zweiten Theile des Urtheils vom 8. März 1858 von der im ersten Theile gefundenen Regel macht, in ihrer Consequenz zur Aufhebung dieser Regel führt. Es geht daraus hervor, dass die Uebertragung der Regel des Präjudizes 1310. auf das Rechtsgebiet des Gesetzes vom 1sten Juli 1821 dem Rechtsbewusstsein widerspricht. Das Ober-Tribunal, welches an dieser Uebertragung festhält, und auch das auf einem Flötze begehrte grosse Geviertfeld in seinem ganzen Umfange als nicht mehr bergfrei ansieht, hat in seiner neueren Praxis vergeblich nach einem Correctiv gegen die aus dieser Anwendung entspringende Rechtsunsicherheit, nach einer angemessenen Restriction gegen die dadurch hervorgerufenen »dolosen Machinationen« gesucht.

Eine andere Lösung ist von Seiten der Verwaltung in der Circularverfügung vom 31. März 1852 (Zeitschrift f. Berg-, Hütten- u. Salinenwesen Bd. I. S. 41) versucht worden. Indem man auch hier an der Ansicht festhielt, dass in derselben Ausdehnung, in welcher sich das Vorzugsrecht des ersten Muthers geltend macht, auch die Bergfreiheit des begehrten Feldes aufgehoben werde, glaubte man diesem Vorzugsrecht engere Schranken anweisen zu können, indem man in den §§. 23. ff. a. a. O. den Rechtsanspruch des Muthers, auch bei der Muthung eines Flötzes, auf die Fundgrube und die bergordnungsmässigen Maassen beschränkte. Die Anwendung, welche von diesem Grundsatze in den §§. 23. ff. gemacht wird, beschränkt sich allerdings auf den Zweck, die Feststellung der Grenzen zu beschleunigen, innerhalb deren der Muther zur Concurrenz um ein grosses Geviertfeld nach den Bestimmungen des Gesetzes vom 1. Juli 1821 zugelassen werden soll. Es soll demgemäss der Muther, welcher nicht bereits in der Muthung ein bestimmt begrenztes Feld begehrt hat, mit einer vierwöchentlichen Frist aufgefordert werden, die Lage des begehrten Feldes nach seinen Grenzen zu bestimmen, widrigenfalls er auf die Fundgrube und die bergordnungsmässige Maassenzahl beschränkt bleiben soll. Allein auch in dieser beschränkten Anwendung lässt sich der im §. 23. cit. aufgestellte Grundsatz nicht rechtfertigen. Nach den Eingangsworten des Gesetzes vom 1. Juli 1821 sollen an die Stelle der Bestimmungen der Provinzialbergordnungen über die Verleihung auf Flötzen anderweitige gesetzliche Bestimmungen treten. Und nach §. 3. sollen in der Verleihung eines gevierten Feldes auf einem Flötze, statt der in den Provinzialbergordnungen bestimmten Maassen so viel Maassen zugestanden werden, als zu einem zusammenhängenden Bau erforderlich ist, jedoch nicht über 1200 Maassen hinaus. Ebenso soll nach §. 5. bei gestrecktem Felde statt der bisherigen Vierung eine ausgedehntere Vierung bis zu 500 Ltr. nach dem Ermessen der Bergbehörde zugestanden werden. Es kann daher nicht von dem Fortbestehen der bergordnungsmässigen Feldesgrössen neben dem durch das Gesetz vom 1. April 1821 für die Verleihung auf Flötzen bestimmten Feldesumfange die Rede sein. Der Muther erwirbt vielmehr statt des früheren unbedingten Rechtsanspruches ein ausgedehnteres, jedoch durch das Ermessen der Behörde bedingtes Anrecht. Daraus aber, dass der Bergbehörde die Wahl der anzuwendenden Vermessungsart und die Bestimmung der zu verleihenden Maassenzahl oder Vierungsbreite überlassen ist, folgt keinesweges, dass sich der Rechtsanspruch des ersten Muthers auf die Geviertmaassen und die grosse Vierung nicht erstrecke. Mit Recht bemerkt gegen diese Ansicht Strohn in Striethorst's Archiv Bd. 33. S. 355:

»Wenn auch dem Muther kein vor dem Richter im Wege der Klage geltend zu machendes Recht auf ein geviertes Feld von einer bestimmten Grösse zukommt, so ist doch deshalb noch nicht der Willkür der Bergbehörde preisgegeben, ob sie ein geviertes Feld und welches sie verleihen wolle. Die Bergbehörde muss nach dem Gesetze vom 1. Juli 1821 §. 2. ein geviertes Feld in Beleihung geben, wenn sie ein solches dem zweckmässigsten Abbau des Flötzes für am angemessensten erachtet; es sollen nach §. 3. bei der Verleihung eines gevierten Feldes so viele Maassen zugestanden werden, als zu einem zusammenhängenden Bau erforderlich sind, insofern sie die Zahl von 1200 nicht übersteigen.«

und hebt so mit den Worten des Gesetzes selbst, in treffender Kürze den durch das Ermessen der Behörde nur bedingten Rechtsanspruch des Muthers hervor.

Die Lösung der bisher erörterten Controverse ist also weder in der Verneinung dieses Rechtsanspruchs, noch auch in einer casuistischen Einschränkung des im Präjudiz 1310. ausgesprochenen Princips zu finden. Sie findet ihre Erledigung lediglich darin, dass das Präjudiz 1310. auf das nach Maassgabe des Gesetzes vom 1. Juli 1821 gemuthete Geviertfeld überhaupt nicht Anwendung findet; und dass durch das bedingte Vorzugsrecht des Muthers auf die Geviertmaassen die Feldesfreiheit nicht unbedingt ausgeschlossen werden kann.

Sollte die Feldesfreiheit während der schwebenden Bedingung ausgeschlossen sein, so würde es einer ausdrücklichen gesetzlichen Bestimmung bedurft haben. Die Bestimmung über eine solche vorläufige Feldessperre würde aber ihrerseits wieder eine Regelung des Verfahrens voraussetzen, von welchem das Gesetz vom 1. Juli 1821 die Feststellung des zu verleihenden Feldes abhängig macht. Es würde für jede Muthung ein vorläufiges Untersuchungsfeld von einer gewissen Grösse zu bestimmen gewesen sein, welches für alle andere Muthungen und Schürfarbeiten so lange gesperrt bliebe, bis die Vollendung der Aufschlussarbeiten den Muther und die Bergbehörde in den Stand setzte, die Lage des zu verleihenden Feldes zu bestimmen. Eine solche rein positive Vorschrift lässt sich jedoch nicht in das Gesetz hereininterpretiren, zumal da alle Voraussetzungen ihrer Anwendung fehlen, da weder über den Zeitpunkt der Feldesstreckung, noch auch über den Zeitpunkt und die Form der definitiven Feldesfeststellung Vorschriften gegeben sind. Nach der bestehenden Gesetzgebung ist es dem Belieben des Muthers überlassen, wann er sein Feld strecken will. So lange er mit der Erklärung zögert, steht ihm für die künftige Streckung der ganze Umkreis offen, welchen er nach allen möglichen Richtungen hin mit dem gesetzlichen Feldesmaximum erreichen kann, er beherrscht also einen Umkreis, dessen Flächeninhalt der gesetzlichen Feldesgrösse nicht etwa gleichkommt, sondern ihn, mässig gerechnet, um das Dreissigfache übertrifft*). Dieser Umkreis wird nun von der herr-

*) Wenn nämlich das Maximum des Geviertfeldes in runder Summe = 235000 Quadratlachter gesetzt, und die grösste Feldeslänge oder der Radius des beherrschten Umkreises zu 1500 Lachtern angenommen wird, so ist der Inhalt dieses Umkreises = ca. 7,060000 Quadratlachtern oder = 30 Maximalfeldern.

schenden Praxis nicht als absolut für andere Muthungen gesperrt angenommen, sondern nur in demjenigen Umfange, als er durch die später erfolgte Feldesstreckung bedeckt wird. Wechselt aber der Muther, wie häufig vorkommt, im Laufe der Instruction mit seiner Feldeslegung nach allen Richtungen der Windrose, so ist es zweifelhaft, ob der Umfang aller dieser Felder oder aller derjenigen, auf welche der Muther eine Klage gegründet hat, oder endlich nur das definitiv begehrte Feld unfrei geworden ist.

Die herrschende Praxis bewirkt also eine Häufung der Collisionsfälle, ohne eine feste und unstreitige Regel für ihre Lösung zu geben. Sie erzeugt ein Resultat, welches sowohl mit dem natürlichen Rechtsbewusstsein, als mit den im Vorstehenden entwickelten juristischen Consequenzen der Gesetzgebung vom 1. Juli 1821 im Widerspruch steht.

Der Umfang des Vorzugsrechtes des Muthers und der Umfang der Feldesunfreiheit, die momentanen und die dauernden Wirkungen der Collision fallen auf diesem Rechtsgebiete nicht zusammen. Die Ueberdeckung einer jüngeren Muthung hat daher nicht deren Vernichtung zur Folge, selbst wenn das vorzüglichere Recht der überdeckenden Muthung rechtskräftig festgestellt worden ist. Die Gültigkeit der jüngeren Muthung wird vielmehr nur durch das suspensiv bedingte Recht der überdeckenden Muthung ihrerseits bedingt, und die Verleihung der älteren Muthung, durch welche der Umfang ihres Rechtsanspruchs zuerst definitiv und unbedingt festgestellt wird, enthält auch für die jüngere Muthung den Eintritt oder den Ausfall der Bedingung ihrer Gültigkeit.

Es könnte so scheinen, als ob die vorstehende Auffassung zu einer noch grösseren Rechtsunsicherheit führen müsse, als die herrschende, indem die Dauer der Collisionen dadurch übermässig verlängert würde. Allein dem ist nicht so. Vielmehr ist es die herrschende Praxis, welche die Dauer der Collisionen verewigt, indem sie das vorübergehende Zusammentreffen mit einem älteren Muther zu einem dauernden und unheilbaren Nichtigkeitsgrunde erhebt, welchen nicht nur jener ältere Muther, sondern jeder dritte jüngere Muther geltend machen kann; indem sie dem Muther von Ausdauer (S. 115) gegenüber dem anerkannt älteren Muther von Werner einen Einwand aus dem aufgegebenen Rechte des Muthers von Schwierigkeit giebt, welcher selbst mit der Muthung Werner in gar keinem Conflikte mehr steht. Die herrschende Praxis giebt daher zwar ein bequemes Mittel, die Collision durch die

Löschung der überdeckten Muthung vorübergehend aus dem Wege zu räumen. Allein die wirkliche Beseitigung der Collision wird dadurch so wenig herbeigeführt, dass vielmehr durch eine solche voreilige Löschung der Grund zu immer neuen Collisionen gelegt wird. Berücksichtigt man ferner, dass die verleihende Behörde in ihrer Praxis wesentlich von derjenigen des Ober-Tribunals abweicht (vergl. den Erlass vom 13. März 1854 Bd. II. S. 123 der Zeitschrift für Berg-, Hütten- und Salinenwesen), und dass sowohl die Gerichte als die Bergbehörden vielfach in ihren Ansichten gewechselt haben, so sieht es gewiss um die Aufrechterhaltung der Verleihungen, um die Sicherheit des Bergwerkseigenthums nach der herrschenden Praxis übel aus.

Wird dagegen jede Muthung nur nach ihren eigenen Voraussetzungen beurtheilt und bei Anwesenheit dieser Voraussetzungen erst dann als erloschen betrachtet, wenn einer älteren Muthung die den Fundpunkt überdeckenden Maassen verliehen sind, wird überhaupt die Rechtsgültigkeit der Verleihung nur davon abhängig gemacht, dass die Muthung zur Zeit der Verleihung mit keinen älteren Ansprüchen collidirte, so kann über die Gültigkeit der nach dieser Regel ertheilten Verleihungen kaum je ein nachträglicher Zweifel entstehen. Das Recht des Muthers wird dann weder vor der Verleihung durch dolose Machinationen (vergl. S. 112), noch auch nachher durch die Aufrufung längst erloschener Ansprüche dritter Personen vereitelt werden können.

Will man einwenden, dass die Ausführung des oben aufgestellten Grundsatzes eine grosse Verwickelung in dem Instructionsverfahren vor der verleihenden Bergbehörde herbeiführen werde, so ist hier zwar nicht der Ort, auszuführen, dass und wie die Instruction der concurrirenden Muthungen in dem Bereiche des Gesetzes vom 1. Juli 1821, ohne die von der herrschenden Praxis angewendeten Auskunftsmittel, mit mindestens gleichem Erfolge durchzuführen ist, dass dabei schwerlich eine ähnliche Verzögerung der Entscheidung eintreten kann, wie solche nach dem herrschenden Verfahren in den oben S. 99 und S. 114 mitgetheilten Fällen eingetreten ist. Aber wenn dem auch nicht so wäre, so würde doch dieser Umstand die obige Ausführung nicht entkräften können. Sie würde dann wenigstens das negative Resultat ergeben haben, dass der durch das Gesetz vom 1. Juli 1821 aufgehobene Zusammenhang zwischen den durch das ältere Recht festgestellten Regeln für die unmittelbare Erwerbung des Bergwerkseigenthums und den neugeschaffenen Formen nicht hergestellt werden kann, dass das Gesetz in seinen Bestimmungen über die Verleihung des Bergwerkseigenthums auf Flötzen eine Lücke lässt, welche die juristische Interpretation nicht genügend auszufüllen vermag.

Das Vorhandensein einer solchen Lücke lässt sich nicht wegleugnen. Das Gesetz vom 1. Juli 1821 hat für die Erwerbung des Bergwerkseigenthums einen Process eingeführt, welcher eine ganze Folge von Partei- und Amtshandlungen einschliesst und eine ganz bestimmte Regelung der Form und der Ordnung des Verfahrens nothwendig macht. Diese Nothwendigkeit hat der Gesetzgeber nicht vorausgesehen. Er hat ferner den Grundsatz der einfachen Occupation verlassen und der Bergbehörde über die Art und den Umfang des zu verleihenden Feldes eine Cognition beigelegt, bis zu deren Eintritt der Rechtsanspruch des Muthers keinen bestimmten Feldesumfang unmittelbar und unbedingt ergreifen kann. Er hat jedoch versäumt, während der Zeit der schwebenden Bedingung das Entstehen neuer collidirender Ansprüche auszuschliessen und für die Dauer der Beweis- und Aufschlussarbeiten eine Feldessperre innerhalb eines vorläufig abgegrenzten Untersuchungsfeldes, an Stelle der nach älterem Rechte definitiv eintretenden Feldesunfreiheit einzuführen. So unberechenbar wichtig und erfolgreich daher auch das erwähnte Gesetz durch seine materiellen Bestimmungen für die Entwickelung unseres vaterländischen Bergbaues geworden ist, ebenso hemmend und nachtheilig ist die in dem formellen Theil enthaltene Lücke für die Rechtspflege und für die Ausbildung der Rechtswissenschaft geworden. Es bleibt der künftigen Gesetzgebung vorbehalten, diese Lücke auszufüllen und die aus dem gegenwärtigen Stande der Gesetzgebung entspringende Rechtsverwirrung durch möglichste Wiederannäherung an die einfachen Grundsätze des älteren Rechts zu beseitigen*).

---

*) Dieses Ziel ist in dem neuen Oesterreichischen Berggesetze erreicht. Indess weichen die Vorschriften desselben einerseits von einem der wesentlichsten Grundsätze des Deutschen Bergrechts ab, indem sie das Recht des ersten Finders beseitigen. Andrerseits entspricht die Grösse und Begrenzung der Grubenmaassen nicht den Bedürfnissen des heutigen Bergbaues, welche eine grössere Ausdehnung und eine freiere Begrenzung des zu verleihenden Feldes nothwendig erfordern. Was davon für unser Recht zu adoptiren wäre und wie diese Vorschriften zweckmässig umzugestalten sein würden, das mag in folgenden Grundzügen angedeutet werden:

1. Der Finder und jeder folgende Muther muss in der Muthung das gemuthete Mineral und die Lage des Fundpunkts genau bezeichnen.

§. IX. Die Districtsverleihung.

In den vier letzten Abschnitten ist die unmittelbare Erwerbung des Bergwerkseigenthums durch die bergrechtliche

---

2. Der angegebene Fundpunkt wird von dem Bergamte besichtigt und bezeichnet. Wird das Dasein des gemutheten Minerals an dem Fundpunkte bei der Besichtigung nicht nachgewiesen, oder liegt der Fundpunkt im verliehenen oder sonst unfreien Felde (§. 6.), so ist die Muthung nichtig.

3. Das Bergwerkseigenthum wird auf Felder verliehen, welche durch gerade Linien auf der Erdoberfläche und durch senkrechte Ebenen bis zum Mittelpunkt der Erde begrenzt werden.

4. Jede gesetzlich zulässige Muthung (§§. 1. 2.) giebt das Recht auf die Verleihung eines Feldes von x^2 Quadratlachtern. Dem in dieser Ausdehnung zu begehrenden Felde kann der Muther jede beliebige, den Bedingungen des §. 3. entsprechende Gestalt geben. Doch muss dasselbe den bezeichneten Fundpunkt einschliessen; auch dürfen je zwei Punkte der Begrenzung nicht über $2x$ Lachter von einander entfernt liegen.

5. Der Muther muss die Verbreitung des gemutheten Minerals in dem ganzen begehrten Felde nachweisen. Kann dieser Nachweis nicht sofort bei der ersten Besichtigung geführt werden, so erhält der Muther eine von dem Bergamte höchstens auf ein Jahr zu bestimmende Frist zur Ausschürfung des Feldes. Ist das zu verleihende Feld nicht bereits in der Muthung bestimmt, so hat der Muther das Recht, während der bestimmten Frist in einem Umkreise von x Lachtern von dem bezeichneten Fundpunkte nach dem gemutheten Mineral zu schürfen.

6. Jede in dem begehrten Felde oder in dem Schürfkreise einer gesetzlich zulässigen Muthung auf dasselbe Mineral eingelegte Muthung ist nichtig. Gehen mehrere Muthungen von gleichem Alter ein, deren begehrte Felder oder deren Schürfkreise sich ganz oder theilweise decken, so erhalten beide die concurrirende Schürfberechtigung in den sich deckenden Feldestheilen.

7. Vor Ablauf der nach §. 5. gewährten Schürffrist muss der Muther bei Verlust seines Rechts die Verleihung nachsuchen und das zu verleihende Feld gemäss §§. 3. 4. bestimmen. Zur Feststellung dieses Feldes wird ein Termin an Ort und Stelle von dem Bergamt anberaumt und zu demselben alle benachbarten Muther vorgeladen, deren begehrte Felder mit dem festzustellenden Felde collidiren, oder deren Fundpunkte weniger als $2x$ Lachter von den Grenzen dieses Feldes entfernt liegen. Jeder Muther erhält eine Abschrift des Verleihungsgesuches mit der Aufforderung, die Concurrenzansprüche auf das begehrte Feld bei Vermeidung der Präclusion in dem anberaumten Termine anzumelden.

8. In dem Termine werden die in dem begehrten Felde von dem Muther oder von anderen Schürfern gemachten Aufschlüsse besichtigt und die benachbarten Muther mit ihren Concurrenzanträgen gehört. Zur Begründung eines solchen Antrags ist erforderlich, dass der concurrirende Muther ebenfalls ein nach §§. 3. 4. bestimmtes Feld begehrt. Der concurrirende ältere Muther muss daher zur Wahrung seines Vorzugsrechts sein Feld in dem Termine strecken, selbst wenn die ihm bewilligte Frist noch nicht abgelaufen ist.

9. Nach Abhaltung des Termins fasst das Bergamt

a) einen Beschluss, durch welchen die Grenzen des begehrten Feldes

Muthung und Verleihung erörtert worden. Neben dieser regelmässigen Erwerbsart besteht jedoch noch eine singulaire Art: die Districtsverleihung, welche nicht ein durch Muthung erworbenes Recht zur Voraussetzung hat, bei welcher lediglich die Verleihung den Entstehungsgrund des Bergwerkseigenthums ausmacht. Es besteht indess eine lebhafte Controverse darüber, ob die Erwerbung des Bergwerkseigenthums, unabhängig von den Bedingungen der bergrechtlichen Muthung durch blosse Verleihung überhaupt möglich ist und in welchem Umfange. Und diese Frage ist auch von dem höchsten Gerichtshofe, dessen Beurtheilung sie zu zwei verschiedenen Malen unterlegen hat, in verschiedener Weise beantwortet worden.

Die Districtsverleihung, wie sie von der verleihenden Bergbehörde auf Grund der Allerhöchsten Erlasse vom 1. September 1842 und vom 12. August 1854 (Bd. II. S. 266 der Zeitschrift für Berg-, Hütten- und Salinenwesen) gehandhabt wird, hat ausschliesslich die zerstreuten Lagerstätten zum Gegenstande, welche keiner der regelmässigen Gattungen des Mineralvorkommens, weder den Gängen, Klüften oder Stockwerken, noch auch den Flötzen, Bänken, Lagern u. s. w. beigezählt werden können. Die berggesetzlichen Bestimmungen über die Feldesgrösse beziehen sich ausschliesslich auf

---

nach Maassgabe der nachgewiesenen Mineralverbreitung beschränkt und die von den etwa concurrirenden älteren Muthern begehrten Feldestheile abgeschnitten werden;

b) einen Präclusionsbescheid, in welchem den im Termine erschienenen Muthern die angemeldeten Concurrenzansprüche auf das durch den Beschluss zu *a* festgestellte Feld namentlich vorbehalten, allen übrigen concurrirenden Muthern aber ein ewiges Stillschweigen auferlegt wird.

10. Gegen diesen Präclusionsbescheid steht dem Extrahenten und jedem präcludirten Muther innerhalb zehn Tagen nach erfolgter Behändigung die Nichtigkeitsbeschwerde an den Minister frei. Nach Ablauf dieser Frist oder nach erfolgter Bestätigung des Bescheides wird die Verleihungsurkunde über das nach §. 9*a*. bestimmte Feld von dem Bergamte ausgefertigt und derselben eine Ausfertigung des Präclusionsbescheides mit dem Atteste der Rechtskraft, eventuell des von dem Minister erlassenen Recursbescheides angeheftet.

11. Der concurrirende Muther, dessen Ansprüche in dem Präclusionsbescheide namentlich vorbehalten sind, muss bei Verlust des vorbehaltenen Anspruchs binnen 6 Monaten vom Tage der Rechtskraft des Bescheides die gerichtliche Klage auf Aufhebung der ertheilten Verleihung gegen den Extrahenten desselben anstellen und dieselbe ununterbrochen verfolgen.

12. Die Verlegung des in der Muthung oder in dem Verleihungsantrage (§. 7.) oder in dem Concurrenzgesuche (§. 8.) begehrten Feldes ist zum Nachtheil anderer auch jüngerer Muther unzulässig.

diese regelmässigen Arten des Vorkommens. Sie können auch keine analoge Anwendung auf die zerstreuten Lagerstätten finden, weil die natürlich begrenzten Felder der Bergordnungen die Continuität der Lagerstätte zur Voraussetzung haben, auf welcher die Geviert- oder Längenmaassen abgemessen werden sollen; und weil das künstlich begrenzte Geviertfeld des Gesetzes vom 1. Juli 1821 ausdrücklich an das Requisit des zusammenhängenden Baues geknüpft ist. Die berggesetzlichen Bestimmungen über die Feldesgrösse finden daher auf die zerstreuten Lagerstätten (die nesterweise gelagerten Fossilien) keine Anwendung. Es kann indess keinem Zweifel unterliegen, dass auch diese nesterweise gelagerten Mineralien ein Gegenstand des Bergregals und des frei erklärten Bergbaues sind. Es sind auch schon vor der Emanation des Allg. Landrechts und seitdem bis in die neueste Zeit von den Preussischen Bergbehörden Verleihungen auf solche Mineralien, insbesondere auf Raseneisenerz, ertheilt worden, welche in der Regel einen grösseren, nicht nach Maassen, sondern nach Gemeinde- und Kreisgrenzen bezeichneten District umfassen. Die Gültigkeit dieser Districtsverleihungen, welchen nicht ein durch Muthung erworbener Rechtsanspruch zu Grunde liegt, war jedoch in Zweifel gezogen worden. Zur Beseitigung dieser Zweifel erging der oben angeführte Allerhöchste Erlass vom 1. September 1842, welcher bestimmt:

> »dass in den Landestheilen, in denen das Allg. Landrecht gezetzliche Anwendung findet, in Betreff derjenigen zum Bergwerksregal gehörigen Mineralien, welche wie das Raseneisenerz in zerstreuten Lagerstätten (nesterweise) vorkommen, Muthungen und Verleihungen ausnahmsweise auch auf grössere, ohne Vermessung, nur durch äusserlich genau bezeichnete Grenzen festzustellende Districte zulässig sein sollen.«

Diese Bestimmung wurde durch den spätern Erlass vom 12. August 1854 auf alle Landestheile diesseits des Rheins ausgedehnt. Beide Erlasse sind jedoch nicht als Gesetze publicirt worden.

Es entsteht nun die Frage, ob durch eine auf Grund dieser Erlasse von der Bergbehörde ertheilte Districtsverleihung Bergwerkseigenthum begründet und die Bergbaufreiheit in Bezug auf die verliehenen Mineralien ausgeschlossen wird. Diese Frage war von dem Ober-Tribunal in einem früheren, Bd. 20. S. 402 der Entscheidungen, mitgetheilten Urtheile vom 2. Juli 1850 verneint worden. Das Ober-Tribunal nahm in diesem

Erkenntniss folgenden in das Präjudizienbuch No. 2226. eingetragenen Grundsatz an:

Die gesetzlichen Bestimmungen über die Feldesgrösse finden auch auf nesterweise lagernde Fossilien Anwendung.

In einer späteren Entscheidung vom 30. April 1858 hat das Ober-Tribunal dieses Präjudiz wieder aufgehoben und an dessen Stelle folgenden Grundsatz angenommen:

30. Die im Allg. Landrecht Th. II. Tit. 16. §§. 156. und 157., sowie im Art. 1. und 6. Th. III. der Chur-Cölnischen Bergordnung vom 2. Januar 1669 und in dem Gesetze vom 1. Juli 1821 enthaltenen Bestimmungen über die Feldesgrösse finden auf nesterweise gelagerte Fossilien keine Anwendung.

Präjudiz 2699. Entscheidungen Bd. 38. S. 279. Striethorst's Archiv Bd. 28. S. 269.

Das in Striethorst's Archiv vollständig mitgetheilte Urtheil betrifft die Rechtsgültigkeit einer an die Gewerkschaft der St. Antoni-Eisenhütte ertheilten Verleihung über allen Raseneisenstein in den Districten des Vestes Recklinghausen, welche von dem Holzhändler M. als Inhaber einer in demselben Districte eingelegten Eisenerzmuthung St. Georg im Wege der Klage angegriffen wurde. Die Klage war in den beiden früheren Instanzen abgewiesen worden. Das Ober-Tribunal hat die Nichtigkeitsbeschwerde des Klägers verworfen. In den Gründen wird nach Beseitigung einiger anderen Angriffe zunächst die Frage erörtert, ob überhaupt die Ausdehnung der ertheilten Verleihung Gegenstand der richterlichen Cognition sei. Diese Frage war von dem Appellationsrichter verneint worden. Wenn nämlich auch die Districtsverleihung der Verklagten den gesetzlichen Bestimmungen der ortsgültigen Chur-Cölnischen Bergordnung, des Allg. Landrechts und des Gesetzes vom 1. Juli 1821 nicht entspreche, so gehöre doch die rein technische Frage über die Festsetzung und Grösse des gemutheten Districts nicht zur richterlichen Cognition. Hiergegen bemerkt das Ober-Tribunal:

»Diese Ansicht ist unrichtig und mit den bisher angenommenen Grundsätzen nicht zu vereinigen. Es kann nur eingeräumt werden, dass bei Bestimmung der Grösse des einem Bergwerke zu bewilligenden Feldes manche technische Fragen vorkommen, welche der Entscheidung des Richters entzogen sind, so z. B. die Beurtheilung der Bauwürdigkeit, §. 169. Th. II. Tit. 16. des Allg. Landrechts, die Frage, ob bei Flötzen ein geviertes oder gestrecktes Feld zu verleihen, §. 2. des Gesetzes vom 1. Juli 1821, wieviel innerhalb des gesetzlich vorgeschriebenen Maximums zu einem zusammenhängenden Bau erforderlich sei, §. 3. daselbst, und welche Vierung bei einem gestreckten Felde innerhalb des vorgeschriebenen Maximums von 500 Lachtern zu gewähren sei, §. 5. daselbst. Das in diesen gesetzlichen Vorschriften der Bergbehörde überlassene Urtheil muss sich aber innerhalb der gesetzlich vorgeschriebenen Maximalgrenzen bewegen; und die Annahme ist nicht gerechtfertigt, dass, wenn ein Muther, zur Begründung seines Vorzugsrechtes, vor einem anderen Muther behauptet, dessen Muthung überschreite die gesetzlich vorgeschriebenen Maximalgrenzen, das Urtheil hierüber der richterlichen Cognition entzogen sei. Hiernach muss die gerügte Verletzung des §. 1. der Einleitung zur Allgem. Gerichtsordnung für begründet erachtet werden. Dies kann jedoch nicht zur Vernichtung des Appellations-Erkenntnisses führen, weil der Richter für den hier angegriffenen Theil seiner Entscheidung noch einen anderen selbständigen Grund giebt, indem er hinzufügt:»

»»Hiervon abgesehen, beziehen sich die angezogenen Vorschriften nicht auf Muthungen in Beziehung auf nesterweise in zerstreuten Lagerstätten vorkommende Rasenerze.««

Die gegen diesen Entscheidungsgrund gerichteten Angriffe werden von dem Ober-Tribunal verworfen. Zur Rechtfertigung desselben werden zunächst die Art. 1. und 6. Th. III. der Chur-Cölnischen Bergordnung über die Feldesgrösse mitgetheilt, in welchen nur von Gängen die Rede ist. Nachdem dann ferner gezeigt ist, dass ebensowenig die §§. 156. 157. A. L. R. Th. II. Tit. 16. und die Vorschriften des Gesetzes vom 1. Juli 1821 von nesterweise gelagerten Fossilien reden, heisst es weiter:

»Nur bei Flötzen, sowie bei Gängen und Erzlagern, deren Fallen unter 15 Grad beträgt, ist ein geviertes Feld gestattet, bei allen anderen Lagerstätten aber findet nur ein Längenfeld statt, d. h. die Ausdehnung des Feldes wird nur durch das Längenmaass bestimmt, wobei die Ausdehnung in der Breite und Tiefe durch die Mächtigkeit und das Verhalten der Lagerstätte bestimmt werden — vergl. Karsten's Grundriss der Deutschen Bergrechtslehre §. 132. — Es liegt in der Natur der Sache, dass diese Art der Beleihung auf Lagerstätten, die in kleinen Nestern über eine grosse Fläche zerstreut sind, nicht passt und zu einem lohnenden Bau nicht führen kann, indem dieselbe immer nur einzelne dieser zerstreuten Nester umfassen könnte.«

Sodann werden die beiden Cabinets-Orders vom 1. September 1842 und vom 12. August 1854 mitgetheilt, zu welchen bemerkt wird:

»Beide sind zwar nicht als Gesetze publicirt und es kann ihnen daher nicht die Kraft von Gesetzen beigelegt werden, wie bereits in einem früheren Falle in Beziehung auf die Cabinets-Order vom 1. September 1842 angenommen worden ist — cfr. Entsch. Bd. 20. S. 408 — allein dieselben sind doch jedenfalls insofern von Erheblichkeit, als darin die obige Ausführung, dass die in der provinziellen Bergordnung, sowie im Allg. Landrecht enthaltenen Vorschriften über die Feldeslänge auf nesterweise gelagerte Fossilien nicht passe, eine gewichtige Bestätigung erhält.«

Die beiden mehrerwähnten Cabinets-Orders sind also dem Ober-Tribunal nur Zeugnisse für die Nichtanwendbarkeit der gesetzlichen Bestimmungen über die Feldesgrösse auf die zerstreuten Lagerstätten. Es handelte sich auch bei der zur Entscheidung vorliegenden Nichtigkeitsbeschwerde lediglich darum, ob diese als verletzt bezeichneten Vorschriften Anwendung finden oder nicht. Die weitere Frage, ob überhaupt in Ermangelung solcher gesetzlichen Bestimmungen über die zu verleihende Feldesgrösse ein Bergwerkseigenthum durch die Districtsverleihung begründet wird, ist in dem angeführten Urtheil nicht zur Entscheidung gekommen.

Diese Frage hat jedoch in der neuesten Zeit eine sehr eingehende und erschöpfende Erörterung erfahren in der Abhandlung von Dr. Achenbach über: Die Rechtsgültigkeit der Districtsverleihungen (Cöln 1859), in welcher die Befugniss des Staats zur Ertheilung von Districtsverleihungen nicht bloss auf nesterartige, sondern auf alle Arten der Lagerstätten als ein Ausfluss des neben der Bergbaufreiheit bestehenden und mit derselben concurrirenden staatlichen Monopols vertheidigt wird.

Der Verfasser verfolgt zunächst den Entwickelungsgang der Bergregalität. Er zeigt, wie an Stelle der auch in Deutschland früher als gemeinrechtlich anerkannten Herrschaft des Grundeigenthümers über die mineralischen Lagerstätten allmälig mit dem von Ort zu Ort wandernden Bergvolke die zuerst als locales Gewohnheitsrecht ausgebildete Bergbaufreiheit getreten sei. Die allgemeine Einführung der Bergbaufreiheit sei indess vermittelt worden durch die gleichzeitig auftretenden Ansprüche der Landesherren auf das Monopol des Bergbaues in ihren Territorien. Jene localen Gewohnheiten der Bergbaufreiheit und des durch den Fund begründeten Anrechts, seien nämlich zunächst bei dem Bergbau auf landesherrlichen und Gemeindegründen entstanden, indem diese grossen Grundeigenthümer vielfach den Bergbau unter Vorbehalt bestimmter Antheile jedem Bergbaulustigen frei überlassen und Gewohnheiten über die Eröffnung neuer Bergwerke als allgemeine Richtschnur zugelassen haben. Demnächst aber habe sich in Deutschland zur Zeit des Emporblühens des Bergbaues ein Bergregal der Territorialherren ausgebildet, welches im Principe den ersteren das Recht zum ausschliesslichen Bergbau zuweist, durch dessen Vermittelung aber in Wirklichkeit die von den Territorialherren auf ihren eigenen Gründen zugelassene Bergbaufreiheit auf den Grundbesitz der Privaten ausgedehnt, und nach Beseitigung der Rechte des Grundeigenthümers ein freies Schürfen in ganz Deutschland ermöglicht worden sei (S. 9, 10). Es ist nicht möglich, die Entstehung der Bergbaufreiheit kürzer und treffender zu schildern, als dies von dem Verfasser in der angeführten Stelle geschehen ist. Dennoch kann man den aus diesem Entwickelungsgange von ihm gezogenen Folgerungen nicht beitreten. Wenn die Territorialherren bereits auf ihren eigenen Gründen das Entstehen der Bergbaufreiheit als einer allgemeinen Richtschnur zugelassen hatten, so kann schwerlich behauptet werden, dass sie demnächst das Bergbaumonopol auf den Gründen der Privaten zu erobern vermocht haben. Sie haben es auch nach der Ansicht des Verfassers nur dem Princip nach und mit der auf ihren eigenen Gründen bereits zugelassenen Beschränkung erlangt; d. h. sie haben der Bergbaufreiheit, welche sie auf ihren eigenen Gründen als locale Gewohnheit bereits zugelassen, die Ausdehnung auf die Privatgründe und die allgemeine Herrschaft in ihren Landen verschaffen helfen. Dass die Landesherren vielfach ein wirkliches Bergbaumonopol prätendirt haben, soll nicht bestritten werden. Sie haben es jedoch, was ebenso unstreitig ist, nirgend verwirklicht oder behauptet. Auch verdankt das Bergregal nicht lediglich diesen Prätensionen seinen Namen und seine Gestalt. Auch das bei der Einführung der allgemeinen Bergbaufreiheit thätige Hoheitsrecht der Landesherren nahm, dem Zustande des damaligen öffentlichen Rechts entsprechend, diesen Namen und diese Gestalt an, da alle nicht bei Kaiser und Reich verbliebenen Hoheitsrechte im Deutschen Mittelalter, ohne Unterschied des Inhalts, als Vermögensrechte, als Regalien behandelt wurden. Möchte indess auch zugegeben werden, dass die Bergbaufreiheit in Deutschland auf ein wirklich bestandenes, nicht bloss im Princip hinzugedachtes Bergbaumonopol der Territorialherren zurückzuführen sei, so folgt daraus noch nicht, dass auch gegenwärtig neben der allgemein eingeführten Bergbaufreiheit noch das Monopol bestehe und dass, wie der Verfasser will, zwischen beiden die Regel der Prävention entscheide. Allerdings ist, wie oben

(S. 8) ausgeführt wurde, der Staat selbst berechtigt, Bergbau zu treiben, ohne an die für die Privatpersonen vorgeschriebenen Bedingungen der Erwerbung gebunden zu sein. Diese Befugniss des Staats ist jedoch als eine rein positive, in dem Begriffe der Bergregalität nicht begründete Ausnahme von der Regel der Bergbaufreiheit bezeichnet worden. Will man dieselbe mit dem Verfasser in der Art erweitern, dass der Staat befugt sei, beliebig auch zu Gunsten Anderer über die im Freien liegenden Lagerstätten zu verfügen, so vertheilt man die Herrschaft über die Objecte der Bergregalität unter zwei einander diametral entgegengesetzte Rechtsprincipien: das Monopol des Staats und die Bergbaufreiheit. Man ist jedoch berechtigt zu fragen: warum denn in allen unseren Berggesetzen nicht eine einzige auch nur entfernte Andeutung von einer so wichtigen Beschränkung der Bergbaufreiheit vorkommt? warum der Verfasser unter den Belegen für die gemeinrechtliche Gültigkeit der sogenannten Specialbelehnung neben einer so vollständigen Sammlung der Beispiele, neben den Meinungen zahlreicher älterer Bergrechtslehrer nicht eine einzige Bergordnung anzuführen vermocht hat, welche dem Staate eine solche willkürliche Verfügung über die Gegenstände des Bergregals vorbehielte? Was insbesondere das Preussische Bergrecht angeht, so fehlt es nicht an Bestimmungen, welche eine solche Disposition des Staats ausdrücklich ausschliessen. So bestimmt insbesondere das Gesetz vom 1. Juli 1821 im §. 3., dass in der Verleihung eines gevierten Feldes nicht über zwölfhundert Maassen hinaus verliehen werden sollen und im §. 5., dass die Vierung eines gestreckten Feldes nicht über fünfhundert Lachter hinausgehen darf. Auch die drei revidirten Bergordnungen verbieten übereinstimmend den bisherigen Missbrauch, wonach »bei denen Fundgruben ungebührlich viele Maassen gemuthet und bestätiget, hierdurch aber anderen Baulustigen das Feld versperret worden« (Cleve-Märkische B. O. Cap. II. §. 1. Schlesische B. O. Magdeburgische B. O. Cap. III. §. 1.). Auch von dem höchsten Gerichtshofe ist wiederholt anerkannt worden, dass die Vorschriften über die Feldesgrösse nicht nur das Maass für den Rechtsanspruch des Muthers, sonderu auch die Grenze der gesetzlich zulässigen Verleihung bilden (Präjudiz 1182. u. 2225., oben S. 28, 66 u. S. 128). Wenn der Verfasser daher zu dem Resultate kommt, dass der Staat, ungeachtet der gesetzlichen Bestimmungen über die Feldesgrösse, befugt sei, Districtsverleihungen von beliebigem Umfange zu ertheilen, »mag das zu verleihende Mineralvorkommen gang-, lager- oder nesterartiger Natur sein«, so kann dieser Folgerung vom Standpunkte der vorstehenden Ausführung nicht beigetreten werden. In Bezug auf die zerstreuten Lagerstätten dagegen, für welche eine bestimmte Feldesgrösse gesetzlich nicht vorgeschrieben ist, folgt die Zulässigkeit der Districtsverleihungen aus dem Begriffe der unbeschränkten Bergbaufreiheit selbst. Dadurch, dass für diese Lagerstätten ein gesetzliches Maass der Feldesgrösse nicht besteht, sind sie der Bergbaufreiheit keinesweges entzogen. Sie sind daher Gegenstand der Muthung und der Verleihung. Die Muthung begründet jedoch keinen Rechtsanspruch auf ein bestimmtes Feld. Die Begrenzung des zu verleihenden Feldes muss vielmehr, da das Gesetz keine Vorschrift darüber enthält, für jeden einzelnen Fall von dem Staate kraft seines Hoheitsrechtes bestimmt werden. Die Allerhöchsten Erlasse vom 21. September 1842 und vom 12. August 1854 enthalten daher zwar nicht die Grundlage für die Zulässigkeit der Districtsverleihungen auf zerstreute Mineralien, wohl aber eine verbindliche Verwaltungsvorschrift, welche die Ausübung dieses Hoheitsrechtes regelt.

§. X. Die Erbstollngerechtigkeit. — Das Angebot der überfahrenen Lagerstätten.

Die Erbstollngerechtigkeit enthält die Befugniss zum Betriebe eines Stollns von einem bestimmten Ansatzpunkte aus in das vorliegende Feld. Dieses Recht gestaltet sich verschieden, je nachdem der Stolln durch verliehenes oder durch unverliehenes Feld getrieben wird. Im unverliehenen Felde ist mit der Stollngerechtigkeit ein wirkliches Bergwerkseigenthum — das Recht zur Gewinnung aller regalen Mineralien innerhalb des Stollnfeldes — verbunden, welches nach gemeinem Bergrechte ausser der Stollnbreite noch die Vierung von $3\frac{1}{2}$ Ltrn. ins Hangende und von $3\frac{1}{2}$ Ltrn. ins Liegende umfasst (Chur-Sächs. Stollnordnung vom 12. Juni 1749, Art. 14. §. 1.), nach Preussischem Bergrechte aber auf die Dimensionen des Stollns beschränkt ist (Allgem. Landr. II. 16. §. 227.). Ausserhalb dieser Grenzen erwirbt der Stollner an den überfahrenen Lagerstätten nur das Recht des ersten Finders. Er ist innerhalb einer bestimmten Frist vorzugsweise berechtigt, die im Freien überfahrenen Lagerstätten zu muthen. Die Muthung muss nach gemeinem Bergrechte erfolgen, ehe der Stolln 14 Ltr. weiter aufgefahren ist. Wird die überfahrene Lagerstätte von einem Dritten gemuthet, ehe der Stolln 14 Ltr. weiter getrieben ist, so muss dieselbe dem Stollner zur Muthung innerhalb einer vierzehntägigen Frist angeboten werden (Chur-Sächs. Stollnordnung Art. 14. §. 4.). Diese Vorschrift ist in das Allg. Preussische Landrecht nicht aufgenommen. Nach Preussischem Bergrechte gilt daher auch für diesen Fall die Regel, dass das Finderrecht innerhalb vier Wochen ausgeübt werden muss (Allg. Landr. II. 16. §§. 155. 234.).

Alle diese Befugnisse kommen dem Erbstollner nur im unverliehenen Felde zu. In dem verliehenen Felde einer Grube ist weder von einem Bergwerkseigenthume, noch von einem Finderrechte an den überfahrenen Lagerstätten die Rede. An die Stelle dieser Berechtigungen treten andere Befugnisse, und zwar solche, welche den Charakter von Rechten an fremder Sache haben. Ein Theil dieser Befugnisse, der Durchtrieb des Stollns durch die Grubengebäude, der Mitgebrauch ihrer Schächte u. dergl. kommt jedem Stolln kraft seiner Erbstollngerechtigkeit zu. Neben diesen allgemeinen Stollnrechten (A. L. R. II. 16. §§. 387. ff.), welche die Natur einer blossen Servitut haben, bestehen noch die Erbstollngebühren, welche den Charakter von Reallasten haben und jeder einzelnen Grube gegenüber, in deren Feld der Erbstolln getrieben wird, besonders erworben werden müssen (Vierter Pfennig und Stollnhieb, Stollnneuntel, Wassereinfallgeld und Stollnsteuer. A. L. R. II. 16. §§. 405—447.).

Diese Erbstollngebühren, deren Inhalt und Erfordernisse in der Abhandlung von v. d. Bercken (Bd. V. S. 61 ff. der Zeitschrift für Berg-, Hütten- u. Salinenwesen) übersichtlich nach den Vorschriften des Allg. Landrechts dargestellt sind, kommen in der Regel nur einem von mehreren in das Feld einer Grube getriebenen Erbstolln zu. Wenn mehrere Erbstolln die Bedingungen der Erwerbung erfüllen, so entscheidet unter ihnen die Regel der Prävention. Wenn jedoch der später eingekommene Stolln diese Bedingungen in einer 7 Ltr. tieferen Sohle erfüllt, so wird der erste Stolln enterbt, d. h. er geht der bereits erworbenen Stollngebühren zu Gunsten des zweiten tieferen Stollns verlustig (A. L. R. II. 16. §§. 457. ff.).

Das vorstehend in seinen Grundzügen skizzirte Rechtsinstitut hat in dem Deutschen Bergrechte schon früh eine detaillirte Ausbildung erfahren. Schon die ältesten Aufzeichnungen der Deutschen Bergrechte, das Iglauer und das Schemnitzer Bergrecht (um 1250), enthalten eigene Abschnitte vom Rechte der Erbstolln. Für das gemeine Deutsche Bergrecht ist demnächst die mehrfach angeführte Chur-Sächsische Stollnordnung vom 12. Juni 1749 die Quelle eines sehr ausgebildeten Erbstollnrechts geworden, und das Allg. Preussische Landrecht hat in den §§. 221—252. und §§. 383—471. die aus dem gemeinen Rechte übernommenen Rechtsvorschriften über die Erbstollngerechtigkeit in grosser Vollständigkeit und Ausführlichkeit wieder gegeben. Es ist daher kein Gebiet des Bergrechts vergleichsweise ärmer an Controversen und zweifelhaften Fragen. Auch die Rechtsprechung des Ober-Tribunals hat, theils aus diesem Grunde, theils wegen der verminderten praktischen Bedeutung des Erbstollnbetriebes, nur selten dieses Gebiet berührt und nur wenige zweifelhafte Punkte zu bestimmen gefunden.

Unter den hier anzuführenden Urtheilen sind zunächst zwei Entscheidungen hervorzuheben, welche das Finderrecht an den überfahrenen Lagerstätten und das Angebot derselben zum Gegenstande haben. Das gemeine Bergrecht stellt in diesem Punkte den Grubenbetrieb dem Erbstollnbetriebe völlig gleich. Es räumt nicht nur dem Stollner, sondern auch dem Grubenbesitzer ein Finderrecht an den überfahrenen Lagerstätten ein, mit der Wirkung, dass die von einem Dritten gemuthete Lagerstätte zuvor dem Gewerken, der sie überfahren hat, zur Muthung binnen einer vierzehntägigen Frist angeboten werden muss.*) Dieser Grundsatz des gemeinen Bergrechts hat auch noch in die drei revidirten Bergordnungen Aufnahme gefunden, von denen die Cleve-Märkische Bergordnung im Cap. X. §. 1. bestimmt:

> Wenn Gewerken in ihren Maassen mit Stolln, Strecken, Querschlägen oder anderen Gebäuden Gänge und Klüfte überfahren, so soll den Gewerken zum Nutzen darauf ausgelänget werden; wo aber dieselbe verlassen und von Anderen mit Muthen gesuchet werden, so soll sie der Bergmeister nicht verleihen, sondern dieselbe den Gewerken oder ihrem Vorsteher, welche sie überfahren haben, durch einen Geschwornen anbieten lassen. Sollten die Gewerken aber nach Verlauf von vier Wochen nach dem Ansagen und Anbieten solche Klüfte

*) Vergl. Nassau-Katzenelnbogische B. O. Art. 22. Chur-Trier. B. O. Th. I. Art. III. 14. Joachimsthaler B. O. Th. II. Art. 22. Homburg. B. O. Art. 12. Chur-Sächs. B. O. Art. 26. Chur-Cöln. B. O. Th. III. Art. 7. Jülich-Berg. B. O. Art. 21.

und Gänge nicht beleget, auch Hangendes und Liegendes nicht durchbrochen haben, so kann sie das Bergamt anderen Baulustigen nach vorher erstattetem Berichte und erfolgter Approbation verleihen.*)

Das Allg. Landrecht dagegen hat das Angebot der überfahrenen Lagerstätten ganz beseitigt und das Finderrecht auf den Fall der Ueberfahrung mit einem Erbstolln, mit Ausschliessung des gewöhnlichen Grubenbetriebes beschränkt. Es bestimmt in dieser Hinsicht im Th. II. Tit. 16.:

§. 159. Der Finder des Ganges geht dem vor, der den Gang nur überfahren hat.

§. 234. Der Stollner hat an den unverliehenen Gängen und Flötzen, die er gehörig überfährt, die Rechte des ersten Finders.

Die Interpretation und das gegenseitige Verhältniss dieser Vorschriften des Allg. Landrechts und der Cleve-Märkischen Bergordnung ist Gegenstand der folgenden Entscheidung vom 5. November 1852 (Entscheidungen Bd. 24. S. 202. Striethorst's Archiv Bd. 8. S. 26):

In der Muthung Mina vom 22. September 1848 war ein von dem Hasenwinkel-Himmelskroner Erbstolln überfahrenes Eisenstein*flötz* begehrt worden. Der Lehnträger des Erbstollns protestirte gegen die Verleihung, weil das Flötz zuvor ihm zur Muthung angeboten werden müsse und muthete demnächst, als ungeachtet dieses Widerspruchs die Muther von Mina Verleihung erhalten hatten, das überfahrene Eisensteinflötz am 16. August 1849 für die Erbstollngewerkschaft. Da diese Muthung von dem Bergamte zurückgewiesen wurde, so erhob die Erbstollngewerkschaft gegen die Besitzer des Eisensteinbergwerks Mina Klage mit dem Antrage:

ihrer Eisensteinmuthung E. das Alter im Felde vor der Eisensteinzeche Mina zuzuerkennen und die Verklagten mit ihrem Widerspruche abzuweisen.

Die klagende Gewerkschaft wurde in zwei gleichlautenden Erkenntnissen der beiden ersten Instanzen mit ihrer Klage abgewiesen, und zwar von dem Appellationsrichter deshalb, weil das im Cap. X. §. 1. der Cleve-Märkischen Bergordnung vorgeschriebene Angebot bereits durch eine Verfügung des Bergamtes vom 2. Februar 1849 erfolgt sei, durch welche die Erbstollngewerkschaft von dem Feldesbegehren der Muther von

---

*) Gleichlautend: Schlesische B. O. Cap. XI. §. 1. Magdeburg-Halberstädt. B. O. Cap. XI. §. 1.

Mina in Kenntniss gesetzt worden und ihr überlassen war, ihr etwaiges Interesse innerhalb einer Frist von vier Wochen wahrzunehmen. Die Gewerkschaft habe die vierwöchentliche Frist zur Einlegung der Muthung verstreichen lassen und sei dadurch nach Cap. X. §. 1. cit. ihres Vorrechtes verlustig gegangen.

Das Ober-Tribunal vernichtete auf die Beschwerde der klagenden Gewerkschaft dieses Urtheil, weil der Appellationsrichter das Wesen der im Cap. X. cit. vorgeschriebenen Aufforderung und die dadurch bedingten nothwendigen Erfordernisse ihres Inhalts verkannt habe. Ein solches wesentliches Erforderniss bestehe darin, dass aus der Aufforderung der im Gesetze vorgesehene Fall erkennbar sei, dass also daraus entnommen werden könne:

> dass Gänge und Klüfte, welche von den aufgeforderten Gewerken überfahren worden, von einem Anderen gemuthet worden sind.

Hiervon enthalte indess die Verfügung vom 2. Februar 1849 nichts und dieser Mangel könne auch dadurch nicht ergänzt werden, dass dem Lehnträger, welcher den Mangel des Angebots in seinem Proteste ausdrücklich rügte, das der Gewerkschaft zustehende Recht bewusst war.

Bei der Entscheidung in der Sache selbst hat indess das Ober-Tribunal das angefochtene Erkenntniss seinem ganzen Inhalte nach aufrecht erhalten, und zwar aus folgenden Gründen:

»Die klagende Gewerkschaft gründet das in Anspruch genommene Vorrecht darauf, dass sie das Flötz E. früher durch- und überfahren habe, als von der Verklagten das Flötz M. gefunden und gemuthet worden sei, und nimmt deshalb auf §. 234. Tit. 16. Th. II. des Allg. Landrechts und auf die eben gedachte Bestimmung im Cap. X. der Bergordnung vom 29. April 1766 Bezug. Es fragt sich daher zuvörderst, ob diese Vorschrift der Bergordnung auf den vorliegenden Fall überhaupt Anwendung finde? Sie ist oben wörtlich mitgetheilt worden und spricht von dem Falle:

> wenn Gewerken in ihren Maassen Gänge und Klüfte überfahren.

Von Flötzen ist darin nicht die Rede, und hält man sich daher streng an die Worte des Gesetzes, so kann man dasselbe auf den vorliegenden Fall, in welchem ein von der Klägerin früher überfahrenes Thoneisensteinflötz den Gegenstand des Streites bildet, nicht für anwendbar erachten. Der geognostische Unterschied zwischen Gängen und Klüften einerseits und Flötzen andererseits ist der, dass Gänge und Klüfte als Spalten die Gebirgsschichten durchsetzen, während Flötze parallel den Gebirgsschichten, zwischen denen sie vorkommen, gelagert sind. Dieser Unterschied wird auch nicht nur jetzt in der Geognosie gemacht, sondern er wird schon in der Bergordnung von 1766 auf das Bestimmteste anerkannt, indem z. B. Cap. II. §§. 1. und 2., Cap. III., Cap. IV., Cap. VI. von Flötzen und Gängen handeln und insbesondere Cap. IX. §. 26. für eine jede dieser Lagerstätten eine verschiedene Vermessungsweise festsetzt. Hiernach erscheint es im Allgemeinen bedenklich, dasjenige, was im Cap. X. der Bergordnung von Gängen und Klüften gesagt ist, auf Flötze anzuwenden, und es würde eine solche ausdehnende Auslegung nur dann gerechtfertigt sein, wenn besondere Gründe dazu vorlägen. An solchen fehlt es aber gänzlich. Es ist schon oben hervorgehoben, dass das im Cap. X. der Bergordnung vorgeschriebene Angebot ein Vorrecht der beliehenen Gewerkschaften, einen Schutz derselben gegen das Eindringen Fremder in ihre Baue beabsichtigt. Diese schon in älteren Bergordnungen, z. B. in der des Churfürsten Christian von Sachsen von 1589 Art. XXVI. und in der Sächsischen Stollnordnung von 1749 Art. XIV. 4. enthaltene und anscheinend aus denselben in die Bergordnung von 1766 übertragene Schutzmaassregel mag damals um so zweckmässiger gewesen sein, als nur sehr kleine Felder verliehen wurden; jetzt aber bei ganz veränderten Verhältnissen, nachdem durch das Gesetz vom 1. Juli 1821 (Gesetz-Samml. S. 106) dem Bergbau auf Flötzen ein so ausgedehntes Feld eingeräumt worden ist, fehlt es an allem Grunde, jenes Vorrecht, welches seinem Wesen nach dahin geht, das Recht der beliehenen Gewerke auch auf diejenigen nicht verliehenen Mineralien, welche sie überfahren haben, zu erstrecken, noch über den Wortlaut des Gesetzes auszudehnen, und dasjenige, was das Gesetz in Beziehung auf Gänge und Klüfte anordnet, auch auf Flötze Anwendung finden zu lassen. Hiernach finden Cap. X. §. 1. der Bergordnung vom 29. April 1766 auf den vorliegenden Fall nicht Anwendung und die klagende Gewerkschaft kann darauf das in Anspruch genommene Vorzugsrecht nicht gründen. Sie stützt sich aber auch noch auf den §. 234. Tit. 16. Th. II. des Allg. Landrechts, welcher dahin lautet:

> Der Stollner hat an den unverliehenen Gängen und Flötzen, die er gehörig überfährt, die Rechte des ersten Finders.

Hiergegen kann auch nicht, wie der Appellationsrichter gethan hat, die Vorschrift des §. 159. a. a. O.:

> Der Finder des Ganges geht dem vor, welcher den Gang nur überfahren hat.

geltend gemacht werden. Denn es würde auffallend sein, wenn dem Stollner, der einen Gang überfahren, im §. 234. die Rechte des ersten Finders beigelegt würden, der §. 159. aber bestimmte, dass er einem anderen Finder nachstehen solle. Um daher beide Paragraphen in Uebereinstimmung zu bringen, muss man festhalten, dass der §. 234. von den besonderen Rechten des Erbstollners spricht, wogegen der §. 159. auf das Ueberfahren im Allgemeinen beim anderweitigen Grubenbau zu beziehen ist. Allein, wenn man auch die klagende Gewerkschaft in Beziehung auf die mit ihren Erbstolln überfahrenen Flötze als erste Finderin ansieht, so kann doch auch dadurch das von ihr in Anspruch genommene Vorrecht auf das Eisensteinflötz E. nicht begründet werden. Denn auf das Vorrecht des ersten Finders kann nur derjenige Anspruch machen, welcher von demselben innerhalb vier Wochen von der Zeit der wirklichen Entdeckung Gebrauch gemacht und Muthung eingelegt hat (§§. 154. und 155. Tit. 16. Th. II. des Allg. Landrechts). An diesem Erfordernisse fehlte es. Die Klägerin hat gar nicht behauptet, dass sie innerhalb vier Wochen nach dem Ueberfahren des Flötzes Muthung eingelegt, sie hat nicht einmal angegeben, zu welcher Zeit das behauptete Ueberfahren erfolgt sei, es kann ihr mithin auch nicht das in Anspruch genommene Vorrecht zuerkannt, es musste vielmehr das angefochtene Appellations-Urtel seinem ganzen Inhalte nach aufrecht erhalten werden.«

Die in den vorstehenden Entscheidungsgründen enthaltene Interpretation des Cap. X. §. 1. der Cleve-Märkischen Bergordnung, wonach das Angebot auf die beim Gruben- und Erbstollnbetriebe überfahrenen Flötze nicht Anwendung finden soll, ist mehrfach angegriffen worden (Brassert: Bergordnungen ad h. l.; Striethorst's Archiv Bd. 8. S. 27). Es ist darauf hingewiesen, dass die fragliche Bestimmung fast wörtlich aus Art. 21. der Jülich-Bergischen Bergordnung von 1719 entnommen sei, welche die Bezeichnung »Gang« unterschiedslos für alle Lagerstätten gebraucht und im Art. 5. die flötzartigen Lagerstätten nach dem älteren Sprachgebrauche geradezu als »schwebende Gänge« bezeichnet. Das Ober-Tribunal hat indess in einer neueren Entscheidung vom 27. Januar 1860 (Strieth. Archiv Bd. 36. S. 185) den angefochtenen Grundsatz aufrecht erhalten. In den Urtheilsgründen wird zur Widerlegung des angeführten Einwandes das Folgende bemerkt:

»Das Gesetz spricht nur von dem Ueberfahren von Gängen und Klüften und der geognostische Unterschied zwischen diesen einerseits und den Flötzen andrerseits wird auch von den Imploranten nicht bestritten. Zwar ist in früherer Zeit dieser Unterschied nicht immer strenge festgehalten worden. — Daraus folgt aber nur, dass man in denjenigen Bergordnungen, welche, wie die Jülich-Bergische im Art. 5. von schwebenden Gängen sprechen, auch dem an anderen Stellen gebrauchten Ausdrucke »Gang« einen ausgedehnteren Sinn beilegen kann. In anderen Bergordnungen aber, welche, wie die Cleve-Märkische von 1766, vielfach zwischen Gängen und Flötzen unterscheiden, hat man keine Veranlassung, dem Ausdrucke »Gang« eine so ausgedehnte, auch Flötze umfassende Bedeutung beizulegen. Mag immerhin die revidirte Bergordnung von 1766 aus der früheren Bergordnung von

1737 hervorgegangen sein und diese aus der Jülich-Bergischen Bergordnung von 1719 geschöpft haben, so ist doch der Sprachgebrauch in Beziehung auf die Ausdrücke »Gang« und »Flötz« in der revidirten Bergordnung ein anderer, als in der Jülich-Bergischen von 1719. Jene spricht nicht von schwebenden Gängen, sondern unterscheidet, wie schon in der früheren Entscheidung nachgewiesen ist, vielfach zwischen Gang und Flötz.«

Das Ober-Tribunal führt sodann aus, dass auch der Grund des Gesetzes eine ausdehnende Erklärung nicht rechtfertige. Die früheren Gesetze hätten fast ausschliesslich den metallischen Gangbergbau im Auge gehabt, weshalb wohl angenommen werden könne, dass man bei den aus früheren Bergordnungen übernommenen Vorschriften über das Ueberfahren von Gängen und Klüften wohl diese, nicht aber den Flötzbergbau vor Augen gehabt habe. Hierzu komme der Unterschied in der Feldesgrösse. Wenn also das Gesetz bei den kleinen zum Gangbergbau verliehenen Feldern die überfahrenden Gewerken als Finder der ihnen nicht verliehenen Lagerstätten betrachte und ein Angebot an sie für nothwendig erachte, so leide dies keine Anwendung auf die viel ausgedehnteren Felder, welche die neuere Gesetzgebung für den Flötzbergbau bewillige, bei welchen das in dem Angebot liegende Vorrecht der überfahrenden Gewerken eine viel grössere Bedeutung erlangen würde.

Zugleich mit diesen Entscheidungsgründen ist in der Bonner Zeitschrift für Bergrecht, Jahrg. I., S. 264 ff., eine ausführliche Begründung der entgegengesetzten Ansicht von Strohn und Brassert mitgetheilt, in welcher durch mehrere schlagende Beispiele nachgewiesen wird, dass der Verfasser der Bergordnung von 1766 mehrfach den Ausdruck »Gang« in einer weiteren, die Flötze mit einschliessenden Bedeutung gebraucht.*) Allein wenn auch ein solcher Sprachgebrauch nirgend nachzuweisen wäre, so würde man sich dennoch für die ausdehnende Interpretation entscheiden müssen. Die Bergordnung von 1766 hat keinen Namen für den Gattungsbegriff der Lagerstätten. Sie bezeichnet denselben regelmässig durch die Aufführung seiner vornehmsten Arten, wie Gang, Kluft, Bank und Flötz, von denen sie abwechselnd, wie die von Brassert angeführten Beispiele zeigen, bald einen, bald meh-

*) So z. B. im Cap. IX. §. 1. »so soll nach produzirter Belehnung der Lehnträger — einen leiblichen Eid schwehren, dass der Gang Bank oder Flötz worauf er vermessen lassen will sein rechter Lehnträger-Gang sei, und dass er seine Fundgrube und Maassen auf demselbigen und keinem andern Gange — vermessen nehmen wolle.«

rere namhaft macht, ohne dass in der Regel ein Zweifel darüber bestehen kann, dass eben der Gattungsbegriff und auch die nicht namentlich aufgeführte Species gemeint sei.*) So oft daher kein Grund zu der Annahme vorliegt, dass nur für die namentlich genannten Arten der Lagerstätten eine Bestimmung getroffen worden sei, muss eine Exemplification vermuthet und *a potiori* nicht *e contrario* interpretirt werden. Die geognostischen Unterschiede der Lagerstätten sind aber, wie Brassert bemerkt, ohne Bedeutung für das Finderrecht, um dessen Wahrung es sich, wie auch das Ober-Tribunal zugiebt, bei dem Angebote handelt. Dieses Finderrecht ist auch den überfahrenden Gewerken nicht erst durch die Vorschrift des Cap. X. cit. beigelegt, wie das Ober-Tribunal annimmt, sondern es kommt denselben nach der allgemeinen Regel des Cap. I. §. 4. a. a. O. zu (vergl. oben S. 48 Anm. 2.). Die Ausübung dieses Finderrechts ist auch nach der Cleve-Märkischen Bergordnung an keine bestimmte Zeitfrist gebunden, da die Vorschrift des §. 155. A. L. R. II. 16. derselben ganz fremd ist. Das Finderrecht dauert vielmehr nach Cap. I. §. 8. und Cap. X. §. 1. a. a. O. so lange, als auf der überfahrenen Lagerstätte fortgebaut wird, als dieselbe von dem überfahrenden Stollner oder Grubenbesitzer belegt erhalten wird. Das Angebot der überfahrenen Lagerstätten enthält also nach dem System der Bergordnung von 1766 keine durch besondere Erwägungen zu rechtfertigende Ausnahmebestimmung, sondern eine einfache Consequenz der Grundsätze über das Recht des ersten Finders. Erst das Allg. Landrecht hat dem überfahrenden Gewerken das Finderrecht abgesprochen (§. 159.) und die Ausübung des Finderrechts an eine kurze Zeitfrist gebunden (§. 155). Wenn also das Ober-Tribunal in der Entscheidung vom 5. November 1852 das Vorzugsrecht des überfahrenden Gewerken als ein von dem Finderrechte des Erbstöllners verschiedenes Recht bezeichnet, jenes auf die Gänge und Klüfte beschränkt und auf dieses die Vorschrift des §. 155. A. L. R. II. 16. anwendet, so beruht diese Auslegung auf einer Uebertragung der landrechtlichen Anschauungen in das wesentlich verschiedene System der Provinzialbergordnung.

Was dagegen die Interpretation der landrechtlichen Vor-

---

*) So nennt auch das Allg. Landrecht in dem oben angeführten §. 159. den Gang und im §. 234. den Gang und das Flötz allein, obgleich diese Paragraphen unzweifelhaft auch auf Stockwerke und Erzlager Anwendung finden sollen.

schriften betrifft, so erscheint die in dem Erkenntnisse vom 5. November 1852 aufgestellte Ansicht über das gegenseitige Verhältniss der §§. 159. und 234. A. L. R. II. 16. vollkommen zutreffend. Da dem Erbstollner im §. 234. cit. an den überfahrenen Gängen und Flötzen das Recht des ersten Finders ausdrücklich beigelegt wird, so kann im §. 159. cit. unter demjenigen, der den Gang nur überfahren hat und dem Finder des Ganges nachsteht, nicht der Stollner gemeint sein. Anderer Ansicht sind Strohn (Striethorst's Archiv Bd. 26. S. 12) und v. d. Bercken (Zeitschrift für Bergrecht Bd. I. S. 112), welche den §. 159. cit. auf den Fall beziehen, wo der Erbstöllner eine Lagerstätte überfährt, welche gleichzeitig der Schürfscheinbesitzer erschürft hat.

Allein abgesehen davon, dass diese Auslegung einen beinahe unmöglichen Fall voraussetzt, den selbst die Kasuistik der Verfasser des Allg. Landrechts kaum vorgesehen haben könnte, steht der angeführten Interpretation auch der Wortlaut des Gesetzes entgegen, welcher das Zusammentreffen eines Finders mit demjenigen voraussetzt, der den Gang nur überfahren hat, also keine Finderrechte besitzt. Hierunter kann nur der beim Grubenbetriebe zufällig gemachte Fund verstanden werden. Dieser zufällige Fund steht allerdings schon nach §. 154. a. a. O. dem auf Grund eines Schürfscheins gemachten Funde nach. Allein es ist bereits oben (S. 48) angeführt worden, dass der §. 154. seine gegenwärtige Fassung erst nachträglich bei der letzten Redaction des Gesetzes erhalten hat. In dem ersten gedruckten Entwurfe fehlen in dem §. 94. (§. 154. cit.) die Worte »auf erhaltenen Schürfschein«; und das Vorrecht auf Verleihung war ohne diese Beschränkung demjenigen zugesichert, welcher die Lagerstätte zuerst erschürft hat. Da nun im §. 141. (§. 80. des ersten Entwurfs) nur die Vornahme besonderer Schürfarbeiten ohne Erlaubnissschein verboten ist, so hätte die beim Grubenbetriebe überfahrene Lagerstätte als erschürft im Sinne des §. 154. gelten müssen, wenn nicht im §. 159. bestimmt wäre, dass das blosse Ueberfahren (ohne Schürfschein und ohne Erbstollnberechtigung) keine Finderrechte gewähre. Wenn also der §. 159. in seiner gegenwärtigen Stellung allerdings nur die Regel des §. 154. auf einen darunter schon begriffenen Fall anwendet, so war dieselbe doch nach ihrer ursprünglichen Stellung keinesweges müssig und es ist nicht nothwendig nach einer besonderen, aus dem Wortlaute nicht erhellenden Beziehung für dieselbe zu suchen.

Das im §. 234. dem Stollner an den überfahrenen Lagerstätten beigelegte Recht des ersten Finders steht also dem Rechte des Schürfschein-Inhabers vollständig gleich. Und dieses Finderrecht gebührt dem Stollner für alle beim Erbstollnbetriebe aufgeschlossenen Lagerstätten, gleichviel ob dieselben mit dem Stollnorte selbst angefahren oder mit einem Querschlage überfahren sind, sofern nur der Betrieb, mit welchem der Fund gemacht ist, nicht den polizeilichen Anordnungen zuwider geführt worden ist.

Erkenntnisse vom 30. Mai 1850 und vom 17. Juni 1853 (Striethorst's Archiv Bd. 26. S. 3). Vergl. ferner das Erkenntniss vom 2. Juli 1858 (Strieth. Archiv Bd. 30. S. 158).

Endlich ist die Entscheidung vom 5. October 1855 zu erwähnen, durch welche der folgende Grundsatz festgestellt worden ist:

31. Das Vorrecht des Erbstöllners auf die überfahrenen Gänge und Flötze tritt nur dann ein, wenn kein Anderer vorher ein Recht auf die Beleihung erlangt hat.

Striethorst's Archiv Bd. 18. S. 186.

Der Freiherr v. E. hatte im Jahre 1831 ein bei der Eröffnung eines Steinbruchs zufällig gefundenes Steinkohlenflötz unter dem Namen: Friedlicher Nachbar gemuthet. Im Jahre 1852 muthete der Repräsentant des Neue Weg Erbstollns, v. B. ein mit dem Stolln überfahrenes Flötz unter dem Namen Schwagerstein und erhielt für diese Muthung, deren Feld mit dem für die Muthung Friedlicher Nachbar begehrten Felde zum Theil zusammenfiel, die Beleihung. Hierdurch erachtete sich der Freiherr v. E. in seinem Rechte für verletzt und nahm daher im Wege der gerichtlichen Klage gegen v. B. für seine Muthung das Vorzugsrecht vor der Muthung Schwagerstein in Anspruch.

Die Richter der beiden ersten Instanzen erkannten dem Kläger das Vorzugsrecht zu. Der Appellationsrichter aus dem Grunde, weil die Muthung des Klägers die ältere sei und dem Verklagten als Erbstollner, nach §. 234. A. L. R. II. 16., ein Vorzugsrecht nur dann gebührt habe, wenn das überfahrene Flötz, wie nicht der Fall sei, im bergfreien Felde belegen wäre.

Der Verklagte führte hiergegen in der von ihm eingelegten Nichtigkeitsbeschwerde aus, dass dem Erbstollner nach §. 234. das Vorzugsrecht auf alle im unverliehenen Felde überfahrenen Flötze zustehe. Der Umstand, dass das überfahrene Flötz bereits von einem zufälligen Finder mit Muthung bestrickt sei, könne daher die Anwendung des §. 234. nicht ausschliessen. Der Appellationsrichter habe hiernach das Rechtsprincip verletzt:

> Dem Erbstöllner, welcher mit seinem Stolln ein Flötz überfahren, und auf Grund dessen binnen 4 Wochen Muthung eingelegt hat, gebührt das Vorzugsrecht vor demjenigen, welcher auf Grund eines zufälligen Fundes gemuthet hat, wenngleich dessen Muthung früher angebracht ist.

Das Ober-Tribunal hat die Nichtigkeitsbeschwerde verworfen. Es bemerkt:

»Der von dem Imploranten aufgestellte, als verletzt bezeichnete Rechtsgrundsatz geht zu weit und kann in seiner Allgemeinheit nicht für richtig erachtet werden.

Der §. 234. A. L. R. Th. II. Tit. 16. verordnet: »Der Stollner hat an den unverliehenen Gängen und Flötzen, welche er gehörig überführt, die Rechte des ersten Finders.« Das Vorrecht des Erbstollners beschränkt sich daher auf unverliehene Gänge und Flötze. Hierbei darf das Wort »unverliehen« nicht in der streng wörtlichen Bedeutung verstanden werden, so dass jedes Recht eines Dritten, welcher noch keine Beleihung erhalten, ausgeschlossen wäre. Es muss vielmehr dahin verstanden werden: dass das Vorrecht des Erbstollners nur dann eintrete, wenn kein Anderer vorher ein besseres Recht auf Beleihung erlangt hat.

Hiernach fällt dem Appellationsrichter weder eine Verletzung des hervorgehobenen Rechtsgrundsatzes, noch des §. 234. zur Last.«

Es kann unbedenklich hinzugefügt werden, dass der von dem Imploranten aufgestellte Satz, der das gerade Gegentheil des von dem Ober-Tribunal adoptirten Grundsatzes enthält, ganz zu verwerfen ist. Das Recht des ersten Finders — und dies allein ist dem Erbstollner im §. 234. beigelegt — kann einer vor der Entstehung des Finderrechts eingelegten rechtsgültigen Muthung gegenüber niemals wirksam werden, auch wenn diese auf einen bloss zufälligen Fund gegründet ist. Das Finderrecht gewährt nur die Befugniss, die Muthung auf den Tag des Fundes zurück zu datiren und alle jüngeren Muthungen auszuschliessen (vergl. oben S. 55). Der Plenarbeschluss vom 12. Juni 1843, auf welchen die Anmerkung des Herausgebers des Archivs Bezug nimmt, kommt zu einem abweichenden Resultate nur auf Grund der angeblich ausschliessenden Kraft des Schürferlaubnissscheins, welcher für die

Dauer der Schürffrist und für den Umfang des Schürfdistricts die Erwerbung eines Rechtsanspruchs durch die Muthung eines zufälligen Fundes ausschliessen soll. Ein solcher geschlossener District und eine solche Schürffrist ist mit der Erbstollngerechtigkeit nicht verbunden. Die Ansicht des Imploranten wird daher nicht einmal durch den angeführten von dem Ober-Tribunal selbst bereits verlassenen Plenarbeschluss unterstützt.

In Bezug auf die Erbstollngebühren ist die Frage streitig geworden, ob auch solche Gruben, welche sich die Wasser- und Wetterlösung durch einen eigenen Grubenstolln verschaffen, dem Erbstolln, welcher in ihre Gebäude einkommt und die gesetzlichen Bedingungen (§. 423. A. L. R. II. 16.) erfüllt, die Stollngebührnisse entrichten müssen. Diese Frage ist bejahend entschieden durch das Urtheil des Ober-Tribunals vom 12. December 1856 (Striethorst's Archiv Bd. 23. S. 149), an dessen Spitze der folgende Rechtsgrundsatz gestellt ist:

32. Dem Rechte des Erbstollns sind auch solche Gruben unterworfen, welche bereits einen eigenen Grubenstolln besassen, als der Erbstollner seinen im Uebrigen mit den gesetzlichen Erfordernissen versehenen Stolln in ihr Feld trieb (A. L. R. II. 16. §§. 423. 424.).

Hiermit stimmt das von Gräff (Bergrecht S. 187) mitgetheilte Urtheil des Geh. Ober-Tribunals vom 9. Februar 1831 in Sachen der Grube Alte Aproche wider den Altendorfer Erbstolln überein, durch welches entschieden wurde, dass die Grube auch von derjenigen Höhe, für welche sie sich die Wetter- und Wasserlosung durch einen eigenen Grubenstolln verschafft, die Stollngebühren an den Erbstolln entrichten muss, welcher sie in tieferer Sohle mit den gesetzlichen Erfordernissen löst.

Was diese Erfordernisse selbst anbetrifft, so ist in dem vorhin angeführten Urtheil vom 12. December 1856 die Vorschrift des §. 223. A. L. R. II. 16. zur Beurtheilung gekommen, wonach »in der Regel alle Hauptstolln sohlig betrieben werden müssen, wenn nicht in Ansehung des Ansteigens der Wassersaigen besondere Abweichungen in den Provinzial-Bergordnungen bestimmt sind.« Die zur Anwendung kommende provinzielle Bergordnung für Nassau-Katzenelnbogen vom 1. September 1559 bestimmt nun zwar ebenfalls im Art. 29., dass »einig Steigen darin zu thun nicht gestattet werden solle«, jedoch mit dem Zusatze:

> es begäbe sich denn, dass Kämme oder dergleichen Festen zufielen, also dass der Stolln aus nothdürftigen Ursachen müsste erhoben werden, welches dennoch ohne Besichtigung und Zulassung des Bergmeisters nicht geschehen soll.

Das Ober-Tribunal hat deshalb und weil weder die Provinzial-Bergordnung noch das Allg. Landrecht ein Maximum des Ansteigens vorschreiben, angenommen, dass ein vermeintliches übermässiges Ansteigen nicht als ein Verstoss gegen die angeführten Gesetze gerügt werden könne, sofern das Ansteigen von der Bergbehörde, resp. dem Bergmeister, genehmigt sei (Striethorst's Archiv Bd. 23. S. 149).

Ueber die Bedingungen der Enterbung eines Stollns verhält sich die Entscheidung vom 30. April 1858 (Striethorst's Archiv Bd. 29. S. 278), welche folgenden Rechtsfall zum Gegenstande hat:

Die nördlichen Felder der Glückhilfgrube sind durch den mit dieser Grube consolidirten Glückhilferbstolln vermittelst einer von dem Hauptorte des Stollns auf dem 41 zölligen Flötze nach Norden getriebenen Stollnstrecke gelöst. Der Fuchserbstolln, welcher die Markscheide der Glückhilfgrube im Jahre 1849 überschritten, hat auf dem 41 zölligen Flötze ebenfalls ein Flügelort angelegt, dessen Sohle mehr als 10 Ltr. unter der Sohle der Glückhilfstollnstrecke liegt. Mit Genehmigung des Bergamts sind von dem Flügelorte des Fuchsstollns, um demselben die nöthigen Wetter zu beschaffen, drei schwebende Strecken in die Höhe getrieben und mit der Glückhilfstollnstrecke durchschlägig geworden. Die Gewerkschaft des Fuchsstollns behauptet, dass sie durch ihr Flügelort vermittelst der schwebenden Strecken den Bauen der nördlichen Glückhilfgrube Wasser ab- und Wetter zuführe, und dass sie den Glückhilfstolln in den nördlichen Feldern enterbt habe, weil der Fuchsstolln mit einer Teufe von mehr als 10 Ltrn. unter der Glückhilfstollnstrecke einkomme. Sie hat auf Grund dieser Behauptungen gegen die Gewerkschaft der Glückhilfgrube Klage erhoben mit dem Antrage, dieselbe zur Entrichtung des Stollnneunten von der Kohlenförderung ihres nördlichen Feldes zu verurtheilen.

Die Verklagte bestreitet, dass die Enterbung ihres Glückhilfstollns erfolgt sei, weil das Fuchsstolln-Flügelort durch blosse schwebende Strecken mit der Glückhilfstollnstrecke in

Verbindung stehe, durch welche das Neuntenrecht nicht erlangt und die Enterbung nicht bewirkt werden könne. Ausserdem sei der Betrieb jener Strecken von dem Bergamte nur zur eigenen Nothdurft des Fuchsstollns gestattet worden, um dem Flügelorte Wetter zu verschaffen.

Die Gerichte erster und zweiter Instanz wiesen die Klägerin ab. Auch das Ober-Tribunal hat die eingelegte Nichtigkeitsbeschwerde verworfen. In den Entscheidungsgründen wird ausgeführt:

»Nach §. 457. A. L. R. Th. II. Tit. 16. geschieht die Enterbung dadurch, dass der zweite Stolln diejenigen Erfordernisse, durch welche Stolln des Stollnhiebs, oder vierten Pfennigs, ganzen oder halben Neunten fähig werden, 7 Ltr. tiefer als der obere Stolln erfüllt. Die hier erwähnten Erfordernisse sind im §. 423. a. a. O. angegeben und es gehört darunter nach lit c., dass der Stolln mit der Wassersaige in diejenigen Tiefsten der Grube einkomme, wo die Baue auf anstehende Erzanbrüche geführt werden. Die Vorschriften der Schlesischen Bergordnung Cap. 18. und Cap. 14. §. 2. stimmen mit den landrechtlichen Erfordernissen vollkommen überein. Es fragt sich daher nur, ob der Stolln der Kläger denselben vollständig entspricht. Dies ist indess nicht der Fall. Es lässt sich nämlich nicht behaupten, dass der Fuchsstolln mit seiner Wassersaige in die Tiefsten der Glückhilfgrube da einkomme, wo die Baue auf anstehende Steinkohlen geführt werden und dass er mit diesen Bauen dergestalt durchschlägig geworden, dass er der Grube vollständige Wasser- und Wetterlösung verschafft. Nach der eigenen Angabe der Klägerin ist das Einkommen ihres Stollns in die Baue der Verklagten nur in der Art bewirkt, dass von dem Flügelort des Fuchsstollns drei schwebende Strecken in die Höhe getrieben sind, welche mit der im nördlichen Felde der Glückhilfgrube befindlichen Strecke des Glückhilfstollns durchschlägig geworden sind. Hierdurch werden aber die vorstehenden gesetzlichen Erfordernisse noch nicht erfüllt, indem die schwebenden Strecken, wenn sie überhaupt Wasser aus den Bauen der Glückhilfgrube abführen, dies doch nur hinsichtlich der Wasser thun, welche sonst der Glückhilfstolln auf anderem Wege abgeführt haben würde, hierdurch also den Bauen der Verklagten keine neue und vollständigere Wasserlösung gebracht wird.«

Hiermit stimmt überein, was Hake in seinem Commentar §. 467. bemerkt, dass nämlich dem tieferen enterbenden Stolln der Stollnhieb und der vierte Pfennig zufällt, sobald er in die Maassen der Grube kommt, das Neunte dagegen erst, wenn er die Wassersaige in das Tiefste eingebracht hat. Der in der vorstehenden Entscheidung zu Grunde gelegte folgende Rechtsgrundsatz:

33. Zur Enterbung eines Stollns ist erforderlich, dass der zweite Stolln mit seiner Wassersaige sieben Lachter tiefer als der obere Stolln in die Tiefsten der Grube da einkomme, wo der Bau auf anstehende Mineralanbrüche geführt wird.

Striethorst's Archiv Bd. 29. S. 278.

kann daher als unstreitig bezeichnet werden. Der übrige Theil der Entscheidungsgründe bezieht sich auf das in der Schlesischen Bergordnung Cap. 19. §. 1. ausgesprochene Verbot, »dass Stolln nicht über sich brechen sollen, um andere Stolln wider die Billigkeit des Neunten zu enterben,« und auf die weitere Bestimmung des §. 2. l. c., wonach dem Stollner ausnahmsweise von der Bergbehörde gestattet werden kann, über sich zu brechen, um sich selbst Wetter zu verschaffen, wenn die Grubengewerken nicht auf den Stolln niederschlagen wollen. Diese Argumente sind indess neben dem oben angeführten principalen Entscheidungsgrunde entbehrlich. Die angeführten Stellen beweisen auch nichts für die Annahme, dass durch ein Uebersichbrechen nach dem oberen Stolln hin keine Enterbung bewirkt werden kann. Sie würden, wenn überhaupt, nur für das Gegentheil angeführt werden können.

Endlich ist noch eine neuere Entscheidung des Ober-Tribunals vom 27. Januar 1860 zu erwähnen, in welcher der folgende Grundsatz ausgesprochen wird:

34. Die Aneignung des Stollnhiebes durch einen von der Bergbehörde beliehenen Stollner ist nicht als eine Störung im Besitze der Grube anzusehen, durch welche der Stolln getrieben wird.

Striethorst's Archiv Bd. 36. S. 179.

In den Entscheidungsgründen wird bemerkt:

»Die Besitzstörung soll darin liegen, dass die verklagte Gewerkschaft mit ihrem Stolln in das Feld der Klägerin eingedrungen ist und daselbst den Stollnhieb ausübt. Dies ist aber gerade die Ausübung des Stollnrechts. Der §. 387. A. L. R. Th. II. Tit. 16. schreibt ausdrücklich vor:

> Jede Grube ist verbunden, jedem rechtmässig beliehenen Stollner den Durchtrieb durch ihre Gebäude ungehindert zu gestatten.

und der Stollnhieb gehört nach §§. 405. u. 423. a. a. O. zu den gesetzlichen Rechten eines gehörig beliehenen Stollns. Die Ausübung dieser Rechte und das damit verbundene Eindringen in das Feld der Klägerin kann daher nicht als eine den Anspruch auf Schutz im Besitz begründende Störung desselben angesehen werden. (Vergl. §§. 146. ff. 150. A. L. R. Th. I. Tit. 7.) Den Besitz eines Untersagungsrechts hat Klägerin nicht behauptet. Ihre sonstigen Anführungen (dass der Stolln der Verklagten nicht einmal mit dem Streckenbetriebe der Klägerin in gleichem Niveau, sondern sogar mit Gesprengen und ohne Wassersaige betrieben werde) können möglicher Weise dahin führen, darzuthun, dass dem Verklagten die sonst mit dem Stollnbetriebe verbundenen gesetzlichen Gebührnisse nicht zustehen. Dieses mag die Klägerin im Petitorienprocesse geltend machen; eine Besitzstörungsklage wird dadurch nicht begründet.«

§. XI. Die Freifahrung und die Fristbewilligung.

Mit der Verleihung des Bergwerkseigenthums sowohl, als der Erbstollngerechtigkeit ist die Verpflichtung zum ununterbrochenen Betriebe verbunden (A. L. R. II. 16. §§. 188. ff. §. 235.). Die Einstellung des Betriebes, ohne dass dafür von dem Bergamte eine Frist bewilligt worden (§. 201.) zieht den Verlust des Bergwerkseigenthums nach sich, welcher auf Grund eines förmlichen Verfahrens, durch die Freifahrung von dem Bergamte ausgesprochen wird.

1. Ueber diese Freifahrung bestimmt das Allg. Landrecht a. a. O.:

> §. 198. Zum Verluste des Eigenthums wegen unterlassener Belegung wird erfordert, dass das Bergamt die Zeche in einer Woche dreimal, oder bei Eigenlöhnern eine ganze Woche hindurch, nicht gehörig belegt finde, über diese Freifahrung Registraturen aufnehme und in dem Bergbuche anmerke, dass die Zeche in das Freie gefallen sei.
>
> §. 200. Ein neuer Muther kann das Bergamt um diese Freifahrung bitten.

Diese Vorschriften, welche dem Bergamte nicht nur die Einleitung des Freifahrungsprocesses, sei es von Amtswegen, sei es auf Antrag eines neuen Muthers, sondern auch die Entscheidung übertragen, haben zu Zweifeln darüber Veranlassung gegeben, ob gegen die bergamtliche Entscheidung der Rechtsweg stattfinde. Diese Frage erfordert eine getrennte Beantwortung für den Fall, wo die Freifahrung von dem Bergamte vollstreckt und eine neue Muthung angenommen ist, und für den Fall, wo der Antrag des neuen Muthers auf Freifahrung zurückgewiesen ist. Auf den ersten Fall bezieht sich die Entscheidung des Ober-Tribunals vom 3. März 1852, durch welche der folgende Grundsatz angenommen worden ist:

35. Gegen das Decret des Bergamts, durch welches der Verlust des Bergwerkseigenthums wegen unterlassener Belegung ausgesprochen und eine neue Muthung auf das freigefahrene Bergwerk angenommen wird, findet der Rechtsweg statt.

Striethorst's Archiv Bd. 6. S. 59.

Das Bergamt zu Siegen hatte der R.'schen Gewerkschaft eröffnet, dass ihre Gruben wegen unterlassenen Betriebes in das Freie gefallen und dem Ignatz K. der nachgesuchte Muthschein auf dieselben ertheilt worden. Auch solle für denselben die Verleihung beantragt werden, wenn die Gewerkschaft nicht binnen sechs Wochen gegen ihn Klage erheben werde. Die Gewerkschaft stellte dieser Auflage gemäss die Klage gegen Ignatz K. unter der Behauptung an, dass eine Versäumniss im Grubenbetriebe nicht stattgefunden habe. Das Kreisgericht zu Brilon wies jedoch die Klage ohne Beweisaufnahme zurück, weil über die Caducitätsfrage der Rechtsweg unzulässig sei. Das Appellationsgericht zu Arnsberg verwarf dagegen diesen Einwand, und das Ober-Tribunal hat auf die Revision des Verklagten das zweite Erkenntniss bestätigt und seine Entscheidung in folgender Art gerechtfertigt:

»Mit Recht nimmt der Appellationsrichter an, dass der Rechtsweg im vorliegenden Falle nicht ausgeschlossen sei. Im Allgemeinen spricht für die Zulässigkeit des Rechtsweges der §. 1. der Einleitung zur Allgem. Gerichts-Ordnung, wonach alle Streitigkeiten über Sachen und Rechte, welche einen Gegenstand des Privateigenthums ausmachen, wenn kein gültiges Uebereinkommen stattfindet, durch richterlichen Ausspruch entschieden werden müssen, desgleichen das Reglement für das Berggericht in Siegen vom 13. Juli 1837, nach dessen §. 2. No. 3. vor das Berggericht gehören: Processe über Bergeigenthums-Verleihungen und Bergbau, Privilegien, wegen deren Umfang und Grenzen, und solche, welche dingliche Ansprüche an Bergeigenthum zum Gegenstande haben. Um daher für den vorliegenden Fall den Rechtsweg ausschliessen zu können, müsste eine besondere Ausnahme in den Gesetzen festgesetzt sein. Der Revident behauptet dieses und bezieht sich auf den §. 198. Th. II. Tit. 16. A. L. R.

In diesem ist von dem sogenannten Freifahren die Rede, d. h. dem Acte, wodurch constatirt wird, dass die Zeche in der durch das Gesetz bestimmten Zeit nicht belegt gefunden worden sei (vergl. Hake, Commentar §. 550.). Ob dabei der Rechtsweg stattfinde oder nicht, ist nicht gesagt, und es muss daher nach der vorstehend nachgewiesenen allgemeinen Regel die Zulässigkeit des Rechtsweges angenommen werden.

Die §§. 280. und 281. A. L. R. Th. II. Tit. 16., sowie die darauf bezügliche Entscheidung des Ober-Tribunals (Arnsberger Archiv, Jahrgang 13. S. 652 ff.) betreffen, wie Revident selbst anerkennt, einen andern Fall, den nämlich, wenn die Inhaber von Kuxen wegen unterlassener Zahlung der Zubusse ihrer Kuxe verlustig erklärt werden. Es lässt sich mithin daraus auf die Unzulässigkeit des Rechtsweges im vorliegenden Falle nicht schliessen.

Die §§. 204. und 205. a. a. O., auf die sich Revident in der mündlichen Verhandlung berufen hat, ergeben eben so wenig die Unzulässigkeit des Rechtsweges. Denn wenn auch im §. 205. gesagt ist, dass unter den daselbst angegebenen Voraussetzungen die Grube dem Baulustigen, welcher sich dazu gemeldet hat, ohne weiteren Anstand verliehen werden solle, so enthält dieses doch nicht die Ausschliessung des Rechtsweges, und zwar um so weniger, als nach §. 352. a. a. O. alle Bergwerksbelehnungen ältern Rechten unbeschadet geschehen, dem bisherigen Eigenthümer mithin freistehen muss, der Beleihung ungeachtet, gegen den Beliehenen im Wege Rechtens auszuführen, dass sein Eigenthum nicht verwirkt sei, der Beliehene daher seinem ältern Rechte nachstehen müsse.«

Anders verhält es sich mit dem zweiten Falle, wenn ein neuer Muther die Freifahrung beantragt, das Bergamt aber, weil es bei der Untersuchung die Grube gehörig belegt findet, die Muthung zurückweist. In diesem Falle kann gegen die Entscheidung des Bergamts der Rechtsweg nicht stattfinden, weil das Gesetz den Verlust des Eigenthums ausdrücklich davon abhängig macht, dass das Bergamt die Zeche bei seinen Befahrungen nicht gehörig belegt findet, mithin jedes andere Fundament für den von dem neuen Muther erhobenen Anspruch, ausser dem von dem Bergamte registrirten Befunde, ausdrücklich ausgeschlossen ist. Dies gilt freilich nur für das Rechtsgebiet des Allgem. Landrechts, nicht für dasjenige der Provinzialbergordnungen, welche zum Theil abweichende Bestimmungen enthalten.*)

---

*) Die Chur-Trierische B. O. Th. I. Art. III. 9., die Cleve-Märkische B. O. Cap. VII. §. 2., die Schlesische und die Magdeburg-Halberstädtische B. O. Cap. VIII. §. 2. lassen den Beweis durch Zeugen ausdrücklich zu. Andere Bergordnungen, wie die Hennebergische Th. II. Art. 6., die Jülich-Bergische Art. 7., und die Homburgische Art. 10., verlangen den Beweis durch zwei Geschworne, oder wie die Chur-Sächsische B. O. Art. 23. und die Mansfeldische B. O. durch zwei oder einen Geschwornen, wobei ebenfalls die freie Beweisführung als zulässig gedacht werden muss, mögen unter den Geschwornen blosse vereidete Zeugen, oder sachverständige, mit öffent-

2. Die Chur-Cölnische Bergordnung vom 2. Januar 1669 insbesondere weicht in diesem Punkte sowohl, als auch in den materiellen Vorschriften über den Eintritt des Verlustes des Eigenthums von dem Allg. Landrechte erheblich ab, und ihre ganz singulairen Vorschriften sind zu wiederholten Malen Gegenstand der Entscheidung des Ober-Tribunals geworden. Die bezüglichen Bestimmungen der Chur-Cöln. Bergordnung im Th. III. Art. 9. und 10. lauten:

Art. 9. Obwohl Bergrechtens, dass wann die Gewerken nur 3 anfahrende Schichten ihre Gruben und Zechen ohne Arbeit verlassen, solche alsdann ins Freie zu erkennen, so haben bei diesen Unsern Bergwerken, damit die Gewerken desto weniger Ursache, sich dessen zu beschweren, Wir es so genau mit ihnen bishero nicht genommen, sondern sind ihnen solche Zechen wohl ein und ander Quartal zu gut gehalten. Wir ordnen und wollen aber, dass welche Gewerke bei ihren Zechen auflässig werden und dieselben ein ganz Quartal ohne sonderliche Verhinderniss und erhebliche Ursachen nicht bauen, noch um Frist deswegen ordentlich ansuchen, und dieselben nach Bergrechten quartalig verschreiben lassen, dass selbige ohne einziges ferner Nachsehen ins Freie zu erkennen sein sollen; da auch dieselbigen Gewerken das dritte Quartal solche Zeche nicht wieder selbst angreifen und muthen würden, und ein ganzes Jahr lang liegen blieben, alsdann keiner derselben Gewerken einigen An- und Zuspruch, weder zu den Zechen, deren Vorrath an allen Gebäuen, oder auf den Halden, noch zu deren Kuxen wieder haben sollen, und sollen auch weniger weiter gehört werden.

Art. 10. Mit Wiederaufnahme alter ins Freie gefallener Zechen, soll es mit Muth und Belehnung gleich wie auf den neuen Gängen gehalten werden; doch soll der Oberbergmeister vor der Bestätigung des alten Gewerken Ursache hören und sich mit Fleiss erkundigen, warum die Zeche ins Freie gefallen sei. Wie er die Sache nun nach der vorigen Art findet, also soll er mit Verleih und Bestätigung sich achten. Wäre die Zeche nun wie vorhergeht und im Art. 9. beschrieben, so lange nicht

---

lichem Glauben versehene Beamte verstanden sein. Die Nassau-Katzenelnbogische B. O. allein schreibt im Art. 14. vor, dass eine dreimalige Befahrung durch den Geschwornen der neuen Muthung vorhergehen muss.

im Freien gelegen, oder verhielte es sich also, dass von den auflässigen Gewerken theils noch einiges Zuspruchs befugt, alsdann soll er von Stund an öffentlich anschlagen lassen, welcher gestalt die Zeche freigefahren und wieder aufgenommen, das angeschlagene 4 Wochen stehen lassen. Welche von den alten verzubussten Gewerken nun ihre Kuxe bauen wollen, dieselbe sollen wieder zugelassen werden. Wann aber eine Zeche Jahr und Tag im Freien und unbebauet gelegen, alsdann soll der Aufnehmer die alten Gewerken nicht mehr schuldig sein zuzulassen.

Die Zweifel, zu welchen die Auslegung dieser Bestimmungen Veranlassung gegeben hat, und mit deren Lösung sich die Entscheidungen vom 3. November 1845 (Präjudiz 1677) vom 18. November 1850 (Präjudiz 2251 Plenarbeschluss) und vom 1. December 1858 beschäftigen, betreffen folgende Fragen:

I. Ist zum Verlust des Bergwerkseigenthums eine förmliche Freierkennung von Seiten der Bergbehörde erforderlich?

II. Kann dieser Verlust durch den Nachweis eines erheblichen Betriebshindernisses allein, ohne die hinzutretende ausdrückliche Fristbewilligung der Bergbehörde abgewendet werden?

III. Läuft die einjährige Frist, während deren dem früheren Eigenthümer die Wiederaufnahme der auflässigen Grube gestattet ist, vom Tage der bergamtlichen Freierkennung, oder von dem Tage, seit welchem der Betrieb liegen geblieben ist?

IV. Ist es erforderlich, dass die säumigen Gewerken, wenn die Grube ein Quartal hindurch ungebaut gelegen hat, in den drei folgenden Quartalen von Neuem Muthung einlegen, oder genügt es, falls keine Freifahrung stattgefunden hat, dass der Bau in den nächsten drei Quartalen wieder aufgenommen wird?

Durch die ältere Entscheidung vom 3. November 1845, auf Grund deren das folgende Präjudiz eingetragen ist:

Der Verlust des Bergrechts an einer verliehenen gehörig verrecessten Zeche wegen Auflässigkeit des Gewerken kann nur durch eine nach Gehör desselben auf Grund des Art. 9. Th. III. der Chur-Cölnischen Bergordnung von Seiten des Bergamts ausgesprochenen Freierkennung erfolgen. Eine solche Freierkennung findet nicht statt, wenn der Gewerke die Zeche regelmässig verrecesst und ein vom Bergamt nicht zurückgewiesenes Fristgesuch rechtzeitig eingereicht hat.

Präjudiz 1677.

wurden die beiden ersten Fragen bejaht. Die im Arnsberger Archiv Bd. 13. S. 449 mitgetheilten Gründe beruhen im Wesentlichen darauf, dass in den Art. 9. und 10. cit. eine förmliche Freierkennung durch die Bergbehörde ausdrücklich vorausgesetzt werde und dass ferner im Art. 9. die Auflässigkeit davon abhängig gemacht werde, dass die Gewerken »ein ganz Quartal ohne sonderliche Verhinderniss und erhebliche Ursachen nicht bauen, noch um Frist deswegen ordentlich ansuchen und dieselbe nach Bergrechten quartalig verschreiben lassen. Diese Vorschrift könne nur disjunctiv verstanden werden, so dass sowohl durch den Nachweis eines erheblichen Betriebshindernisses allein, als auch durch die Anbringung eines ordentlichen Fristgesuchs der Verlust des Eigenthums abgewendet werden könne.

Durch den Plenarbeschluss vom 18. November 1850 ist jedoch dieses Präjudiz aufgehoben und an dessen Stelle sind die folgenden Rechtsgrundsätze angenommen worden:

36. I. Der in der Chur-Cölnischen Bergordnung vom 2. Januar 1669 für den Fall des unterlassenen Grubenbetriebes während eines ganzen Quartals, angedrohte Verlust des Bergwerkseigenthums kann nicht durch den Nachweis eines erheblichen Betriebshindernisses allein, sondern nur unter Hinzutritt einer ausdrücklichen Fristbewilligung von Seiten der Bergbehörde und der vierteljährlichen Verschreibung der auflässigen Zeche abgewendet werden.

II. Die Frist, binnen welcher nach vorgedachter Bergordnung das Recht des alten Eigenthümers einer auflässigen Zeche noch fortdauert, wird von der Zeit an gerechnet, in welcher der Betrieb liegen geblieben ist.

Chur-Cölnische Bergordnung vom 2. Januar 1669, Art. 9. und 10. A. L. R. Th. II. Tit. 16. §§. 201. ff.

Präjudiz. 2251. Entscheid. Bd. 20. S. 66.

Dieses Präjudiz verneint die beiden ersten Fragen und beantwortet zugleich die früher nicht zur Entscheidung gestellte dritte Frage im Sinne der zweiten Alternative. In den

Gründen des Plenarbeschlusses wird zunächst die zweite Frage erörtert und ausgeführt, dass die früher aufgestellte grammatische Interpretation des Art. 9. nicht haltbar sei. Die Partikel »noch« sei in anderen Schriftstücken der damaligen Zeit, insbesondere auch im Art. 5. Th. III. derselben Bergordnung offenbar in kopulativer Bedeutung gebraucht. Ueberhaupt sei der damalige Sprachgebrauch zu wenig fest gewesen, als dass die Entscheidung vorzugsweise auf die grammatikalische Bedeutung einer Partikel gegründet werden könne. Diese müsse vielmehr hauptsächlich aus inneren, der Natur des Rechtsverhältnisses entlehnten Gründen entnommen werden. Es ergebe sich aber aus den analogen Vorschriften der Chur-Cölnischen Bergordnung Th. III. Art. 4. und Th. XII. Art. 6., dass der Gesetzgeber die Erheblichkeit der die Betriebseinstellung rechtfertigenden Hinderungsursachen nicht der Beurtheilung des Gewerken überlassen wolle, sondern denselben verpflichte, die vermeintlichen Hinderungsgründe binnen einer bestimmten Frist zur Kenntniss der Bergbehörde zu bringen und von derselben eine Art Indult der Auflässigkeit zu erlangen, so dass mithin die gehörige Anzeige erheblicher Hinderungsursachen nothwendig sei, um der Freierklärung vorzubeugen. Auf der anderen Seite würde es sich eben so wenig rechtfertigen lassen, das blosse formelle Anbringen eines Fristgesuchs, ohne die sachliche Begründung durch sonderliche Hindernisse für ausreichend zu erachten, um den Gewerken von den Nachtheilen zu befreien. Hiernach sei, um diese Nachtheile abzuwenden, beides erforderlich, sowohl das Vorhandensein erheblicher Hinderungsursachen, als auch das rechtzeitige Anbringen eines Fristgesuchs, womit auch die subsidiarische Vorschrift des Allg. Landrechts II. 16. §. 201. sowohl, als die Grundsätze des gemeinen Deutschen Bergrechts (Karsten, Grundriss §. 193.) übereinstimmen.

In Bezug auf die erste Frage bemerkt das Ober-Tribunal:

»Die Worte des Gesetzes berechtigen durchaus nicht zu der Annahme, dass dem Liegenlassen des Baues nur in Verbindung mit dem auf Grund desselben erfolgten Freierkennen Wirkung beizulegen; vielmehr spricht die Fassung beider Artikel dafür, dass das blosse Liegenbleiben des Baues während der bestimmten Zeit die Wirkung haben soll, dass der Eigenthümer sein Recht verliert. Der Schluss des Art. 9. sagt ausdrücklich, dass die Gewerken nicht weiter gehört werden sollen, und es lässt sich daher nicht annehmen, dass das Gesetz das ausschliessliche Gewicht auf die förmliche Freierkennung des Gewerken lege. Auch in Hertwig's Bergbuch heisst es sub voce Freifahren §. 7.:

> Zechen, die vier Quartale nach einander ausser erlangter Frist nicht gebauet, oder da sie gleich gebauet, nicht verrecesst worden, dürfen keines Freifahrens, sondern sind ohne alles Mittel ins Freie gefallen.

Es ist also nichts Ausserordentliches, wenn auch in der Bergordnung von 1669 dem blossen Liegenlassen des Baues während eines ganzen Jahres die Wirkung beigelegt wird, dass das Recht des bisherigen Eigenthümers verloren gehe.«

In Bezug auf die dritte Frage, deren Beantwortung durch die Verneinung der ersten Frage der Hauptsache nach gegeben ist, bemerkt das Ober-Tribunal:

»Wird festgestellt, dass die Grube ein ganzes Quartal hindurch unbebaut gelegen, so soll dieselbe ins Freie erkannt werden. Die Gewerken haben dann zwar ihr Recht verloren. Sie können solches aber durch Wiederangriff des Werkes und eine neue Muthung wieder erlangen. Geschieht dies innerhalb dreier Quartale, so geht ihre Muthung allen anderen Muthungen vor. Die drei Quartale werden nicht von dem Tage der Freierkennung, sondern von da ab gerechnet, wo die Grube liegen geblieben, so dass das Vorzugsrecht verloren geht, wenn die Grube ein ganzes Jahr liegen geblieben ist. Der Art. 9. setzt voraus, dass die Bergbehörde die Freierkennung ohne einiges ferneres Nachsehen ausspreche, dass also dieselbe sofort nach Ablauf des Quartals erfolge. Unter dieser Voraussetzung giebt das Gesetz den alten Gewerken noch für drei Quartale das Vorzugsrecht. Dass sie aber das Vorzugsrecht auch dann, wenn nicht vorschriftsmässig verfahren, wenn also die Freierkennung nach Ablauf des ersten Quartals verabsäumt worden ist, noch während dreier Quartale nach der Freierkennung haben sollen, kann wegen des Schlusssatzes des Art. 9. nicht angenommen werden. Denn dieser bestimmt, dass die alten Gewerken alles Rechtes verlustig sein sollen, wenn sie die Grube ein ganzes Jahr liegen lassen.«

Die vierte der oben aufgestellten Fragen endlich ist durch die Entscheidung vom 1. December 1858 wie folgt beantwortet:

37. Wenn in dem Rechtsgebiete der Chur-Cölnischen Bergordnung von 1669 eine Grube während eines Quartals nicht gebaut worden ist, eine Freierkennung jedoch nicht stattgefunden hat, so wird der Verlust des Eigenthums durch die blosse Wiederaufnahme des Baues vor Ablauf der folgenden drei Quartale abgewendet, ohne dass es einer neuen Muthung bedarf.

Entscheidungen Bd. 41. S. 378.

Nach den Gründen dieser Entscheidung, welche sich an die durch den Plenarbeschluss vom 18. November 1850 (S. 154) festgestellten Grundsätze anlehnen, setzen die Worte des Art. 9. der Bergordnung:

> Da auch dieselben Gewerken das dritte Quartal solche Zeche nicht wieder angreifen und muthen würden,

den regelmässigen Fall der erfolgten Freierkennung nach Ablauf des ersten Quartals voraus und es kann daraus nicht geschlossen werden, dass auch in solchen Fällen, wo eine solche Freierkennung nicht vorliegt, die blosse Wiederaufnahme des Baues vor Ablauf eines Jahres zur Abwendung des Verlustes nicht genüge, wenn nicht zugleich der säumige Gewerke von Neuem Muthung eingelegt hat. Das Gegentheil dieser Annahme wird aus den unmittelbar folgenden Worten: »und ein ganzes Jahr lang liegen blieben« und aus dem Schlusssatze des Art. 10. hergeleitet, in welchem es heisst:

> Wann aber eine Zeche Jahr und Tag im Freien und unbebaut gelegen, alsdann soll der Aufnehmer die alten Gewerken nicht mehr schuldig sein zuzulassen.

Hieraus folge, dass der eigentliche Grund des Verlustes in dem Liegenbleiben des Baues während eines ganzen Jahres bestehe, dass also durch die blosse Wiederaufnahme des Baues vor Ablauf dieser Frist der Verlust abgewendet werde.

3. Demselben Rechtsgebiete der Chur-Cölnischen Bergordnung angehörig, jedoch von allgemeinerer Bedeutung ist das in Striethorst's Archiv Bd. 36. S. 73 mitgetheilte Erkenntniss vom 9. December 1859, welches einen Fall der Fristbewilligung betrifft.

Die Geschwister L. und Genossen, Eigenthümer der nach gestrecktem Felde verliehenen Eisenerzgrube, Michelszeche, erhielten durch Urkunde vom 17. April 1850 die Verleihung eines Districtsfeldes Wildewiese, welches die in einem Theile der Kreise Arnsberg und Meschede vorkommenden Eisenerzlagerstätten, einschliesslich der ihnen früher nach Fundgruben und Maassen verliehenen, umfasste, unter welchen sich auch die Michelszeche befand. Am 24. Juli 1855 muthete D. die früher unter dem Namen Michelszeche verliehene Eisenerzlagerstätte als im Freien belegen, unter dem Namen Fortschritt, wurde aber von dem Bergamte zurückgewiesen, weil die gemuthete Lagerstätte in dem auf Grund der Cabinetsorder vom 1. September 1842 verliehenen Districtsfelde Wildewiese liege. Die Rechtsnachfolger des D., der Kaufmann S. und Genossen, erhoben hiernächst Klage gegen die Geschwister L. und Genossen mit dem Antrage, ihre Muthung Fortschritt für rechtsbeständig zu erkennen und die Verklagten mit ihren Ansprüchen an diese Grubenberechtigung, so wie mit ihrem Widerspruche gegen die klägerische Muthung abzuweisen. Sie führten an, die Verleihung des Districtsfeldes Wildewiese sei nach den Bestimmungen der Chur-Cölnischen Bergordnung von 1669 ungültig. Die streitige Lagerstätte sei zwar den Verklagten, beziehungsweise deren Vorfahren, vor Jahren unter dem Namen der Michelszeche verliehen. Diese Michelszeche liege aber seit Jahr und Tag unbebaut und sei deshalb nach Art. 9. Th. III. der Bergordnung von 1669 in das Freie verfallen.*) Die Richter erster und zweiter Instanz wiesen die Kläger ab. Der Richter zweiter Instanz führte aus, dass zwar die Districtsverleihung der Verklagten als rechtsbeständig nicht anzuerkennen sei, weil die Chur-Cölnische Bergordnung eine Districtsverleihung nicht kenne und die Cabinetsorder vom 1. September 1842 keine gesetzliche Kraft habe. Die Districtsverleihung komme indess den Verklagten in Bezug auf die früher nach Fundgruben und Maassen verliehene Michelszeche als Fristbewilligung zu statten. Nach Art. VIII. und IX. der Verleihungsurkunde vom 17. April 1850 seien die Beklagten berechtigt, den Bau ihres Districtsfeldes auch nur theilweise, nach einem von der Bergbehörde genehmigten Betriebsplane zu führen. Dass die Michelszeche gegen den vom Bergamte genehmigten Betriebsplan ausser Betrieb geblieben, sei von den Klägern nicht behauptet. Habe aber die Michelszeche auf Grund dieses Betriebsplanes gefristet, so sei durch die ertheilte bergamtliche Genehmigung das Recht der Verklagten gewahrt. Allerdings setze eine solche Fristbewilligung besondere Gründe voraus. Indessen genüge die Thatsache, dass die Fristung von der competenten Behörde ertheilt sei. Ueber die Frage, ob sie nach bergmännischen Regeln ertheilt werden könne, habe nur die Bergbehörde zu befinden. Die Kläger legten die Nichtigkeitsbeschwerde ein und behaupteten, der Appellationsrichter habe die Natur und den wesentlichen Charakter einer Fristbewilligung im Sinne der Chur-Cölnischen Bergordnung verkannt und den Art. 6. Th. XII., Art. 9. und 10. Th. III. dieser Bergordnung verletzt.

---

*) Diese zum Verständniss des Falles wesentliche Anführung ist in der Bd. 36. S. 74 von Striethorst's Archiv mitgetheilten Geschichtserzählung zu ergänzen.

Das Ober-Tribunal hat jedoch die Nichtigkeitsbeschwerde verworfen und führt in den Entscheidungsgründen aus:

»Im Allgemeinen könne der Nichtbetrieb eines Bergwerks den Verlust desselben nur dann zur Folge haben, wenn er ohne Genehmigung der vorgesetzten Behörde erfolgt, da diese Behörde zu beurtheilen habe, ob dem Betriebe erhebliche Hindernisse im Wege stehen. Wenn also die Bergbehörde mit Rücksicht auf die zerstreute Lagerung des Eisensteins einen Betriebsplan genehmigt habe, wonach nicht alle Theile des Werkes auf einmal in Angriff genommen werden, so liege hierin allerdings die Genehmigung, dass ein Theil der verliehenen Lagerstätten vorläufig ausser Betrieb bleibe, und es lasse sich darin in gewissem Sinne mit dem Appellationsrichter eine Fristbewilligung finden. Auch stehe dem Verfahren der Bergbehörde die Vorschrift des Art. 6. Th. 12. der Bergordnung nicht entgegen. Hier sei zwar dem Muther oder Aufnehmer eines Ganges zur Pflicht gemacht, bei Verlust seines Rechts das Werk binnen 14 Tagen zu belegen und in baulichem Wesen zu erhalten. Nirgends aber sei gesagt, dass in Fällen wie der vorliegende, wo die Lagerstätten nach Ausweis der Verleihungsurkunde nesterartig auf einer grossen Fläche zerstreut liegen, alle Theile des Werks zugleich in Angriff genommen werden müssen. Hiernach komme es gar nicht darauf an, ob die Befristung, von welcher der angeführte Art. 6. rede, ausschliesslich nur Wetters oder Wassers halber ertheilt werden dürfe, da es sich hier nicht darum handle, den ganzen Betrieb des Werks auszusetzen, sondern nur darum, den Betriebsplan durch die Bestimmung zu reguliren, wie die einzelnen Lagerstätten nach und nach in Angriff zu nehmen seien. Eben so wenig liege eine Verletzung der Art. 9. und 10. Th. III. der Bergordnung vor, da hier das gesammte in der Districtsverleihung begriffene Werk als ein Ganzes betrachtet werden müsse, als solches aber nicht die gesetzliche Frist hindurch liegen geblieben sei.«

Diese Gründe beseitigen den Angriff des Imploranten nicht. Die Entscheidung des Appellationsrichters beruht auf der Annahme, dass die Verleihung des Districtsfeldes Wildewiese keine rechtliche Gültigkeit habe, dass also den Verklagten nur aus der früheren Verleihung der Michelszeche ein Recht auf die streitige Lagerstätte zukomme. Auf dieser Michelszeche soll nach der Behauptung der Kläger seit Jahr und Tag kein Bau geführt sein. Der zweite Richter legt jedoch der Districtsverleihung, welche unter dem Namen Wildewiese über einen Complex zerstreuter Lagerstätten mit Einschluss des Ganges der Michelszeche ertheilt ist, obgleich er ihr die Rechtsgültigkeit abspricht, doch die Wirkung einer Fristbewilligung bei, indem durch dieselbe, beziehungsweise durch den für das Districtsfeld genehmigten Betriebsplan, die Beschränkung des

Baues auf einzelne der verliehenen Lagerstätten genehmigt worden sei.

Wenn dieser Entscheidungsgrund gerechtfertigt werden soll, so kann dies nicht auf Grund der von dem zweiten Richter ausdrücklich verworfenen Annahme geschehen, dass die Districtsverleihung Wildewiese rechtsbeständig sei. Der Implorant hat nicht bestritten und der Appellationsrichter gar nicht geltend gemacht, das einzelne Theile eines verliehenen Werkes, dem Rechte des Eigenthümers unbeschadet, unbebaut liegen bleiben können. Es bedarf nicht erst des Beweises, dass die Behörde befugt ist, die Beschränkung des Baues auf eine oder einzelne der zu einem Werke verliehenen Lagerstätten zu gestatten, da unbestritten feststeht, dass der Verlust des Eigenthums nur eintritt, wenn das ganze Werk unbebaut liegen bleibt. Aber für den Appellationsrichter hat die Districtsverleihung keine rechtliche Existenz. Für ihn existirt nur die ältere Verleihung der Michelszeche, welche nur die eine hier streitige Lagerstätte umfasst. Er betrachtet die Districtsverleihung nur als eine stillschweigende Genehmigung zur Einstellung des Baues auf der Michelszeche und zwar auf der ganzen Michelszeche, als eine Fristbewilligung im Sinne des Art. 6. Th. XII. der Bergordnung. Es kam also allerdings darauf an, ob eine solche Befristung, wie der Implorant behauptet, nur Wetters oder Wassers halber ertheilt werden könne, ob die gesetzliche Zulässigkeit der Fristbewilligung im concreten Falle der richterlichen Beurtheilung entzogen sei, oder nicht. Es war zu untersuchen, ob in der Verleihung und in der Genehmigung des Betriebsplanes für das Districtsfeld überhaupt eine Befristung im Sinne des Art. 6. für die Michelszeche gefunden werden könne, obgleich diese Zeche, in Folge der Verleihung vom 17. April 1850, als in dem Districtsfelde aufgegangen, als rechtlich aufgehoben galt; obgleich für dieselbe weder die Gewerkschaft Frist nachzusuchen, noch die Behörde Frist zu geben beabsichtigen konnte. War diese Frage zu verneinen, so musste die Vernichtung des zweiten Urtheils erfolgen, welche allerdings in der Sache selbst zu keiner anderen Entscheidung geführt haben würde, da das Ober-Tribunal nach der oben (S. 128) mitgetheilten Entscheidung vom 30. April 1858 die Districtsverleihungen über nesterweise gelagerte Fossilien nicht für unverträglich mit den Bestimmungen der Chur-Cölnischen Bergordnung über die Feldesgrösse erachtet. Es würde also voraussichtlich der von dem Appellationsrichter verworfene Haupteinwand der Verklagten aus der Districtsverleihung vom 17. April 1855 für durchgreifend erachtet und die Entscheidung des zweiten Richters aufrecht erhalten worden sein.

4. In derselben Weise wie das Bergwerkseigenthum durch die Pflicht zum ununterbrochenen Betriebe resolutiv bedingt wird, so ist auch das Recht des Muthers an eine Frist für den Betrieb der Aufschlussarbeiten geknüpft, welche der Verleihung vorhergehen müssen. Die älteren Bergordnungen verordnen übereinstimmend, dass der Muther innerhalb der nächsten vierzehn Tage seinen Fund entblössen und durch den Bergmeister besichtigen lassen soll, widrigenfalls die Lagerstätte in das Freie zurückfällt. Der Bergmeister soll jedoch diese Frist zweimal zu verlängern befugt sein, wenn die Nothdurft oder die Billigkeit es erfordert.*) Die drei revidirten Bergordnungen und das Allg. Landrecht setzen keine Frist für die Beendigung, sondern für den Beginn der Aufschlussarbeiten und bestimmen, dass der Muther die Arbeit binnen vier Wochen nach erfolgter Approbation anfangen und beständig fortsetzen soll. Doch kann ihm das Bergamt aus erheblichen Ursachen Fristen zum Aufschub oder zur Unterbrechung der Arbeit gewähren.**) Auf diese Vorschriften des Preussischen Bergrechts ist die Entscheidung vom 13. Mai 1853 gegründet, aus welcher der folgende Rechtsgrundsatz hervorzuheben ist:

38. Die Freiheit des gemutheten Feldes tritt mit dem Tage des Ablaufs der versäumten Frist zur Entblössung des Fossils, nicht erst mit dem Tage der von der Bergbehörde verfügten Löschung der Muthung ein.

Striethorst's Archiv Bd. 9. S. 178.

sowie die bereits oben (S. 100) mitgetheilte Entscheidung vom 13. November 1850, aus welcher an dieser Stelle der Satz hervorzuheben ist:

39. Die Bewilligung einer Fristverlängerung zur Entblössung des gemutheten Fossils hängt lediglich von dem Ermessen der Bergbehörde ab.

Striethorst Archiv Bd. I. S. 121

Beide Entscheidungen werden durch den Wortlaut der bezüglichen Vorschriften der Cleve-Märkischen Bergordnung

---

*) Vergl. Nassau-Katzenelnbog. B. O. Art. 16. Chur-Trier. B. O. Th. I. Art. III. 6. Joachimsthaler B. O. Th. II. Art. 3. 4. Homburg. B. O. Art. 9. Chur-Cöln. B. O. Th. III. Art. 4. 5. Jülich-Berg. B. O. Art. 6.

**) Cleve-Märk. B. O. Cap. III. Schlesische, Magdeb. Halberstädt. B. O. Cap. IV. A. L. R. II. 16. §§. 162. ff.

(Cap. III. §. 2. Cap. VI. §. 2.), für deren Rechtsgebiet dieselben ergangen sind, und des Allg. Landrechts Th. II. Tit. 16. §§. 163. 164. unterstützt.

§. XII. Die Grundentschädigung.

Das Bergwerkseigenthum enthält das Recht zur Gewinnung der in dem verliehenen Felde enthaltenen regalen Mineralien. Das Grundeigenthum dagegen enthält die totale und ausschliessliche Herrschaft über das Grundstück. Es umfasst alle erdenklichen Befugnisse, die an demselben ausgeübt werden können. Aus dieser Totalität der Herrschaft des Grundeigenthümers und aus dem Zusammentreffen der räumlichen Grenzen des Grundeigenthums mit denjenigen des Bergwerkseigenthums entsteht eine Collision beider Rechte. Es ist unmöglich, dass in demselben Raume zwei Personen ausschliesslich befugt seien, die eine alle erdenkliche, die andere bestimmte Befugnisse auszuüben. Diese Collision bewirkt zunächst eine Beschränkung der Rechte des Grundeigenthümers, indem diejenigen Befugnisse, welche dem Bergwerkseigenthümer ausschliesslich zustehen, also die Verfügung über die regalen Mineralien, seinem Rechte entzogen sind. Allein durch diese gesetzliche Beschränkung des Grundeigenthums wird die Collision beider Rechte nicht gehoben. Die Gewinnung der regalen Mineralien ist der Natur der Sache nach nicht möglich, ohne eine Einwirkung auf die Oberfläche des Grundstückes und auf die darin neben den verliehenen Lagerstätten enthaltenen Substanztheile. Diese Einwirkung muss also dem Bergwerkseigenthümer ebenfalls zustehen, so weit sie zur Ausübung seines Rechtes nothwendig ist. Und dieser Erweiterung seiner Befugnisse kann nicht eine gleiche generelle Einschränkung des Grundeigenthümers gegenüber stehen. Der letztere muss vielmehr neben dem Bergwerkseigenthümer berechtigt bleiben auf die Oberfläche und auf die Substanztheile seines Grundstückes ausser den verliehenen Lagerstätten beliebig einzuwirken, wenn nicht sein Recht vollständig aufgehoben werden soll. Hier entsteht also, indem an derselben Sache concurrirende Befugnisse von zwei Berechtigten ausgeübt werden, eine wahre Collision beider Rechte.

Das Deutsche Bergrecht regelt diese Concurrenz so, dass der Bergwerkseigenthümer vorzugsweise und mit Ausschluss des Grundeigenthümers zu jeder Einwirkung auf das Grundstück befugt ist, welche zur Gewinnung der verliehenen Mineralien nothwendig wird, wogegen er verpflichtet ist, den Grundeigenthümer für jede solche Einwirkung, welche sich über die Grenzen der verliehenen Lagerstätten erstreckt, schadlos zu halten.

Diese Regel ist allgemein gültig und liegt allen den mannigfaltigen Bestimmungen der verschiedenen Gesetzgebungen über das Verhältniss des Bergbaues zum Grundeigenthümer zu Grunde. Die Anwendungen der Regel sind indess sehr mannigfaltig und ihre Verschiedenheit betrifft theils die Art der Schadloshaltung, theils beruht dieselbe auf der verschiedenen Weise, in welcher der Bergbau auf die Nutzung des Grundeigenthums einwirkt. Der Bergwerkseigenthümer kann nämlich entweder die Oberfläche des Grundstückes zur Anlage von Schächten und Stolln, Halden, Wegen und Gebäuden über Tage occupiren und der Benutzung des Grundeigenthümers entziehen, oder durch seinen unterirdischen Bau, sei es auf der verliehenen Lagerstätte, sei es ausserhalb derselben, eine mittelbare Einwirkung auf die Oberfläche ausüben, wodurch dieselbe verändert, ihre Benutzung verhindert oder geschmälert wird. Es sind daher zwei Arten der Einwirkung zu unterscheiden: die Grundabtretung und die mittelbaren Grundschäden. Ebenso verschieden wie sich der Natur des Bergwerksbetriebes zufolge dessen Einwirkung auf die Nutzung des Grund und Bodens gestaltet, ebenso mannigfaltig ist nach der Verschiedenheit der Gesetzgebungen die Art der Schadloshaltung geregelt. Sie wird bald in einer Betheiligung des Grundeigenthümers an dem Ertrage des Bergbaues (Grundkux und Tradde) bald in einer Geldentschädigung gewährt, und zwar entweder in einer Kapitalabfindung für die eingetretene Werthsverminderung oder in einer Rente für die entzogene Nutzung. Die Naturalausgleichung durch den Grundkux (Ackertheil) war im älteren Rechte die ausschliessliche Regel. Das neuere Recht lässt dem Grundeigenthümer entweder die Wahl zwischen dieser Mitbetheiligung und der Geldentschädigung, oder es gewährt ihm neben dem Grundkux noch den Anspruch auf die Geldentschädigung für den abgetretenen und beschädigten Grund und Boden.

Das Preussische Bergrecht folgt der letzteren Regel, indem es im Th. II. Tit. 16. §§. 112. 113. bestimmt:

> §. 112. Dagegen muss für Alles, was der Grundeigenthümer zum Baue und Betriebe des Werkes abgetreten und verloren hat, demselben vollständige

Entschädigung nach Vorschrift des Ersten Theils Tit. 6. §. 7.*) geleistet werden.

§. 113. Für den abzutretenden Grund und Boden muss der Eigenthümer sich damit begnügen, dass ihm die nach gedachter Vorschrift auszumittelnde jährliche Abnutzung in jedem Jahre so lange vergütet werde, bis der Boden wieder in solchen Stand gesetzt ist, dass er gehörig benutzt werden kann.

Die Auslegung dieser Vorschriften hat in Bezug auf den Fall der Grundabtretung kaum zu irgend erheblichen Zweifeln Veranlassung gegeben. Was dagegen die mittelbaren Grundschäden betrifft, so sind über die Tragweite der angeführten gesetzlichen Bestimmungen verschiedene Streitfragen aufgetaucht, welche in einer Reihe von Senatsentscheidungen und Plenarbeschlüssen des Ober-Tribunals ihre Erledigung gefunden haben und nunmehr zum Theil bereits der Rechtsgeschichte angehören. Diese Controversen betreffen hauptsächlich folgende Fragen:

1. Ist die Entschädigungsforderung des Grundeigenthümers dadurch bedingt, dass die Beschädigung aus einem Versehen des Bergbautreibenden entstanden ist, oder dass dem Letzteren ein Vortheil aus dem Schaden des Grundeigenthümers erwächst?
2. Muss die Schadloshaltung nur für den Fall gewährt werden, wenn der Bergbau, welcher die Beschädigung herbeigeführt hat, unter dem beschädigten Grundstücke betrieben wird?
3. In welchem Verhältnisse wird derjenige Schaden, welcher durch den Betrieb mehrerer Bergwerke verursacht wird, von den betheiligten Bergwerksbesitzern getragen?
4. Ist der Grundeigenthümer befugt, die Wiederherstellung des beschädigten Grundstückes zu verlangen?
5. Beschränkt sich die Entschädigungsforderung des Grundeigenthümers auf den an dem Ertrage des Grundstücks erlittenen Verlust, oder erstreckt sich dieselbe auch auf den Verlust an solchen Einrichtungen und Unterbrechungen, welche mit dem Grundbesitz in Verbindung stehen, ohne zu der gewöhnlichen Bodennutzung zu gehören?

---

*) §. 7. Zu einer vollständigen Genugthuung gehört der Ersatz des gesammten Schadens und des entgangenen Gewinnes.

Die Beantwortung dieser Fragen, und namentlich der drei ersten, hängt allein von der Auffassung des Verpflichtungsgrundes ab, auf welchem die Entschädigungsverbindlichkeit des Bergbautreibenden beruht. So lange diese Auffassung eine schwankende war, so lange darüber gestritten wurde, ob die Grundentschädigung aus einem Delicte des Bergwerkseigenthümers, oder aus einem vertragsähnlichen Verhältnisse, oder endlich aus der zwischen den Rechten des Bergwerksbesitzers und des Grundeigenthümers bestehenden Collision und aus der zur Lösung dieser Collision gegebenen Gesetzesvorschrift entspringe, so lange mussten auch die Ansichten über die einzelnen Voraussetzungen und über den Inhalt dieses Forderungsrechtes nach entgegengesetzten Richtungen auseinander gehen. Der Rechtsprechung des Ober-Tribunals gebührt das grosse Verdienst, diese Zweifel beseitigt und die Theorie dieses Rechtsverhältnisses auf eine feste Grundlage zurückgeführt zu haben, indem es durch die Entscheidung vom 16. März 1839 zuerst die zwischen dem Bergbau und den Rechten des Grundeigenthümers bestehende Collision und die zur Beseitigung derselben gegebene Gesetzesvorschrift als den alleinigen Rechtsgrund der Entschädigungsverbindlichkeit des Bergwerkseigenthümers feststellte und auf dieser Grundlage demnächst durch die Plenarbeschlüsse vom 18. April 1843 und vom 7. November 1849 den ganzen Inhalt des Rechtsverhältnisses nach verschiedenen Seiten hin endgültig bestimmte.

Das Erkenntniss vom 16. März 1839 (Entscheidungen Bd. 4. S. 354), welches die beiden ersten der oben aufgestellten Fragen verneinend beantwortet, hat folgenden Rechtsfall zum Gegenstande:

Die Wittwe und Erben des K. waren Besitzer einer Wiese, welche bis zum Jahre 1833 aus einer Quelle bewässert wurde, die auf dem Grund und Boden des Landwirths B. entsprang. Der Zwischenraum zwischen dieser Quelle und jener Wiese betrug etwa 500 Schritte und die ihn bildenden Grundstücke waren Eigenthum dritter Personen. Im Jahre 1833 bewirkte der auf der Zeche M. getriebene Querschlag das Versiegen der Quelle und seitdem entbehrte die K.sche Wiese des nöthigen Flösswassers. Die Wittwe und Erben des K. klagten daher gegen die Gewerkschaft der Zeche M. auf Entschädigung. Die Verklagte bestritt die rechtliche Begründung des Anspruchs, wurde jedoch durch die Richter der beiden ersten Instanzen verurtheilt, den Klägern vom Jahre 1833 an und so lange der entstandene Wassermangel fortdauere eine jährliche Entschädigung zu zahlen. Der Appellationsrichter hielt den Anspruch der Kläger durch die Thatsache allein für begründet, dass die Quelle in dem B.'schen Busche bis zum Jahre 1833 hinreichendes Wasser zur Beflössung der Wiese der Kläger geliefert hat, dann aber durch den auf der Zeche M. betriebenen Querschlag trocken gelegt ist. Auf ein Versehen der verklagten Gewerkschaft oder darauf, dass die Quelle nicht auf dem benachtheiligten Grundstücke selbst belegen gewesen, auch der Querschlag, durch welchen die Versiegung verursacht, nicht unter demselben betrieben worden, komme nichts an, weil durch §. 112. A. L. R. II. 16. dem Grundeigenthümer für Alles, was er durch den Bergbau verliere, Entschädigung zugesichert sei. Die verklagte Gewerkschaft legte die Nichtigkeitsbeschwerde ein. Sie bezeichnete zunächst die Vorschrift des §. 112. A. L. R. II. 16. als verletzt und führte unter Hinweisung auf die allgemeinen Bestimmungen in den §§. 88. 94. der Einleitung, §. 36. Tit. 6. und §§. 26. 130. Tit. 8. Th. I. A. L. R. aus: Die Bergbauenden seien Eigenthümer des Bergwerks und ständen als solche dem Grundeigenthümer gegenüber. Wie nun ein Grundeigenthümer dem andern für keinen Schaden aufzukommen brauche, der aus der Ausübung seiner Eigenthumsrechte für den Letzteren entstehe, so könne auch der Bergwerkseigenthümer für keinen Schaden verantwortlich sein, der dem Grundeigenthümer aus der rechtmässigen Ausübung des Bergbaues erwachse. Ein Vertragsverhältniss liege nicht vor, eben so wenig der Fall einer nothwendigen Abtretung zum Zwecke des Bergbaues. Nicht einmal ein Vortheil sei aus dem Versiegen der Quelle für den Betrieb des Bergbaues entstanden, also selbst eine nützliche Verwendung nicht anzunehmen. Der einzige Grund einer Verpflichtung der verklagten Gewerkschaft könne mithin nur darin liegen, dass die Beschädigung aus einem Versehen der Letzteren entstanden sei. Dies sei indess nicht erwiesen. Der Verlust des Flösswassers sei hiernach als ein Zufall zu betrachten, den der Eigenthümer zu tragen habe. Nach allgemeinen Grundsätzen sei also der Entschädigungsanspruch nicht begründet. Die speciellen Vorschriften der §§. 109—112. A. L. R. II. 16. aber legten den Bergbauenden nur für Abtretungen zum Zwecke und Vortheile des Bergbaues eine Ersatzverbindlichkeit auf. Sie dürften in jedem Falle nur auf das Verhältniss zu demjenigen Grundeigenthümer bezogen werden, unter dessen Grunde der Bergbau betrieben werde.

Das Ober-Tribunal hat jedoch die Nichtigkeitsbeschwerde

verworfen und in seinen Entscheidungsgründen folgenden Rechtsgrundsatz aufgestellt:

40. Die Bergbauenden sind verpflichtet, den Grundeigenthümern allen an ihren Grundstücken durch den Betrieb des Bergbaues unmittelbar verursachten Schaden zu ersetzen. Diese Verbindlichkeit wird auch alsdann nicht ausgeschlossen:

   1. wenn die Anlagen, wodurch die Beschädigung herbeigeführt worden, nicht unter den beschädigten Grundstücken selbst gemacht sind, noch
   2. die Entschädigung bei gehöriger Aufmerksamkeit sich vorhersehen liess, und eben so wenig
   3. aus dem Schaden des Grundeigenthümers ein Vortheil für den Bergbauenden erwächst.

Entscheidungen Bd. 4. S. 354.

Zur weiteren Begründung wird Folgendes ausgeführt:

»Es kann nicht in Abrede gestellt werden, dass Bergwerke Gegenstand des Eigenthums sind, und dass die Gewerkschaft, wenn der Bergbau nach den bestehenden Vorschriften betrieben wird, sich in der Ausübung ihres Rechtes, und zwar innerhalb der gesetzlichen Schranken, befindet. Hierbei kann es nun vorkommen, dass das Weitertreiben des Baues den Einsturz eines Gebäudes, einer Quelle etc. zur Folge hat, wo dies nach der reiflichsten Prüfung, allen geognostischen Erfahrungen gemäss nicht zu befürchten war. In einem solchen Falle kann allerdings von einem Versehen der Gewerkschaft nicht die Rede sein und eben so wenig von einer Bereicherung derselben mit fremdem Schaden. Aber auch dann würde von einer Verschuldung nicht die Rede sein können, wenn der Bergbauende bei der Fortsetzung des Baues Ereignisse jener Art wirklich voraussieht, weil derselbe vom Gesetz in der Befugniss zur Förderung der Mineralien nicht der Einschränkung unterworfen ist, dass er inne zu halten verpflichtet sei, sobald durch den Weiterbau Schaden für das obere Grundeigenthum veranlasst werde.

Eben so wenig darf es aber auf der anderen Seite ein Zufall genannt werden, wenn die Versenkung der Erdoberfläche oder die Versiegung eines Quells die unmittelbare Folge des Grubenbaues ist. Kann auch ein solches dem Grundeigenthümer nachtheiliges Ereigniss möglicher Weise gegen alle Berechnung eintreten, so muss doch auch zugestanden werden, dass Wissenschaft und Erfahrung keine absolute Sicherheit für Berechnungen gewähren, die ein Unternehmen des

Baues in einer bestimmten Richtung für den Grundeigenthümer unschädlich erscheinen lassen, dass also im Bereiche des Bergbaues für den Grundbesitz in einem gewissen Grade immer Gefahr droht.«

Nachdem so das Vorhandensein einer Collision der Rechte nachgewiesen ist, in Folge deren der Bergwerkseigenthümer durch die blosse Ausübung seines Rechts innerhalb der gesetzlichen Schranken dem Grundeigenthümer die Benutzung seines gleich geltenden Rechtes entzieht oder schmälert, zieht das Ober-Tribunal die weitere Folgerung, dass der Gesetzgeber, den Grundsätzen der Billigkeit gemäss, den Bergbautreibenden habe verpflichten müssen, den Grundeigenthümern für den ihnen solchergestalt verursachten Schaden aufzukommen. Diese Folgerung wird sodann durch die Interpretation der §§. 109—112. A. L. R. II. 16. gerechtfertigt und dabei Folgendes ausgeführt: Wenn auch in den §§. 109—111. nur von Abtretungen zu einzelnen bestimmten Zwecken die Rede sei, so müsse doch die im §. 112. ausgesprochene Entschädigungspflicht des Bergbauenden auch auf alle anderen Fälle, wo dem Grundeigenthümer in Folge des Bergbaues etwas entzogen werde, bezogen werden. Dies ergebe sich nicht nur aus den allgemeinen Grundsätzen der §§. 74. 75. der Einleitung und der §§. 29—31. Tit. 8. Th. I. A. L. R., sondern auch aus den Vorschriften über den Ersatz des beim Schürfen angerichteten Schadens (§. 150. A. L. R. II. 16.) und aus dem §. 116$^{b.}$ a. a. O., aus welchem folge, dass die Beschädigungen an den vor Eröffnung des Bergbaus errichteten Gebäuden, folglich auch die Beschädigungen an den Grundstücken selbst, von den Bergbauenden unbedingt vergütet werden müssen, wenn sie nur durch den fortgehenden Bergbau bedingt seien. Nirgends sei aber die Entschädigungsverbindlichkeit auf den Fall beschränkt, dass der Bergbau gerade unter dem beschädigten Grundstücke stehe. Auch würde bei dem Zusammenhange der Grundstücke unter einander, die ja in der Natur nur ein Ganzes bilden und nur zufällig unter verschiedene Besitzer vertheilt seien, eine solche Unterscheidung jedes Grundes entbehren.

Hiernach verletze die Entscheidung des Appellationsrichters weder den §. 112. A. L. R. II. 16., noch insbesondere die §§. 88. 94. der Einleitung und §. 26. Tit. 8. Th. I. A. L. R. Denn wenn auch alles fremde Grundeigenthum der Benutzung durch den Bergbauenden behufs des Bergbaubetriebes unterworfen sei, so werde doch dieses Recht beständig von der Verbindlichkeit zur Entschädigung des Grundeigenthümers bedingt. Nur also indem er den Bergbau betreibe und zugleich

Entschädigung leiste, übe der Bergwerksbesitzer sein Recht auf gesetzmässige Weise aus.

Die Anfechtung der in dieser Entscheidung angenommenen Grundsätze veranlasste den Plenarbeschluss vom 18. April 1843:

41. Der Bergbauende muss den Grundeigenthümer für alles, was derselbe durch den Bergbau verloren hat, vollständig entschädigen, ohne Unterschied, ob der Bergbau unter dem Grunde des Eigenthümers betrieben wird oder nicht. A. L. R. II. 16. §§. 169. 71. 79. 82. 109—113. 116. 120. 133. 150. 188—190. — Vergl. Einl. zum A. L. R. §§. 74. 75. 88. 94. Th. I. Tit. 6. §§. 4. 16. 36. Tit. 8. §§. 29—31. §. 130.

Präjudiz 1284. Entscheidungen Bd. 9. S. 101.

Aus den Gründen dieses Plenarbeschlusses ist bereits oben Seite 33 derjenige Abschnitt mitgetheilt worden, in welchem ausgeführt wird, dass das Bergwerkseigenthum kein Eigenthum an einer körperlichen Sache, insbesondere nicht an dem Grund und Boden enthält. Nach Feststellung dieses Grundsatzes führt das Ober-Tribunal weiter aus:

»Hat nun also der Bergwerksbesitzer als solcher nicht das Eigenthum am Grunde und Boden, so kann man sein durch die bergrechtlichen Vorschriften so mannigfach beschränktes und so vielfältig mit gänzlicher Entziehung bedrohtes Recht nur nach den positiven Vorschriften des Bergrechts, nicht nach den sonst zwischen mehreren gleichberechtigten Grundeigenthümern gültigen allgemeinen Grundsätzen beurtheilen. Das Bergrecht aber privilegirt ihn zwar in allem dem, was die Gewinnung der Erze u. s. w. betrifft, aber es legt ihm auch die Verbindlichkeit zur Entschädigung des Grundeigenthümers auf. Diese Verpflichtung ist im §. 112. in völliger Allgemeinheit ausgesprochen. Es soll dem Grundeigenthümer für alles, was derselbe zum Bau und Betriebe des Bergwerkes abgetreten und verloren hat, vollständige Entschädigung gewährt werden. Die Worte: »was derselbe abgetreten und verloren hat«, sind sehr bezeichnend in Bezug auf die Gegenstände, für welche Entschädigung gegeben werden soll. Sie drücken gerade aus, dass nicht bloss für abgetretenes Eigenthum oder dingliche Rechte, sondern auch für andere Verluste an dem Grundeigenthume, die durch den Betrieb des Bergbaues herbeigeführt sind, Ersatz gegeben werden soll. Sollten nur Abtretungen von Eigenthum einen Anspruch auf Vergütigung begründen, so würde der Ausdruck, »was der Grundeigenthümer verloren hat«, nicht gebraucht worden sein. — Die allgemeinen Vorschriften über Schadensersatz können hier nicht entscheiden, da besondere Gesetze das Verhältniss zwischen dem Bergbauenden und den betreffenden Grundeigenthümern, sowie die Ansprüche der Letzteren auf Entschädigung bestimmen. Nach allgemeinen Grundsätzen des Rechts würde der ganze Bergbau auf fremdem Grund und Boden nicht zu gestatten, ein solcher Eingriff in das Privateigenthum vielmehr ganz unerlaubt sein. Wenn also dennoch die Befugniss zum Betriebe eines solchen Bergbaues ein Regal geworden ist, und vermöge des Regals weiter verliehen wird, so lassen sich die hierbei collidirenden Rechte nach jenen allgemeinen Grundsätzen nicht ausgleichen, sondern es muss darauf gesehen werden, wie sich diese widerstreitenden Verhältnisse durch Herkommen und besondere Gesetze gestaltet haben. Ein solches bestimmtes Gesetz liegt in dem §. 112. A. L. R. Th. II. Tit. 16. vor.

Endlich ist kein Grund vorhanden, die Entschädigungspflicht des Bergwerksbesitzers nur auf denjenigen Grundeigenthümer zu beschränken, unter dessen Oberfläche der Bau betrieben wird. Der für die gegentheilige Meinung angerufene §. 116b. A. L. R. Th. II. Tit. 16. spricht dawider, da es sehr wohl denkbar ist, dass ein Gebäude (Wasserleitung, Teich) schon durch das in grosser Nähe erfolgende Vorbeiführen eines Schachtes oder Stollns beschädigt wird, selbst wenn der bergmännische Bau die Grenze dieses nachbarlichen Grundstücks nicht überschreitet. Unbedenklich muss aber nach §. 116b. Entschädigung geleistet werden, sobald die Ausdehnung des Bergbaus in solcher Nähe einer älteren Anlage Schaden verursacht hat.«

Eine Anwendung dieses Plenarbeschlusses enthält das fernere Präjudiz vom 8. Septbr. 1848:

42. Auch der Schürfer auf eigenem Grund und Boden ist denjenigen, welche durch seine Schürfarbeiten beschädigt worden, insbesondere benachbarten Grundbesitzern, denen dadurch das Brunnenwasser entzogen wird, zur Entschädigung verpflichtet.

Präjudiz 2068b.

welches selbstverständlich die Regel des Preussischen Bergrechts zur Voraussetzung hat, dass der Grundeigenthümer nicht kraft seines Eigenthums, sondern nur kraft einer besonderen Schürferlaubniss zu schürfen berechtigt ist. Auf das Gebiet des gemeinen Rechts kann der obige Grundsatz nicht Anwendung finden. (Vergl. oben S. 48.)

Nachdem durch die angeführten Entscheidungen der rechtliche Charakter der Grundentschädigung definirt und ihre Voraussetzungen festgestellt waren, gab zu einer nochmaligen eingehenderen Erörterung des in Rede stehenden Rechtsverhältnisses die oben unter No. 3. angeführte Controverse über das Verhältniss mehrerer Bergwerksbesitzer Veranlassung, wenn durch das Zusammenwirken mehrerer Grubenbetriebe ein Grundstück beschädigt wird, was insbesondere bei der Wasserentziehung häufiger der Fall zu sein pflegt. Es ist in diesen Fällen der Natur der Sache nach in der Regel unmöglich, den Antheil zu bestimmen, welcher dem einzelnen Grubenbetriebe an der gemeinschaftlich bewirkten Wasserentziehung zuzuschreiben ist. Das Berggericht zu Bochum und das Appellationsgericht zu Hamm hatten deshalb angenommen, dass in einem solchen Falle alle betheiligten Gewerkschaften solidarisch zur Schadloshaltung des Grundeigenthümers verpflichtet seien, weil dem Grundeigenthümer mehreren Gewerkschaften gegenüber doch auch die Möglichkeit gewährt werden müsse, sein Recht zu verfolgen. Im Gegensatz zu dieser Ansicht hatte das Ober-Tribunal in einer Entscheidung vom 17. Juni 1843 und in mehreren späteren Urtheilen den Grundsatz aufgestellt, dass zwischen den mehreren Bergwerksbesitzern weder eine Solidarität, noch überhaupt eine Gemeinschaft bestehe. Jeder Grubenbesitzer übe sein eigenes Recht aus und könne nur für den Schaden, den er allein oder mit veranlasst habe, haften. Wenn die Sachverständigen diesen Antheil nicht bestimmen könnten, so folge daraus nur, dass ihnen der Zusammenhang zwischen Ursache und Wirkung verborgen geblieben, mithin kein genügender Beweis geführt sei. Mit Unrecht habe der Appellationsrichter aus dieser Unvollständigkeit des Beweises eine solidarische Verpflichtung hergeleitet. Eine solche Solidarität sei in keinem Gesetze für den Fall vorgesehen, dass mehrere Personen, die sich in Ausübung ihres eigenen, nicht gemeinschaftlichen Rechtes befinden, den aus dieser erlaubten Handlung entstehenden Schaden zu vertreten haben.

Durch den Plenarbeschluss vom 7. November 1849 sind jedoch beide entgegengesetzte Meinungen verworfen und an deren Stelle ist der folgende Rechtsgrundsatz aufgestellt:

43. Der Entschädigungsanspruch eines Grundeigenthümers, dem durch den Grubenbetrieb zweier oder mehrerer Gewerkschaften das Wasser entzogen worden, ist davon nicht abhängig, dass er den Antheil, den jede der betheiligten Gewerkschaften an der Wasserentziehung hat, nach Quoten nachweist; vielmehr sind die betheiligten Gewerkschaften zwar nicht solidarisch, wohl aber gemeinschaftlich und zwar zu gleichen Theilen zur Entschädi-

gung verpflichtet, insoweit sie, resp. eine oder einige derselben, nicht ein anderes Theilnahmeverhältniss nachzuweisen vermögen. A. L. R. II. 16. §. 112.

Präjudiz 2153. Entscheidungen Bd. 18. S. 71.

In den Gründen dieses Beschlusses wird zunächst der Rechtsgrund der dem Bergwerkseigenthümer obliegenden Entschädigungsverbindlichkeit, unter Bezugnahme auf den früheren Beschluss vom 18. April 1843, wie folgt, präcisirt:

»In Folge der Bergregalität und der Freierklärung des Bergbaues sind die dem Bergregal unterworfenen Fossilien ihrem ursprünglichen Zusammenhange mit dem Grundeigenthum entzogen und Gegenstand eines besonderen Eigenthums der vom Staate beliehenen Bergwerksbesitzer geworden. Ausser dieser Abtrennung des Bergwerkseigenthums von dem Grundeigenthum ist dem Oberflächeneigenthümer überdies die Verbindlichkeit auferlegt worden, von dem ihm verbliebenen Eigenthum dasjenige an die Bergbauenden abzutreten, was davon zum Betriebe des Bergbaues erforderlich ist. Von dieser Abtretung ist in den §§. 109. bis 111. a. a. O. die Rede. Der §. 112. spricht aber nicht allein von der Entschädigung für diese Abtretungen, sondern zugleich von einer ganz anderen Entschädigung, die ihre Wurzel keinesweges in der Abtretung von Oberflächeneigenthum oder von Zubehörungen desselben an den Bergbauenden, auch zunächst nicht einmal in einem dem Bergbauenden zugewendeten Vortheil hat, deren eigentlicher Grund vielmehr immer nur in jener Absonderung und Bildung eines besonderen Bergwerkseigenthums im Gegensatz zum Grundeigenthum zu finden ist. Der Staat, indem er aus Gründen des allgemeinen Wohls und zur zweckmässigen Gewinnung der Fossilien, diese der Disposition der Grundeigenthümer entzogen und das Recht zu deren Gewinnung nach einer ganz anderen Begrenzung festgestellt hat, sichert zugleich den Grundeigenthümern im §. 112. a. a. O. ganz allgemein eine vollständige Entschädigung für alles zu, was sie durch den Bergbau verlieren. Der Bergbau, welcher dem Grundeigenthum die Wasser fast immer zu seinem eigenen Schaden entzieht, muss dennoch auch denjenigen Schaden ersetzen, der dem Grundeigenthum durch diese Wasserentziehung entsteht. Der Verpflichtungsgrund zu dieser Entschädigung liegt nicht in einer Verschuldung und auch nicht in einem unmittelbar zwischen den Bergbauenden und Grundeigenthümern geschlossenen Vertrage, sondern in der allgemeinen gesetzlichen Verpflichtung der Bergbauenden zur Tragung dieser Gefahr und dieses Schadens.«

Nach Feststellung dieses allgemeinen Gesichtspunktes wird sodann ausgeführt, dass diese allgemeine Verpflichtung der Bergbauenden auch eine gemeinsame sei. Es wird auf die Möglichkeit hingewiesen, dass der Bergbau kraft des Regals überall für Staatsrechnung betrieben werde. So wie in diesem Falle der Entschädigungsanspruch des Grundeigenthümers nicht davon abhängig sei, dass sich das Maass der Betheiligung der verschiedenen beschädigenden Baue bestimmen lasse, so könne auch dadurch nichts in dem Rechte des Grundeigenthümers und in der Verpflichtung der Gruben geändert werden, dass ein Wechsel in der Person der Besitzer eintrete und die beschädigenden Grubenbaue von mehreren Bergwerksbesitzern geführt werden, da doch alle ihr Recht von dem Staate ableiteten. Unter den beschädigenden Gruben bestehe daher vermöge des Gesetzes eine Gemeinsamkeit der Verpflichtung, welche durch die Verschiedenheit der Besitzer nicht aufgehoben werden könne. Es genüge also, dass der Bergbau der verschiedenen Gruben und der entstandene Schade als Ursache und Wirkung festgestellt sei, um die gemeinschaftliche Verpflichtung der betheiligten Gruben herbeizuführen, denn die bei den früheren Entscheidungen vermisste Gemeinschaftlichkeit sei gerade darin zu finden, dass die Besitzer jener Gruben an einer Beschädigung Theil genommen haben, für welche das Gesetz dem Beschädigten den Gruben gegenüber, ohne Rücksicht auf die Besitzer derselben und ohne Rücksicht auf die Zahl der Urheber, die Entschädigung zugesprochen habe. Das Ober-Tribunal untersucht sodann weiter, in welcher Art die verschiedenen Grubenbesitzer für den gemeinschaftlich angerichteten Schaden verhaftet seien und führt aus, dass weder aus der im §. 112. a. a. O. enthaltenen Bezugnahme auf die im §. 7. A. L. R. I. 6. gegebene Begriffsbestimmung der vollständigen Entschädigung, noch aus anderen Gründen gefolgert werden könne, dass auch die Vorschriften der §§. 31. 32. A. L. R. I. 6. über die Verpflichtung Mehrerer aus unerlaubten Handlungen auf den Fall der Beschädigung durch den Bergbau Anwendung finden können. Eben so wenig liege ein Vertragsverhältniss vor, welches eine solidarische Verhaftung begründen könne. Nach Beseitigung dieser Zweifelsgründe wird bemerkt:

»Allerdings fehlt es an einer ausdrücklichen gesetzlichen Bestimmung, sowohl in den Bergordnungen als auch in dem Landrechte, für den vorliegenden Fall, und man vermisst sogar eine allgemeine durchgreifende Regel für das Beitragsverhältniss in solchen Fällen, wo mehreren, ausser dem Falle eines Contracts, einer unerlaubten Handlung und des gemeinschaftlichen Eigenthums, die gemeinsame Verpflichtung zur Vergütung eines Schadens obliegt. Die Vertheilung solcher Obliegenheiten und Lasten wird aber niemals nach den Regeln der Correalverbindlichkeit, sondern nach den Regeln eines verhältnissmässigen Beitrags der Mitverpflichteten, und also so regulirt, dass die Analogie der Vorschriften über unerlaubte Handlungen und über Correalverträge immer ferner liegt, als die einer nicht solidarischen, aber gemeinschaftlichen Haftbarkeit, wie solche bei der *communio incidens* hinsichtlich der Tragung der Lasten der gemeinschaftlichen Sache im Allgemeinen, §. 45. Tit. 17. Th. I. des Allg. Landrechts, und bei der noch ungetheilten Erbschaft insbesondere im §. 127. daselbst angeordnet ist. So ist namentlich bei der gesetzlich gebildeten Gemeinschaft zur Uebertragung des Havereischadens der Beitragsfuss der Interessenten nach einem billigen Verhältniss festgestellt worden. — §§. 1867. und folgende und §. 1894. Tit. 8. Th. II. des Allg. Landrechts. — Hiernach lässt sich nicht annehmen, dass das Gesetz gegen die Regel, nach welcher jeder Handelnde nur die Folgen seiner Handlung zu vertreten hat, die mehreren bei der Beschädigung eines Grundeigenthümers betheiligten Bergbauenden, obgleich der Schade die Folge ihrer erlaubten Handlung gewesen ist, dennoch solidarisch zur Entschädigung habe verpflichten wollen. Dies führt zu der Annahme, dass die bei der Wasserentziehung betheiligten mehreren Gewerkschaften gemeinschaftlich, und zwar, wenn ein anderes Verhältniss der Betheiligung nicht zu ermitteln ist, zu gleichen Theilen für den Schaden verhaftet sind. Denn nach §. 2. Tit. 17. Th. I. des Allg. Landrechts streitet die Vermuthung für die Gleichheit der Rechte jedes Miteigenthümers einer Sache oder eines Rechts; und es sind daher die nach Verhältniss der Anrechte eines jeden Interessenten zu vertheilenden Lasten (§§. 44. 45. a. a. O.) auch im Zweifel gleich zu vertheilen. Im vorliegenden Falle ist nur eine passive Gemeinschaft, keine active, unter den verschiedenen Bergwerksbesitzern vorhanden, so dass also ihr besonderes Eigenthum und der Werth ihres Bergwerks nicht als Anrecht und nicht als Maassstab für die Betheiligung im Sinne der §§. 44. u. 45. a. a. O. angesehen werden kann. Es muss daher hier die, auch an und für sich begründete Vermuthung für die Verpflichtung zu gleichen Theilen in Kraft treten.

Fasst man das Ergebniss der vorstehenden Ausführung kurz zusammen, so ist es Folgendes. Der Entschädigungsanspruch eines Grundeigenthümers, dem durch den Grubenbetrieb mehrerer Gewerkschaften das Wasser entzogen worden, ist nicht davon abhängig, dass er die Betheiligung jeder Gewerkschaft nach Quoten nachweist. Die verschiedenen Gewerkschaften sind zwar nicht solidarisch, aber gemeinschaftlich für den Schaden verhaftet. Der Anspruch des Grundeigenthümers gegen mehrere Gewerkschaften muss für substantiirt erachtet werden, wenn der Beweis angetreten ist, dass durch den Grubenbetrieb der in Anspruch genommenen Gewerkschaften das Wasser entzogen sei. Nach allgemeinen Rechtsgrundsätzen ist sodann als Regel eine gleiche Betheiligung der in Anspruch genommenen Gewerkschaften anzunehmen, diesen, resp. einer oder mehreren derselben aber zu überlassen, ein anderes Theilnahmeverhältniss nachzuweisen.«

Der Schwerpunkt dieser Ausführung beruht in dem Satze, dass die Verpflichtung der mehreren Bergwerksbesitzer zum Ersatz der durch ihre Baue verursachten Wasserentziehung eine gemeinschaftliche sei. Und über diese Frage sei es gestattet, eine Bemerkung hinzuzufügen. Man begegnet zuweilen der Ansicht, die Annahme der gemeinschaftlichen Verpflichtung sei mehr durch das praktische Bedürfniss der Rechtspflege, als durch die juristische Consequenz gerechtfertigt; sie enthalte ein Zugeständniss, welches das Ober-Tribunal von der Strenge des Rechtes nachgegeben habe, um die Grundbesitzer in den häufigen Fällen, wo mehrere Bergwerke zu einer Wasserentziehung zusammen wirken, nicht gänzlich schutzlos zu lassen. Es muss jedoch behauptet werden, dass die Ansicht des Ober-Tribunals auf der strengsten juristischen Consequenz beruht. Der Entstehungsgrund der Verpflichtung zum Schadensersatz liegt nach §. 112. a. a. O. in der Thatsache, dass der Grundbesitzer sein Wasser durch den Bergwerksbetrieb verloren hat. Dieses Ereigniss ist zwar durch menschliche Thätigkeit herbeigeführt; es ist aber weder beabsichtigt, noch kann es dem Willen des Bergwerksbesitzers zugerechnet werden. Es ist daher unrichtig, wenn der Verpflichtungsgrund in einer Handlung des Bergwerksbesitzers gesucht wird, da doch dem verpflichtenden Ereignisse gerade die Kriterien abgehen, welche den Begriff einer Handlung im juristischen Sinne ausmachen. Der Eintritt einer Wasserentziehung ist eben so unabhängig von dem Willen des Bergwerksbesitzers als der Eintritt einer Haverei, um bei dem von dem Ober-Tribunal gewählten Beispiele zu bleiben, von dem Willen des Rheders, obgleich beide durch ihre Thätigkeit die Gefahr des Ereignisses herbeiführen. Und in dieser Gefahr besteht eben die Last, welche das Gesetz dem Bergwerksbesitzer auferlegt, dergestalt, dass er die Folgen des Ereignisses nicht nur in so weit zu tragen hat, als sie sein Eigenthum treffen, sondern dass er auch den Grundbesitzer für den die Oberfläche treffenden Nachtheil entschädigen muss. Trifft nun ein solches Ereigniss zwei Bergwerke dergestalt, dass, wie bei der Versiegung einer Quelle, nur eine Wirkung durch die äusserlich von einander unabhängigen Grubenbauten hervorgebracht wird, so kann das Dasein einer gemeinschaftlichen Ersatzverbindlichkeit nicht in Abrede gestellt werden. Denn die Gemeinschaft der Verpflichtung folgt aus der Einheit des Entstehungsgrundes, und diese ist vorhanden, sobald beide Bergwerksbesitzer durch ein und dasselbe Ereigniss dem Grundeigenthümer verpflichtet werden. Es kann dagegen nicht geltend gemacht werden, dass die beiden Grubenbesitzer nicht in der Ausübung eines gemeinschaftlichen Rechtes, sondern jeder aus eigenem Rechte, gehandelt haben, denn nicht in ihren Handlungen, sondern in dem davon unabhängigen Ereignisse der Wasserentziehung liegt der Grund der Verpflichtung. Eben so unzulässig ist der Einwand, dass jeder Grubenbesitzer nur für den Schaden hafte, den er angerichtet habe. Denn die Voraussetzung des Falles ist eben die, das nur ein Schade durch den beiderseitigen Bergwerksbetrieb verursacht ist. Die Vorstellung, dass dieser Schade nothwendig die Summe der von den einzelnen Bergwerken verursachten Beschädigungen sein müsse, ist offenbar unrichtig. Denn die verschiedenen Grubenbaue werden häufig so zusammen wirken, dass jeder Bau für sich allein keine nachtheilige Veränderung auf der Oberfläche bewirken würde und erst das Zusammentreffen beider Anlagen eine Störung der Lagerungsverhältnisse verursacht. Eben so häufig wird jede der beiden Anlagen für sich allein die ganze entstandene Veränderung, den Abzug des Wassers z. B., bedingen. Es ist also unter der gegebenen Voraussetzung nicht eine Unvollständigkeit des Beweises, wenn in dem gemeinschaftlich verursachten Schaden nicht reelle Antheile der einzelnen Urheber unterschieden werden können. Dieses Resultat beweist vielmehr, dass nur ein Schade verursacht ist und die Gemeinschaftlichkeit der Verpflichtung wird in dem gegebenen Falle nicht nur durch die Einheit des Entstehungsgrundes, sondern auch durch die Einheit des zu ersetzenden Schadens bedingt.

Der in dem Plenarbeschlusse vom 7. November 1849 aufgestellte Grundsatz ist auch in der Praxis der Gerichtshöfe unverändert aufrecht erhalten worden. Und das Ober-Tribunal hat in einer neueren Entscheidung vom 30. Mai 1859 den weiteren Satz daraus abgeleitet.

44. Der Grundeigenthümer ist auch berechtigt, nur eine der mehreren Gewerkschaften durch deren Bergwerksbetrieb ihm das Wasser entzogen ist, auf ihren Kopfantheil in Anspruch zu nehmen.

Striethorst's Archiv Bd. 33. S. 275.

In dem zur Entscheidung vorliegenden Falle hatte der Kläger nur die eine Gewerkschaft allein in Anspruch genommen, weil er der Meinung war, dass deren Betrieb allein die Versiegung seines Brunnens bewirkt habe. Erst aus dem Gutachten der Sachverständigen hatte sich die Betheiligung einer zweiten Gewerkschaft ergeben. Der erste Richter verurtheilte die verklagte Gewerkschaft, weil für die gleiche Betheiligung beider Gewerkschaften die nicht widerlegte Vermuthung spreche, zum Ersatz der Hälfte des entstandenen Schadens. Der Richter zweiter Instanz wies dagegen den Kläger in angebrachter Art ab, weil dem Kläger die in dem Plenarbeschlusse vom 7. November 1849 entwickelten Grundsätze nur dann zu Statten kommen könnten, wenn er die Beschädiger sämmtlich in Anspruch genommen hätte. Das Ober-Tribunal hat jedoch auf die Revision des Klägers das zweite Erkenntniss aufgehoben. In den Gründen ist ausgeführt: Die Anwendbarkeit der in dem gedachten Plenarbeschlusse entwickelten (materiellen, nicht processualischen) Grundsätze sei nicht dadurch bedingt, dass mehrere Gewerkschaften gemeinschaftlich in Anspruch genommen seien. Es müsse daher dem Kläger gestattet sein, auf Grund der für die gleiche Betheiligung sprechenden Vermuthung einen der beiden Beschädiger auf die Hälfte in Anspruch zu nehmen. Es liege der im §. 4. Nr. 8. A. G. O. I. 5. gedachte Fall vor, dass auf Seiten des Verklagten mehrere Theilnehmer vorhanden sind. In einem solchen Falle sei die Klage gegen den einen Theilnehmer auf seinen Antheil zulässig, wenn der Streitgegenstand theilbar sei, was bei einer Entschädigungsforderung unbedenklich angenommen werden müsse.

Mit dem zuletzt angeführten Urtheile ist die Reihe der auf die Voraussetzungen der Grundentschädigung bezüglichen wichtigeren Entscheidungen erschöpft und es bleiben nur noch zwei Entscheidungen zu erwähnen, welche eine Anwendung des Grundsatzes enthalten, dass der Grundeigenthümer nur für den erlittenen Verlust, d. h. für den gesammten Schaden und den entgangenen Gewinn (A. L. R. II. 16. §. 112. und I. 6. §. 7.) Ersatz fordern kann, welcher aus der Einwirkung des Bergbaues auf die Oberfläche entspringt, dass also Veränderungen, welche einen solchen Verlust nicht bewirkt haben, ihn zu keiner Klage berechtigen. Dahin gehört zunächst das Präjudiz vom 29. October 1841, welches sich zu Cap. XXVI. der Cleve-Märkischen Bergordnung im Präjudizienbuch S. 299 wie folgt eingetragen findet.

> Wegen solcher Wasser, die beim Bergbau erschroten und zu Tage geführt, demnächst aber nach Verbrechung der Stolln und Röschen etc. frei durch die Dammerde brechen und ausfliessen, gebührt dem Eigenthümer des Bodens, worauf dies stattgefunden, keine Entschädigung, wenn ihm, sei es auch nach Ablauf der Verjäh-

rungszeit die Wasser durch den ferneren Betrieb des Bergbaues wieder entzogen werden.

Präjudiz 1060.

Während dieses Präjudiz sich auf einen Fall bezieht, wo der Bergbau nur die von ihm selbst zugeführten Grubenwasser wieder wegnimmt, betrifft die zweite Entscheidung vom 7. October 1853 (Striethorst's Archiv Bd. 10. S. 191) den Fall, dass zwar eine Verminderung der auf dem Grundstücke entspringenden Wasserquellen und Behälter nachgewiesen, nicht aber dargethan ist, dass das noch vorhandene Wasser zu dem Gebrauche nicht mehr ausreiche, welcher von demselben gemacht werden soll. Und in den Gründen dieser Entscheidung ist die oben angeführte Regel in ihrer Allgemeinheit in folgendem Satze ausgesprochen:

45. Eine Verurtheilung zur Wiederherstellung des früheren Zustandes, resp. zur Entschädigungsleistung, ist nicht gerechtfertigt, wenn nicht festgestellt ist, in welcher Art die eingetretene Veränderung den Grundeigenthümer benachtheiligt.

Striethorst's Archiv Bd. 10. S. 196.

Aus diesem Grundsatze, in Verbindung mit den Vorschriften der §§. 112. 113. Th. II. Tit. 16. und §. 7. Tit. 6. Th. I. A. L. R. sind nunmehr die Regeln über den Inhalt des dem Grundeigenthümer zustehenden Forderungsrechtes abzuleiten, in Betreff deren insbesondere die oben unter vier und fünf aufgestellten Fragen streitig geworden sind. Nach §. 113. a. a. O. muss sich der Eigenthümer für den abgetretenen Grund und Boden damit begnügen, dass ihm die auszumittelnde jährliche Abnutzung in jedem Jahre so lange vergütet werde, bis der Boden wieder in solchen Stand gesetzt ist, dass er gehörig benutzt werden kann.

Diese Vorschrift lässt eine doppelte Auslegung zu, indem man entweder annimmt, dass bei der gemäss §§. 114. 115. a. a. O. durch Vertrag oder durch Entscheidung des Bergamts zu treffenden Festsetzung über die Schadloshaltung zugleich der Zeitpunkt der Rückgewähr, sei es unmittelbar, sei es mit Bezug auf die Dauer des betreffenden Bergwerksbetriebes, festgesetzt wird, oder von der Voraussetzung ausgeht, dass der Zeitpunkt der Rückgewähr bereits durch das Gesetz auf dahin bestimmt sei, wo der Gebrauch des abgetretenen Grundstücks zum Bergbau nicht mehr nothwendig ist (§. 109.). Welche von diesen beiden Voraussetzungen die richtige ist, soll im folgenden Abschnitte untersucht werden. Hier genügt es festzustellen, dass der §. 113. unbedingt die Annahme ausschliesst, als ob die Wiederherstellung und Rückgewähr des abgetretenen Grundstücks der Willkür des Bergwerksbesitzers überlassen bleibe. Das Gesetz gewährt also dem Grundeigenthümer für den abgetretenen Grund und Boden eine doppelte (nicht alternative) Forderung auf Vergütung der jährlichen Abnutzung bis zu dem, sei es durch das Gesetz (§. 109.), sei es durch Vertrag oder bergamtliche Festsetzung (§§. 114. 115.) bestimmten Termine der Rückgewähr, und auf Wiederherstellung und Rückgewähr nach dem Eintritt dieses Termins. Die Anwendung dieser Vorschrift auf den Fall der Grundabtretung kann auch keine Schwierigkeiten bieten, wie auch immer die Interpretation der §§. 114. und 115., die im folgenden Abschnitte versucht werden soll, ausfallen möge. Ganz anders verhält es sich mit den zufälligen Grundschäden, auf welche der §. 113. gegen seinen Wortlaut und offenbar gegen die Absicht des Gesetzgebers ebenfalls bezogen zu werden pflegt. Der §. 112. bestimmt, dass dem Grundeigenthümer für alles, was er zum Bergbau abgetreten und verloren hat, vollständige Entschädigung nach Vorschrift des §. 7. Th. I. Tit. 6. geleistet werden soll. In Bezug auf den abgetretenen Grund und Boden wird sodann im §. 113. die Bestimmung hinzugefügt, dass die jährliche Abnutzung bis zur Rückgewähr vergütet werden soll. Diese Bestimmung war nothwendig, weil §. 109. ganz unbestimmt lässt, worauf sich die Abtretung des an den Bergbauenden zu überlassenden Grund und Bodens erstrecken soll, ob auf das Eigenthum oder nur auf den Gebrauch und die Nutzung. Diese Frage ist es, welche der §. 113. entscheidet, nicht die Gegenleistung des Bergwerkseigenthümers. Der Inhalt dieser Gegenleistung ergiebt sich vielmehr durch die Anwendung der Regel des §. 112. auf die nunmehr nachgeholte Bestimmung über das Object der Abtretung von selbst. Indem also der §. 113. dem Wortlaute nach bestimmt, dass nur die jährliche Abnutzung bis zur Rückgewähr vergütet werden soll, bestimmt er in Wirklichkeit, dass nur die Nutzung des Grundstücks bis zur Rückgewähr abgetreten werden soll. Die Regel des §. 112. aber, auf welche im §. 113. ausdrücklich verwiesen wird, bleibt von dieser Vorschrift ganz unberührt.

Wendet man dagegen den §. 113. gegen seinen Wortlaut auch auf dasjenige an, was der Grundbesitzer durch die mittelbare Einwirkung des Bergbaus verloren hat, so wird die

Regel des §. 112. vollständig aufgehoben. Der Grundeigenthümer erhält alsdann nicht mehr vollständige Entschädigung, sondern ihm wird für dasjenige, was er bleibend verloren hat, eine blosse Rente von vorübergehender oder doch jedenfalls ungewisser Dauer zu Theil; denn mit der Einstellung des Bergwerksbetriebes würde, wenn nicht sein rechtlicher Anspruch, so doch in den meisten Fällen die Möglichkeit der Realisirung wegfallen. Jedenfalls ist aber die Erwähnung dessen, was der Grundeigenthümer durch den Bergbau verloren hat, wie sie im §. 112. nicht ohne Absicht hinzugefügt worden (oben S. 169), so auch im §. 113. nicht ohne Absicht unterblieben. Die Norm der Schadloshaltung für die zufälligen Grundschäden ist also nicht im §. 113., sondern im §. 112. a. a. O. und in dem §. 7. A. L. R. I. 6. zu suchen, auf welchen der §. 112. verweist, und es gebührt dem Grundeigenthümer für diese zufälligen Grundschäden der Ersatz des gesammten Schadens und des entgangenen Gewinnes nach den allgemeinen gesetzlichen Regeln. Unter der Rubrik: »wie der Schadensersatz zu leisten«, bestimmt aber das Allg. Landrecht Th. I. Tit. 6.:

> §. 79. Wenn ein Schade geschehen ist, so muss alles so viel als möglich wieder in den vorigen Zustand gesetzt werden, welcher vor Anrichtung des Schadens vorhanden war.
>
> §. 82. Ist eine Sache ganz verloren gegangen, vernichtet oder unbrauchbar geworden, so muss der Beschädiger deren ganzen Werth vergüten.
>
> §. 89. Ist durch den Schaden der Werth der Sache nur vermindert worden, so muss derjenige Werth, welchen die Sache vor der Beschädigung gehabt hat, nach obigen Grundsätzen ausgemittelt und mit dem gegenwärtigen Werthe derselben verglichen werden.
>
> §. 90. Die daraus sich ergebende Verminderung des Werthes muss der Beschädiger vergüten.

Das Gesetz gewährt also dem beschädigten Grundeigenthümer principaliter die Wiederherstellung des Grundstücks in den vorigen Zustand und eventuell den Ersatz des Werthes oder des Minderwerthes. Die Wiederherstellung kann nur »so viel als möglich« gefordert werden, das heisst in Bezug auf den vorliegenden Fall, so weit dieselbe physisch möglich ist und so weit sie ohne Beeinträchtigung des dem Bergbauenden in den §§. 109. 110. A. L. R. II. 16. gewährten Privilegiums geschehen kann. Wenn also das auf einem Grundstücke entspringende Wasser durch den Schacht oder Stolln eines Bergwerks abgeleitet wird, so kann der Grundeigenthümer nicht die Einstellung des Bergwerksbetriebes verlangen, weil »sogar Teiche und Mühlen dem Bergbaue weichen müssen.« Die Wiederherstellung ist also hier wenigstens für die Dauer des Bergwerksbetriebes nicht möglich und der Grundeigenthümer ist einstweilen auf die Forderung seines Interesses beschränkt. Ist dagegen die Beschädigung des Grundstücks von der Beschaffenheit, dass dasselbe ohne Nachtheil für den Bergbau wieder in den vorigen Stand gesetzt werden kann, wie z. B. bei den durch den Bergbau entstandenen Senkungen, so geht die Forderung des Grundeigenthümers auf diese Wiederherstellung.

Im geraden Gegensatze zu den hier aufgestellten Ansichten hat das Ober-Tribunal zu §. 113. A. L. R. II. folgendes Präjudiz angenommen:

> Es finden die im §. 113. angegebenen Grundsätze über die dem Grundeigenthümer für den abgetretenen Grund und Boden zu leistende Entschädigung in allen Fällen Anwendung, wo in Folge des regelmässigen Bergbetriebes dem Eigenthümer Grund und Boden entzogen, oder auch dessen Nutzungsertrag vermindert wird, ohne Rücksicht darauf, ob vorher eine wirkliche Abtretung dieses Grund und Bodens an die Bergbauenden stattgefunden hat oder nicht.
>
> Präjudiz 538[b.] vom Jahre 1838.

und in der späteren Entscheidung vom 21. Mai 1847 (Entscheidungen Bd. 15. S. 379) den Satz aufgestellt:

> Wenn durch den Bergbau Senkungen auf einem Grundstücke entstehen, so hat der Eigenthümer desselben nur Anspruch auf Entschädigung, nicht auf Wiederherstellung des Grundstücks in den vorigen Stand. A. L. R. II. 16. §§. 109 ff. 112. 113. und 115. Cleve-Märkische B. O. Cap. 1. §. 9. Cap. 72.

In den Gründen der letzteren Entscheidung wird ausgeführt: Die Entscheidung der Sache müsse zunächst aus den Berggesetzen entnommen werden. Nach §. 112. A. L. R. II. 16. und der in Bezug genommenen Vorschrift des Tit. 6. Th. I. müsse der Grundeigenthümer sich mit der vollständigen Genugthuung durch den Ersatz des gesammten Schadens und des entgangenen Gewinnes begnügen. Nach §. 113. müsse ferner der Eigenthümer für den abgetretenen Grund und Boden sich damit begnügen, dass ihm die jährliche Abnutzung so lange vergütet werde, bis der Boden wieder in nutzbaren Stand gesetzt ist. Es fehle an allem Grunde, diese Vorschrift auf den im §. 113. erwähnten Fall der Abtretung von Grund und Boden zu beschränken. Sie müsse vielmehr überall Anwendung finden, wo die im §. 112. bezeichnete Verpflichtung zur Schadloshaltung eintritt.

Hierzu ist Folgendes zu bemerken: Dass die Entscheidung des Falles zunächst aus §. 112. cit. entnommen werden muss, ist unzweifelhaft. Ebenso, dass der Grundeigenthümer sich mit der vollständigen Genugthuung, also mit dem Ersatz des gesammten Schadens und entgangenen Gewinnes begnügen (!) muss. Der Schadensersatz besteht aber nach §. 79. A. L. R. I. 6. zunächst in der Wiederherstellung des vorigen Zustandes und der Grundeigenthümer fordert also in dieser Wiederherstellung nichts Anderes, als die ihm im §. 112. verheissene vollständige Genugthuung.

Was ferner die Interpretation des §. 113. a. a. O. betrifft, so dürfte die Behauptung mindestens gewagt erscheinen, dass kein Grund vorliege, diese Vorschrift auf einen Fall nicht zu beziehen, der in demselben nicht erwähnt, und zwar im ausdrücklichen Gegensatze zu dem unmittelbar vorhergehenden §. 112. nicht erwähnt worden ist. Aber auch zugegeben, der §. 113. finde auf den Fall der durch den Bergbau entstandenen Senkungen Anwendung, so muss sich doch der Grundeigenthümer nur so lange mit dem Ersatz der jährlichen Abnutzung begnügen, »bis der Boden wieder in solchen Stand gesetzt ist, dass er gehörig benutzt werden kann.« Diese Instandsetzung soll also der Grundeigenthümer doch auch fordern können, sobald es für den Bergbau nicht nothwenig ist, dass das Grundstück in dem veränderten Zustande verbleibe. Dies ist von dem Ober-Tribunal selbst in der unten S. 205 mitgetheilten Entscheidung vom 9. November 1847 (Rechtsfälle Bd. 3. S. 104) anerkannt worden. Auch nach §. 113. ist daher der Grundeigenthümer berechtigt, die sofortige Ausfüllung der durch den Bergbau entstandenen Senkungen zu verlangen, da der Fortgang des Bergbaues die Erhaltung solcher Senkungen keinesweges nothwendig macht.*)

---

*) Die in dem Erkenntnisse vom 21. Mai 1847 noch angeführten Bestimmungen der Cleve-Märkischen B. O. Cap. 1. §. 9. Cap. 72. betreffen, wie das Ober-Tribunal selbst bemerkt, andere Fälle, sie betreffen Fälle der Bodenabtretung, nicht der mittelbaren Beschädigung. Uebrigens spricht weder das Cap. 72. cit., noch der ebenfalls herangezogene §. 115. A. L. R. II. 16. von

Die Anwendung des §. 113. auf die Fälle der mittelbaren Grundschäden muss indess nach dem oben Gesagten als gänzlich unhaltbar bezeichnet werden. Der §. 113. gewährt für den abgetretenen Grund und Boden dasselbe, was für den mittelbaren Grundschaden durch die allgemeine Regel des §. 112. gewährt wird, nämlich die Wiederherstellung in den vorigen Stand, jedoch mit der nothwendigen Beschränkung auf den Zeitpunkt der Rückgewähr und mit der hinzutretenden Entschädigung für die während der Dauer des Gebrauchs für die Zwecke des Bergbaus entzogene Nutzung. Die gegenwärtige Praxis der Gerichtshöfe, welche, der Autorität des Ober-Tribunals folgend, diesem Paragraphen eine ganz verschiedene Bedeutung beilegt, gereicht dem Grundbesitz zu gerechter Beschwerde und dem Bergbau keineswegs zum Vortheil, denn das natürliche Billigkeitsgefühl bewirkt, dass der so precär gestellte Grundeigenthümer durch die Bewilligung exorbitanter Nutzungsentschädigungen für den versagten wirksamen Rechtsschutz schadlos gehalten wird.

Was nun das dem Grundeigenthümer eventuell zu leistende Interesse anbetrifft (nur dieses, nicht die Entschädigung kann der Wiederherstellung als Gegensatz gegenübergestellt werden), so findet sich im Präjudizienbuche S. 216, auf Grund eines Urtheils vom 13. Mai 1844, folgender Rechtssatz eingetragen:

> Nach den §§. 112. und 113. beschränkt sich die dem Grundeigenthümer vom Bergbauenden zu leistende Entschädigung auf den durch den Bergbau an dem Ertrage des Grundstücks erlittenen Verlust. Ist daher einem Grundstück durch den Bergbau das Wasser entzogen, so ist der Bergbauende nur verpflichtet, entweder dem Grundeigenthümer dasjenige Wasser zu gewähren, welches erforderlich ist, um dem Grundstücke seine frühere Ertragsfähigkeit zu erhalten, oder den Werth derjenigen Arbeit zu ersetzen, welche von dem Grundeigenthümer zu diesem Zwecke aufgewendet werden muss. Die Anzahl der auf dem Grundstücke anwesenden Personen und der Viehstand kommen hierbei nur insofern in Betracht, als dieselben zur Erhaltung der Ertragsfähigkeit des Grundstücks als nothwendig erscheinen.
>
> Präjudiz 1462.

der Art der Schadloshaltung. Beide Bestimmungen betreffen lediglich die Competenz der Bergbehörde zur vorläufigen Festsetzung der Schadloshaltung.

In diesem Präjudize ist aus der Entscheidung eines concreten Falles eine Regel abstrahirt, welche indess so viel von der Besonderheit des Falles in sich aufgenommen hat, dass sie keinesweges als allgemein gültig auch nur für den beschränkteren Kreis der Fälle der Wasserentziehung gelten kann. Dass das Interesse des Grundbesitzers nicht allgemein den Kosten der Herbeischaffung des zur Erhaltung der früheren Ertragsfähigkeit des Grundstücks erforderlichen Wassers gleichgesetzt werden kann, erhellt aus dem oben S. 165 mitgetheilten Falle, wo einer Wiese die Bewässerung entzogen war. Eben so bedenklich wird es in vielen Fällen sein, nur den zur Erhaltung der Ertragsfähigkeit des Grundstücks nothwendigen Personen- und Viehstand bei der Feststellung des Wasserbedarfs in Rechnung zu bringen. Denn nicht alle Wasserbehälter dienen bloss landwirthschaftlichen Zwecken. Und auch die gewerbtreibende Stadt- und Landbevölkerung bedarf des Wassers zu ihrem ökonomischen und technischen Gebrauche. Das Ober-Tribunal hat daher auch mit gutem Grunde das Princip des Präjudizes 1462 in einer späteren Entscheidung vom 11. März 1859 verlassen und den Grundsatz angenommen:

46. Die dem Grundeigenthümer zu gewährende Entschädigung ist nicht ausschliesslich auf die gewöhnliche Benutzung des Grundes und Bodens beschränkt; dieselbe umfasst vielmehr auch den an Einrichtungen und industriellen Unternehmungen, welche mit dem Grundbesitz in Verbindung stehen, durch die Wasserentziehung verursachten Schaden.

Striethorst's Archiv Bd. 33. S. 59.

Die weiteren Fragen, ob das Interesse des Grundbesitzers in den Transportkosten des anderweit zu beschaffenden Wasserbedarfs, oder in dem Minderwachs des Grundstücks, oder in den Kosten einer neuen Brunnen- oder Maschinenanlage, Wasserleitung u. s. w. liege, lassen sich der Natur der Sache nach nur für den einzelnen Fall beantworten. Ihre Beantwortung ergiebt sich indess in jedem einzelnen Falle durch die einfache Anwendung der §§. 79. 82. 89. A. L. R. I. 6. Es muss also, so weit dies vernünftiger Weise möglich ist, das verlorene Wasser anderweit beschafft und eventuell der Geldwerth des aus dem Wasser zu ziehenden Gewinnes gewährt werden; und dieser letztere bestimmt sich entweder direct nach dem Gebrauchswerthe des Wasserbehälters, wenn dieser ein Vermögensobject für sich, sei es als Triebkraft, sei es als

Brunnen, ausmacht, oder nach dem Minderwerthe des Grundstücks, wenn das Wasser nur als ein Bestandtheil des Grundstücks erscheint und dessen Ertragsfähigkeit bedingt. Einer besonderen Formel für das Interesse bei Grundschäden bedarf es nicht.

Hiernach können für den Inhalt der Grundentschädigung folgende Grundsätze aufgestellt werden:

1. Der Grundeigenthümer ist berechtigt, die Wiederherstellung des beschädigten Grundstücks zu verlangen, so weit dieselbe ohne Beschränkung des Bergbaues möglich ist.
2. Das eventuell zu leistende Interesse ist nicht auf die jährliche Abnutzung beschränkt, sofern die Beschädigung eine bleibende ist.
3. Dieselben Regeln gelten für den Fall der Grundabtretung, wenn das abgetretene Grundstück durch die Benutzung zum Bergbau beschädigt ist, jedoch mit der Maassgabe, dass die Forderung auf Wiederherstellung, eventuell auf den Ersatz des Minderwerthes, erst bei der Rückgewähr des Grundstückes geltend gemacht werden kann.

Die Entschädigungsforderung kann nicht allein von dem Eigenthümer, sondern von jedem dinglich Berechtigten geltend gemacht werden, dessen Nutzungsrecht von dem Grundschaden betroffen wird. Dies ist von dem Ober-Tribunal in folgendem Präjudize anerkannt:

47. Wenn die Nutzungsverhältnisse eines durch den Bergbau benachtheiligten Grundstücks von der Art sind, dass der verursachte Schade ganz oder theilweise den Nutzungsberechtigten trifft, so hat auch dieser Anspruch auf Entschädigung.

Präjudiz 2055 vom 20. October 1855.

Ueber die Verjährung der Schadloshaltung bestimmt das Allg. Landrecht Th. I. Tit. 6.:

§. 54. Wer einen ausserhalb dem Falle eines Contracts erlittenen Schaden innerhalb dreier Jahre, nachdem das Dasein und der Urheber desselben zu seiner Wissenschaft gelangt sind, gerichtlich einzuklagen vernachlässigt, der hat sein Recht verloren.

Das Ober-Tribunal hatte in einer Entscheidung vom 24. Februar 1837 (Entscheidungen Bd. 2. S. 258) angenommen, dass diese Vorschrift nur auf den durch unerlaubte Handlungen erlittenen Schaden Anwendung finde und dass das Recht auf

Vergütung eines durch den Bergbau entstandenen Schadens insbesondere der dreijährigen Verjährung nicht unterworfen sei. Diese Annahme war aus der Redactionsgeschichte und der Stellung des §. 54. im System überzeugend gerechtfertigt. Anderer Ansicht war indess das Justizministerium (v. Kamptz Jahrbücher Bd. XVII. Rescript vom 19. Januar 1821) und diese Ansicht fand Eingang in die Declaration vom 31. März 1838 (Ges. Samml. S. 252), durch welche die Auffassung des Ober-Tribunals reprobirt und bestimmt wurde, dass die dreijährige Verjährung auf alle ausser dem Falle eines Contracts erlittenen Beschädigungen, insbesondere auch auf die bei dem Bergbau zugefügten Schäden Anwendung findet. Die Vergütung für das zum Bergbau abzutretende Eigenthums- oder Nutzungsrecht ist jedoch hiervon ausgenommen und bleibt der ordentlichen Verjährung unterworfen. Die dreijährige Verjährung trifft also nur die mittelbaren Grundschäden.

Zu dieser Declaration ist der folgende Plenarbeschluss vom 20. März 1846 ergangen:

48. Die dreijährige Verjährung des Anspruchs auf Ersatz eines ausserhalb dem Falle eines Contracts erlittenen Schadens trifft auch in den Fällen das ganze Recht, wo der aus einer Handlung entstehende dem Beschädigten bekannt gewordene Schaden so beschaffen ist, dass er, obwohl im wechselnden Umfange, sich auch in der Zukunft erneuert.

Präjudiz 1717. Entscheidungen Bd. 13. S. 19.

Die durch diesen Plenarbeschluss reprobirte Ansicht ging dahin, dass bei Grundschäden nur die Entschädigungsforderungen für den Ausfall im Ertrage der einzelnen Jahre der dreijährigen Verjährung unterliegen, weil diese Forderungen erst mit jedem neuen Jahre entständen und nicht vorher zu substantiiren seien. Diese Ansicht hängt innig zusammen mit der in der Entscheidung vom 21. Mai 1847 vertretenen Auffassung, dass der Grundeigenthümer für die entstandenen Grundschäden nur den Minderertrag der jährlichen Abnutzung fordern könne. Sie würde auch unter dieser Annahme schwerlich zu widerlegen sein. Denn so lange nicht *actio nata* vorhanden ist, kann keine Verjährung beginnen. Das Plenum des Ober-Tribunals ist aber auch weit entfernt, die in der Senatsentscheidung vom 21. Mai 1847 aufgestellte Ansicht zu theilen. Es wendet vielmehr auf den zur Entscheidung stehenden Fall

— die Versiegung einer Quelle und eines Teiches durch den Bergbau — lediglich die Vorschriften der §§. 79—81. 82—84. 89. 90. und 92. A. L. R. I. 6. an und bemerkt S. 25:

»Diese gesetzlichen Vorschriften ergeben klar, dass der Gesetzgeber dabei von dem Gesichtspunkte ausging, dass, sobald wirklich ein Schaden zugefügt worden, es immer auch sofort möglich sei, die Entschädigungsforderung den aufgestellten Grundsätzen gemäss zu substantiiren, und dass es in dieser Beziehung keinen Unterschied machen könne, ob die Folgen des entstandenen Schadens sich in die Zukunft hinaus erstrecken und sich also periodisch erneuern oder nicht. Denn entweder ist durch die beschädigende Handlung die Sache ganz unbrauchbar, oder in ihrem Werthe vermindert worden. Erstern Falls muss der Werth des unbrauchbar gewordenen Gegenstandes — mochte er nun in einer jährlichen Revenue bestanden haben, oder eine Sache gewesen sein, die durch ihren Gebrauch fortdauernden Nutzen gewährte — nach den im Gesetze aufgestellten Grundsätzen ermittelt und vergütet werden. Letzteren Falls aber ist der Minderwerth der Sache in ihrem jetzigen Zustande nach den gesetzlichen Grundsätzen festzustellen, und darnach der Schadensersatz zu leisten. In beiden Fällen kann und muss die daraus gegen den Beschädiger entstandene Forderung binnen drei Jahren nach erlangter Wissenschaft von der eingetretenen Unbrauchbarkeit oder Werthsverminderung gerichtlich geltend gemacht werden, widrigenfalls der ganze Anspruch auf Schadensersatz verloren geht; und kann von einem Ersatz des, jegliches Jahr entstandenen Verlustes nicht die Rede sein, da das Gesetz diese Art der Berechnung des Schadensersatzes nicht billigt.«

Das Plenum des Ober-Tribunals räumt also dem Grundeigenthümer ausdrücklich den Anspruch auf Wiederherstellung (S. 24), eventuell auf sofortigen Ersatz der ganzen Werthsverminderung ein und nur von diesem Gesichtspunkte aus erscheint der aufgestellte Grundsatz über die Verjährung der Ersatzforderung gerechtfertigt. In denjenigen Fällen, wo nicht eine bleibende Beschädigung, sondern, wie in der Regel bei der Wasserentziehung, nur eine von der Fortdauer des Bergbaues bedingte Einwirkung von wechselndem Umfange eintritt, reducirt sich diese Forderung allerdings nach allgemeinen Grundsätzen auf den Ersatz des jährlich eintretenden Verlustes. Allein auch in diesem Falle ist, wie das Ober-Tribunal am Schlusse seiner Ausführung nachweist, mit dem Beginne der Einwirkung und der davon erhaltenen Kenntniss *actio nata* für den Grundeigenthümer in Bezug auf den ganzen Schadensanspruch vorhanden, weil das Rechtsverhältniss, welches durch die Verjährung aufgehoben werden soll, mit dem

Eintritte des beschädigenden Ereignisses seinem ganzen Inhalte nach existent wird.*)

Zum Schluss dieser Erörterung sind zwei Entscheidungen zu erwähnen, welche die Ausnahmebestimmung des §. 116b. A. L. R. II. 16. zum Gegenstande haben, der zufolge der Grundeigenthümer zu keiner Entschädigung berechtigt ist, wenn er neue Gebäude und andere Anlagen in solcher Nähe eines bereits betriebenen Bergwerks angelegt hat, dass eine weitere Ausdehnung des Bergbaues bis zu diesen Anlagen vernünftiger Weise vorausgesehen werden konnte, ohne dass er sich von dem Bergamte die Stelle hat anweisen lassen, wo die Anlage ohne Gefahr geschehen kann.

Die erste dieser Entscheidungen vom 27. September 1858 (Entscheidungen Bd. 39. S. 296) stellt fest, dass diese Vorschrift bei dem Unternehmer der neuen Anlage keine besonderen Kenntnisse von den geognostischen Verhältnissen des Gebirges und von den technischen des Bergbaues voraussetzt, dass vielmehr der Ausdruck »vernünftiger Weise« nur auf die Beurtheilung der Verhältnisse hinweist, wie sie im Allgemeinen von einem umsichtigen Bauunternehmer erwartet werden kann.

Die zweite Entscheidung vom 23. September 1859 tritt einer ausdehnenden Auslegung des §. 116b. entgegen und enthält den folgenden Grundsatz:

49. Der Grundeigenthümer ist durch die Vorschrift des §. 116b. A. L. R. II. 16. in der Disposition über sein Grundeigenthum und in der Errichtung neuer Anlagen auf demselben nicht behindert.

Striethorst's Archiv Bd. 35. S. 95.

In dem zur Entscheidung stehenden Falle hatte die Bergbehörde die Fortsetzung des Steinkohlenbergbaues unter einem Gemeindegrundstücke polizeilich untersagt, auf welchem die Besitzerin einen Kirchhof angelegt hatte. Der Bergwerksbesitzer behauptete, dass diese Anlage nach §. 116b. nicht zulässig gewesen sei und verlangte auf Grund dieser Vorschrift seinerseits Schadloshaltung dafür, dass ihm der Abbau der unter dem Kirchhofe anstehenden Kohlen zum Schutze dieser Anlage polizeilich untersagt sei. Dieser Anspruch wurde in-

*) In der Entscheidung vom 18. April 1859 (Strieth. Archiv Bd. 33. S. 149) ist angenommen, dass der Lauf der Verjährungsfrist für den Adjudicatar des beschädigten Grundstücks mit der Publication der Adjudicatoria, nicht mit der Insinuation derselben beginnt.

dess durch alle drei Instanzen mit Recht verworfen, da weder das polizeiliche Verbot, noch §. 116b. eine Verpflichtung des Grundbesitzers begründet. Der §. 116b. spricht dem Grundbesitzer nur die Entschädigung für die Schäden ab, welche an den in vorschriftswidriger Nähe errichteten Anlagen durch den Bergbau entstehen. Er untersagt indess nicht die Errichtung solcher Anlagen. Dem Grundeigenthümer steht vielmehr, abgesehen von etwaigen besonderen Beschränkungen seines Eigenthums, frei, auf seine eigene Gefahr dergleichen zu errichten.

§. XIII. Die Grundabtretung.

Nach Feststellung des Grundsatzes, dass der Bergwerkseigenthümer zu jeder nothwendigen Einwirkung auf das Grundstück auch ausserhalb der Grenzen der verliehenen Lagerstätten gegen Entschädigung des Grundeigenthümers befugt ist, sind im vorigen Abschnitte die Voraussetzungen und der Inhalt dieser Grundentschädigung erörtert worden. Hiermit ist indess das Rechtsverhältniss zwischen dem Bergwerksbesitzer und dem Grundeigenthümer noch nicht erschöpft. Es müssen vielmehr noch die Regeln festgestellt werden, nach welchen die Nothwendigkeit jener Einwirkung zu beurtheilen ist. Versucht man die Voraussetzungen der rechtlich zulässigen Einwirkung des Bergbaues auf das Grundeigenthum *a priori* zu entwickeln, so stellt sich eine so grosse Mannigfaltigkeit der Fälle heraus, dass es schlechterdings unmöglich erscheint, dieselben unter einem Gesichtspunkt zu vereinigen.*) Es er-

*) Man vergleiche z. B. den Fall, wo der unterirdische Abbau der Lagerstätte die Versiegung einer ausserhalb der Grenzen des verliehenen Feldes entspringenden, jedoch durch eine Verwerfungskluft des Flötzes gespeisten Quelle hervorbringt, mit dem Falle, wo der Bergwerksbesitzer zur Lösung seiner Baue einen Stolln in einer entfernten Thalsohle ausserhalb seiner Feldesgrenzen ansetzen will. In beiden Fällen ist eine räumliche Collision der beiderseitigen Eigenthumsgrenzen gar nicht vorhanden. Während aber in dem einen Falle der Bergwerkseigenthümer lediglich das ihm zustehende Gewinnungsrecht ausübt, ohne die Substanz des fremden Grundeigenthums direct anzugreifen, findet in dem anderen Falle ein unmittelbarer Eingriff in ein Grundeigenthum statt, welches durch die betreffende Bergwerksverleihung an und für sich gar nicht berührt wird. Ebenso verschieden wie diese thatsächlichen Verhältnisse würde sich die Anwendung der strengen juristischen Regel gestalten. Während dort der Bergwerkseigenthümer keines weitern Rechtstitels zur Ausführung der beschädigenden Anlage bedarf, fehlt es hier, abgesehen von einer positiven Gesetzesvorschrift, an jedem Rechtstitel zur Be-

giebt sich daher von vorn herein, dass der Umfang und die Bedingungen dieser Einwirkung nicht durch die blosse Anwendung des oben erwähnten Grundsatzes, sondern nur durch positive Bestimmungen geregelt werden können.

Es besteht indess eine durchgreifende Verschiedenheit zwischen den beiden oben S. 163 erwähnten Hauptarten der Einwirkung durch unterirdische Grubenbaue und durch Anlagen über Tage. Bei dem unterirdischen Grubenbau findet eine unmittelbare Berührung zwischen der Ausübung der beiderseitigen Rechte nach der gewöhnlichen Art der Benutzung des Grundeigenthums nicht statt. Das blosse Durchfahren der tiefer liegenden Gebirgsschichten enthält der Regel nach ebensowenig eine Beeinträchtigung des Grundeigenthümers, als das Durchkreuzen der theoretisch ihm ebenfalls angehörigen Luftschicht. Erst wenn der unterirdische Bau eine Nachwirkung auf die Oberfläche ausübt, oder wenn die Benutzung des Grund und Bodens sich ausnahmsweise ebenfalls in eine grössere Tiefe erstreckt, kommt die Collision der beiderseitigen Rechte zur Erscheinung, deren Vorhandensein sich ohnehin vor diesem Zeitpunkte in der Regel nur durch künstliche markscheiderische Operationen feststellen lässt. Das Deutsche Bergrecht giebt daher dem Bergwerkseigenthümer die Befugniss zu unterirdischen Anlagen, auch ausserhalb der verliehenen Lagerstätten unbedingt frei, und verbindet damit nur die nachträgliche Verpflichtung zum Ersatz des an der Oberfläche, oder in der sonstigen Benutzung des Grundstücks angerichteten Schadens.

Anders verhält es sich mit den Anlagen über Tage, deren Ausführung das Grundstück der Benutzung des Eigenthümers gänzlich entzieht und eine unmittelbare und zwar ausschliessende Collision der beiderseitigen Rechte zur Folge hat. Hier ist eine vorherige Feststellung des Umfangs der Benutzung und der Bedingungen, insbesondere der Schadloshaltung, nicht bloss möglich, sondern auch im Interesse des Grundbesitzers dringend nothwendig. Die älteren Bergordnungen machen

---

sitznahme des fremden Grundstücks. Gleichwohl sind die ausserhalb des Grubenfeldes angesetzten Hülfsbaue dem Bergbau ebenso unentbehrlich, als der directe Zugang zu dem Ausgehenden der Lagerstätte. Ebenso wie daher die Entschädigungspflicht des Bergbauenden eine Ausdehnung auf die ausserhalb seiner Baugrenzen mittelbar bewirkten Grundschäden erfahren hat, muss auch seine Befugniss zur unmittelbaren Einwirkung auf die Oberfläche über seine Feldesgrenzen hinaus erweitert und durch positive, auf Gründen der Gesetzgebungspolitik beruhende Normen geregelt werden.

gleichwohl die Besitznahme des zu den Anlagen über Tage zu verwendenden Grund und Bodens nicht von der vorherigen Feststellung dieser Bedingungen abhängig. Sondern wie sie dem Bergbaulustigen die Befugniss einräumen, auf fremdem Grund und Boden beliebig nach Erzen zu suchen und einzuschlagen, ohne deshalb vorher um Erlaubniss, sei es bei dem Eigenthümer, sei es bei der Behörde, nachzusuchen, so gestatten sie auch dem Aufnehmer eines Bergwerks Schächte und Stolln beliebig anzulegen und verordnen nur den nachträglichen Ersatz des angerichteten Schadens und den Rückfall des benutzten Bodens an den Grundeigenthümer beim Aufhören des Bergwerksbetriebes.*) So sehr war damals der Bergbau bevorrechtet, und so wenig Schutz glaubte man dem Grundbesitz gewähren zu müssen, der allerdings in den erzreicheren Districten meist nur forstmässig benutzt wurde und an dem Aufkommen des Bergbaus selbst ein erhebliches Interesse hatte. Schon die revidirte Bergordnung für Cleve und Mark vom 29. April 1766 aber verordnet im Cap. LXXIII.:

> Sollte es sich begeben, dass in Bau- und Weideland Schächte und Lichtlöcher eingeschlagen, Halden gestürzt, Zechenhäuser und Bergschmieden, auch Kunstgöpel, Radstuben, Hütten- und Pochwerke gebauet werden müssten, so müssen sich die Gewerken mit dem Grundherrn deshalb gütlich vergleichen; und wenn dieses nicht geschehen kann, das Bergamt den Ort besichtigen, taxiren und dem Eigenthümer den Schaden billigmässig durch die Gewerken bezahlen lassen, welch Taxatum dann derselbe anzunehmen verbunden.

Diese Vorschrift, welche die vorgängige Feststellung der Bedingungen der Grundabtretung durch Vertrag oder durch die Entscheidung der Bergbehörde für die Anlagen auf dem werthvolleren landwirthschaftlich benutzten Grund und Boden vorschreibt; ist in den revidirten Bergordnungen für Schlesien vom 5. Juni 1769 und für Magdeburg-Halberstadt vom 7. December 1772 generalisirt worden. Diese Bergordnungen bestimmen nämlich im Cap. LXXIII. übereinstimmend:

> §. 1. Wenn eine Gewerkschaft eine Grube gemuthet und damit belehnet ist, so ist auf einer Seite das Dominium verbunden, derselben die nöthigen Plätze zu Halden, Wegen, Huthhäusern, Pochwerken, Hütten-

*) Vergl. Nassau-Katzenelnbog. B. O. Art. 28.; Chur-Trier. B. O. Th. I. Art. III. 25.; Homburg. B. O. Art. 7.; Mansfeld. B. O. Art. 37.

gebäuden etc. nebst dem nöthigen Wasser zu überlassen, auf der andern Seite aber ist auch die Gewerkschaft verpflichtet, dem Dominio den daraus ihm zuwachsenden Schaden taxato zu ersetzen.

§. 2. Sollten nun beide Contrahenten nicht in der Güte hierüber auseinander kommen, so soll Unser Oberbergamt hierüber gehörig und pflichtmässig deliberiren.

Diese Vorschrift lässt keinen Zweifel darüber, dass die im §. 1. bezeichneten beiderseitigen Leistungen: die Ueberlassung der nöthigen Plätze und der Ersatz des daraus zuwachsenden Schadens durch gütliches Uebereinkommen, oder durch Entscheidung des Oberbergamts bestimmt werden sollen, dass also dem Bergwerkseigenthümer die einseitige Besitznahme des Grundstücks zu Anlagen über Tage nicht gestattet ist. Hiermit stimmen die Vorschriften des Allg. Landrechts überein, welches im Th. II. Tit. 16. verordnet:

§. 109. Der Grundeigenthümer muss an die Bergbauenden den Grund und Boden überlassen, welcher zur Grube selbst, zu den Stolln, zu Halden und Wegen und zu den Gebäuden über der Erde nothwendig ist, imgleichen das zum Betriebe der Kunst-, Poch-, Wasch- und Hüttenwerke erforderliche Wasser.

§. 112. Dagegen muss für alles, was der Grundeigenthümer zum Baue und Betriebe des Werks abgetreten und verloren hat, demselben vollständige Entschädigung nach Vorschrift des Ersten Theils Tit. 6. §. 7. geleistet werden.

§. 113. Für den abgetretenen Grund und Boden muss der Eigenthümer sich damit begnügen, dass ihm die nach gedachter Vorschrift auszumittelnde jährliche Abnutzung in jedem Jahre so lange vergütet werde, bis der Boden wieder in solchen Stand gesetzet ist, dass er gehörig genützt werden kann.

§. 114. Im Mangel gesetzlicher Bestimmung müssen die Beliehenen sich mit dem Grundeigenthümer wegen seiner Schadloshaltung besonders vereinigen.

§. 115. Kann dergleichen Vereinigung in Güte nicht getroffen werden, so muss das Bergamt die Schadloshaltung mit Zuziehung sachverständiger Taxatoren der Billigkeit gemäss bestimmen.

§. 116[a]. Will ein oder anderer Theil bei dieser Festsetzung sich nicht beruhigen, so steht ihm frei, auf rechtliches Gehör und Erkenntniss darüber bei den Berggerichten anzutragen.

Der erste ungedruckte Entwurf des Allgemeinen Gesetzbuchs enthielt an der Stelle des §. 113. folgende Vorschrift:

§. 62. Er kann verlangen, dass diese Vergütung durch baare Auskaufung in einer Hauptsumme geschehe, wenn nicht die Provinzialgesetze eine ausdrückliche Ausnahme enthalten.

Hiergegen erinnerte der Geheimerath Graf von Reden, dass die Kapitalabfindung und die Eigenthumsabtretung gegen die bestehende Verfassung und dem Bergbau wie dem Grundbesitz gleich nachtheilig seien. Er schlug in Gemeinschaft mit Gossler die gegenwärtige Fassung des §. 113. vor, welche demnächst in den gedruckten Entwurf des Allgemeinen Gesetzbuchs (1788) aufgenommen worden ist. (Acten des Bergwerks- und Hüttendepartements 371. I. vol. 2. fol. 54. fol. 62.)

Aus dieser Entstehungsgeschichte des §. 113., aus dem Zusammenhange der §§. 109. und 113 bis 116 b. unter sich und mit den angeführten Bestimmungen der revidirten Bergordnungen, Cap. LXXIII. §§. 1. 2., ergeben sich folgende Sätze:

1. Die §§. 109. und 113—116a. A. L. R. II. 16. beziehen sich ausschliesslich auf den Fall der Abtretung von Grund und Boden zu bergmännischen Anlagen über Tage. Der §. 112. a. a. O. allein stellt die allgemeine Regel der Schadloshaltung zugleich für die mittelbaren, durch den unterirdischen Bergbau veranlassten Grundschäden fest.*)
2. Die §§. 114. und 115. schreiben die vorherige Feststellung der Schadloshaltung für den abzutretenden Grund und Boden vor.
3. Diese Feststellung hat nicht bloss den Betrag der jährlich zu vergütenden Abnutzung zum Gegenstande, sondern den ganzen Inhalt der gegenseitigen Leistungen, also auch den Umfang und die Dauer der zwangsweisen Abtretung und die künftige Rückgewähr.

Dass der §. 113. a. a. O., mit welchem die §§. 114—116a. unmittelbar zusammenhängen, nur auf den Fall der Grundabtretung zu beziehen sei, ist bereits im §. XII. (S. 179 u. 182) gezeigt worden. Die dort angeführten Gründe erhalten eine fernere Bestätigung durch die ursprüngliche Fassung dieser Vorschrift

*) Vergl. Gruchot, Beiträge zur Erläuterung des Preussischen Rechts. Jahrg. II. S. 449 ff.

(Entwurf zum A. G. B. §. 62.), welche die baare Auskaufung des Grundeigenthümers als Regel aufstellte. Allein auch der Inhalt der §§. 114. 115. ergiebt hinlänglich, dass die daselbst vorgeschriebene Festsetzung der Schadloshaltung nur auf den Fall der Grundabtretung bezogen werden kann. Der §. 114. schreibt eine Vereinigung zwischen dem Bergwerksbesitzer und dem Grundeigenthümer über die Schadloshaltung des Letztern vor. Er geht also von der Voraussetzung aus, dass diese Verbindlichkeit erst durch die zwischen beiden Theilen zu treffende Vereinigung existent werden soll. Bei den mittelbaren Grundschäden ist das Forderungsrecht schon durch den Eintritt des beschädigenden Ereignisses existent geworden und durch die Regel des §. 112. a. a. O. seinem Umfange nach bestimmt. Die besondere Vereinigung zwischen dem Bergwerksbesitzer und dem Grundeigenthümer könnte daher in diesem Falle nur die Bestärkung des bereits existenten Forderungsrechtes, ein *constitutum debiti* zum Gegenstande haben. Es ist aber nicht anzunehmen, dass der Gesetzgeber eine Verpflichtung zu diesem, der freiesten Entschliessung angehörigen Rechtsgeschäfte habe aussprechen wollen. Ebensowenig darf angenommen werden, dass der §. 115., welcher die Festsetzung der Schadloshaltung durch das Bergamt unter Vorbehalt des Rechtsweges verordnet, auf den Fall der mittelbaren Grundschäden Bezug haben solle. Die vorläufige Festsetzung einer bereits existenten Verbindlichkeit durch die Bergbehörde könnte nur dann Bedeutung haben, wenn diese Festsetzung zugleich vorläufig vollstreckbar wäre. Dies ist indess in dem Gesetze nicht ausgesprochen. Die Meinung, welche verlangt, dass die mittelbaren Grundschäden beim Bergamte zur Festsetzung gelangen sollen, ehe der Rechtsweg deshalb betreten werden kann, verlangt also eine inhalts- und bedeutungslose Formalität, welche den Gang der Rechtshülfe nur hemmen kann, ohne weder dem Bergwerksbesitzer, noch dem beschädigten Grundeigenthümer irgend welchen Vortheil zu gewähren. Ganz anders gestaltet sich das Verhältniss der §§. 114. und 115., wenn dieselben auf den Fall der Grundabtretung bezogen werden. Denn in diesem Falle handelt es sich um eine erst zu constituirende Verbindlichkeit, oder vielmehr um ein aus gegenseitigen Leistungen zusammengesetztes Rechtsverhältniss. Es ist also ganz sachgemäss, wenn im §. 114. der Abschluss desselben der freien Vereinigung der Betheiligten überlassen und im §. 115. eventuell die Festsetzung der gegenseitigen Leistungen auf Anrufen des Bergwerksbesitzers der Bergbehörde übertragen wird. Und diese Entscheidung wird ohne Weiteres dadurch wirksam, dass der Bergwerkseigenthümer, wenn er den Zwang zur Abtretung durch Hülfe der Bergbehörde ausüben will, sich gleichzeitig der von dieser Behörde getroffenen Festsetzung in Bezug auf die Gegenleistung unterwerfen muss.

Wenn die §§. 113. ff. aus den angeführten Gründen nur auf den Fall der Grundabtretung bezogen werden können, so geht daraus zugleich hervor, dass in denselben die vorherige Feststellung der Schadloshaltung des Grundeigenthümers verordnet ist. Würde nämlich angenommen, dass der Bergwerksbesitzer ohne diese vorherige Festsetzung den zu den Anlagen erforderlichen Raum in Besitz zu nehmen befugt sei, so würde alles dasjenige, was gegen die nachträgliche Feststellung der Entschädigung für die mittelbaren Grundschäden durch Vertrag oder vorläufige Festsetzung der Bergbehörde eingewendet worden ist, gerade ebenso auch auf die nachträgliche Festsetzung der Schadloshaltung für den abgetretenen Grund und Boden Anwendung finden. Denn auch in diesem Falle würde durch die vollzogene Abtretung die Forderung des Grundeigenthümers existent geworden sein, es würde sich nicht um die Constituirung eines Rechtsverhältnisses durch Vertrag oder durch den die Stelle des Vertrages vertretenden Ausspruch der Bergbehörde handeln, sondern lediglich um die Rechtshülfe für ein bereits existentes Forderungsrecht, welche durch die wirkungslosen Förmlichkeiten des Vergleichsversuchs und der vorläufigen, nicht vollstreckbaren Festsetzung der Bergbehörde nur gehemmt werden könnte.

Die §§. 114. und 115. theilen auch offenbar dem Bergwerksbesitzer die Rolle des Klägers oder Provocanten zu. Sie geben also von der Voraussetzung aus, dass derselbe noch nicht im Besitze des abzutretenden Bodens befindlich ist, da der Besitzer immer Beklagter ist. Es kann indess auch nach §. 109. a. a. O. keinem Zweifel unterliegen, dass der Bergwerksbesitzer gar nicht berechtigt ist, die Abtretung des zu seinen Anlagen über Tage erforderlichen Bodens ohne vorherige Feststellung und Leistung der zu gewährenden Schadloshaltung zu verlangen. Der §. 109. giebt dem Bergwerkseigenthümer kein unmittelbar wirksames dingliches Recht an einer bestimmten Grundfläche, sondern nur das Recht auf Ueberlassung des erforderlichen Grundes und Bodens, also ein Zwangsrecht zur Vertragsschliessung. Dieser Anspruch wird in ein dingliches Recht an einem bestimmten

Grundstücke erst dadurch verwandelt, dass der Inhalt des einzugehenden Rechtsverhältnisses, der Gegenstand und die Bedingungen der Ueberlassung, entweder durch freien Vertrag oder durch die stellvertretende Entscheidung der Bergbehörde festgestellt werden.

Vor dieser Entscheidung kann daher ein Zwang zur Abtretung nicht ausgeübt werden. Die Entscheidung kann also immer nur den abzutretenden, nicht den abgetretenen Grund und Boden betreffen. Sie muss aus denselben Gründen nicht bloss die Schadloshaltung des Grundeigenthümers, sondern den Umfang und die Bedingungen der Abtretung überhaupt, den ganzen Inhalt des zu constituirenden Rechtsverhältnisses betreffen. Dies ergiebt nicht nur die innere Nothwendigkeit, sondern auch der richtig verstandene Wortlaut der §§. 113. und 115. Nach §. 113. besteht die Schadloshaltung des Grundeigenthümers darin, dass ihm die jährliche Abnutzung des abgetretenen Bodens so lange vergütet wird, bis der Boden wieder in solchen Stand gesetzt ist, dass er gehörig genutzt werden kann. Die Schadloshaltung besteht also in einer jährlichen Rente von einem gewissen Betrage mit einem gewissen Endtermine. Soll die so bestimmte Schadloshaltung für einen concreten Fall festgesetzt werden, so gehört dazu nicht nur die Bestimmung, wieviel jährlich für die Abnutzung vergütet werden soll, sondern auch wie lange diese Jahresrente gezahlt werden soll. Es ist ferner bereits oben (S. 182) aus der Verbindung der §§. 109. und 113. nachgewiesen worden, dass der Grundbesitzer einen Anspruch auf die Wiederherstellung und Rückgewähr des zum Bergbau benutzten Grundstücks hat, dass also die im §. 113. gedachte Schadloshaltung nicht bloss in der Vergütung der jährlichen Abnutzung bis zur Rückgewähr, sondern in dieser Vergütung und in der Rückgewähr nach gemachtem Gebrauche besteht. Die Festsetzung des Bergamts, welche nach §. 115. diese Schadloshaltung regeln soll, muss daher nicht bloss den Betrag der jährlich zu vergütenden Abnutzung, sondern auch die Dauer der Benutzung und die künftige Rückgewähr in culturfähigem Zustande umfassen.

Aus den angeführten Vorschriften des Allg. Landrechts lassen sich demnach die materiellen Grundsätze vollständig ableiten, durch welche die nothwendige Grundabtretung conform den in den §§. 29—31. A. L. R. I. 8. aufgestellten allgemeinen Principien geregelt ist. Ueber die Formen aber, in welchen der Zwang zur Grundabtretung durchgeführt werden soll, enthält das Allg. Landrecht gar keine oder doch nur höchst ungenügende Bestimmungen. Diese Lücke ist zum Theil ergänzt worden durch die Declaration vom 27. October 1804 (Rabe Bd. VIII. S. 202), welche Folgendes verordnet:

»Nach dem Allg. Landrechte Th. II. Tit. 16. und den Provinzial-Bergordnungen sind zwar die Grundeigenthümer verbunden, den zum Bergbau erforderlichen Grund und Boden an die bergbautreibenden Gewerke zu überlassen. Weil aber darin der zur Abfuhre der gewonnenen Mineralien erforderlichen Wege und der Niederlageplätze nicht besonders und ausdrücklich gedacht ist, welche nach Einführung der schiffbaren Kanäle und der künstlichen eisernen und hölzernen Schienenwege häufiger als bisher die Ueberlassung des dazu erforderlichen Grund und Bodens erfordern, weshalb verschiedentlich Streitigkeiten entstanden, welche dem Bergbau und dem Absatz der gewonnenen Mineralien nachtheilig und hinderlich gewesen sind, so haben wir für nöthig gefunden, diesem Mangel durch eine Declaration abzuhelfen, und verordnen demnach:

§. 1. Dass jeder Grundeigenthümer verbunden sein soll, den zur Abfuhre der Mineralien und zu den Niederlageplätzen erforderlichen Grund und Boden an die bergbautreibenden Gewerke zu überlassen; jedoch zur Vermeidung aller unnöthigen Beschränkung des Privateigenthums nur in den Fällen, wenn der besondere Weg oder die besondere Niederlage dem Bergbau so unentbehrlich sind, dass ohne dieselben der Bergbau nicht mit Nutzen angefangen oder fortgesetzt werden kann, und wenn dadurch nicht ein anderes, dem Staate eben so nützliches Gewerbe gehindert wird.

§. 2. Soll die Anweisung dazu von dem Oberbergamte nach der zweckmässigsten Richtungslinie und an den schicklichsten Stellen, den Localumständen und den Bedürfnissen des Bergwerks angemessen geschehen, und die Breite der Schienen- und Schiebewege so gering als möglich bestimmt, dabei überhaupt auf die Schonung des Grundeigenthümers Rücksicht genommen werden, wenn ein anderer gleich guter, dem Grundeigenthümer aber unschädlicherer, Ausweg vorhanden ist.

§. 3. Ueber die Unentbehrlichkeit des Weges oder der Niederlage in dem Sinne des §. 1. und über den

Vorzug in der Collision mit einem anderen Gewerbe sollen aber allein die Kriegs- und Domainenkammern und das Oberbergamt der Provinz, nach gemeinschaftlich untersuchter Sache, entscheiden, und wenn sie sich deshalb nicht einigen können, soll von beiden an die vorgesetzten Departements des Generaldirectorii zur gemeinschaftlichen verfassungsmässigen Bestimmung eines oder des anderen dieser beiden streitigen Punkte berichtet werden.

§. 4. Der respective von dem Oberbergamte oder von demselben und der Kriegs und Domainenkammer, auch deren höheren Behörden geschehenen Anweisung, muss sich der Grundeigenthümer unterwerfen, und soll, in Ansehung der etwa darüber entstehenden Beschwerden, bloss ein Recurs an die dem Oberbergamte oder der Kriegs- und Domainenkammer vorgesetzte Behörde, und also kein förmlicher Process stattfinden, ausser in den Fällen, wo derselbe eine Befreiung von der allgemeinen Verbindlichkeit vermöge der für einzelne Fälle bereits ergangenen rechtskräftigen Erkenntnisse, oder eines besonderen Privilegii, Vertrags oder Verjährung behaupten möchte. Es müssen aber

§. 5. die bergbautreibenden Gewerke die Grundeigenthümer für den zu überlassenden Grund und Boden, nach der Bestimmung des Allg. Landrechts Th. II. Tit. 16. §§. 112. bis 116$^{b.}$, vollständig entschädigen, welche Entschädigung in Entstehung eines gütlichen Abkommens von dem Oberbergamte nach dem Gutachten sachverständiger Personen bestimmt werden muss. Wenn aber über das solchergestalt zu arbitrirende Entschädigungsquantum für die Grundeigenthümer ein Streit entstehet, so soll derselbe von den ordentlichen Landes-Justizcollegiis der Provinz instruiret und entschieden werden. Die Anlage der Abfuhrwege und der Niederlagen soll inzwischen dadurch nicht aufgehalten werden, sondern dieselben gegen einstweilige Berichtigung der billigmässig bestimmten Entschädigung, auf Verlangen der Berggewerke, mit Vorbehalt ihrer Rechte, geschehen.«

Diese Declaration ist zwar nach der im Eingange gegebenen Erklärung nicht durch die Lückenhaftigkeit der landrechtlichen Vorschriften über das Verfahren bei Grundabtretungen veranlasst worden, sondern sie hat zunächst den Zweck, das

Recht des Bergwerkseigenthümers auf die Abtretung des zu Abfuhrwegen und Niederlageplätzen erforderlichen Bodens auszudehnen und die über die Tragweite des §. 109. A. L. R. II. 16. entstandenen Zweifel in diesem Sinne zu beseitigen. Allein die Declaration giebt in den §§. 2. 4. und 5. zugleich detaillirte Vorschriften über das Verfahren, welche auch auf die in der ursprünglichen Vorschrift des §. 109. begriffenen Fälle der Grundabtretung bezogen werden müssen und eine authentische Interpretation der §§. 114—116[a.] A. L. R. II. 16. enthalten. Das Gesetz vom 27. October 1804 kündigt sich in seinem Eingange ausdrücklich als eine Declaration der Vorschriften des Allg. Landrechts und der Provinzial-Bergordnungen über die Grundabtretung an. Es verweist auch im §. 5. auf die im Allg. Landrecht Th. II. Tit. 16. §§. 112 bis 161[b.] enthaltenen Bestimmungen über die Entschädigung des Grundeigenthümers und fügt diesen nur die nähere Bestimmung hinzu:

1. dass die Entscheidung über den Umfang der nothwendigen Grundabtretung lediglich durch den Beschluss der competenten Verwaltungsbehörden, beziehungsweise der vorgesetzten Ministerien, erfolgt, ohne dass darüber der Rechtsweg stattfindet (§§. 2. 4.);
2. dass durch diesen Beschluss über den Betrag der zu gewährenden Entschädigung zwar nur vorläufig unter Vorbehalt des Rechtsweges entschieden wird; dass aber die Besitznahme der abzutretenden Grundfläche durch die Beschreitung des Rechtsweges nicht aufgehalten wird, sondern gegen Erlegung der vorläufig festgesetzten Entschädigung erfolgen muss.

Wenn hiernach der Gesetzgeber den in den §§. 109. ff. A. L. R. II. 16. vorhergesehenen Fällen der Grundabtretung einen neuen hinzufügt und bei dieser Gelegenheit das Abtretungsverfahren in mehreren Punkten näher bestimmt, so dass dadurch offenbare Lücken der älteren Vorschriften ergänzt werden, so muss nach den Regeln der blossen logischen Interpretation angenommen werden, dass sich diese ergänzenden Vorschriften nicht auf die neu hinzugefügten Fälle allein, sondern auf alle Fälle der nothwendigen Grundabtretung beziehen sollen. Die entgegengesetzte Annahme erscheint nur unter der Voraussetzung gerechtfertigt, dass die auf das Verfahren bezüglichen Vorschriften durch die Besonderheit des neu hinzutretenden Falles bedingt oder motivirt sind. Nun enthält allerdings die Declaration vom 27. October 1804 in den §§. 1. und 4. eine offenbare Abweichung von den materiellen Grundsätzen der §§. 109. ff. A. L. R. II. 16., indem die Abtretung der zum Bergbau erforderlichen Niederlageplätze und Abfuhrwege im §. 1. nicht unbedingt vorgeschrieben, sondern von der Voraussetzung abhängig gemacht ist, dass ohne dieselben der Bergbau nicht mit Nutzen angefangen oder fortgesetzt werden könne und dass kein anderes dem Staate eben so nützliches Gewerbe gehindert wird; und indem nach §. 2. nicht die Bergbehörde allein, sondern in Gemeinschaft mit der Bezirksregierung (Kriegs- und Domainenkammer) über die Nothwendigkeit der Grundabtretung entscheidet. Es liesse sich hieraus der Zweifel ableiten, ob nicht der ganze Inhalt der Declaration als neues Recht zu betrachten und auf die im §. 1. vorgesehenen Fälle der Anlage von Niederlagen und Abfuhrwegen zu beschränken sei. Diese Zweifel werden indess durch die Entstehungsgeschichte der Declaration gehoben. In dem ersten Entwurfe dieses Gesetzes vom 16. April 1798 ist nämlich die gegenwärtig im §. 1. a. E. zugefügte Beschränkung der Abtretungsverbindlichkeit nicht enthalten, sondern die Ueberlassung wie im §. 109. A. L. R. II. 16. unbedingt für alle Fälle vorgeschrieben, wo die Anlage von Abfuhrwegen oder Niederlageplätzen erforderlich wird.*) Eben so ist in den folgenden Paragraphen die Entscheidung über den Umfang der nothwendigen Grundabtretung und die vorläufige Festsetzung der Schadloshaltung der Bergbehörde allein und ohne Mitwirkung der Landespolizeibehörde übertragen. Die Gesetzcommission erinnerte jedoch in ihrem Gutachten vom 2. Juli 1803 gegen diesen Entwurf, dass die Ausdehnung der nothwendigen Grundabtretung auf die Anlage entfernter Niederlageplätze und Abfuhrwege eine erhebliche Beschränkung des Grundeigenthums enthalte und deshalb auf die Fälle zu beschränken sei, wo der besondere Weg oder die besondere Niederlage dem Bergbaue so unentbehrlich sei, dass ohne dieselben der Bergbau nicht fortgesetzt werden könne, und wo nicht ein anderes dem Staate eben so nützliches Gewerbe dadurch gehindert werde. Sie hielt ferner zur Feststellung des letzteren Requisits die Mitwirkung der Landespolizeibehörde (Kriegs- und Domainenkammer) bei dem Grundabtretungsverfahren für nothwendig. Diese Erinnerun-

*) Dieser erste Entwurf enthielt dagegen eine andere, später weggefallene Beschränkung, indem das Recht auf Grundabtretung nur den Westfälischen Steinkohlengruben für ihre Niederlageplätze an der Ruhr und für die Abfuhrwege dahin eingeräumt werden sollte.

gen wurden durch die Allerhöchste Order vom 8. Mai 1804 gebilligt und auf Grund derselben das Gesetz in seiner gegenwärtigen Fassung festgestellt. (Acten des Bergwerks- und Hüttendepartements 393 CCCLIII. fol. 193. fol. 10. und fol. 65.)

Die §§. 1. und 3. der Declaration vom 27. October 1804 enthalten also allerdings neues Recht und können nach ihrer Entstehungsgeschichte nur auf die neu eingeführten Fälle der nothwendigen Grundabtretung bezogen werden. Die §§. 2. 4. und 5. dagegen enthalten nur eine nähere Bestimmung der bereits bestehenden Vorschriften über das Verfahren, an deren Allgemeingültigkeit wohl nicht gezweifelt werden kann. Dies ist auch durch die spätere Cabinetsorder vom 14. November 1838, die Abtretung des Eigenthums von Grund und Boden zu bergbaulichen Zwecken im Bergamtsbezirk Siegen betreffend (Ges. Samml. von 1839 S. 2), anerkannt worden, durch welche die Vorschriften der Declaration vom 27. October 1804 als allgemein gültige Regeln für das Verfahren bei Grundabtretungen zum Bergbau in das Gebiet des gemeinen Bergrechts eingeführt worden sind.

Die vorstehend entwickelten Grundsätze über die Voraussetzungen der nothwendigen Grundabtretung und über das Verfahren zur Feststellung des Umfangs und der Bedingungen der Grundabtretung sind von der höchsten Verwaltungsbehörde in den Ministerialerlassen vom 2. October 1855, vom 8. Februar 1856, vom 12. und vom 28. August 1858 (Bd. III. S. 161, Bd. IV. S. 12, Bd. VI. S. 273 und Bd. VII. S. 9 der Zeitschrift für Berg-, Hütten- und Salinenwesen) als maassgebend angenommen worden. Auch das Ober-Tribunal hat sich in zwei Entscheidungeu vom 1. December 1858 dieser Auffassung angeschlossen und folgende Grundsätze aufgestellt:

50. Der Bergwerksbesitzer ist nicht befugt, den zu seiner Grube und den im §. 109. Allg. Landrechts Th. II. Tit. 16. bezeichneten bergbaulichen Anlagen erforderlichen Grund und Boden wider den Willen des Grundeigenthümers und ohne vorheriges Zwangsabtretungsverfahren in Besitz zu nehmen.

51. Das Verfahren, welches durch die Declaration vom 27. October 1804 (Rabe, Bd. VIII. S. 202) für die zwangsweise Grundabtretung zur Anlage von Abfuhrwegen und Niederlageplätzen vorgeschrieben ist, findet auch auf die im §. 109. Allg. Landrechts Th. II. Tit. 16. bestimmten

Fälle der unfreiwilligen Ueberlassung von Grund und Boden Anwendung.

Entscheidungen Bd. 41. S. 354. Striethorst's Archiv Bd. 31. S. 288.

Beiden angeführten Entscheidungen liegt ein gleichförmiges Sachverhältniss zu Grunde, indem in beiden Fällen der Grundbesitzer wegen eigenmächtiger Benutzung seines Grundstückes zu bergbaulichen Anlagen über Tage die Besitzstörungsklage gegen den Bergwerksbesitzer erhob. In den Gründen des in der amtlichen Sammlung der Entscheidungen veröffentlichten Urtheils, durch welches die Nichtigkeitsbeschwerde gegen das verurtheilende Erkenntniss des ersten Richters verworfen wurde, ist Folgendes ausgeführt (a. a. O. S. 356):

»Der §. 109. A. L. R. II. 16. spricht die Verpflichtung aus, an den Bergbauenden den Grund und Boden zu überlassen, welcher zu der Grube selbst, zu den Stollen, Halden und Wegen nothwendig ist, und nach §. 112. ibid. muss für alles, was der Grundeigenthümer zum Bau und Betriebe des Werkes abgetreten und verloren hat, demselben vollständige Entschädigung geleistet werden. Ueber das Verfahren, wenn Streit zwischen dem Grundeigenthümer und dem Bergbauenden über die Abtretung von Grund und Boden und die dafür zu gewährende Entschädigung entsteht, enthält das Allg. Landrecht keine besondere Bestimmungen. Im Allgemeinen müssen dabei, da es sich um einen zwangsweisen Verkauf (?) im öffentlichen Interesse handelt, die in den §§. 4. ff. Tit. 11. Th. II. des Allg. Landrechts enthaltenen Vorschriften von Expropriationen leitend sein. Nach diesen muss vor allen Dingen die Nothwendigkeit des Verkaufs und das zu veräussernde Object auf die gesetzliche Art bestimmt sein, ehe dem bisherigen Eigenthümer dasselbe entzogen werden darf, §. 10. ibid. Schon hiernach ist es nicht gerechtfertigt, dass sich der Bergbauende wider Willen des bisherigen Eigenthümers ohne Weiteres in den Besitz eines Grundstückes setzt. Dies findet seine Bestätigung in der von der Implorantin in Bezug genommenen Declaration vom 27. October 1804, durch welche das Verfahren vollständig geordnet ist; — in ähnlicher Weise, wie dies neuerlich bei Eisenbahnunternehmungen geschehen ist, cfr. §. 11. des Gesetzes vom 3. November 1838 (Ges. Samml. S. 505). — Die Verwaltungsbehörde entscheidet über die Verpflichtung zur Abtretung und setzt die Entschädigung fest. Will sich hiermit der Grundeigenthümer nicht begnügen, so steht ihm über das Entschädigungsquantum der Weg des Processes frei, er muss aber den für erforderlich erachteten Grund und Boden, gegen die festgesetzte billigmässige Entschädigung, sofort abtreten. Bevor daher von dem Grundeigenthümer die zwangsweise Abtretung eines Grundstückes gefordert werden kann, muss die Nothwendigkeit dieser Abtretung von der competenten Behörde festgestellt sein. Dagegen ist dem Bergbauenden nicht gestattet, sich wider Willen des Grundeigenthümers, ohne vorherige Bestimmung der competenten Behörde, in den Besitz von Grundstücken zu setzen. Ein solcher eigenmächtiger Eingriff in die bestehenden Besitzverhältnisse unterliegt den gesetzlichen Vorschriften §§. 146. ff. Th. I. Tit. 7. des Allg. Landrechts und des Tit. 31. der Processordnung. Die Declaration vom 27. October 1804 handelt zwar zunächst nur von Ueberlassung des Grundes und Bodens zur Anlage der Abfuhrwege und Niederlagen, es kann aber keinem Bedenken unterliegen, die darin enthaltenen Vorschriften über das zu beobachtende Verfahren auch auf Abtretungen zu anderen bergbaulichen Zwecken anzuwenden. In einer Cabinetsorder vom 14. November 1838 (Ges. Samml. 1839 S. 2), welche für den Bezirk des Bergamtes zu Siegen ergangen ist, und die Verpflichtung der Grundeigenthümer zum Gegenstande hat, den zum Betriebe des Bergbaues für Schächte, Stolln, Halden, Abfuhrwege, Niederlageplätze etc. nothwendigen Bodenraum abzutreten, wird genehmigt:

> dass das Verfahren, welches für den Fall des Bedürfnisses einer solchen Abtretung in der Declaration vom 27. October 1804, die Ueberlassung des Grund und Bodens an die Bergbau treibenden Gewerke betreffend, allgemein vorgeschrieben ist, auch in den Landestheilen des Bergamtsbezirks Siegen, in welchen die Vorschriften des Allg. Landrechts vom Bergwerksregal keine Anwendung finden, beobachtet werde.

Der Gesetzgeber selbst betrachtet also die in der Declaration vom 27. October 1804 enthaltenen Vorschriften über das Verfahren als allgemeine, das Verfahren bei Abtretung des Grundes und Bodens zu bergbaulichen Zwecken regelnde Vorschriften, so dass dieselben nicht auf den Fall der Abtretung zu Abfuhrwegen und Niederlageplätzen beschränkt werden können.«

Durch diese Entscheidungen des Ober-Tribunals und der höchsten Verwaltungsbehörde ist die Anwendbarkeit des in der Declaration vom 27. October 1804 vorgeschriebenen Verfahrens auf die im §. 109. A. L. R. II. 16. vorgesehenen Fälle der Grundabtretung als festgestellt zu erachten, jedoch mit der selbstverständlichen Maassgabe, dass die Mitwirkung der Bezirksregierung gemäss §. 3. der Declaration nur in dem Falle eintritt, wenn »über die Unentbehrlichkeit des Weges oder der Niederlage in dem Sinn des §. 1. und über den Vorzug in der Collision mit einem anderen Gewerbe« zu entscheiden ist, also nur bei der Grundabtretung zu Abfuhrwegen und Niederlageplätzen.

Wenn durch die ergänzenden Vorschriften der Declaration die Lücken der landrechtlichen Gesetzgebung über das

Zwangsabtretungsverfahren in wesentlichen Punkten ergänzt worden sind, so müssen dennoch die bezüglichen gesetzlichen Vorschriften auch in ihrer gegenwärtigen Gestalt noch als unvollständig und der Ergänzung bedürftig bezeichnet werden. Wie oben (S. 196) gezeigt worden ist, muss der Beschluss über die Zwangsabtretung, welcher den Vertrag über die Verpachtung des Grundstückes ersetzen soll, alle wesentlichen Punkte dieses Rechtsverhältnisses bestimmen, also nicht nur den Betrag der zu zahlenden Jahresrente, sondern auch die Dauer der Benutzung und den Zeitpunkt der künftigen Rückgewähr. Dieser Zeitpunkt lässt sich indess in den meisten Fällen nicht zum Voraus bestimmen, da die Dauer der Benutzung von dem ungewissen Fortgange des Bergwerksunternehmens abhängig ist. Die Dauer der Abtretung kann also, wie dies in den meisten Grundabtretungsbescheiden geschieht, in der Regel nur dahin bestimmt werden: so lange die zu errichtende Anlage zum Betriebe des Bergwerks nothwendig ist. Will also der Grundeigenthümer sein Rückforderungsrecht geltend machen, so kann dies nur dadurch geschehen, dass er die Entbehrlichkeit des abgetretenen Grundstückes für den Bergwerksbetrieb behauptet. Die Entscheidung über diese Bedürfnissfrage ist jedoch nach §. 4. der Declaration vom 27. October 1804 der Cognition der Gerichte entzogen und den Verwaltungsbehörden übertragen. Der Gesetzgeber hätte also, um dem Grundeigenthümer einen wirksamen Rechtsschutz zu gewähren, auch dem Grundbesitzer die Provocation auf Rückgewähr des entbehrlich gewordenen Grundstückes in denselben Formen gestatten müssen, welche für die Provocation auf die Grundabtretung vorgeschrieben sind. Der Mangel einer solchen Vorschrift ist in eclatanter Weise hervorgetreten in folgendem Rechtsfalle:

Die Gewerkschaft der Grube Vereinigte Luise und Erbstolln liess in früherer Zeit auf einem Grundstücke des Landwirths H. zwei Schächte abteufen und um dieselben Halden stürzen. Der Landwirth H., welcher bisher für den entzogenen Grund und Boden eine jährliche Entschädigung erhalten hatte, behauptete hiernächst, die beiden Schächte seien zu bergbaulichen Zwecken nicht mehr erforderlich und klagte, unter Bezugnahme auf die Declaration vom 13. September 1777 (Rabe Bd. I. Abth. 6. S. 255), gegen die genannte Gewerkschaft auf Zurückgabe des ihr überlassenen Grundstücks in dem früheren Zustande oder Erstattung der Wiederherstellungskosten.

Die Verklagte wandte ein, dass wenn die Schächte auch zur Zeit nicht gebraucht würden, sie doch möglicherweise noch beim Tiefbau benutzt werden könnten, und dass der Kläger jedenfalls nur Entschädigung für die entzogene Benutzung verlangen könne, diese ihm auch nicht verweigert sei. Der Kläger wurde in zwei Instanzen mit seinem Antrage zurückgewiesen, und zwar von dem Appellationsrichter, weil der in der Declaration vom 13. September 1777 vorgesehene Fall nicht vorliege, überhaupt weder die Cleve-Märk. B. O. im Cap. 72., noch das Allg. Landrecht in den §§. 112—115. Th. II. Tit. 16., noch irgend eine andere gesetzliche Bestimmung den Anspruch des Klägers rechtfertige.

Die Nichtigkeitsbeschwerde des Klägers ist durch das Erkenntniss des Ober-Tribunals vom 9. November 1847 (Rechtsfälle Bd. 3. S. 105) zurückgewiesen worden. In den Gründen ist ausgeführt:

»Abgesehen von der Frage, ob die Declaration vom 13. September 1777 ein Gesetz sei, dessen Verletzung die Vernichtung eines Erkenntnisses zur Folge habe, liege ein Verstoss gegen dieselbe nicht vor. Sie betreffe die Streitfrage gar nicht, sondern bestimme nur, auf wessen Kosten die Wegbringung der Halden erfolgen müsse. Ob und unter welchen Voraussetzungen der Grundeigenthümer sie verlangen könne, lasse sie unentschieden.*) In den §§. 109. 110. 112. 115. A. L. R. II. 16. werde es dem Grundeigenthümer zur Pflicht gemacht, dem Bergbauenden den erforderlichen Grund und Boden zu überlassen und bestimmt, dass er sich mit der Vergütung der jährlichen Abnutzung begnügen müsse, bis der Boden wieder in solchen Stand gesetzt sei, dass er gehörig genutzt werden könne. Ob und wann dieses zu bewirken, hänge von dem Bergwerksbetriebe ab, und der Bergbauende, welcher einen Schacht zwar zur Zeit nicht benutze, aber sich dessen Wiederbenutzung für den Fall des Tiefbaus vorbehalten wolle, könne nicht gezwungen werden, das Grundstück in dem früheren Stande zu-

---

*) Declaration vom 13. September 1777 (Nov. Corp. Const. Tom. VI. S. 907. Rabe Bd. I. Abth. 6. S. 255):

ad 2. Ist ein Unterschied zu machen, ob der Grundherr das Traddefass oder eine nach vorgängiger Würdigung bestimmte, jährliche Vergütigung des Schadens an seinem fundo erhalten habe. Im ersteren, diesen Schaden gemeiniglich übersteigenden Falle muss der Grundherr, sowie es auch nach anderen Bergrechten üblich ist, die Halden selbst wegschaffen und seinen Boden ausebenen. Im letzteren Falle hingegen müssen solches, wenn nicht schon bei der Würdigung des jährlichen Schadens die deshalbige Kosten mit in Anschlag gebracht, sondern die Traddegelder bloss nach dem jährlich dem Grundherrn entgehenden Nutzen des fundi regulirt worden, die Gewerken thun.

rückzugewähren. Auch aus den Bestimmungen der §§. 109. und 110. a. a. O., wonach der Grundbesitzer den nothwendigen Boden zum Bergbau hergeben müsse, folge nicht die Verpflichtung zur Rückgabe, so lange das Flötz noch nicht abgebaut und eine Wiederbenutzung zum Bergbau noch möglich sei.«

Die Motivirung dieser Entscheidung ist allerdings nicht für durchweg zutreffend zu erachten. Der angedeutete Zweifel an der Gesetzeskraft der Declaration vom 13. September 1777 ist nicht begründet, da dieselbe auf Allerhöchsten Specialbefehl erlassen, an die Westfälischen Bergbehörden zur Publication versandt, und in die akademische Edictensammlung aufgenommen ist. Ebensowenig lässt die Declaration, welche bestimmt, dass in Fällen wie der vorliegende, der Bergwerksbesitzer die Halden wegschaffen muss, es unentschieden, ob der Grundeigenthümer die Wegschaffung verlangen könne. Was endlich den Zeitpunkt der Rückgewähr betrifft, so folgt daraus, dass der Grundeigenthümer nach §. 109. a. a. O. den Grund und Boden abtreten muss, welcher zur Grube selbst u. s. w. nothwendig ist, noch nicht, dass diese Abtretung auch dann fortdauern müsse, wenn die Benutzung thatsächlich aufgehört hat und nur möglicherweise künftig wieder eintreten kann. Allein die Beurtheilung der Frage, ob die Abtretung nothwendig ist, ist der richterlichen Cognition nach §. 4. der Declaration vom 27. October 1804 überhaupt entzogen. Sie kann auch nicht in der Form zur richterlichen Entscheidung gebracht werden, dass behauptet wird, die Grundfläche sei zu den bergbaulichen Anlagen nicht mehr erforderlich, weil sonst der Abtretungsbescheid der Verwaltungsbehörde, der Vorschrift des §. 4. cit. zuwider, sofort in dieser Form im Rechtswege angegriffen und aufgehoben werden könnte. Der Richter muss also Klagen, wie die vorliegende, allerdings so lange als verfrüht zurückweisen, als nicht der Bescheid der Verwaltungsbehörde von der competenten Instanz wieder aufgehoben ist. Es ist daher unerlässlich, dass dem Grundeigenthümer die Provocation auf Aufhebung dieses Bescheides gestattet werde.*)

---

*) Eine Reform der Gesetzgebung über die Grundabtretung erscheint in mehr als einer Rücksicht nothwendig. Das bestehende Recht versagt dem Grundeigenthümer nicht bloss die Kapitalabfindung, sondern auch die Sicherstellung für die künftige Rückgewähr und Wiederherstellung des abgetretenen Grundstücks (vergl. Gruchot, Beiträge Jahrg. II. S. 443 ff.). Es entzieht ihm endlich, wie der oben vorgetragene Fall beweist, die Rechtshülfe zur Wiedererlangung seines Eigenthums, nachdem der Grund der Abtretung weggefallen ist, und lässt den Grundbesitzer also vollständig schutzlos.

Zum Schlusse dieser Erörterung sind noch die beiden folgenden Präjudizien des Ober-Tribunals mitzutheilen:

52. Die Verpflichtung des Grundeigenthümers, seinen Grund und Boden an die Bergbauenden zu überlassen, ist nicht bloss auf die im §. 109. A. L. R. II. 16. bezeichneten Fälle beschränkt, sondern tritt überall ein, wo die Verwendung von Grund und Boden zum regelmässigen Baue und Betriebe des Werks nothwendig ist.

Präjudiz 538[a.] vom Jahre 1838.

53. Der §. 109. A. L. R. II. 16., nach welchem der Grundeigenthümer dem Bergbauenden den zur Grube, zu den Stolln etc. erforderlichen Grund und Boden abtreten muss, bezieht sich nur auf solche Fossilien, welche zum Bergwerksregal gehören.

Präjudiz 1890 vom 11. Juni 1847.

deren Begründung nicht veröffentlicht ist. Beide Rechtsgrundsätze sind übrigens unbedenklich. Denn dass die im §. 109. namhaft gemachten einzelnen bergmännischen Anlagen nur den Gattungsbegriff der zum Grubenbetriebe erforderlichen Anlagen überhaupt vertreten sollen, ergiebt sich aus dem gewöhnlichen exemplifizirenden Sprachgebrauche des Gesetzgebers. Dass aber der §. 109., wie die übrigen Vorschriften des vom Bergwerksregal handelnden Abschnittes, nur auf den Regalbergbau Anwendung findet, bedarf nicht der weiteren Ausführung.

§. XIV. Der Grundkux. — Die Tradde.

I. Es ist bereits im vorletzten Abschnitte (S. 163) erwähnt worden, dass das ältere Bergrecht dem Grundeigenthümer statt der Geldentschädigung für den durch den Bergbau erlittenen Verlust eine andere Art der Ausgleichung dadurch gewährt, dass es denselben an dem Ertrage des Bergbaus mit einer bestimmten Zahl von Kuxen, den sogenannten Erb- oder Grundkuxen betheiligt. Diese Betheiligung erfolgt entweder durch Mitbaukuxe, so dass der Grundeigenthümer zu den Kosten des Bergbaus nach Verhältniss seines gesetzlichen Antheils beisteuert, oder durch Freikuxe, so dass der Grundbesitzer von jedem Beitrage zu den Kosten befreit ist und an der nach erstattetem Verlage zu vertheilenden Ausbeute nach Verhältniss seines Antheils participirt. Diese Naturalausgleichung war im ältesten Bergrechte die ausschliessliche Regel; und noch die Chur-Cölnische Bergordnung von 1669 Th. III. Art. 19., sowie die Chur-Sächsische Bergordnung von 1589 Art. 72., schreiben die Gewährung von Freikuxen, beziehungsweise Mitbaukuxen an den Grundeigenthümer statt jeder anderen Entschädigung für den abgetretenen und beschädigten Grund und Boden vor. Das Recht auf die Grundkuxe steht nach den älteren Bergordnungen demjenigen Grundbesitzer zu, auf dessen Boden der Hauptschacht oder der Hauptstolln angesetzt wird. Die Zahl der zu gewährenden Mitbaukuxe ist übereinstimmend auf vier, die der Freikuxe auf einen festgesetzt. Zwischen beiden Arten der Betheiligung bleibt dem Grundbesitzer die Wahl.*)

Diese Form der Grundentschädigung durch einen Antheil an dem Ertrage des Bergwerks, welche sowohl den abgetretenen Grund und Boden, als die mittelbaren Grundschäden umfasst, entsprach der im Mittelalter allgemein herrschenden Regel der Naturalwirthschaft. Sie entsprach dem Bedürfnisse, so lange der Werth der von dem Bergbau in Anspruch genommenen Grundflächen zu dem Ertrage des Bergbaus in einem sehr niedrigen Verhältnisse stand, und so lange bei nicht fortgeschrittener Theilung des Grundbesitzes und bei geringer Ausdehnung der Grubenfelder in dem Eigenthümer des Fundschachtes in der Regel zugleich der Eigenthümer des ganzen Grubenfeldes abgefunden wurde. Schon die Chur-Sächsische Bergordnung von 1589 musste jedoch im Art. 72. cit. eine Bestimmung für den Fall treffen, dass das Grubenfeld die Besitzungen mehrerer Grundeigenthümer umfasste. Und mit der steigenden Bodenkultur wurde endlich die von dem Gesetze ein für alle Mal fixirte Naturalentschädigung so ungenügend, dass man sich genöthigt sah, anstatt derselben eine Geldentschädigung für den abgetretenen und beschädigten Grund und Boden zu gewähren. Schon die Bergordnungen des sechszehnten Jahrhunderts, mit Ausnahme der Chur-Sächsischen und der noch jüngeren Chur-Cölnischen Bergordnung, lassen dem Grundeigenthümer zwischen dieser Geldentschädi-

*) Nassau-Katzenelnbog. B. O. Art. 28. Chur-Trier. B. O. Th. I. Art. III. 25. Chur-Sächs. B. O. Art. 72. Die Homburgische B. O. Art. 7. gewährt dem Grundeigenthümer nur die Wahl zwischen der Geldentschädigung und den vier Mitbaukuxen, dem sogenannten Erbstamm. Die Chur-Cölnische B. O. a. a. O. lässt nur den einen Freikux zu, und kennt weder Mitbaukuxe noch Geldentschädigung.

gung und der Naturalausgleichung durch vier Mitbaukuxe oder einen Freikux die Wahl, welche auf die Aufforderung des Bergwerkseigenthümers nach erfolgter Verleihung des Bergwerks ein für alle Male ausgeübt werden muss.*) In den drei revidirten Bergordnungen ist dagegen als Regel angenommen, dass dem Grundeigenthümer neben der Betheiligung am Ertrage des Bergwerks, welche ihm in Gestalt von zwei Freikuxen gewährt wird, die vollständige Geldentchädigung für den abgetretenen und beschädigten Grund und Boden gewährt werden muss.**) Hiermit übereinstimmend legt auch das Allg. Preussische Landrecht neben der Geldentschädigung für den abgetretenen Boden und die sonstigen durch den Bergbau entstandenen Verluste (§. 109.) dem Grundbesitzer den Erbkux, d. h. zwei Freikuxe, an dem Bergwerke bei (§§. 177. ff. §. 134.) und bestimmt, dass dieser Erbkux demjenigen gebührt, in dessen Grunde und Boden sich die Fundgrube befindet (§. 120.) und von diesem Grundstücke nicht getrennt werden kann (§. 118.).

Die Grundkuxe haben also in dem Preussischen Bergrechte ihre ursprüngliche Bedeutung ganz verloren und wie die übrigen Freikuxe den Charakter einer blossen auf dem Bergwerkseigenthum haftenden Reallast angenommen. Dass die Freikuxberechtigung eine blosse Reallast, nicht ein Miteigenthum an dem Bergwerke, darstellt, geht daraus hervor, dass der Freikuxberechtigte an den Beschlüssen über die Verwaltung und Benutzung des Bergwerks, sogar an den Verfügungen über die Substanz desselben, nicht Theil nimmt (Gesetz vom 12. Mai 1851 §. 5.); dass er zu den Kosten des Bergwerksbetriebes nicht beiträgt (§. 277. A. L. R. II. 16.) und dass die Freikuxberechtigung unveräusserlich dem Grundstücke, der Kirche und Schule anklebt, welcher sie durch das Gesetz beigelegt ist. (Vergl. Protocolle zur Revision des Preussischen Bergrechts von 1846 S. 73; Koch Commentar Anm. zu §§. 117. 118. A. L. R. II. 16.***)

Gleichwohl hat das Ober-Tribunal in dem Erkenntnisse vom 5. Juni 1857 (Striethorst's Archiv Bd. 24. S. 354) den Erb-

---

*) Nassau-Katzenelnbog. B. O.; Chur-Trier. B. O.; Homburg. B. O.; a. a. O.

**) Cleve-Märk. B. O. Cap. XXX. Cap. LXII. Schles. B. O. Magdeburg-Halberstädt. B. O. Cap. XXXI. Cap. LXXIII. Cap. LXXIV.

***) Die Mitbaukuxe des älteren Rechts stehen dagegen den gewerkschaftlichen Kuxen vollständig gleich.

kuxberechtigten als **Miteigenthümer** des Bergwerks bezeichnet. Es bemerkt:

»Die Schlesische Bergordnung verordnet im Cap. XXX. §. 1.: Eine jede Gewerkschaft bei den metallischen und anderen mineralischen Bergwerken soll hinführo in 128 Kuxe oder portiones getheilt sein, wovon 122 verzubust, zwei Kuxe für den Grundherrn, auf dessen Grund und Boden das Bergwerk liegt und bearbeitet wird, und zwei Kuxe für die Knappschafts- und Armenkasse frei gebaut werden.

Ganz übereinstimmend sind die Vorschriften des Allg. Landrechts, nur enthält nach demselben das Bergwerkseigenthum ausser den 6 Freikuxen noch 128 Kuxe (§§. 133. 134. 277. A. L. R. II. 16.). Ein Kux ist also ein bestimmter aliquoter Theil des Bergwerkseigenthums und schon hiernach muss, wie das ganze Bergwerk als Gegenstand des Eigenthums angesehen wird, auch der einzelne Kux als Gegenstand des Eigenthums betrachtet werden. Das Recht dessen, dem ein Kux gehört, kann daher eben so wie das Recht dessen, welchem das ganze Bergwerk gehört, nur als Eigenthum betrachtet werden. Es ist aber auch kein Grund vorhanden, den beiden Freikuxen, welche gesetzlich dem Grundherrn zustehen, eine andere rechtliche Natur beizulegen, wie den anderen Kuxen. Sie bilden wie diese aliquote Theile des Bergwerks und haben mit ihnen, so weit nicht besondere gesetzliche Bestimmungen eine Abweichung begründen, dieselbe rechtliche Natur. Solche Abweichungen finden sich nun allerdings hinsichtlich der gutsherrlichen Freikuxe in verschiedenen gesetzlichen Bestimmungen (§§. 118. 277. A. L. R. II. 16. §. 5. Ges. v. 12. Mai 1851). Alles dieses berechtigt aber nicht zu dem Schluss, dass die allgemeine rechtliche Natur der Freikuxe eine andere sei als die aller anderen Kuxe, und dass während die Besitzer aller anderen Kuxe als Miteigenthümer des Bergwerks betrachtet werden, der Erbkuxberechtigte nur ein Abgabenberechtigter sei.«

Diese Ausführung enthält eine vollständige Umkehrung des Satzes: *partes concursu fiunt.* Während dem Begriffe nach die ideelle Theilung der Sache erst aus der Mehrheit der Eigenthümer folgt, wird hier die Existenz eines Miteigenthums daraus abgeleitet, dass der Gesetzgeber die Sache als getheilt gedacht hat. Dieser Schluss ist indess keineswegs zulässig. Der Kux ist eine Maasseinheit und als solche eben sowohl dazu geschickt, dass Maass einer blossen dinglichen Berechtigung, als das Maass der eigenthümlichen Betheiligung auszudrücken. Wenn also der Gesetzgeber sich das Bergwerk in 128 Theile getheilt denkt und bestimmt, dass je zwei solcher Theile dem Grundherrn, der Kirche und Schule und der Knappschaftskasse **freigebaut** werden sollen, so folgt hieraus keinesweges, dass er diese Personen zu Eigenthümern eben so vieler Theile des Bergwerks gemacht hat. Es kommt vielmehr lediglich darauf an, welche Rechte er ihnen in Bezug auf diese Theile beigelegt hat; und diese Rechte bestehen, wie gezeigt ist, allein in dem Genusse der zu vertheilenden Ausbeute. Der beliehene Bergwerksbesitzer ist also zu 6 Theilen durch das Recht des Freikuxbesitzers auf die Ausbeute belasteter und zu 122 Theilen freier Eigenthümer. Er ist jedoch deshalb nicht minder der alleinige Eigenthümer, als dies bei einem theilweise verpfändeten Grundstücke der Fall ist. Dass die Freikuxe nach dem Sprachgebrauche des Allg. Landrechts ein Gegenstand des Eigenthums sind, ist nicht zu bestreiten. Hieraus folgt aber keinesweges, dass auch ihr Inhalt in einem Miteigenthum an dem Bergwerke besteht oder dass dieser Inhalt mit dem Rechte des Kuxbesitzers gleichartig ist. Beide sind vielmehr in derselben Art verschieden wie die Prioritäts- und die Stammactie.

Wenn hiernach der oben mitgetheilten Ausführung des Ober-Tribunals nicht beigetreten werden kann, so muss dagegen der in dem zweiten Theile der angeführten Entscheidung aufgestellte Satz:

54. Der Erbkux ist unverjährbar.
Striethorst's Archiv Bd. 24. S. 358.

als unzweifelhaft anerkannt werden. Denn gegen das Verbotsgesetz des §. 118. A. L. R. II. 16., welches jede Trennung des Erbkuxes von dem Grundstücke, auf welchem das Bergwerk betrieben wird, verbietet, ist, wie das Ober-Tribunal bemerkt, eine Verjährung nach §§. 664. A. L. R. I. 9. nicht statthaft.

II. An die Stelle der Grundkuxe tritt nach der Cleve-Märkischen Bergordnung Cap. XXX. §. 3. bei den Steinkohlenbergwerken die Tradde, ein Theilnahmerecht des Grundeigenthümers an dem rohen Ertrage des Bergbaues, welches abweichend von der Regel des Preussischen Rechts zugleich die Ausgleichung für die Grundabtretung und für die Grundschäden enthält. Nach Cap. XXX. cit. und nach der ergänzenden Vorschrift der Declaration vom 13. September 1777 (Rabe Bd. I. Abth. 6. S. 255) hat nämlich der Grundeigenthümer, auf dessen Grund und Boden ein Schacht abgeteuft ist, die Wahl, ob er sich den jährlich entstandenen Grundschaden vergüten lassen oder an jedem Tage, an welchem Kohlen aus dem Schachte gefördert werden, ein Fass Kohlen, oder überhaupt das fünf und sechzigste Fass von den aus dem Schachte geförderten Kohlen nehmen will. Dieser Antheil an der Förderung wird jedoch bei den in Wäldern, Büschen und anderem uncultivirten Lande stehenden Schächten auf $\frac{1}{2}$ Fass täglich oder auf das 130ste Fass der Förderung ermässigt. Ueber die Ausübung des Wahlrechtes enthält die Declaration sehr verwickelte und unpraktische Bestimmungen. Wählt der Grundbesitzer die tägliche oder verhältnissmässige Tradde, so hat er auf Grundentschädigung keinen Anspruch und muss auch namentlich selbst für die Wegschaffung der Halden und für die Ausebnung des zur Schachtanlage benutzten Grundstückes sorgen, wenn dasselbe zurückgewährt wird. Auf diese provinzialrechtlichen Vorschriften über die Tradde haben folgende Entscheidungen des Ober-Tribunals Bezug:

55. Die unter dem Namen Tradde von Steinkohlenbergwerken an den Grundeigenthümer zu entrichtende Abgabe hat nur derjenige Grundeigenthümer zu beziehen, auf dessen Grund und Boden ein Schacht abgeteuft ist; nicht auch derjenige, auf dessen Grundstücke ein Stolln getrieben wird.

Erkenntniss vom 23. März 1849. Entscheidungen Bd. 17. S. 440.

Diese Entscheidung wird theils durch den Wortlaut des Cap. XXX. §. 3. der Cleve-Märkischen Bergordnung und der Declaration vom 13. September 1777 motivirt, theils durch die Analogie der gemeinrechtlichen Grundsätze über den Grundkux, welcher nach Hake (Commentar §. 521.) von Stolln nicht entrichtet werde. Diese letztere auf die Autorität von Hake gestützte Behauptung ist indess unrichtig, wie die Vorschriften der Nassau-Katzenelnbogischen Bergordnung Art. 28., der Homburgischen B. O. Art. 7. und der Chur-Cölnischen B. O. Th. III. Art. 19. ergeben, welche übereinstimmend vorschreiben, dass der Grundkux dem Grundbesitzer angeboten werden muss, auf dessen Boden der Schacht oder Stolln angesetzt wird. Auch die übrigen Bergordnungen enthalten die von Hake behauptete Beschränkung nicht. Richtig ist nur, was Karsten (Grundriss S. 324) bemerkt, dass nämlich von Erbstolln der Grundkux nicht entrichtet wird. Dies kann indess für die Frage nicht entscheiden, ob von dem Förderstolln einer Grube die Tradde zu entrichten ist. In der Sache selbst wird man indess der Entscheidung des Ober-Tribunals aus dem zuerst angeführten Entscheidungsgrunde beitreten müssen, da kein Grund vorliegt, die Bestimmung des Cap. XXX. §. 3. cit., in welcher nur von Schächten die Rede ist, über ihren Wortlaut hinaus auszudehnen.

56. Die von dem Grundeigenthümer statt der Grundentschädigung gewählte Tradde ist von den Gewerkschaften, der Regel nach nur in Natur, in Kohlen, und bloss ausnahmsweise, d. h. auf den Grund einer Vereinigung oder eines besonderen Rechtsgrundes, in Gelde zu entrichten.

Präjudiz 2177 vom 20. December 1849. — Entscheidungen Bd. 19. S. 385.

Die Cleve-Märkische Bergordnung Cap. XXX. §. 3. giebt dem Grundeigenthümer ausdrücklich nur einen Anspruch auf »ein Fass Kohlen« oder auf »das 65ste Fass« der monatlichen Förderung. Sie bestimmt indess, dass der Grundbesitzer den Zehnten und das Messgeld von den Traddekohlen selbst tragen »und sich von dem Geldertrage der Kohlen decourtiren lassen« müsse. Diese letztere Vorschrift war dahin ausgelegt worden, dass der Grundbesitzer berechtigt sei, statt der Kohlen in Natur den 65sten Theil des Gelderlöses der verkauften Kohlen zu fordern. Sie kann jedoch, wie das Ober-Tribunal in den Gründen der obigen Entscheidung ausführt, nur auf den Fall bezogen werden, wo die Entrichtung der Tradde von dem Gelderlöse durch Vertrag oder durch einen anderen besonderen Rechtstitel hergebracht ist.

57. Entstehen durch den Einsturz eines alten Schachtes Senkungen, so dass aus polizeilichen Rücksichten eine Einfriedigung nothwendig wird, so muss der Grundherr, welcher das Traddefass erhalten hat, die Kosten dieser Einfriedigung tragen.

Erkenntniss vom 11. Januar 1858. — Striethorst's Archiv Bd. 29. S. 16.

Diese Entscheidung enthält eine unzweifelhafte Anwendung des in der Declaration vom 13. September 1777 ad 2. ausgesprochenen Grundsatzes, dass der Grundbesitzer, welcher die Tradde statt der Grundentschädigung gewählt hat, selbst für die Wiederherstellung des zurückgewährten Schachtgrundstückes Sorge tragen muss.

58. Der Pfarrer als Niessbraucher eines zur Tradde berechtigten Grundstückes hat keinen An-

spruch auf den Bezug der Traddekohlen oder Traddegelder, sondern nur auf die Nutzung derselben.

Erkenntniss vom 22. Januar 1858. — Entscheidungen Bd. 37. S. 160.

Dieser Grundsatz, welcher von dem Ober-Tribunal in einer älteren Entscheidung vom 11. December 1854 (Striethorst's Archiv Bd. 16. S. 86) angezweifelt worden war, wird in den Gründen der obigen Entscheidung wie folgt gerechtfertigt (a. a. O. S. 165):

»Wenn auch die gewählte Tradde die Grundentschädigung in sich schliesst, so ist solche dennoch mit der zur Wahl gestellten Vergütigung des jährlichen Schadens an der Oberfläche, welche als solche dem Pfarrer als dem Nutzungsberechtigten zufliessen würde, keineswegs identisch. Die ausdrücklich nur in die Wahl des Grundeigenthümers gestellte Tradde war und blieb eine andere Berechtigung, was in der Declaration vom 13. September 1777 selbst schon dadurch zu erkennen gegeben wird, dass er, weil die Tradde gemeiniglich den Schaden übersteige, die Halden selbst wegzuschaffen und den Boden anszuebnen hat, so dass also in der Tradde die volle Grundentschädigung sowohl für die Schmälerung des jährlichen Nutzungsertrages, als auch für die Verschlechterung des Grundes und Bodens überhaupt gefunden wurde. Ausserdem stellt aber die Tradde ihrem Gegenstande nach eine andere Berechtigung dar, indem sie dem Grundeigenthümer einen Antheil an dem Rohertrage des Steinkohlenbergwerks giebt. Dieses Recht stellt sich also als ein Antheil des Grundeigenthümers an der Ausbeute, — hier selbst an dem Rohertrage — des der Regalität unterworfenen unterirdischen Erzeugnisses im Sinne des §. 37. A. L. R. I. 21. dar, welcher bestimmt:

> Bei solchen unterirdischen Erzeugnissen, welche zu den Regalien gerechnet werden, gebührt dem Niessbraucher bloss die Nutzung der auf den Eigenthumsantheil fallenden Ausbeute.

wonach daher der Niessbraucher des zur Tradde berechtigten Grundstückes nicht auf die Traddekohlen selbst, sondern nur auf die Nutzung des capitalisirten Betrages einen Anspruch machen kann. Inwiefern ihm in dem Falle, wenn er durch diese Nutzung keine hinreichende Vergütung für den erwachsenden Schaden erhalten sollte, ausserdem noch von dem Eigenthümer des berechtigten Grundstückes, welcher in der Tradde zugleich das Capital für die Grundentschädigung besitzt, eine Vergütung zu gewähren sei, ist eine hier nicht zur Entscheidung vorliegende Frage.«

§. XV. Das Recht des Mitbaus zur Hälfte.

Das Recht des Mitbaus zur Hälfte gehört ebenso wie die Tradde und der Grundkux in die Kategorie der gesetzlichen Theilnahmerechte des Grundeigenthümers an den Nutzungen des Bergbaus. Es ist sogar seinem rechtlichen Inhalte nach mit den gemeinrechtlichen Mitbaukuxen (oben S. 207) vollständig gleichartig. Es unterscheidet sich jedoch von den bisher erörterten Rechtsinstituten sowohl durch seinen wesentlich grösseren Umfang, als auch durch die ganz verschiedene gesetzgeberische Grundlage. Während nämlich der Grundkux und die Tradde entweder ihrer praktischen Geltung, oder doch ihrem Ursprunge nach auf die Ausgleichung der durch den Bergbau entstehenden Grundentziehungen und Grundschäden zurückzuführen sind, tritt das Recht des Mitbaus zur Hälfte der Grundentschädigung und dem Erbkux als ein drittes selbstständiges Recht des Grundeigenthümers hinzu. Der Ursprung dieses dem Provinzialrecht angehörigen Rechtsinstituts*) datirt von dem Erlass der revidirten Bergordnung für Schlesien und Glatz vom 5. Juni 1769. Durch dieses Gesetz wurden einerseits die früher bestandenen Grenzen des Bergregals auf die Steinkohlen ausgedehnt, andrerseits die Regalitätsrechte, welche die Rudolfinische Bergordnung von 1577 und die in Schlesien als subsidiäres Recht recipirten Böhmischen Bergwerksverträge von 1534 und von 1575**) dem ritterschaftlichen Grundbesitz einräumen, zu Gunsten des Staates aufgehoben. Anscheinend in der Absicht, diesen doppelten Eingriff in die Rechte der Grundeigenthümer minder fühlbar zu machen, wurde im Cap. I. §. 3. der Bergordnung von 1769 den »Grundherren« ein Vorzugsrecht zum Bergbau auf alle zum Regal gehörigen Mineralien vor fremden Muthern zugestanden.***) Da sich jedoch bald

---

*) A. L. R. Th. II. Tit. 16. §. 124. Das Recht des Mitbaus zur Hälfte findet jedoch nur alsdann statt, wenn besondere Provinzialgesetze dasselbe dem Grundeigenthümer ausdrücklich gestatten.

**) Vergl. über den Umfang dieser Reception: Brassert, Das Recht des Mitbaus zur Hälfte Bd. IV. *B.* S. 10 ff. — Entscheidungen Bd. 23. S. 386 und 390.

***) Wenn indess eine Gewerkschaft ein zu Unserm Regali gehöriges Bergwerk muthen will, so soll Unser Oberbergamt dieses dem Grundherrn anzeigen und bei demselben anfragen, ob er auf dem erschürften Gange, Flötze oder Stockwerke selbst bauen wolle, da dann der Grundherr den Vorzug haben soll.

ergab, dass ein solches Vorzugsrecht mit der allgemeinen Bergbaufreiheit und mit dem Gedeihen des Bergbaus unverträglich sei, so wurde durch ein Rescript des Bergwerks- und Hüttendepartements vom 4. August 1770 bestimmt, dass das Vorzugsrecht des Grundherrn sich nur auf die Hälfte der Zeche erstrecken, die andere Hälfte aber dem ersten Finder und Muther verbleiben solle. Dieses Rescript erhielt nachträglich die gesetzliche Sanction durch die Declaration vom 1. Februar 1790, welche bestimmt:

> dass der erste Finder, wenn er auf die Fundgrube muthet, zur Hälfte derselben berechtigt sein, der Grundherr aber, daferne er es nach ergangener Aufforderung verlangt, zum Mitbau auf die andere Hälfte oder 61 Kuxe vorzüglich gelassen werden soll.

Ueber die Ausübung dieses Mitbaurechts verordnete dieselbe Declaration:

> dass von nun an jede Grundherrschaft, welche aufgefordert wird, sich über den von ihrem Rechte des Mitbaus zu machenden Gebrauch zu erklären, diese Erklärung binnen drei Monaten von dem Tage an, wo ihr die Aufforderung behändigt worden, bei dem Oberbergamte abzugeben schuldig sein solle, dergestalt, dass wenn diese dreimonatliche Frist fruchtlos verstrichen ist, sie alsdann ihrer Befugniss zum Mitbau *ipso jure* und ohne dass es einer besonderen Präclusion oder eines Erkenntnisses darüber bedarf, verlustig, folglich der erste Finder und Muther sie dazu fernerhin wider seinen Willen zuzulassen nicht verpflichtet sein soll.

Die revidirte Bergordnung für Magdeburg-Halberstadt vom 7. December 1772 nahm im Cap. I. §. 3. die oben angeführte Vorschrift der Schlesischen Bergordnung mit der durch das Rescript vom 4. August 1770 eingeführten Modification ebenfalls auf und bestimmte, dass der Grundherr auf die Hälfte des gemutheten Bergwerks den Vorzug habe, 61 Kuxe aber dem Finder verbleiben sollen.

Das so geschaffene Mitbaurecht enthält den Versuch einer Vermittelung zwischen dem Grundsatz der allgemeinen Bergbaufreiheit und den Interessen des Grundbesitzes, welcher in Schlesien bis zum Jahre 1769 nicht nur im Besitze des wichtigen Steinkohlenbergbaus geblieben war, sondern auch in der Person der grossen Grundbesitzer einen Theil der Regalitätsrechte an den übrigen Mineralien an sich gezogen hatte. Diese Vermittelung steht jedoch in schroffem Widerspruche mit dem gesammten Systeme des Preussischen Bergrechts, und insbesondere der revidirten Provinzialbergordnungen, welches auf den Grundsatz der uneingeschränkten Bergbaufreiheit gegründet ist. Die consequente Durchführung derselben würde daher eine durchgreifende Umarbeitung der ganzen Berggesetzgebung erfordert haben, um die Widersprüche und die Zweifel zu beseitigen, welche aus der unvermittelten Nebeneinanderstellung so wesentlich ungleichartiger Rechtsbildungen nothwendig entspringen müssen. Das Resultat dieser Unterlassung ist, dass in der Theorie dieses Rechtsinstituts nach gerade jeder einzelne Punkt streitig geworden ist. Es ist daher erklärlich, dass auf diesem Rechtsgebiete nicht nur zahlreiche Streitfragen zur praktischen Entscheidung, insbesondere auch des höchsten Gerichtshofes, gediehen sind, sondern dass auch die theoretische Untersuchung sich mit Vorliebe demselben zugewendet hat. Die vorliegende Rechtsmaterie hat insbesondere in den ausgezeichneten Monographieen von Brassert: Das Recht des Mitbaus zur Hälfte (Bd. IV. *B.* S. 1—28 der Zeitschrift für Berg-, Hütten- und Salinenwesen) und von Gräff: Die Rechtsverhältnisse des Dominial-Mitbaurechts (Breslau 1859) eine erschöpfende Darstellung gefunden. In der gegenwärtigen Uebersicht sind nur diejenigen Punkte hervorzuheben, welche Gegenstand von Entscheidungen des Ober-Tribunals geworden sind. Diese Entscheidungen erstrecken sich über das Rechtsgebiet des Mitbaurechts, über die Person des Mitbauberechtigten, über die rechtliche Natur und über die Bedingungen der Ausübung dieses Rechts. Sie betreffen insbesondere die folgenden Streitfragen:

1. Ist das Mitbaurecht in denjenigen Theilen der Provinz Sachsen, welche unter Westfälischer Zwischenherrschaft gestanden haben, durch das Westfälische Decret vom 27. Januar 1809 aufgehoben?
2. Ist unter dem zum Mitbau berechtigten Grundherrn (Schlesische B. O. Magdeburg-Halberst. B. O. Cap. I. §. 3.) der Grundeigenthümer oder der Gutsherr zu verstehen?
3. Wird das Mitbaurecht von den Eigenthümern sämmtlicher Grundstücke ausgeübt, über welche sich das Grubenfeld erstreckt, oder von den Eigenthümern des Fundgrubenareals, oder endlich von dem Besitzer des Fundpunktes?
4. Kann das Recht zum Mitbau vor eingelegter Mu-

thung veräussert und von dem Grundstücke getrennt werden?

5. Geht das Recht zum Mitbau nach eingelegter Muthung auf den neuen Erwerber des Grundstücks über?

Das Rechtsgebiet des Mitbaurechts umfasste, ausser der Provinz Schlesien, seit dem Erlass der Magdeburg-Halberstädtischen Bergordnung vom 7. December 1772 auch die Sächsischen Landestheile, in welchen diese Bergordnung Gesetzeskraft hat. Diese Landestheile wurden jedoch nach dem Tilsiter Frieden sämmtlich, mit Ausnahme der Stadt Erfurt, dem Königreich Westfalen einverleibt. Durch das Westfälische Decret vom 27. Januar 1809 wurde für dieses Königreich eine neue Organisation der Bergbehörden eingeführt. Zugleich wurden in den Art. 3. bis 8. des Decrets die Grundzüge eines gemeinsamen Bergrechts verkündet und im Art. 9. verordnet, dass die bisherigen Berg- und Hüttenordnungen und Herkommen bis zum Erlass eines allgemeinen Berggesetzes in Kraft bleiben sollen, soweit sie nicht dem angeführten Decrete zuwiderlaufen. Nach der gemeinen Ansicht, welche insbesondere von Eichel (Bergwerksfreund Bd. 12. S. 481 ff.) und von Brassert (a. a. O. S. 23 ff.) vertheidigt wird, und von den Preussischen Bergbehörden seit der Wiedererwerbung der Sächsischen Landestheile für maassgebend erachtet worden ist, gehört das Mitbaurecht zu denjenigen Rechtsvorschriften, welche durch Art. 9. cit. aufgehoben sind, weil dasselbe den Bestimmungen des Decrets vom 27. Januar 1809 und insbesondere den Art. 7. u. 8. a. a. O. zuwiderläuft, welche verordnen, dass der Bergbau jedem, der ihn betreiben will, völlig freistehen soll, dass die Bergwerksadministration Niemanden Schürfscheine, Muthungen und Verleihungen vorenthalten soll, und dass die hiernach bestehende Bergbaufreiheit nur unter den im Art. 9. namentlich genannten Bedingungen stattfinden soll. — Die entgegengesetzte Ansicht ist von Gräff a. a. O. S. 6 ff. und von dem Ober-Tribunal in der von Lindig Bd. VIII. S. 230 der Zeitschrift für Berg-, Hütten- und Salinenwesen mitgetheilten Entscheidung vom 30. Mai 1845 — übereinstimmend mit den beiden ersten Richtern — vertheidigt worden. In den Urtheilsgründen wird ausgeführt:

»Der Art. 7. bestimmt allerdings, dass der Bergbau Jedem, der ihn betreiben will, völlig frei stehen solle. Stände diese Bestimmung allein, so würde sich daraus herleiten lassen, dass die Beschränkung, welche in dem dem Grundherrn eingeräumten Mitbaurechte liegt, nicht stattfinde. Allein gleich darauf heisst es in demselben Artikel 7.:

Demnach soll Unsere Administration der Bergwerke Niemanden Schurfscheine, noch wenn darum angehalten worden ist, die Bescheinigung dieser Bergmuthung und ferner die endliche auf ewige Zeiten gültige Bergverleihung oder Belehnung vorenthalten.

Schon hieraus geht deutlich hervor, was unter der im Vorhergehenden verliehenen völligen Bergfreiheit zu verstehen sei, dass nämlich Jedem freistehen solle, zu schürfen und zu muthen, sowie auf Grund der Muthung die Beleihung zu verlangen. Was für Bedingungen und Beschränkungen aber hierbei stattfinden, inwiefern der Grundherr ein Mitbaurecht habe, darüber spricht sich Art. 7. gar nicht aus, und da Art. 9. ausdrücklich festsetzt,

dass bis zum Erscheinen einer allgemeinen Berg- und Hütten-Ordnung die bestehenden Bergordnungen in ihrer Kraft bleiben, insoweit solche nicht mit den Verfügungen des Decrets im Widerspruche stehen,

ein solcher Widerspruch aber zwischen der in Art. 7. eingeführten Freiheit, zu schürfen und zu muthen, und dem nach der Bergordnung von 1772 dem Grundherrn zustehenden Mitbaurecht zur Hälfte nicht stattfindet, so ist auch hierbei der dem Appellationsrichter gemachte Vorwurf unbegründet.

Der Art. 8. bestimmt die Bedingungen, welche der Staat in seinem Interesse bei künftig zu ertheilenden Verleihungen machen will, und hierbei steht der an den Fiscus abzugebende Zehnte obenan. Von dem Mitbaurechte des Grundherrn ist hierbei nicht die Rede, und die Worte:

»— soll in Hinsicht der künftig zu ertheilenden Verleihungen nur unter folgenden Bedingungen stattfinden«

sind nicht dahin zu verstehen, dass jede andere Bedingung untersagt sei, sondern es wird dadurch nur festgesetzt, dass ohne diese Bedingungen eine Verleihung nicht stattfinden solle. Auch dieser Artikel kann daher nicht als ein solcher betrachtet werden, welcher mit dem dem Grundherrn nach der Bergordnung zustehenden Mitbaurechte in Widerspruch stände, dergestalt, dass nach Art. 9. die dieses Mitbaurecht einführende Vorschrift der Bergordnung als aufgehoben betrachtet werden könnte.«

Die Auslegung, welche das Ober-Tribunal den Art. 7. und 8. des Decrets vom 27. Januar 1809 giebt, scheint indess von dem Gesetzgeber selbst nicht beabsichtigt zu sein. Denn nach einem Berichte der ehemaligen Oberbergamts-Commission zu Rothenburg vom 15. April 1815 ist die Vorschrift der Magdeburg-Halberstädt. Bergordnung Cap. I. §. 3., so lange das Königreich Westfalen bestand, nicht zur Anwendung gekommen, weil das Mitbaurecht des Grundherrn für aufgehoben durch das angeführte Decret erachtet wurde. Es ist auch in der That kaum ein stricterer Gegensatz denkbar, als zwischen der Bestimmung der Bergordnung Cap. I. §. 3:

»Wenn indessen eine Gewerkschaft ein zu Unserm Regal zugehöriges Bergwerk muthen will, so soll Unser Oberbergamt dies dem Grundherrn anzeigen und bei demselben anfragen, ob er auf dem erschürften Gange, Flötze oder Stockwerke selbst bauen wolle, da dann der Grundherr den Vorzug haben soll, jedoch nur auf die Hälfte« u. s. w.*)

und der Zusicherung des Decrets Art. 7.:

»Dass der Bergbau den Bergbaulustigen völlig freigegeben sein und die Verwaltung Niemanden Schürfscheine und demnächst auf die bergordnungsmässige Muthung die definitive Verleihung versagen soll.«

Dass ferner die Bestimmung des Art. 8.:

»Die Bergbaufreiheit, welche nach vorigem Artikel feststeht, soll in Hinsicht der künftigen Verleihungen nur unter folgenden Bedingungen stattfinden.«

von dem Ober-Tribunal nicht der Absicht des Gesetzgebers gemäss aufgefasst worden ist, ergiebt sich aus dem Zusammenhange der Art. 7. 8. und 9., aus welchen erhellt, dass der Gesetzgeber eben nur die im Art. 8. namentlich aufgezählten Beschränkungen der im Art. 7. ausgesprochenen unbedingten Bergbaufreiheit aufrecht erhalten wollte und dass jede andere in den älteren Berggesetzen enthaltene Bedingung aufgehoben werden sollte.

Die zweite Controverse, die Bedeutung des Wortes Grundherr betreffend, erstreckt sich über das Gebiet der vorliegenden Rechtsmaterie hinaus. Die Schlesische und die Magdeburg-Halberstädtische Bergordnung legen nicht nur das Mitbaurecht (Cap. III. §. 1.), sondern auch den Erbkux (Cap. XXXI. §. 1.) dem »Grundherrn« bei. Als gleichbedeutend hiermit wird in späteren Rescripten und in dem Patent vom 9. April 1803 (Rabe Bd. VII. S. 433) der Ausdruck »Grundherrschaft« und »Dominium« gebraucht. Den »Dominiis« sollen ferner nach Cap. I. §. 2. der beiden Bergordnungen die Steinbrüche,

*) Das Gesetz macht also nicht nur die Zulassung der Muthung, im geraden Gegensatze zu Art. 7. des Decrets von 1809 von einer vorherigen Anfrage bei dem Grundherrn abhängig. Es beschränkt auch materiell das Recht des Muthers durch den Zwang zur Annahme eines Gesellschafters so sehr, dass es, wie Lindig a. a. O. S. 235 bemerkt, der Freierklärung des Bergbaues geradezu ins Gesicht schlägt.

der Torf und die Thon-, Walker-, Umbra- und Ockererden, in Schlesien auch die Eisenerze verbleiben. Es ist behauptet worden, dass unter diesen Bezeichnungen: Grundherr und Dominium nicht der Grundeigenthümer, sondern der Gutsherr zu verstehen sei, so dass also bei Rustikalstellen das Mitbaurecht, der Erbkux und die Gewinnung der im Cap. I. §. 2. benannten, nicht regalen Fossilien dem Besitzer des Rittergutes zustehe. Diese Ansicht wurde in früherer Zeit insbesondere von den Schlesischen Verwaltungsbehörden und zum Theil auch von den Gerichtsbehörden der Provinz für maassgebend angenommen. Die Vertheidiger derselben stützen sich zum Theil auf den Sprachgebrauch des vorigen Jahrhunderts, welcher unter dem Grundherrn, der Grundherrschaft und dem Dominium stets den Inhaber der gutsherrlichen Gewalt verstanden habe, theils auf die Bergwerksverträge von 1536 und von 1575, durch welche den Ständen, also der Ritterschaft, diejenigen Regalitätsrechte verbrieft seien, an deren Stelle durch die Schlesische Bergordnung von 1769 das Mitbaurecht und das Recht auf die Eisenerze etc. gesetzt worden sei.

Das Ober-Tribunal hat jedoch diese Ansicht durch die nachfolgenden Präjudizien:

59. Die revidirte Bergordnung vom 5. Juni 1769 versteht unter dem Ausdrucke »Dominium« nicht die Gutsbesitzer, sondern die Eigenthümer desjenigen Grund und Bodens, in welchem sich die Fossilien befinden.

Präjudiz 45 vom 14. Februar 1834.

60. Das Mitbaurecht zur Hälfte gehört nach Schlesischem Provinzialrecht nicht der Gutsherrschaft, sondern dem Eigenthümer des Grund und Bodens.

Präjudiz 1703 vom 12. Februar 1846.

reprobirt und den vorstehenden Grundsatz auch in den späteren Entscheidungen vom 9. Juni 1852 (Entscheidungen Bd. 23. S. 381) und vom 23. Juni 1853 (ibid. Bd. 28. S. 147) aufrecht erhalten*). Die Richtigkeit des angenommenen Grundsatzes ist in den Gründen der Entscheidung vom 9. Juni 1852 (a. a. O. S. 387 ff.) und noch eingehender von Brassert (a. a. O. S. 8 ff.) überzeugend dargethan. Es ist nicht nur an verschiedenen Beispielen erwiesen, dass sowohl die Schlesische Bergord-

*) Vergl. ferner die Entscheidung vom 2. September 1826 im Schlesischen Archiv Bd. I. S. 252.

nung, als auch die späteren auf das Mitbaurecht bezüglichen Rescripte die Ausdrücke »Grundherr und Grundherrschaft« stets *promiscue* mit: »*dominus fundi*« »Eigenthumsherr« und »Grundeigenthümer« und den Ausdruck »*dominia*« als gleichbedeutend mit »*fundi privatorum*« gebrauchen. Es ist auch der Beweis geführt, dass die Reception der Böhmischen Bergwerksverträge in Schlesien von den Verfassern der Schlesischen Bergordnung überhaupt in Zweifel gezogen ist, dass mindestens nicht die Absicht vorgewaltet hat, die durch dieselben verbrieften ständischen Vorrechte in Bezug auf den Bergbau, von denen nur ein geringer Theil in Schlesien Geltung erhalten hatte, bestehen zu lassen; dass also der Grund der Einführung des früheren Vorzugsrechtes, späteren Mitbaurechtes, nicht in der Conservation dieser Vorrechte, sondern in der Schonung der Interessen des Grundbesitzes gelegen hat, welcher namentlich durch die Ausdehnung der Regalität auf die Steinkohle eine erhebliche Beschränkung seiner Rechte erlitt. Endlich ist aus §. 124. A. L. R. II. 16. nachgewiesen worden, dass der Gesetzgeber selbst in einer Vorschrift, deren erste Abfassung sich nahe an den Erlass der beiden revidirten Bergordnungen von 1769 und von 1772 anschliesst, ausdrücklich der Provinzialgesetze erwähnt, welche das Mitbaurecht dem Grundeigenthümer beilegen, und dass unter diesen Provinzialgesetzen nur jene beiden Bergordnungen verstanden werden können.

Alle diese Ausführungen sind nicht nur für die Interpretation der Schlesischen Bergordnung, sondern auch der Magdeburg-Halberstädtischen Bergordnung maassgebend, welche in dieser wie in allen übrigen Materien unmittelbar aus ihrer Vorgängerin geschöpft hat. Das Ober-Tribunal hat daher auch für das Rechtsgebiet dieser letzteren Bergordnung den obigen Grundsatz in folgendem Präjudize angenommen:

61. In der Bergordnung vom 7. December 1772 ist den Gutsherrschaften kein Vorrecht eingeräumt; vielmehr ist unter dem gebrauchten Ausdrucke »Dominium« der Eigenthümer des Grund und Bodens zu verstehen, wo das Mineral sich befindet.

Präjudiz 1527 vom 27. Januar 1845.

Die dritte Frage, ob die Lage des Fundpunktes, oder der Fundgrube, oder des gesammten Feldes einschliesslich der Maassen für die Mitbauberechtigung entscheidend sei, ist in den bisher angeführten gesetzlichen Bestimmungen über das

Mitbaurecht ganz unbeantwortet geblieben und hat deshalb schon früh zu Zweifeln Veranlassung gegeben. Bei der Einführung der Magdeburg-Halberstädtischen Bergordnung in die Entschädigungslande Eichsfeld, Nordhausen etc. durch das Patent vom 9. April 1803 (Rabe Bd. VII. S. 433) ist jedoch diese Lücke dahin ergänzt worden, dass das Mitbaurecht den Dominiis »unter der durch andere gesetzliche Vorschriften feststehenden Einschränkung« zustehen solle, »dass selbiges nur auf dem fundo, auf welchem die Fundgrube liegt, statthaben solle.« Die angeführte Bestimmung des Patents beabsichtigt nach der gewählten Ausdrucksweise offenbar, eine authentische Interpretation der über das Mitbaurecht bestehenden gesetzlichen Vorschriften zu geben, über deren nothwendige Ergänzung schon damals verhandelt wurde. (Vergl. Gräff a. a. O. S. 15.) Mit Rücksicht auf diese declarirende Bestimmung und auf die Analogie des §. 120. A. L. R. II. 16. hat das Ober-Tribunal in dem von Lindig (Zeitschrift für Berg-, Hütten- und Salinenwesen Bd. VIII. S. 234) mitgetheilten Erkenntnisse den Satz angenommen:

62. Das Mitbaurecht steht dem Eigenthümer des Grund und Bodens zu, auf welchem die Fundgrube belegen ist.

Erkenntniss vom 13. November 1850.

Die Lage der Fundgrube ist durch die Lage des Fundpunktes absolut bestimmt, da die Fundgrube nach §. 177. A. L. R. stets bei gestrecktem Felde halb oberwärts, halb unterwärts des Fundpunktes nach dem Streichen des Ganges, bei geviertem Felde aber winkelrecht auf dieses Streichen vermessen werden soll, so dass in dem Fundpunkte sich die beiden Diagonalen des Vierecks kreuzen und eine Seite des Quadrats mit der Streichungslinie des Flötzes parallel läuft. Eine Abweichung von dieser Vermessungsart ist nach §. 178. a. a. O. nur dann gestattet, wenn nach dem Ermessen des Bergamtes auf der einen Seite kein nutzbarer Bau zu veranstalten ist und keine gegründete Widersprüche der Feldesnachbarn entgegenstehen. Nur den Feldesnachbarn, nicht dem mitbauberechtigten Grundeigenthümer ist ein Recht des Widerspruchs gegen die abweichende Vermessung gegeben. Im Uebrigen entscheidet nach §. 178. das Ermessen des Bergamtes, wie dies von dem Ober-Tribunal in dem folgenden Präjudize anerkannt ist:

63. Eine Abweichung von der im §. 177. angeordneten Vermessungsart, auch wenn sie nicht

durch die im §. 178. bestimmte Ausnahme begründet ist, berechtigt den angrenzenden Besitzer von Grund und Boden nicht, eine Abänderung der erfolgten Vermessung der verliehenen Fundgrube behufs seiner Theilnahme an dem Erbkux und dem provinzialrechtlichen Mitbau zu verlangen.

Präjudiz 1247 vom 23. December 1842.

Hieraus folgt allerdings nicht, dass die Rechte des nach der gesetzlichen Vermessung der Fundgrube zur Ausübung des Mitbaurechts berufenen Grundbesitzers, mindere Berücksichtigung verdienten, und dass, wie ein Rescript des Finanzministeriums vom 23. Mai 1838 (Gräff Handbuch S. 123) sagt, »die an sich maassgebenden Bestimmungen der §§. 177. 178. dem bisherigen administrativen Verfahren nicht entgegenstehen, nach welchem es dem Muther gestattet ist, das Feld der Fundgrube in Beziehung auf die Lage des Fundpunktes beliebig vermessen zu verlangen« (!). Die Bergbehörde wird vielmehr ihrerseits die Rechte des zum Mitbau berufenen Grundeigenthümers zu wahren und die willkürliche Verlegung der Fundgrube zu untersagen haben, wie dies in mehreren neueren Erlassen der Centralbehörde an das Oberbergamt zu Breslau (unter andern vom 7. Mai 1855) ausgesprochen ist.

Während die Beantwortung der bisher erörterten Streitfragen über das Rechtsgebiet des Mitbaurechts und über die Person des Berechtigten unmittelbar aus der Interpretation der gesetzlichen Vorschriften geschöpft werden konnte, fehlt es für die vierte und fünfte Frage, für den Erwerb und Uebergang des Mitbaurechts, an jedem directen Anhalt in in den Dispositionen des Gesetzgebers. Diese Fragen müssen daher durch Schlussfolgerungen aus der rechtlichen Natur des Mitbaurechts gelöst werden; und bei diesem Versuche wird nur zu sehr fühlbar, wie unvermittelt und ohne inneren Zusammenhang das Institut des Mitbaurechts dem auf ganz anderen Grundlagen beruhenden Systeme des Preussischen Bergrechts angefügt ist.

Der Gesetzgeber statuirt eine Concurrenz zwischen dem Rechte des Grundeigenthümers und des Muthers auf die regalen Mineralien. Er gewährt dem Finder und Muther das in der Bergbaufreiheit begründete Recht auf die gemuthete Lagerstätte in seinem vollen Umfange nur insofern, als der Grundeigenthümer auf dieselbe keinen Anspruch erhebt. Macht dieser seinen Anspruch geltend, so treten beide zu gleichen

Rechten ein und werden Miteigenthümer des zu verleihenden Bergwerks. Der Grundeigenthümer erlangt also durch die Ausübung des Rechts zum Mitbau ein Miteigenthum an dem gemutheten Bergwerke. Während aber das Eigenthumsrecht des Muthers schon durch die Einlegung der vorschriftsmässigen Muthung erworben wird (oben S. 103), entsteht das concurrirende Eigenthumsrecht des Grundeigenthümers erst durch die Ausübung des Rechts zum Mitbau, d. h. durch die vorgeschriebene Erklärung, dass er mitbauen wolle. Durch diese Erklärung, durch den Erwerb des Miteigenthums wird das Recht zum Mitbau selbst consumirt. Die Untersuchung über den Inhalt des Mitbaurechts erstreckt sich also nur auf diejenigen Befugnisse, welche dem Grundeigenthümer vor der Abgabe dieser Erklärung zustehen. In diesem Zeitraume sind zunächst zwei Abschnitte zu unterscheiden, vor und nach der Einlegung der Muthung, beziehungsweise der Erwerbung des Finderrechts. Vor der Einlegung der Muthung ist das Recht zum Mitbau lediglich eine in dem Grundeigenthum enthaltene Befugniss. Ein besonderes von dem allgemeinen Inhalte des Eigenthums unterscheidbares Recht ist in diesem Zeitraume nicht vorhanden. Die Befugniss des Grundeigenthümers hat bis zur Entstehung des Finderrechts oder des Rechtes aus der Muthung weder ein eigenes Object, noch eine eigene Voraussetzung. Sie entspringt allein aus der allgemeinen Rechtsregel und dem durch diese Rechtsvorschrift bestimmten Inhalte des Grundeigenthums. Es ist daher unzulässig, in diesem Zeitraume das Recht zum Mitbau als ein besonderes subjectiv dingliches Recht zu bezeichnen und von diesem Gesichtspunkte die Frage zu entscheiden, ob dasselbe von dem Grundeigenthume getrennt werden könne. Daraus, dass das Recht zum Mitbau eine unmittelbar aus dem Eigenthum fliessende Befugniss ist, folgt indess eben so wenig die Untrennbarkeit desselben von dem Grundeigenthume. Denn das ist allen aus dem Eigenthum abgeleiteten Rechten gemeinsam, dass sie mit dem Eigenthum vereinigt, zu dem ununterschiedenen Inhalt des Eigenthums gehören. So viel aber geht aus dem Bisherigen hervor, dass das Recht zum Mitbau in Bezug auf die in einem Grundstücke enthaltenen Lagerstätten, nicht durch Cession von dem Eigenthümer auf einen Dritten übertragen werden kann, weil nur selbstständige Rechte, nicht die einzelnen in dem Eigenthume enthaltenen Befugnisse cedirt werden können. Vielmehr muss dasselbe als ein dingliches Recht an dem Grundstücke von dem Eigenthümer bestellt werden, und hierzu ist nach §§. 4. 5. A. L. R. I. 21. die hypothekarische Eintragung erforderlich, weil die Ausübung des Rechtes nicht mit dem Besitze des belasteten Grundstückes verbunden ist. Dass in dieser Form ein dingliches Recht des bezeichneten Inhalts nicht sollte bestellt werden können, dafür ist kein Grund erfindlich, da nach Preussischem Rechte alle in dem Eigenthum enthaltenen Nutzungs- und Gebrauchsrechte als besondere dingliche Rechte constituirt werden können. Das Resultat der Untersuchung ergiebt also folgende Beantwortung der vierten Frage:

> Die Ausübung des Mitbaurechts an den in einem Grundstücke enthaltenen regalen Lagerstätten kann, bevor auf dieselben Muthung eingelegt ist, als ein dingliches Nutzungsrecht an dem Grundstücke durch hypothekarische Eintragung bestellt und an einen Dritten veräussert werden.

Das von dem Ober-Tribunal in der Entscheidung vom 24. November 1851 (Entscheidungen Bd. 21. S. 385) aufgestellte Präjudiz:

> Der Anspruch auf den Mitbau zur Hälfte, bevor noch eine Muthung eingelegt und die vorgeschriebene Erklärung über die Ausübung des Mitbaurechtes von dem Grundherrn erfordert und abgegeben worden, kann als ein cessibles Recht nicht angesehen werden.
>
> Präjudiz 2322.

steht mit der oben entwickelten Ansicht nicht im Widerspruch, sofern dasselbe nur auf das Recht des Eigenthümers zum Mitbau, nicht auf das von diesem bestellte dingliche Recht bezogen wird. Die Entscheidungsgründe dagegen gehen von einer wesentlich verschiedenen Auffassung aus. Es heisst in denselben (a. a. O. S. 391):

»Bevor die Muthung eingelegt und wegen Ausübung des Mitbaurechtes die vorgeschriebene Erklärung von dem Grundeigenthümer erfordert und abgegeben worden, ist ein Recht, über welches der Grundeigenthümer als einen abgesonderten oder abzusondernden Theil seines Eigenthums verfügen könnte, gar nicht vorhanden. Nur dem Grundeigenthümer als solchem ist die Befugniss beigelegt, auf das Recht zum Mitbau Anspruch zu machen. Nur von ihm ist die Erklärung zu erfordern, ob er von dem Rechte zum Mitbau Gebrauch machen wolle, und nur von ihm kann die Erklärung abgegeben werden. Eben deswegen geht bei dem Verkauf des Grundstückes, auf welchem der Bergbau betrieben werden soll, die Befugniss, sich über den Mitbau zu erklären, ohne Weiteres auf den neuen Eigenthümer über, und der Verkäufer kann sich diese Befugniss als ein von dem Grundeigenthume abgesondertes Recht gar nicht vorbehalten. Eben so wenig kann er diese Befugniss als ein abgesondertes Recht cediren. Sie ist von dem Besitze des Grundstückes, auf welchem der Bergbau betrieben werden soll und welcher die wesentliche Grundlage und Bedingung der Geltendmachung des Rechtes ist, gar nicht loszulösen und existirt deshalb gar nicht für den Verkehr. Es fehlt hier wie bei Grundgerechtigkeiten das abgesonderte oder abzusondernde Eigenthum und daher die Möglichkeit einer Cession (§. 376. Th. I. Tit. 11. A. L. R.). Ob ein *pactum de cedendo* oder *de vendendo* in Bezug auf das durch die Erklärung des Grundeigenthümers künftig zu erwerbende Recht zulässig ist, ist eine andere Frage, die aber hier unerörtert bleiben kann, da ein solches *pactum* nach dem vorliegenden Sachverhältnisse nicht anzunehmen ist.«

In der vorstehenden Entscheidung ist allerdings nur die Möglichkeit einer Cession des Mitbaurechtes verneint, und die Frage, ob dasselbe als dingliches Recht constituirt werden könne, wenigstens nicht direct entschieden. In einer späteren Entscheidung vom 14. October 1853 (Striethorst's Archiv Bd. 13. S. 4) hat das Ober-Tribunal jedoch auch die Bestellung eines dinglichen Rechts von diesem Inhalte für unstatthaft erklärt und behauptet, dass das Mitbaurecht vom Grund und Boden überhaupt nicht getrennt werden könne, ohne indess diese Behauptung anders als durch die Bezugnahme auf die oben mitgetheilten Gründe der früheren Entscheidung zu motiviren. Diese vermeintliche Untrennbarkeit des Mitbaurechts wird indess von Brassert (a. a. O. S. 24) und von Koch (Schlesisches Archiv Bd. 6. S. 40 ff.) mit Recht verworfen. Sie wird auch durch die von Gräff (a. a. O. S. 20) angeführten Gründe der praktischen Nothwendigkeit nicht aufrecht erhalten. Vielmehr fallen die mit der Trennung des Mitbaurechts von dem Grundstücke vermeintlich verbundenen Uebelstände vollständig weg, wenn festgehalten wird, dass das Mitbaurecht nur durch die hypothekarische Eintragung als dingliches Recht constituirt werden kann.

Nach der Einlegung der Muthung, beziehungsweise nach der Entstehung des Finderrechts hat das Mitbaurecht aufgehört, ein unterschiedsloser Bestandtheil des Grundeigenthums zu sein. Es hat von diesem Zeitpunkte ab nicht mehr das Grundstück oder die in dem Grundstücke zu entdeckenden Lagerstätten zum Gegenstande; es ist nunmehr auf ein eigenes von dem Grundeigenthume unabhängiges Object gerichtet. Der Gegenstand dieses besonderen Rechtes ist das durch die Muthung begründete Bergwerkseigenthum. Dieses Bergwerkseigenthum wird auch nach der Schlesischen Bergordnung durch die Einlegung der vorschriftsmässigen Muthung seinem ganzen Inhalte nach von dem Muther erworben.*) Allein die Erwerbung ist in Ansehung der einen ideellen Hälfte resolutiv bedingt durch die Ausübung des Mitbaurechts von Seiten des Grundeigenthümers. Mit dem Eintritte der Resolutivbedingung, also mit der Erklärung des Grundeigenthümers, dass er mitbauen wolle, geht die ideelle Hälfte des durch die Muthung erworbenen dinglichen Rechts *ipso jure* auf den Grundeigenthümer über. Das Mitbaurecht in seiner Beziehung auf ein bereits gemuthetes Bergwerk ist also ein unter einer Suspensivbedingung erworbenes Miteigenthum und diese bedingte Erwerbung tritt unmittelbar mit der Einlegung der Muthung ein. Die Abgabe der erforderlichen Erklärung steht ganz in der Willkür des Grundeigenthümers. Sie ist nicht von der vorherigen Aufforderung durch die Bergbehörde abhängig. Diese Aufforderung ist also ohne allen Einfluss auf den rechtlichen Inhalt des Mitbaurechtes. Sie ist nur insofern von Bedeutung, als sie in Verbindung mit dem Ablauf der dreimonatlichen Frist den Ausfall der Bedingung und den Verlust des Mitbaurechtes herbeiführt. Auch dem Acte der Verleihung (sofern derselbe wider die Regel der Ausübung des Mitbaurechts vorhergeht) kann kein umgestaltender Einfluss in Bezug auf den Inhalt dieses Rechtes beigemessen werden, weil durch die Verleihung das Object des Mitbaurechtes, das durch die Muthung erworbene Bergwerkseigenthum nicht seinem Inhalte nach verändert, sondern nur seinem Umfange nach festgestellt wird. Der Inhalt des Mitbaurechtes bleibt also ebenfalls unverändert und der Berechtigte kann zu jeder Zeit durch die Abgabe der erforderlichen Erklärung das Miteigenthum an dem verliehenen Bergwerke an sich ziehen.

Mit der Einlegung der Muthung wird also das Mitbaurecht als ein besonderes Recht von dem Grundeigenthümer erworben. Es ist daher von nun an nicht nur cessibel, sondern die Ausübung desselben ist überhaupt nicht mehr von dem Besitze des Grundstückes abhängig. Nach dem oben angeführten Präjudize 2322 wäre allerdings das Gegentheil der Fall. Das Mitbaurecht wäre bis zur Abgabe der vorge-

*) Dies gilt in jedem Falle und auch nach dem Gesetze vom 1. Juli 1821 von der Fundgrube, an welcher der Muther sofort ein dingliches Recht erwirbt. Auf den Umfang, in welchem das dingliche Recht durch die Muthung erworben wird, kommt es für die vorliegende Erörterung nicht an.

schriebenen Erklärung mit dem Besitze des Grundstückes untrennbar verbunden. Es fehlt jedoch an jeder gesetzlichen Vorschrift, welche diese Verbindung rechtfertigte. Das Allg. Landrecht bestimmt zwar im §. 125. Th. II. Tit 16., dass der Grundeigenthümer, noch ehe die Beleihung an einen Anderen geschieht, vernommen werden müsse, ob er von dem Rechte des Mitbaues Gebrauch machen wolle. Hieraus soll nach der Ansicht des Ober-Tribunals (Striethorst's Archiv Bd. 33. S. 171) folgen, dass das Mitbaurecht dem zustehe, welcher das Grundstück zu der Zeit besitzt, in welcher die Verleihung erfolgen soll. Das Gesetz verknüpft jedoch die Erwerbung des Mitbaurechtes ausdrücklich mit der Einlegung der Muthung (Schlesische B. O. Cap. I. §. 3. Declaration vom 1. Februar 1790), und es kann kein Zweifel darüber bestehen, dass in dem §. 125. cit. von demjenigen Grundeigenthümer die Rede ist, welcher das Mitbaurecht erworben hat. Hiernach muss die fünfte Frage wie folgt beantwortet werden:

> Mit der Einlegung der Muthung wird das Recht zum Mitbau auf der gemutheten Lagerstätte als ein besonderes, von dem Grundeigenthume unabhängiges Recht erworben, welches auf den neuen Erwerber des Grundstücks nicht übergeht.

Auch das Ober-Tribunal hat bei der Entscheidung dieser Frage die in dem Präjudiz 2322 aufgestellte Ansicht von der Untrennbarkeit des Mitbaurechts bis zu dem Momente seiner Ausübung verlassen. Den beiden hier anzuführenden Entscheidungen vom 23. Juni 1854 (Entscheidungen Bd. 28. S. 147; Strieth. Archiv Bd. 25. S. 185) und vom 2. Mai 1859 (Strieth. Archiv Bd. 33. S. 170) liegt das gleichförmige Sachverhältniss zu Grunde, dass an Stelle des Grundbesitzers der Gutsherr zur Ausübung des Mitbaurechts an dem auf einer Rustikalstelle gemutheten Bergwerke aufgefordert und zugelassen war, von welchem dann ein späterer Erwerber jener Rustikalstelle die durch die Ausübung des Mitbaurechts erworbene Hälfte des Bergwerks vindicirte. Das Ober-Tribunal hat diese Vindication in beiden Fällen zurückgewiesen und angenommen, dass nicht der spätere Erwerber des Grundstücks, sondern derjenige zur Vindication der Mitbaukuxe berechtigt sei, welcher zur Zeit der Muthung und Beleihung, oder wie in der zweiten Entscheidung gesagt wird, derjenige, welcher zur Zeit der zu erwirkenden Verleihung das Grundstück besessen hat. Das Ober-Tribunal hat diese Entscheidung wie folgt motivirt (Entscheid. Bd. 28. S. 150 ff.): Das Mitbaurecht sei zwar an sich ein subjectiv-dingliches Recht, welches als solches auf jeden Nachfolger im Besitze übergehe. Sei jedoch ein bestimmter Fall zur Ausübung desselben eingetreten und statt des wirklich Berechtigten ein Dritter zur Ausübung aufgefordert worden, und habe derselbe auch die Beleihung erhalten, so müsse man bei Beurtheilung der rechtlichen Folge von der Frage ausgehen, wie das Rechtsverhältniss sich gestaltet haben würde, wenn der wirklich Berechtigte zur Ausübung aufgefordert worden wäre. Hätte er entweder geschwiegen oder auf das Mitbaurecht verzichtet, so wäre sein Anspruch beseitigt gewesen; im entgegengesetzten Falle würde er mit 61 Kuxen beliehen worden sein. In beiden Fällen würde der spätere Erwerber des Grund und Bodens keinen Anspruch auf dieselben erhalten haben. Denn diese Kuxe theilten die rechtliche Natur aller anderen Kuxe, könnten selbstständig veräussert werden, und ständen in keiner nothwendigen Verbindung mit dem Grunde und Boden, von dessen Besitze sie ganz unabhängig seien. Zur Geltendmachung des Vindicationsanspruches sei daher nur Derjenige berechtigt, welcher zur Zeit, als das Recht ausgeübt werden musste, Eigenthümer des Grundstücks, auf welchem die Fundgrube sich befinde, gewesen sei, und es habe die Berechtigung hierzu nur durch eine ausdrückliche, in dem vorliegenden Falle nicht erfolgte, Uebertragung auf den späteren Erwerber des Grundstücks übergehen können, so wie dies bei der Veräusserung eines laudemialberechtigten Grundstücks hinsichtlich der vor der Veräusserung vorgekommenen Laudemialfälle erforderlich sei.

Das Ober-Tribunal unterscheidet daher gegenwärtig zwischen der in dem Eigenthumsrechte als solchem liegenden Befugniss zur Ausübung des Mitbaurechts und dem in Bezug auf eine bestimmte gemuthete Lagerstätte erworbenen Rechte zum Mitbau. Und es ist bei der vorstehenden Ausführung nur zu erinnern, dass die Erwerbung des Mitbaurechts nicht von der Aufforderung der Behörde zur Ausübung dieses Rechtes bedingt ist, dass also die Erwerbung nicht in demjenigen Zeitpunkte erfolgt, wo die Aufforderung hätte geschehen können oder müssen, sondern unmittelbar mit der Einlegung der Muthung.

Zum Schlusse dieser Erörterung ist noch die Entscheidung vom 2. März 1846 (Entscheidungen Bd. 13. S. 449) zu erwähnen, an deren Spitze von den Redactoren folgender Grundsatz gestellt ist:

> Der Schlesische Grundeigenthümer, welcher von dem ihm zustehenden Rechte des Mitbaus zur Hälfte Gebrauch macht, ist nicht verpflichtet, dem Schürfer die Hälfte der Schürfkosten zu ersetzen.

Es ist bereits von Gräff a. a. O. S. 32 gezeigt worden, dass dieser Satz dem Inhalt der Entscheidungsgründe nicht entspricht. Das Ober-Tribunal hat nur das von dem klagenden Muther gewählte Fundament der Klage verworfen und ausgeführt, dass die Grundsätze vom gemeinschaftlichen Eigenthume auf die vor der Ausübung des Mitbaurechts gemachten Verwendungen keine Anwendung finden. Ob dagegen auf den Grund nützlicher Verwendung ein Anspruch gegen den Mitbauberechtigten durchzuführen sei, bleibt in den Urtheilsgründen ausdrücklich dahin gestellt. Und diese Frage ist, wie Brassert a. a. O. S. 26 und Gräff a. a. O. S. 32 ausführen, nach §. 262. A. L. R. I. 13. unbedenklich zu bejahen.

§. XVI. Das Kuxeigenthum.

Der Bergbau kann nach §. 128. A. L. R. II. 16. sowohl von einzelnen Personen als von Gesellschaften betrieben werden. Unter den mehreren Unternehmern eines Bergwerks, den Gewerken, besteht nach §. 131. und §§. 264—268. a. a. O. ein Gesammteigenthum. Der Begriff des Gesammteigenthums gehört dem Deutschen Rechte an; er wurzelt in der eigenthümlichen Gestalt der dinglichen Rechtsverhältnisse des Deutschen Rechts, welche dem auf den Principien des Römischen Rechts beruhenden Preussischen Rechtssysteme fremd sind. Der Ausdruck: Gesammteigenthum ist auch in dem Allg. Landrechte nicht definirt und kommt, wie v. d. Bercken (Beiträge zur Kenntniss des Preuss. Bergrechts) in der Bonner Zeitschrift für Bergrecht, Jahrgang I. S. 87 anmerkt, ausser den vorhin angeführten Stellen in unseren Rechtsquellen nirgends vor.

Die Rechtsverhältnisse, welche die Beziehung einer Mehrheit von Personen auf einen körperlich nicht getheilten Gegenstand des Eigenthums enthalten, zerfallen nach dem Preussischen Civilrechte in vier Klassen, nämlich: 1. die zufällige Gemeinschaft (A. L. R. Th. I. Tit. 17. §§. 1. ff.), 2. die Vertragsgemeinschaft (a. a. O. §§. 169. ff.), 3. das Gesellschaftsvermögen (ib. Th. II. Tit. 6. §§. 11. ff.), 4. das Corporationsvermögen (a. a. O. §§. 22. ff.). Auch das Gesammteigenthum an einem Bergwerke muss unter eine dieser vier Klassen subsumirt werden; denn es ist nicht anzunehmen, dass der Gesetzgeber den einer grundsätzlich verschiedenen Rechtsanschauung angehörigen Begriff des Deutschen Gesammteigenthums in einer vereinzelten Anwendung habe adoptiren wollen. Vielmehr ist zu vermuthen, dass er durch diesen Ausdruck nur die Besonderheiten habe kennzeichnen wollen, welche das gewerkschaftliche Rechtsverhältniss von den verwandten Rechtsverhältnissen des Civilrechts unterscheiden. Das Allg. Landrecht verweist im §. 268. Th. II. Tit. 16., bezüglich der Verhältnisse der Gesammteigenthümer unter sich, auf Tit. 17. des ersten Theils. Allein die Vorschriften dieses Titels finden nicht bloss auf die zufällige und die Vertragsgemeinschaft, sondern, so weit im Tit. II. Th. 6. nichts anderes bestimmt ist, auch auf das Gesellschafts- und Corporationsvermögen Anwendung. Es lässt sich also auch aus dieser Hinweisung kein Schluss auf die Natur des gewerkschaftlichen Rechtsverhältnisses ziehen. Das Gesetz vom 12. Mai 1851 (Ges. Samml. S. 265) endlich hat den Sprachgebrauch des Allg. Landrechts ganz verlassen und bezeichnet die Gewerken als Miteigenthümer des Bergwerks. Da jedoch die Bestimmungen dieses Gesetzes das gewerkschaftliche Rechtsverhältniss dem Miteigenthume des Civilrechts, d. i. der zufälligen Gemeinschaft, nicht annähern, sondern neue wesentliche Abweichungen den zwischen beiden Rechtsverhältnissen bereits bestehenden Verschiedenheiten hinzufügen, so kann auch diese Bezeichnung für den Charakter des gewerkschaftlichen Rechtsverhältnisses nicht entscheidend sein. Der Inhalt desselben muss vielmehr aus den materiellen Vorschriften der angeführten Gesetze abgeleitet werden, indem untersucht wird, inwiefern dieselben mit den charakteristischen Merkmalen einer der vier oben angeführten Klassen von Rechtsverhältnissen übereinstimmen.

Die gleichzeitige Beziehung einer Mehrheit von Personen auf einen und denselben Gegenstand des Eigenthums bewirkt in ihrer einfachsten Gestalt, in der Form der zufälligen Gemeinschaft eine ideelle Theilung des Objects und eine gegenseitige Beziehung unter den mehreren Subjecten. Diese gegenseitige Beziehung ist indess von bloss negativem, durch die gleichzeitige Beziehung auf dasselbe Eigenthumsobject bedingten Inhalte. In der Vertragsgemeinschaft tritt diesem negativen Inhalte der gegenseitigen Beziehung ein durch Vertrag begründetes obligatorisches Rechtsverhältniss, ein gegenseitiges Forderungsrecht hinzu. Bei dem Gesellschaftsvermögen absorbirt das zwischen den Mitgliedern der Gesellschaft bestehende Rechtsverhältniss die Beziehung zu dem Eigenthumsobjecte dergestalt, dass jedes Mitglied nur vermöge seiner Mitgliedschaft an dieser Beziehung theilnimmt (A. L. R. II. 16. §§. 14. 15.). Bei dem Corporationsvermögen endlich ist jede directe Beziehung der Corporationsmitglieder zu dem Objecte des Eigenthums aufgehoben und auf die juristische Person der Gesellschaft übertragen. Das Antheilrecht der Corporationsmitglieder enthält kein Miteigenthum an den im Eigenthum der Corporation befindlichen Sachen, sondern nur ein gegen die juristische Person der Gesellschaft gerichtetes Forderungsrecht.

Es ist in dem oben angeführten Aufsatze von v. d. Bercken überzeugend nachgewiesen, dass das gewerkschaftliche Rechtsverhältniss weder zu der Klasse der zufälligen noch der der Vertragsgemeinschaft gerechnet werden kann. Der Gewerke kann beim Ausscheiden aus der Gewerkschaft nicht die Herausgabe seines Antheils an dem gewerkschaftlichen Vermögen fordern (Ges. v. 12. Mai 1851 §. 2.; vergl. A. L. R. II. 6. §§. 15. 182. ff.). Er ist nur befugt, sein gewerkschaftliches Antheilrecht zu veräussern, mit welchem der entsprechende Antheil an sämmtlichen im Eigenthum der Gewerkschaft befindlichen Vermögensgegenständen mit Ausnahme der auf seinen Antheil abgeschlossenen Ausbeute auf den neuen Erwerber übergeht (§. 254. A. L. R. II. 16.). Der Gewerke übt die in dem Eigenthum enthaltenen Befugnisse nur innerhalb der Gewerkenversammlung aus, welche über die Verwaltung, Benutzung und Veräusserung des gewerkschaftlichen Vermögens Beschlüsse fasst (§§. 6. 7. Ges. v. 12. Mai 1851).

Gleichwohl ist die Gewerkschaft keine Corporation, denn nach §. 253. A. L. R. II. 16. wird das Hypothekenbuch über das verliehene Bergwerk auf den Namen der sämmtlichen Gewerken geführt. Die Gewerken sind also kraft ihres Antheilrechtes und so lange sie der Gewerkschaft angehören, Miteigenthümer des Bergwerks, und das gewerkschaftliche Rechtsverhältniss gehört daher in die dritte der oben aufgeführten Klassen, in die Klasse der nicht privilegirten Gesellschaften. (A. L. R. II. 6. §§. 11. ff.)

Für die Antheilrechte der Gewerken besteht, ähnlich der Actie, ein gleichförmiger Maassstab, der Kux, welcher eine bestimmte Quote ($\frac{1}{128}$) des Betheiligungsverhältnisses ausdrückt

(§. 133. A. L. R. II. 16.). Diese Kuxe, welche nach §. 253. a. a. O., eben so wie das verliehene Bergwerk selbst, zu den unbeweglichen Sachen gerechnet werden, sind Gegenstand eines besonderen Eigenthumsrechtes, welches von dem Eigenthum an dem ganzen Bergwerke nicht bloss quantitativ, sondern auch qualitativ verschieden ist. Das Kuxeigenthum enthält allerdings nach den angeführten Vorschriften des Allg. Landrechts ein Miteigenthum an dem entsprechenden ideellen Antheile des Bergwerks. Es geht jedoch auf der einen Seite über diesen Inhalt hinaus, indem es zugleich den entsprechenden Antheil an den übrigen im Vermögen der Gewerkschaft befindlichen Sachen und Rechten umfasst. Andererseits enthält es eine Beschränkung des durch den Begriff des Miteigenthums gegebenen Inhalts, indem die auf dem Vermögen der Gewerkschaft haftenden Schulden zugleich das Antheilrecht des Gewerken belasten, so dass der Gewerke nicht pure über einen ideellen Theil des gemeinschaftlichen Bergwerks verfügen, sondern nur sein Antheilrecht an dem gewerkschaftlichen Vermögen veräussern und verpfänden kann. (Vergl. Koch Commentar Anm. 18. zu §. 14. A. L. R. II. 6.)*)

Einige neuere Berggesetzgebungen, insbesondere das Königlich Sächsische Berggesetz vom 22. Mai 1851. §§. 142. ff., das Grossherzogl. Sächsische Berggesetz vom 22. Juni 1857 §§. 18. ff. und das Oesterreichische Berggesetz vom 23. Mai 1854. §§. 136. ff. unterscheiden zwischen sogenannten Gesellschaften und Gewerkschaften und lassen neben dem gewerkschaftlichen Rechtsverhältnisse ein Verhältniss des blossen Miteigenthums oder der civilrechtlichen Vertragsgemeinschaft zu, jedoch mit der Beschränkung auf eine gewisse Zahl von

*) Die gegenwärtig bestehende Einrichtung des Berghypothekenbuchs (A. L. R. II. 16. §§. 256. ff.) ruft den Anschein hervor, als ob der einzelne Gewerke das gemeinschaftliche Bergwerk mit Schulden belasten könne. Dies ist jedoch thatsächlich nicht der Fall. Der Antheilshypothekengläubiger kann nicht das ganze Bergwerk, sondern nur die belasteten Kuxe zum Verkauf bringen. Mit dem Verkaufe dieser Kuxe gehen aber auch die Schulden der Gewerkschaft auf den neuen Erwerber antheilig über. Es ist daher immer nur das Antheilrecht an dem gewerkschaftlichen Vermögen und zwar *deducto aere alieno*, welches verpfändet und verkauft wird. Nur in dem Ausnahmefalle, wenn das ganze Bergwerk zum Verkauf kommt, welchen indess der Antheilsgläubiger nicht willkürlich hervorrufen kann, werden die auf den Antheilen eingetragenen Hypotheken vor den unprivilegirten Gläubigern der Gewerkschaft befriedigt. Aber auch in diesem Falle gehen die besonders privilegirten Forderungen (§. 343. No. 1. bis 5. A. L. R. II. 16.) den eingetragenen Hypotheken vor.

Theilnehmern oder auf eine gewisse Theilungsgrenze. Dieser Unterschied ist dem Preussischen Bergrechte fremd. Auch das dem gemeinen Deutschen Bergrechte angehörige Rechtsverhältniss der Eigenlöhner, welches in dem Allg. Landrechte Th. II. Tit 16. §. 129. Erwähnung gefunden hat, ist in Bezug auf die Kuxeintheilung und auf den Inhalt des Antheilrechts von dem gewerkschaftlichen Rechtsverhältnisse nach Preussischem Bergrechte nicht verschieden.

Jede ideelle Theilung des Bergwerkseigenthums hat deshalb nach Preussischem Bergrechte die Entstehung des gewerkschaftlichen Rechtsverhältnisses und des Kuxeigenthums zur Folge.

Die Theilung des Bergwerkseigenthums kann nach erfolgter Verleihung dadurch eintreten, dass der beliehene Bergwerkseigenthümer Antheile an dem Bergwerke veräussert oder dass das verliehene Bergwerk von Todeswegen auf mehrere Erben oder Legatarien übergeht. Sie kann indess schon vor ertheilter Verleihung dadurch begründet werden, dass das Recht aus der Muthung mehreren Personen gemeinschaftlich zusteht. Und dies ist nicht nur dann der Fall, wenn die Muthung von mehreren Personen gemeinschaftlich eingelegt wird, sondern auch dann, wenn der Muther einen ideellen Theil seines Rechtes an andere Personen abgetreten hat. Die Zulässigkeit einer solchen Cession ist von dem Ober-Tribunal anerkannt in der Entscheidung vom 10. Februar 1858 (Strietthorst's Archiv Bd. 27. S. 267). Ueber das Verhältniss mehrerer Interessenten einer Muthung enthalten die Gesetze keine Bestimmung. *) Das Allgem. Landrecht geht jedoch in dem §. 265. II. 16. von der Voraussetzung aus, dass die Verleihung an einen der mehrern Muthungsinteressenten, als den **Lehnträger** des Gesammteigenthums, erfolgt, welcher demnächst vor dem Gegenbuche erklären muss, dass er die mit Namen anzunehmenden Mitinteressenten in das Gesammteigenthum aufnehme. Auf Grund dieser Vorschrift ist in dem Ministerialerlasse vom 2. Januar 1853 (Bd. I. S. 40 der Zeitschrift für Berg-, Hütten- und Salinenwesen) bestimmt, dass von dem

---

*) Das Ober-Tribunal hat in der Entscheidung vom 20. December 1858 (Strieth. Archiv Bd. 32. S. 88) folgenden hierauf bezüglichen Grundsatz angenommen:

> Jeder einzelne Interessent einer Muthung ist für sich allein zur Klage gegen Dritte behufs Geltendmachung des Rechtes aus der Muthung legitimirt.

Muther die Angabe etwaiger Mitinteressenten nicht verlangt werde, und dass die Verleihung auch in dem Falle, wenn Antheile an der Muthung an andere Personen abgetreten sind, auf den Namen des ursprünglichen Muthers erfolgen soll; welcher demnächst die Namen seiner Miteigenthümer bei dem Hypothekenbuche anzugeben habe. Diese Vorschrift kann indess keine Anwendung finden, wenn der ursprüngliche Muther ganz aus der Zahl der Betheiligten ausgeschieden ist. In diesem Falle, sowie wenn die Muthung von vornherein von mehrern Betheiligten in Gemeinschaft eingelegt ist, müssen daher in der Verleihungsurkunde selbst die Gewerken des verliehenen Bergwerks namhaft gemacht werden. Die Verleihungsurkunde hat indess, sowie in Bezug auf das durch die Muthung erworbene Recht überhaupt (§. 352. A. L. R. II. 16.; vergl. oben S. 88 und 103), so auch in Bezug auf die Feststellung der Theilnahmeverhältnisse mehrerer Muthungsinteressenten nur declaratorische Kraft. Dies ist von dem Ober-Tribunal in der Entscheidung vom 13. Juli 1857 in folgenden Sätzen anerkannt worden:

64. Die in der Urkunde über die Verleihung des Bergwerkseigenthums irrthümlich geschehene Bezeichnung eines Dritten als Theilnehmer des Muthers ist ohne rechtliche Wirkung.

In Betreff der Frage über das Theilnahmerecht dieses Dritten ist der Rechtsweg zulässig.

Striethorst's Archiv Bd. 26. S. 112.

In dem Protocolle vom 13. März 1854 über die Fundesbesichtigung der Muthung Fridoline war von dem bergamtlichen Commissar registrirt worden, dass ausser dem Muther S. die ferner als anwesend aufgeführten Personen, darunter der Schichtmeister H. bei der Muthung Fridoline mitbetheiligt seien. Auf Grund dieses Vermerks war das Bergwerk Fridoline durch die Verleihungsurkunde vom 30. December 1854 dem Muther S. in Gemeinschaft mit den drei in der Verhandlung vom 13. März 1854 aufgeführten Personen verliehen worden. Der Muther S. und die Mitbetheiligten L. und J. behaupteten indess, dass die Aufnahme des H. in jene Urkunde zu Unrecht erfolgt sei, und trugen im Wege der Klage gegen H. darauf an, ihm das prätendirte Miteigenthumsrecht an der Grube Fridoline abzusprechen. Der erste Richter verurtheilte den Verklagten nach diesem Antrage, indem er der Verleihungsurkunde, in Bezug auf andere ausser dem Muther mitbelehnte Personen, nur die Kraft eines historischen Vermerks beilegte, welcher dieselben nicht von der Verpflichtung entbinde, dem Muther gegenüber ihren Erwerbstitel zu dem fraglichen Miteigenthume nachzuweisen. Der zweite Richter wies die Kläger ab und führte aus, dass nach §§. 27—34. A. L. R. II. 14. schon die Verleihung hinreichend sei, das Bergwerkseigenthum an Privatpersonen zu übertragen, und dass nach der Verleihungsurkunde allein das Verhältniss des Beliehenen zur Staatsbehörde und wenn mehre Beliehene da seien, auch das Verhältniss dieser Mehren unter einander zu beurtheilen sei. Das Ober-Tribunal hat auf die Revision der Kläger das erste Urtheil aus folgenden Gründen wiederhergestellt:

»Unzweifelhaft ist zunächst, dass Kläger zur Anstellung gegenwärtiger Klage berechtigt sind, da sie wohl befugt sind, den in der Verleihungsurkunde vorgefallenen Irrthum hinsichtlich der Betheiligung des Verklagten geltend zu machen, und ihr besseres Recht dem Verklagten gegenüber auszuführen. Auch unterliegt es nicht dem mindesten Bedenken, dass der Rechtsweg zulässig sei. Die unter den Parteien streitige Frage, über das Theilnahmerecht des Verklagten, betrifft einen Gegenstand des Privatrechts, welcher nach §. 1. der Einleitung zur Allgem. Gerichtsordnung der richterlichen Competenz unterliegt, da eine gesetzliche Ausnahme nicht vorliegt. Alle Bergverleihungen geschehen älteren Rechten und besseren Rechten unbeschadet (§. 352. II. 16. des Allg. Landrechts), wie denn auch vielfach angenommen worden ist, dass ein von der Bergbehörde wegen Unfreiheit des Feldes zurückgewiesener Muther gegen denjenigen, der die Beleihung erhalten hat, sein besseres Recht vor dem Richter auszuführen befugt sei. (Entscheidungen Bd. 9. S. 414. 417 ff.) — Der in der Verleihungsurkunde vom 30. December 1854 begangene Irrthum, den die Bergbehörde zu beseitigen abgelehnt hat, und den Verklagter bestreitet, indem er vielmehr seine Rechte auf dieselbe zu stützen sucht, muss daher um so mehr vom Richter beseitigt werden, sofern derselbe vorhanden ist, als es sich hierbei nicht von einem Interesse der Bergbehörde, sondern lediglich von dem der Parteien handelt.

Es kann ebenso wenig einem gegründeten Zweifel unterliegen, dass die Verleihungsurkunde, insofern sie den Verklagten als Theilnehmer des Mitbeliehenen S. mit aufführt, auf Irrthum beruht. An sich war diese Aufnahme der Betheiligten, nach der zuletzt ausgesprochenen Ansicht des Ministers für Handel und Gewerbe (Rescript vom 2. Januar 1854, Bd. I. S. 40 der Zeitschrift für Berg-, Hütten- u. Salinenwesen), wenn auch früher anders verfahren worden ist (Gräff's Handbuch des Bergrechts Anl. S. 37), überflüssig und zu unterlassen. Sie ist aber ohne entscheidendes Gewicht, weil dieselbe nach dem klar vorliegenden Thatbestande auf Irrthum beruht. Denn sie bezieht und stützt sich, da die Verhandlungen vom 1. Mai u. 28. Juni 1854 hierüber gar Nichts enthalten, lediglich auf einen Vermerk der Commissarien der Bergbehörde in der Verhandlung vom 13. März 1854.

Dieser Vermerk ist weder vorgelesen, noch unterschrieben, er enthält nicht einmal die Angabe, wer die Erklärung über die Mitbetheiligung des Verklagten abgegeben hat. Es leuchtet ein, dass dieser historische Vermerk dem Verklagten nicht das mindeste Recht an dem dem Muther verliehenen Bergwerk gewähren kann. Nur S. war Muther, nur ihm stand zu, vorzugsweise die Beleihung zu fordern, andere Personen konnten nur von ihm eine Betheiligung erhalten, §§. 154. ff. 265. ff. II. 16. des Allg. Landrechts. Die irrthümliche Bezeichnung des Verklagten als Theilnehmer in der Beleihungsurkunde ist daher ohne rechtliche Wirkung, und ist hierbei der in den §§. 169. 170. a. a. O. ausgesprochene Grundsatz:

> »dass durch die Beleihung Bergeigenthum allein erworben werden könne,«

ganz ausser Frage, indem nur zu entscheiden ist, ob Verklagter Theilnehmer des Rechts des S. geworden, von dessen Bewilligung dies allein abhing.«

Auf das Bergwerkseigenthum finden nach §. 255. A. L. R. II. 16. die Vorschriften der §§. 6. bis 20. A. L. R. I. 10. über die mittelbare Erwerbung der Grundstücke Anwendung. Zur mittelbaren Erwerbung des Bergwerkseigenthums ist daher die gerichtliche oder notarielle Form des Vertrages (§. 15. a. a. O.), der eingetragene Besitz des Autors (§§. 7. ff. §. 18.), die Abwesenheit der *mala fides* des Erwerbers (§§. 10. 11.) und die Besitzübergabe (§. 6. in Verbindung mit §. 1. a. a. O.) erforderlich. Die Vorschrift des §§. 255. A. L. R. II. 16. bezieht sich, wie die §§. 253. und 258. ff. ergeben, auch auf das Eigenthum an den Kuxen. In Bezug auf das Kuxeigenthum wird indess in den §§. 266. und 267. a. a. O. noch besonders Folgendes verordnet:

> §. 266. Rechte des Gesammteigenthums erlangt jeder Theilhaber nur durch Eintragung seines Namens in das Gegenbuch; und erhält darüber vom Bergamte einen Gewährschein, der ihm zum Beweise der erfolgten Eintragung dient.
>
> §. 267. Nur derjenige ist als wahrer Eigenthümer eines Bergtheils zu betrachten, der als solcher im Gegenbuche steht.

Es ist streitig, ob durch diese Vorschriften die **mittelbare Erwerbung des Kuxeigenthums** von der Eintragung im Gegenbuche abhängig gemacht sei, und ob diese Eintragung bei den Kuxen die Besitzübergabe vertreten soll.

Diese Frage war von dem Ober-Tribunal in einer früheren Entscheidung vom 27. Februar 1844 (Entscheidungen Bd. 10. S. 114) bejaht und auf Grund derselben das folgende Präjudiz eingetragen worden:

> Der Uebergang des Eigenthums von Bergantheilen ist bei deren mittelbarer Erwerbung von der Zuschreibung im Berggegenbuch abhängig. Die Vorschriften der Allerhöchsten Cabinetsorder vom 31. October 1831 sind auf Bergantheile nicht anwendbar.
>
> Präjudiz 1418[b].

In den Entscheidungsgründen (a. a. O. S. 120) wird ausgeführt: Beim Bergwerkseigenthum könne eine eigentliche Naturalübergabe nicht stattfinden, weil der Besitz nur darin bestehe, dass das Bergwerk von Bergleuten unter Beaufsichtigung der vom Staate bestellten Behörden betrieben wird. Der §. 255. A. L. R. II. 16. verweise deshalb bei der mittelbaren Erwerbung des Bergwerkseigenthums auf die §§. 6—20. Th. I. Tit. 10., ohne die §§. 1—5. daselbst, welche von der Uebergabe handeln, in Bezug zu nehmen. Vielmehr sei im §. 256. A. L. R. II. 16. verordnet, dass alle Besitzveränderungen bei dem Bergamte verlautbart und im Berggegenbuche ab- und zugeschrieben werden müssen. Nach §§. 325. 326. a. a. O. müsse die Zuschreibung der Kuxe im Gegenbuch wenigstens vier Wochen nach dem Vertrage geschehen. und wenn der Käufer binnen dieser Frist die Zuschreibung weder erhalten, noch darauf geklagt habe, so könne der Verkäufer von dem Vertrage zurücktreten. Auch bestimme der §. 327., dass wegen verzögerter Zuschreibung die Vorschriften des §. 97. Tit. 11. Th. I. Anwendung finden sollen, welche von der verzögerten Uebergabe beim Kauf handeln. Folglich sei die Zuschreibung des Bergwerkseigenthums der Uebergabe gleichgestellt und die mittelbare Erwerbung des Eigenthums von Bergwerksantheilen von deren Zuschreibung im Gegenbuche abhängig.

Durch den Plenarbeschluss vom 7. Juli 1851 (Entscheid. Bd. 21. S. 10; Strieth. Archiv Bd. 2. S. 235) ist jedoch dieses Präjudiz zurückgenommen und an dessen Stelle der folgende Rechtsgrundsatz aufgestellt:

65. Der Uebergang des Eigenthums bei Bergwerksantheilen ist bei deren mittelbarer Erwerbung von der Zuschreibung im Berggegenbuche nicht abhängig. vielmehr sind dabei die allgemeinen Bestimmungen von der mittel-

baren Erwerbung des Grundeigenthums überhaupt anwendbar.

Präjudiz 2299.

Aus den Gründen dieses Plenarbeschlusses ist bereits oben S. 34 derjenige Passus mitgetheilt worden, welcher die Möglichkeit einer Naturaltradition beim Bergwerkseigenthume überhaupt erörtert. Indem das Ober-Tribunal die Möglichkeit dieser Naturalübergabe feststellt, führt dasselbe weiter aus (S. 16): Die §§. 265—267. A. L. R. II. 16. seien im Wesentlichen übereinstimmend mit den allgemeinen Vorschriften über die mittelbare Erwerbung des Eigenthums, insbesondere des Grundeigenthums, nach welchen der eingetragene Besitzer Dritten gegenüber als Eigenthümer angesehen werde. Im Uebrigen sei der Eigenthumserwerb von der Eintragung nicht abhängig, sondern von der Besitzübergabe. Dass im §. 255. die §§. 1—5. Th. I. Tit. 10., welche von der Uebergabe handeln, nicht in Bezug genommen seien, erkläre sich daraus, dass nur das zu allegiren gewesen sei, was sich auf Grundstücke bezieht, also nicht die auf alle Arten von Sachen anwendbaren Vorschriften. Unter die im §. 255. in Bezug genommenen Vorschriften gehöre aber auch der §. 10. A. L. R. I. 10., welcher gerade von dem Falle spreche, wenn ein anderer als der eingetragene Besitzer wahrer Eigenthümer ist. Dieser Fall müsse also auch beim Bergwerkseigenthum möglich sein, woraus sich ergebe, dass der Eigenthumserwerb von der Eintragung in das Gegenbuch nicht abhängig sein könne. In Bezug auf das Kuxeigenthum insbesondere wird sodann im Anschluss an diese Ausführung bemerkt:

»Bei einzelnen Bergwerksantheilen mag es zweifelhaft sein, in welcher Art die Naturaltradition zu bewirken sei; allein es kann nicht angenommen werden, dass für diese besondere abweichende Grundsätze über den Uebergang des Eigenthums bei ihrer mittelbaren Erwerbung stattfinden. Die §§. 253. ff. Tit. 16. Th. II. des A. L. R. handeln von der mittelbaren Erwerbung des Bergwerkseigenthums überhaupt, nur die §§. 258. bis 260. ebendaselbst enthalten einige erleichternde Bestimmungen bei der Uebertragung einzelner Bergwerksantheile; gelten daher bei der mittelbaren Erwerbung des Bergwerkseigenthums überhaupt die allgemeinen im Tit. 10. Th. I. des A. L. R. enthaltenen Grundsätze, so kann auch bei der Uebertragung einzelner Kuxe keine abweichende Theorie zugestanden, es muss vielmehr in jedem Falle, in welchem es in Frage kommt, besonders beurtheilt werden, ob die gesetzlichen Erfordernisse der Tradition dargethan seien. Allerdings bildet für die Bergbehörde das Gegenbuch die allein zu beachtende

Norm. Diese Bestimmung hat aber mit der hier vorliegenden Frage nichts zu thun. Sie hat nur die Folge, dass die Regel des §. 7. Tit. 10. Th. I. des A. L. R. über die Bedeutung der Eintragung Dritten gegenüber bei den einzelnen Kuxen auch der Bergbehörde gegenüber Wirkung äussert. Im vollen Einklange mit der bestehenden allgemeinen Gesetzgebung stehen sonach auch die §§. 266. u. 267. Th. II. Tit. 16. des A. L. R., nach welchem Rechte des Gesammteigenthums, d. h. der administrirenden Behörde gegenüber, nur durch die Eintragung der Namen in das Gegenbuch erlangt werden und nur derjenige als wahrer Eigenthümer eines Bergtheils zu betrachten ist, der als solcher im Gegenbuche steht. Auch aus den §§. 325. bis 327. a. a. O. lässt sich nichts für die ältere Meinung herleiten. Diese Vorschriften ergeben nur, welches Gewicht das Gesetz auf die baldige Ab- und Zuschreibung von Bergwerksantheilen im Gegenbuche legt. Zwar wird im §. 327. wegen der verzögerten Zuschreibung auf die §§. 97. ff. Tit. 11. Th. I. Bezug genommen, wo von den Folgen der verzögerten Uebergabe beim Kaufe die Rede ist, allein aus diesem blossen Allegate lässt sich nicht folgern, dass bei Bergwerksantheilen die Zuschreibung im Gegenbuche überhaupt die Stelle der Uebergabe vertrete und dass von jener der Eigenthumserwerb abhängig sei, und zwar um so weniger, als bei Grundstücken die Bewirkung der Zuschreibung gewissermaassen zur Uebergabe gehört, §. 125. Tit. 11. Th. I. des A. L. R., in diesem Betracht mithin wegen der Folgen der verzögerten Zuschreibung auf die Vorschriften wegen verzögerter Uebergabe Bezug genommen werden konnte.

Das Vorstehende ergiebt, dass die im Allg. Landrecht enthaltenen Vorschriften über die mittelbare Erwerbung des Bergwerkseigenthums die der früheren Ansicht zum Grunde liegende Abweichung von den allgemeinen Vorschriften über die mittelbare Erwerbung des Eigenthums überhaupt nicht rechtfertigen, dass sie vielmehr mit diesen allgemeinen Vorschriften im Wesentlichen übereinstimmen.«

Die ältere Meinung hat neuerdings eine scharfsinnige Vertheidigung gefunden in den bereits angeführten Beiträgen von v. d. Bercken (Archiv für Bergrecht Jahrg. I. S. 99 ff.), welcher den Ursprung der §§. 266. 267. aus der in dem älteren Deutschen Rechte hergebrachten Auflassung der Grundstücke herleitet und ausführt, dass auch die Vorschriften der älteren Bergordnungen den Grundsatz des alten Deutschen Rechtes über die Tradition von Immobilien wenn auch nicht ausdrücklich sanctioniren, so doch unverkennbar ihren Bestimmungen über die Zugewährung der Bergwerksantheile im Berggegenbuche zu Grunde legen. Eine Abweichung von diesem Grundsatze dürfe daher auch in dem Preussischen Bergrechte nicht vermuthet werden und es könne daher nur die Frage entstehen, ob derselbe von dem Allg. Landrecht verworfen werde.

Diese Folgerung erscheint indess nicht unbedenklich. Es ist bereits von dem Ober-Tribunal (a. a. O. S. 16) bemerkt worden, dass das Allg. Landrecht im §. 255. a. a. O. die Grundlage des Berghypothekenbuchs mit derjenigen der Grundhypothekenbücher in Uebereinstimmung zu bringen beabsichtigt. Eine Abweichung von den Grundsätzen des Preussischen Grundbuchwesens darf daher auch in dem Bergrechte nicht vermuthet werden. Es scheint auch, wie das Ober-Tribunal S. 19 andeutet, aus den im Pensum XI. der Gesetzrevision von 1833 S. 33 und 34 mitgetheilten Materialien hervorzugehen, dass die Fassung des §. 267. gerade den Grundsatz des Preussischen Rechts, wonach der eingetragene Besitzer nur im Verkehr mit dritten Personen als Eigenthümer betrachtet wird, jener Regel der älteren Bergordnungen gegenüber, wonach der eingetragene Besitzer Eigenthümer ist, hervorheben soll. Die ursprüngliche Fassung des §. 267. lautete, wie von der Bercken (a. a. O. S. 101) selbst anmerkt:

> Nur derjenige ist wahrer Eigenthümer eines Bergtheils, der als solcher im Gegenbuche steht.

Hiergegen wurde monirt, dass derselbe nur als Eigenthümer legal zu betrachten sei, weil das Eigenthum selbst von der Eintragung nicht abhängen könne. Ein anderer Monent bemerkte: »Wäre vielleicht richtiger ausgedrückt: ist für den wahren Eigenthümer eines Bergtheils zu halten«. Die gegenwärtige Fassung des §. 267., wonach derjenige als wahrer Eigenthümer eines Bergtheils zu betrachten ist, welcher als solcher im Gegenbuche steht, ist offenbar in Folge dieses Monitums (nicht dessen ungeachtet, wie v. d. Bercken will) angenommen worden. Der Gesetzgeber hat also den aus den älteren Bergordnungen entlehnten Grundsatz des §. 267. ausdrücklich nach den Grundsätzen seines eigenen Grundbuchsystems berichtigt und die Auffassung des Deutschen Rechts auch in Bezug auf das Berggegenbuch verlassen. Allerdings ist die Fassung des §. 266., wonach jeder Theilnehmer Rechte des Gesammteigenthums nur durch die Eintragung seines Namens in das Gegenbuch erlangt, unverändert geblieben und das Monitum, welches den Zusatz: »gegen einen Dritten« verlangte, ist nicht beachtet worden. Allein die Fassung des §. 266. kann füglich auch ohne die verlangte Abänderung mit den Grundsätzen des Preussischen Rechtes in Einklang gebracht werden, wenn man diese Vorschrift mit dem Ober-Tribunal auf die Ausübung der erlangten Theilnahmerechte bezieht. Die Nichtbeachtung der zuletzt angeführten Erinnerung kann daher um so weniger ins Gewicht fallen, als die Monita ganz gleichen Inhalts zu §. 267. Beachtung gefunden haben. Endlich ist in dem Kuxeigenthum, nach den Vorschriften des Allg. Landrechts, ein Miteigenthum an dem verliehenen Bergwerke unzweifelhaft enthalten. Es trifft daher nach Lage der Gesetzgebung nicht zu, dass eine körperliche Uebergabe bei dem Kux, als einem blossen Rechtsbegriffe, nicht denkbar sei (v. d. Bercken S. 103). Diese Uebergabe wird vielmehr nach der gesetzlichen Regel an dem Bergwerke selbst vollzogen. Es muss indess zugegeben werden, dass diese Form der Uebergabe des Kuxeigenthums in hohem Grade unzweckmässig ist und deshalb nothwendig zu einer leeren Form herabsinken muss. Die Gleichstellung der Kuxe mit den ideellen Antheilen eines Grundstücks paralysirt überhaupt alle die Vortheile, welche durch die Kuxeintheilung ihrem ursprünglichen Zwecke nach erreicht werden sollen. Gerade um den Verkehr mit den Bergwerksantheilen von den für die Uebertragung der Grundstücke und folglich der Bergwerke selbst bestehenden Formen zu befreien, wurde dem Antheilrechte eine selbstständige Form in der Gestalt des Kuxes gegeben, und an die Stelle des Sachbesitzes sämmtlicher Gewerken die Eintragung im Gegenbuche und der Gewährschein gesetzt. Folgerichtig sollte daher die Uebertragung des Kuxeigenthums von der Besitzübergabe des Bergwerks ganz unabhängig sein und an eigene, dem Verkehrsbedürfnisse entsprechende Formen geknüpft werden. Diese Lösung muss indess von der künftigen Gesetzgebung erwartet werden.

Zu den §§. 325. 326. A. L. R. II. 16., welche den Verkäufer von Bergwerksantheilen zum Rücktritt von dem Vertrage für den Fall berechtigen, dass der Käufer die Zuschreibung im Gegenbuche nicht binnen vier Wochen nachsucht, ist durch die Entscheidung vom 6. Juli 1857 folgender Grundsatz angenommen:

66. Der Rücktritt von dem Kaufvertrage auf Grund der §§. 325. 326. A. L. R. II. 16. findet nicht statt, wenn nicht ein definitiver Vertrag, sondern eine blosse Punctation abgeschlossen ist, welcher nach dem Willen der Contrahenten zunächst die Aufnahme eines notariellen Vertrages folgen soll.

Gruchot, Beiträge, Jahrg. I. S. 480.

§. XVII. Das Verbot der Betheiligung von Bergbeamten beim Bergbau.

Nach §. 138. A. L. R. II. 16. sollen Bergbeamte bei Strafe der Confiscation nur unter ausdrücklicher Genehmigung des Bergwerks- und Hüttendepartements am Bergbau theilnehmen. Diese Genehmigung soll nach §. 139. nur auf eine gewisse Anzahl von Kuxen ertheilt werden, welche den vierten Theil einer Zeche niemals übersteigen darf. Durch zwei spätere Cabinetsorders vom 20. Januar 1806 und vom 2. November 1808 (Steinbeck, Ergänzungen zu §. 138. A. L. R. II. 16.) ist die Dispensationsbefugniss des Bergwerksdepartements aufgehoben und das Verbot auch auf die Ehefrauen und Kinder der Bergofficianten ausgedehnt worden. Die drei revidirten Provinzialbergordnungen gestatten dagegen den Königlichen (»Unsern«) Bergbeamten einige Kuxe bis zum vierten Theile mitzubauen und von anderen Gewerken zu kaufen.*) Es ist streitig geworden, ob diese provinzialrechtlichen Vorschriften durch die angeführten Bestimmungen der allgemeinen Landesgesetze beseitigt sind. Das Ober-Tribunal hat diese Frage bejaht und in der Entscheidung vom 9. November 1855 (Entscheidungen Bd. 32. S. 184; Striethorst's Archiv Bd. 18. S. 306) folgenden Grundsatz angenommen:

67. **Die Bestimmung der Cleve-Märkischen Bergordnung vom 29. April 1766, welche den Königlichen Bergbeamten gestatte, sich bis zum vierten Theile der Kuxe ausschliesslich an dem Bau eines Bergwerks zu betheiligen, ist durch das Verbot des Allg. Landrechts Th. II. Tit. 16. §. 138. und durch die Cabinets-Orders vom 20. Januar 1806 und vom 2. November 1808 aufgehoben.**

und wie folgt motivirt:

»Zwar ist einzuräumen, dass nach §§. I. und III. des Publicationspatents vom 5. Februar 1794 das Allg. Landrecht auch in Beziehung auf das darin enthaltene Bergwerksrecht im Allgemeinen nur subsidiarische Natur habe. Allein diese subsidiäre Natur des Allg. Landrechts bezieht sich zunächst und hauptsächlich nur auf Privat- und Vermögensrechte, dergleichen Rechtsangelegenheiten sollen zunächst nach den Provinzialgesetzen und Statuten und erst in deren Ermangelung

---

*) Cleve-Märk. B. O. Cap. XXXI. Schlesische Magdeb. Halberst. B. O. Cap. XXXII.

nach den Vorschriften des Allg. Landrechts beurtheilt und entschieden werden (vergl. Entscheidungen Band 6. S. 86) und es erscheint bedenklich, diese subsidiäre Natur des Allg. Landrechts auch da anzunehmen, wo es sich um ein aus Gründen der öffentlichen Wohlfahrt und Ordnung erlassenes, die Beamten einer bestimmten Kategorie betreffendes Verbotsgesetz handelt. Abgesehen davon sprechen sich zwei später ergangene Allerhöchste Cabinetsorders vom 20. Januar 1806 und 2. November 1808, deren Inhalt in Steinbeck's Ergänzungen zum §. 138. Th. II. Tit. 16. des Allg. Landrechts mitgetheilt wird, ganz bestimmt über die vorliegende Frage aus. Die erstgedachte Cabinetsorder untersagt den Königl. Bergbeamten die Theilnahme am Bergbau für ihr eigenes Interesse gänzlich, die andere Cabinetsorder vom 2. November 1808 lautet:

> Seine Königliche Majestät von Preussen geben der Immediat-Friedens-Vollziehungs-Commission auf den Bericht vom 8. v. M. zu erkennen, dass die durch die Allerhöchste Verfügung vom 20. Januar 1806 bestimmte gesetzliche Einschränkung der Besitzfähigkeit der Bergofficianten in Ansehung der zu acquirirenden Bergantheile sich nur auf die Ehefrauen und die noch unter väterlicher Gewalt stehenden Kinder der gedachten Bergofficianten erstrecken solle, insofern nicht bei weiter entfernten Verwandten derselben eine Collision mit ihnen obwaltet. Höchstdieselben autorisiren daher die etc. Commission, darnach das Bergwerks- und Hüttendepartement mit Anweisung zu versehen.

In Folge dieser Allerhöchsten Cabinetsorder ist durch das damalige Oberlandsgericht zu Cleve unterm 6. Mai 1817 im Amtsblatte der Königlichen Regierung zu Arnsberg S. 308 bekannt gemacht worden:

> dass Bergofficianten, sowie deren Ehefrauen und die unter ihrer väterlichen Gewalt stehenden Kinder nicht mehr befugt sein sollen, Bergwerksantheile eigenthümlich zu erwerben.

Hierin ist ein ganz allgemeines Verbot ausgesprochen. Die Bekanntmachung ist erlassen vom Oberlandsgericht zu Cleve, zu dessen Bezirk die Grafschaft Mark, das Herzogthum Cleve und die Grafschaft Meurs gehörte (cfr. Starke's Justizverwaltungs-Statistik 2. Abth. S. 400). Diese Landestheile sind aber gerade diejenigen, für welche die Bergordnung vom 29. April 1767 gegeben worden und jene Bekanntmachung würde gar keinen Sinn haben, wenn man annehmen wollte, dass das bekanntgemachte Verbot durch die im Cap. 31. der Bergordnung enthaltene Bestimmung ausgeschlossen sei. Das Vorstehende ergiebt, dass der Gesetzgeber die in der Bergordnung den Bergbeamten ertheilte Erlaubniss, sich unter gewissen Beschränkungen beim Baue von Bergwerken zu betheiligen, später zurückgenommen und ihnen eine solche Betheiligung unbedingt untersagt hat.«

Die Gesetzeskraft der in den vorstehenden Entscheidungsgründen angeführten Cabinetsorders vom 20. Januar 1806 und

vom 2. November 1808 ist von Achenbach (Zeitschrift für Bergrecht Jahrg. I. Anm. zu S. 302) mit dem Bemerken in Zweifel gezogen, dass die erstere an den Grafen v. Reden erlassene Order wahrscheinlich nur eine Verwaltungsmaassregel für Schlesien sein sollte. Diese Vermuthung wird durch den auszugsweise folgenden Text der Order vom 20. Januar 1806 bestätigt. Dieselbe ist durch die Ausübung des Mitbaurechtes von Seiten eines königlichen Bergbeamten veranlasst und lautet in dem bezüglichen Theile:

»Auf Euren Bericht vom 13. d. Mts. über die Beschwerden des Grafen von M. auf M. wider das Bergamt zu Tarnowitz gebe ich hierdurch zu erkennen, dass:

2. Ich es überhaupt höchst ungerecht finde, dass Bergofficianten für ihr eigenes Interesse an dem Bergbau auf Königlichem oder fremdem Boden Theil nehmen und daher solches für die Zukunft hierdurch gänzlich untersagen will, es hiernächst aber noch auffallender ist, dass in dem vorliegenden Falle sogar nachgesehen worden, dass in der L. Grube über die Hälfte der Kuxe von Officianten des Bergamts zu Tarnowitz hat acquirirt werden können, und finde ich die vom Bergwerks- und Hüttendepartement dagegen getroffene Verfügung keinesweges hinreichend, noch die zur Entschuldigung angeführten Gründe passend, da das Allg. Landrecht, ungeachtet es dem Departement die Befugniss gestattet, den Officianten zu erlauben, den vierten Theil der Kuxe zu besitzen, doch eine so exorbitante Ausdehnung nicht gestattet und von dem Unterschiede, ob die Officianten die Kuxe als Privatleute oder als Officianten besitzen, nichts weiss, daher will ich auch, dass auf alle Fälle binnen längstens Jahresfrist, sämmtliche Kuxe, welche die Officianten über die gesetzliche Zahl besitzen, veräussert, und dass solches geschehe, mit Ernst darauf gehalten werden soll.«

In der späteren Cabinetsorder vom 2. November 1808 ist jedoch der Inhalt der Allerhöchsten Verfügung vom 20. Januar 1806 ausdrücklich als eine gesetzliche Einschränkung der Besitzfähigkeit der Bergofficianten bezeichnet. Und da diese Order das Verbot der Erwerbung von Bergwerksantheilen wiederholt und auf die Ehefrauen und unter väterlicher Gewalt befindlichen Kinder der Bergofficianten ausdehnt, so dürfte die gesetzliche Promulgation des erwähnten Verbots nicht in Frage zu stellen sein. Auch die Publication ist zwar nicht in der regelmässigen Form erfolgt, da weder der Text der Gesetzesurkunde bekannt gemacht, noch überhaupt die Einrückung in die Gesetzsammlung erfolgt ist, welche nach §. 1. des Gesetzes vom 27. October 1810 für alle Gesetze und Verordnungen stattfinden soll, die mehr als ein Regierungsdepartement betreffen. Indess die Verordnung vom 28. März 1811 (Gesetzsamml. S. 164) erklärt in den §§. 2. und 6. beide Arten der Publication, die Anzeige der durch die Gesetzsammlung veröffentlichten Gesetze und die Publication öffentlicher Verordnungen durch die Regierungsamtsblätter für gültig. Da nun die Bekanntmachung des dispositiven Theiles der angeführten Cabinetsorders durch die Regierungsamtsblätter im Jahre 1817 auf Anweisung des Justizministers durch die Oberlandesgerichte nachgeholt ist*), so wird die Gesetzkraft dieser Verordnungen für diejenigen Landestheile, in welchen diese Publication erfolgt ist, anerkannt werden müssen.

In einer späteren Entscheidung vom 23. September 1859 (Striethorst's Archiv Bd. 35. S. 106) hat das Ober-Tribunal das in den oben angeführten Gesetzen enthaltene Verbot der Erwerbung von Bergwerkseigenthum auch auf die nicht in Königlichen Diensten stehenden Privatbergwerksbeamten ausgedehnt. In den Gründen dieser Entscheidung wird ausgeführt:

»Der §. 138. A. L. R. II. 16. spreche ganz allgemein von Bergbeamten, Bergofficianten, ohne zwischen Königlichen und gewerkschaftlichen Beamten einen Unterschied zu machen, und es liegt zu einem solchen Unterschiede um so weniger Grund vor, als zur Zeit des Erlasses jener Vorschriften auch der gewerkschaftliche Betrieb unter Leitung des Bergamtes geführt wurde, dem Bergamte die Annahme und Entlassung der Bergarbeiter, Steiger und anderer Bergbeamten oblag (§§. 307. ff. 315. 316. 320. A. L. R. II. 16.). In diesem Sinne sei auch das gesetzliche Verbot in dem Rescripte der Oberberghauptmannschaft vom 30. September 1822 (Gräff, Bergrecht Anh. S. 35.) ausgelegt worden. Was die Steiger insbesondere anbetreffe, so werde der Steiger im §. 307. A. L. R. II. 16. ausdrücklich zu den Bergwerksbeamten im Gegensatze von blossen Bergarbeitern gezählt, indem daselbst die Rede sei von den Berg- und Hüttenarbeitern, den Steigern und anderen Bergbeamten (Bergbedienten).«

---

*) Die Publication hat, wie Achenbach anmerkt, nicht stattgefunden in den Bezirken des Appellationsgerichtshofes zu Cöln, des Justizsenats zu Ehrenbreitstein und des ehemaligen Hofgerichts zu Arnsberg.

Diese Entscheidung ist in der Zeitschrift für Bergrecht Jahrg. I. S. 290 ff. von Achenbach mit eingehenden Bemerkungen begleitet worden, in welchen der von dem Ober-Tribunal angenommenen ausdehnenden Interpretation mit überzeugenden Gründen entgegengetreten wird. Die Provinzial-Bergordnungen unterwerfen ausdrücklich nur die Königlichen Bergbeamten der Beschränkung in der Erwerbung von Bergwerkseigenthum. Das Allg. Landrecht enthält zwar nicht diese ausdrückliche Beschränkung, doch ergiebt sich aus der von Achenbach ausführlich mitgetheilten Redactionsgeschichte des §. 138., und namentlich aus der Vorschrift des §. 308. A. L. R. II. 16., welcher verbietet, dass Mitglieder einer Gewerkschaft zu Steigern und Schichtmeistern bei derselben Zeche angesetzt werden, dass den Redactoren die Ausdehnung jenes allgemeinen Verbots auf die Privatbergbedienten fern gelegen hat. Die Cabinetsorder vom 20. Januar 1806, an welche sich die spätere Order vom 2. November 1808 unmittelbar anschliesst, ist aus Anlass einer gegen einen Officianten des Königlichen Bergamtes zu Tarnowitz geführten Beschwerde ergangen und darf deshalb ebenfalls nicht auf Privatofficianten bezogen werden.

§. XVIII. Die gewerkschaftliche Verfassung.

Das gewerkschaftliche Rechtsverhältniss hat eine ideelle Theilung des Bergwerkseigenthums, die Entstehung des Kuxeigenthums, zur Folge. Es bewirkt jedoch zugleich eine persönliche Beziehung der Gewerken, welche nicht auf den rein negativen Inhalt der zufälligen Gemeinschaft beschränkt ist, sondern positive Leistungen der Gewerken einschliesst. Der Inhalt dieses mit dem Gesammteigenthume verknüpften obligatorischen Rechtsverhältnisses ist wohl ursprünglich durch besondere Verabredung bestimmt worden. Bei der Gleichförmigkeit dieser Verabredungen bildete sich indess schon früh ein gewohnheitsrechtlicher, dann ein gesetzlicher Inbegriff von Regeln aus, durch welchen das gewerkschaftliche Rechtsverhältniss auch ohne solche besondere Verabredungen nach Form und Inhalt bestimmt wird. Der formelle Theil dieses Rechtsverhältnisses, die gewerkschaftliche Verfassung ist durch das Gesetz über die Verhältnisse der Miteigenthümer eines Bergwerks vom 12. Mai 1851 (Ges. Samml. S. 265) geregelt. Die Gewerkschaft verfügt über die Gegenstände des Gesammteigenthums, über das gewerkschaftliche Vermögen, durch Beschlüsse, welche mit einfacher Mehrheit, oder bei Verfügungen über die Substanz des Bergwerks mit einer Mehrheit von drei Vierteln sämmtlicher Antheile in den beschlussfähigen Gewerkenversammlungen gefasst werden (§§. 4. 6. 7.). Jedem Betheiligten ist gestattet, innerhalb vier Wochen vom Tage des Beschlusses die schiedsrichterliche Entscheidung darüber anzurufen, ob der Beschluss zum gemeinsamen Besten gereiche (§§. 8. 9.). Die Gewerkschaft wird nach aussen durch den in der beschlussfähigen Versammlung erwählten Repräsentanten oder Grubenvorstand repräsentirt, welcher dieselbe in den gewerkschaftlichen Angelegenheiten als Generalbevollmächtigter vertritt (§§. 13—22.). *)

Die Gewerkschaft hat also die innere Verfassung der Corporationen. Sie besitzt jedoch nicht die äusseren Corporationsprivilegien. Das Bergwerk mit seinen Zubehörungen wird nicht auf den Namen der Gewerkschaft, sondern auf den Namen der einzelnen Gewerken eingetragen. Die Gewerkschaft ist auch sonst nicht befugt, Grundstücke oder Capitalien auf ihren Collectivnamen zu erwerben. Dennoch gehen alle von der Gewerkschaft in ihrer jeweiligen Zusammensetzung erworbenen Sachen und Rechte mit Einschluss der contrahirten Verbindlichkeiten auf die neu eintretenden Gewerken über (vergl. oben S. 233) und die Gewerkschaft kann als solche in der Person ihres Repräsentanten klagen und verklagt werden (§. 18. No. 15.).

Hierdurch wird ein verworrener Rechtszustand geschaffen, welcher in vielen Beziehungen nur durch die Unterstellung einer juristischen Persönlichkeit erklärt werden kann, während in anderen Beziehungen diese Annahme ausdrücklich ausgeschlossen ist. Der innere Widerspruch, welcher aus dieser Vermischung zweier incongruenter Rechtsinstitute entspringt, führt in der Anwendung der einzelnen Rechtsvorschriften zu auffallenden Consequenzen. Dies wird ersichtlich aus der Entscheidung vom 5. Juli 1858 (Entscheidungen Bd. 39. S. 340, Striethorst's Archiv Bd. 28. S. 346), welche den Grundsatz aufstellt:

---

*) Er vereinigt die Functionen des früheren Lehnträgers und des Schichtmeisters (§. 26., vergl. §§. 269. 270. §§. 314. ff. A. L. R. II. 16.). Zu Geschäften, welche eine Specialvollmacht erfordern, ist er ebensowenig als der frühere Lehnträger befugt (§. 19). Vergl. die Entscheidung vom 11. Mai 1857 (Strieth. Archiv Bd. 25. S. 100), welche die Befugniss des Lehnträgers zum Abschlusse eines Vergleichs über die streitigen Grenzen des Bergwerks verneint.

68. **Die im Processe durch ihren Repräsentanten vertretene Gewerkschaft hat auf die im Art. 13. der Declaration vom 6. April 1839 festgesetzte Doppelfrist zur Einlegung von Rechtsmitteln auch in dem Falle keinen Anspruch, wenn sich unter den Gewerken bevormundete Personen befinden.**

welcher das dem älteren Rechte angehörige Präjudiz No. 2266. vom 23. December 1850 (Entscheidungen Bd. 20. S. 541) in der Anwendung auf den an die Stelle des früheren Lehnträgers*) getretenen Repräsentanten wiederholt. In den Gründen der neueren Entscheidung ist ausgeführt:

»Die Gewerkschaften seien nicht juristische Personen, sondern nach §§. 11—13. 22. 23. A. L. R. II. 6. und nach §. 1. des Gesetzes vom 12. Mai 1851 privilegirte Gesellschaften. Subject des Bergwerkseigenthums seien daher die einzelnen Gewerken und nach der allgemeinen Regel des Art. 13. der Declaration vom 6. April 1839, welcher die Doppelfrist nicht an die Person des Vertreters im Processe, sondern an die Eigenschaft der Person knüpft, welche Subject des Processes ist, würde daher die Doppelfrist den unter den Gewerken befindlichen bevormundeten Personen zukommen, was dann nach §. 14a. A. G. O. I. 14. auch den übrigen Gewerken zu statten kommen würde. Allein die Rechtsverhältnisse der Gewerkschaften seien nicht nach den allgemeinen Regeln, sondern zunächst nach den für sie erlassenen besonderen Gesetzen, insbesondere nach dem Gesetze vom 12. Mai 1851 zu beurtheilen. Dieses Gesetz stelle aber im §. 18. No. 15. den Repräsentanten in gewissem Sinne als den *dominus litis* der für und wider die Gewerkschaft zu führenden Processe hin, nicht in dem Sinne, dass er Eigenthümer der Sachen und Rechte würde, über welche er processirt, wohl aber in dem Sinne, dass er über den Process nicht nach dem einzuholenden Willen Anderer, sondern nach freiem Entschlusse disponire, wie dies aus dem ganzen Inhalte der ihm durch §. 18. beigelegten Befugnisse erhelle. In dieser seiner gesetzlichen Stellung sei es begründet, dass die Gerichte von ihm den Entschluss über die Einlegung des Rechtsmittels zu erwarten haben, nicht von den einzelnen Gewerken, welche gar nicht vor Gericht als Kläger oder Verklagte auftreten und dem Richter ganz unbekannt seien. Dass processualisch der Repräsentant als die Partei selbst, nicht als der Mandatar der Partei betrachtet werden solle, werde auch durch §. 20. a. a. O. unterstützt, nach dessen Vorschrift der Repräsentant alle das Bergwerks-

*) Nach der Cabinetsorder vom 24. October 1831 konnte die Gewerkschaft, in den nicht zur Geschäftsführung des Schichtmeisters gehörigen Processen, in der Person ihres Lehnträgers verklagt werden, nicht aber klagen (Präjudiz 1919 vom 1. October 1847).

eigenthum der Gewerkschaft betreffenden Vorladungen, Mittheilungen und Verfügungen mit voller rechtlicher Wirkung in Empfang nimmt, ohne dass diese Bestimmung selbst durch einen Vollmachtsvertrag abgeändert werden darf. «

Die übrigen auf die gewerkschaftliche Verfassung bezüglichen Entscheidungen des Ober-Tribunals betreffen theils die Wahl, theils die Befugnisse und Verpflichtungen des Repräsentanten. Die Wahl des Repräsentanten ist nach §. 14. des Gesetzes vom 12. Mai 1851 Gegenstand eines gewerkschaftlichen Beschlusses, welcher durch einfache Stimmenmehrheit innerhalb der beschlussfähigen Versammlung nach der Regel des §. 4. gefasst wird. Das Ober-Tribunal hat nun in der Entscheidung vom 14. December 1857, welche in den Entscheidungen Bd. 37. S. 322 und im Bd. V. S. 262 der Zeitschrift für Berg-, Hütten- u. Salinenwesen mitgetheilt ist, den Grundsatz aufgestellt:

> Gegen einen gewerkschaftlichen Beschluss, welcher die Wahl eines Repräsentanten zum Gegenstande hat, ist die Anrufung eines schiedsrichterlichen Ausspruchs darüber nicht zulässig, ob der Beschluss zum gemeinsamen Besten der Gewerkschaft gereiche.

Die Besitzerin von $74\frac{1}{2}$ Kuxen der Steinkohlengrube Carolus Magnus, die Actiengesellschaft Ph., gab bei der Wahl eines gewerkschaftlichen Repräsentanten ihre Stimme, welche die absolute Mehrheit der gewerkschaftlichen Antheile enthielt, dem Ingenieur D. Dreizehn Mitgewerken der Grube Carolus Magnus, welche ihre Stimme für die Erwählung eines Grubenvorstandes und eventuell für die Wahl des Hüttenbesitzers G. als Repräsentanten abgegeben hatten, provocirten auf schiedsrichterliche Entscheidung darüber, ob der gefasste Beschluss zum gemeinschaftlichen Besten der Gewerkschaft gereiche. Die Gesellschaft Ph. verweigerte die Benennung eines Schiedsrichters, weil die Wahl eines Repräsentanten kein Gegenstand der schiedsrichterlichen Entscheidung sei. Die Provocanten erhoben hierauf Klage gegen die Gesellschaft Ph. mit dem Antrage, sie zur Bestellung eines Schiedsrichters zu verurtheilen. Das Gericht erster Instanz erkannte nach dem Klageantrage. Das Appellationsgericht wies jedoch die Klage zurück, weil sich die von der Verklagten verweigerte Bestellung eines Schiedsrichters im Wege der Execution nicht erzwingen lasse.

Auf die Revisionsbeschwerde der Kläger hat das Ober-Tribunal das zweite Urtheil bestätigt. In den Entscheidungsgründen wird zunächst der von dem zweiten Richter angenommene Entscheidungsgrund widerlegt und ausgeführt, dass das im §. 8. des Gesetzes vom 12. Mai 1851 den Betheiligten eingeräumte Recht der schiedsrichterlichen Berufung nicht unwirksam bleiben dürfe.

»Durch welche Mittel dasselbe zur Geltung zu bringen sei, müsse der Executionsinstanz überlassen werden. Allein die Vorschrift des §. 8. a. a. O. verweise bei Erwähnung der gewerkschaftlichen Beschlüsse, gegen welche das schiedsrichterliche Verfahren gestattet sei, auf die §§. 6. und 7. Der Beschluss über die Wahl eines Repräsentanten gehöre indess unter keine der in den §§. 6. u. 7. erwähnten Kategorieen der gewerkschaftlichen Beschlüsse. Er enthalte weder eine Verfügung in Betriebs- und Haushaltsangelegenheiten, noch eine Disposition über die Substanz des Bergwerks, sondern lediglich die Erfüllung einer der Gewerkschaft nach §. 13. obliegenden gesetzlichen Verpflichtung. Das Gesetz unterscheide auch deutlich zwischen den in den §§. 6. und 7. erwähnten Beschlüssen, gegen welche nach §. 8. die schiedsrichterliche Berufung stattfinde und zwischen der im §. 14. angeordneten Wahl, für welche auch ein von den Vorschriften der §§. 6. u. 7. abweichender Wahlmodus vorgeschrieben sei. Ausserdem sei die Wahl eines Repräsentanten wesentlich Sache des persönlichen Vertrauens, über welches sich nicht rechten lasse, über das also auch kein Rechtsspruch und kein schiedsrichterlicher Ausspruch gefällt werden könne. Allerdings sei über den im §. 21. erwähnten Beschluss wegen des Widerrufs der dem Repräsentanten ertheilten Vollmacht die schiedsrichterliche Entscheidung zulässig, wie die Bezugnahme auf §. 6. ergebe. Allein der Beschluss über den Widerruf der Vollmacht habe eine positive Grundlage in der bisherigen Geschäftsführung und enthalte eine Veränderung des *status quo,* während die Wahl des Repräsentanten nur die Herstellung des gesetzlich gebotenen Zustandes enthalte. Der Ausspruch, dass es dem gemeinsamen Besten nicht entspreche, einen Repräsentanten zu bestellen, würde, da das Gesetz alternativ die Bestellung eines Repräsentanten oder eines Grubenvorstandes fordert, dem Willen der Minderheit zur Herrschaft über die Mehrheit verhelfen.«

Diese Ausführung hat indess vielfachen Widerspruch hervorgerufen (vergl. Striethorst's Archiv Bd. 27. S. 219, Ebmeier, Ueber gewerkschaftliche Beschlüsse, Zeitschrift für Bergrecht Jahrg. I. S. 147). Die Unhaltbarkeit derselben ist überzeugend nachgewiesen von Gedicke (Bd. VI. *B.* S. 73 der Zeitschrift für Berg-, Hütten- und Salinenwesen), welcher nachweist, dass §. 6. des Gesetzes vom 12. Mai 1851 nicht nur, wie sein jetziger Wortlaut besagt, auf alle Beschlüsse ohne Ausnahme Bezug hat, welche nicht unter die Bestimmung des §. 7. fallen, sondern dass das Gesetz in seiner ursprünglichen Fassung auch die Beschlüsse über Bestellung von Repräsentanten und Grubenvorständen ausdrücklich namhaft machte. Diese Anführung ist bei der Berathung in den Kammern als selbstverständlich gestrichen worden. Der angeblich zwischen den §§. 6—12. und den §§. 13. ff. bestehende Gegensatz hat also nicht in der Absicht des Gesetzgebers gelegen. Ausserdem weist Gedicke nach, dass die Nichtanwendung des §. 8. auf den Beschluss über die Wahl eines Repräsentanten den Erfolg haben würde, dass über dieselbe der Rechtsweg stattfinde, welcher durch keine andere Vorschrift als die des §. 8. ausgeschlossen wird.*)

Die Befugnisse des Repräsentanten umfassen nach §. 18. des Gesetzes vom 12. Mai 1851 die Wahrnehmung und Verfolgung aller der Gewerkschaft als solcher zustehenden Rechte, sowohl gegen Mitglieder der Gewerkschaft als gegen dritte Personen. Das gewerkschaftliche Rechtsverhältniss wird erst durch die Beleihung der Gewerkschaft, beziehungsweise ihres Lehnträgers (§. 265. A. L. R. II. 16.) mit dem Bergwerke existent. Vor der Beleihung besteht unter den mehreren Theilhabern einer Muthung ein Verhältniss der zufälligen oder vertragsmässigen Gemeinschaft, welches lediglich den Regeln des Civilrechts folgt. Dieses Rechtsverhältniss kann zwar gegenseitige Ansprüche der einzelnen Muthungsinteressenten, nicht aber Ansprüche der künftigen Gewerkschaft gegen einen der Theilhaber begründen. Der Anspruch auf Erstattung der von einzelnen Theilhabern vor der Verleihung vorgeschossenen Betriebskosten oder auf Liberirung von den deshalb übernommenen Verbindlichkeiten kann daher auch nach erfolgter Verleihung immer nur von den einzelnen Gewerken, nicht von der Gewerkschaft als solcher, geltend gemacht werden. Hiernach rechtfertigt sich der von dem Ober-Tribunal in der Entscheidung vom 24. Februar 1860 (Striethorst's Archiv Bd. 36. S. 281) angenommene Grundsatz:

69. Der Grubenvorstand oder Repräsentant einer Gewerkschaft ist zur Verfolgung der Muthungsinteressenten gegen einen derselben aus dem vor der Beleihung unter ihnen bestandenen Rechtsverhältnisse nicht berechtigt.

Von den Rechten, welche den einzelnen Gewerken nach der gewerkschaftlichen Verfassung zukommen, hat das Gesetz

---

*) Ueber die Bedingungen, Formen und Wirkungen des schiedsrichterlichen Ausspruchs vergl. man die interessanten Untersuchungen in dem angeführten Aufsatze von Ebmeier S. 143 ff.

vom 12. Mai 1851 nur die Anrufung der schiedsrichterlichen Entscheidung über die Mehrheitsbeschlüsse (§. 8.) und das Stimmrecht in den gewerkschaftlichen Versammlungen (§. 4.) besonders erwähnt. Ueber die Befugniss des einzelnen Gewerken, solche Versammlungen zu veranlassen, oder die Berufung derselben von dem Repräsentanten zu verlangen, welchem, nach §. 18. No. 17., die Einladung der Gewerken obliegt, ist keine Bestimmung getroffen. Diese Frage muss daher nach den allgemeinen Vorschriften des Th. I. Tit. 17. beurtheilt werden. Sie ist von dem Ober-Tribunal durch das Erkenntniss vom 1. December 1856 (Striethorst's Archiv Bd. 23. S. 96) wie folgt entschieden werden:

70. Jeder Gewerke ist befugt, die Zusammenberufung einer Gewerkenversammlung zu verlangen, um in derselben Verfügungen über gemeinschaftliche Angelegenheiten, welche die dem epräsentanten ertheilten Befugnisse überschreiten, resp. ausserhalb derselben liegen, in Anregung zu bringen und die Bestimmung der übrigen Theilnehmer in Form eines Alle bindenden Beschlusses herbeizuführen.

Daher ist der Repräsentant verpflichtet, auf den Antrag auch nur eines der Gewerken eine Gewerkenversammlung zum Zwecke der Berathung über die Wahl eines anderen Repräsentanten zusammenzuberufen.

In den Urtheilsgründen wird aus der Interpretation der §§. 4. 16. ff. A. L. R. I. 17. und der §§. 2. ff. 16. ff. und 24. des Gesetzes vom 12. Mai 1851 die Folgerung abgeleitet:

»Der einzelne Gewerke sei zwar nicht befugt, ohne Beistimmung der übrigen etwas über das Bergwerk und dessen Betrieb zu verfügen, da solche Verfügungen vielmehr innerhalb der durch das Gesetz und durch die Vollmacht bestimmten Schranken dem Repräsentanten zustehen, und, soweit sie darüber hinaus liegen, in Beschlüssen der Gewerkschaft veranlasst sein müssten. Jedem Gewerken müsse aber die Befugniss zugestanden werden, eine Beschlussfassung der Gewerkschaft über solche, ausserhalb der Befugnisse des Repräsentanten liegende Verfügungen herbeizuführen. Diese Befugniss sei ein wesentlicher Theil des Antheilrechtes jedes Gewerken und dürfe ihm selbst durch die Mehrheit der Stimmen der übrigen Theilnehmer nicht entzogen werden, falls nicht besondere Vertragsbestimmungen den Antrag auf Zusammenberufung der Gewerken von besonderen Bedingungen abhängig machen. Da nun die Einladung der Gewerken zu Versammlungen eine Obliegenheit des Repräsentanten sei, so folge, dass dieser sich seiner Obliegenheit nicht entziehen dürfe, sobald einer der Gewerken die Beschlussfassung über Anträge verlange, welche ausserhalb der dem Repräsentanten ertheilten Machtbefugniss liegen. Nach den Motiven des Gesetzes vom 12. Mai 1851 zu No. 17. §. 18. (§. 16. des Entwurfs) sei überdies von einer Bestimmung des Inhaltes, dass nur die Besitzer einer bestimmten Anzahl von Kuxen die Berufung der Gewerkenversammlung verlangen können, ausdrücklich Abstand genommen.«

§. XIX. Die Grubenschulden.

Das gewerkschaftliche Rechtsverhältniss hat, wie oben S. 234 ausgeführt ist, die Wirkung, dass alle im Vermögen der Gewerkschaft befindlichen Sachen und Rechte, mit Einschluss der Schuldverbindlichkeiten, auf jeden neu eintretenden Gewerken nach Verhältniss seiner Betheiligung übergehen. Der Uebergang der vor dem Besitzwechsel entstandenen Schuldverbindlichkeiten wird dadurch vermittelt, dass dieselben auf dem gewerkschaftlichen Vermögen haften (vergl. das Erkenntniss vom 17. Mai 1847 Entscheid. Bd. XV. S. 318). Er erzeugt daher keine persönliche Klage gegen den neuen Erwerber des Antheils, sondern nur eine *actio in rem scripta.* Hiervon verschieden ist die Frage, ob die von der Totalität der Gewerkschaft contrahirten Verbindlichkeiten, die zur Zeit der Entstehung des Schuldverhältnisses betheiligten Gewerken persönlich verpflichten, ob also die Gewerken für die während ihrer Besitzzeit entstandenen Schulden der Gewerkschaft persönlich verhaftet sind.

Das Allg. Landrecht enthält über diese Frage, im Anschluss an die Vorschriften über den Verlust des Bergwerkseigenthums durch Caducirung und Auflässigkeit im §. 292. II. 16. folgende Bestimmung:

> Grubenschulden können von Gewerken, deren Bergwerkseigenthum aufgehoben ist, durch persönliche Klagen nicht zurückgefordert werden.

Die Auslegung dieser Vorschrift hat nach zwei Richtungen hin zu Zweifeln Veranlassung gegeben. Es ist einerseits streitig, ob dieselbe auf die in den §§. 280. bis 290. vorgesehenen Fälle der Caducirung und der Auflässigkeit zu beschränken oder auch auf den Fall einer Veräusserung des Bergwerkseigenthums zu beziehen ist. Andererseits bestehen verschiedene Meinungen über die Bedeutung des Wortes: Grubenschulden, indem von Einigen nur die im §. 343. a. a. O. besonders namhaft gemachten

Forderungen der Berggläubiger darunter begriffen werden, während Andere diese Bezeichnung auf alle von der Gewerkschaft für und durch den Bergwerksbetrieb contrahirten Schulden beziehen.

Die erste Streitfrage ist von dem Ober-Tribunal in dem Erkenntnisse vom 28. September 1854 (Striethorst's Archiv Bd. 15. S. 48) wie folgt entschieden worden:

71. Die Gewerken sind für die Grubenschulden auch persönlich verantwortlich und zwar auch nach der Veräusserung ihres Bergwerkseigenthums. Der §. 292. A. L. R. II. 16. bezieht sich nur auf solche Gewerken, deren Bergwerkseigenthum caducirt ist.

Die Entscheidungsgründe sind theils aus dem Wortinhalt des §. 292. entnommen, welcher nur den Fall der Aufhebung des Bergwerkseigenthums erwähnt, theils aus dem Zusammenhange mit den unmittelbar vorhergehenden Bestimmungen der §§. 280—291., welche ausdrücklich nur die aus der Caducirung oder der Auflässigkeit entspringenden Wirkungen zum Gegenstande haben. Die restrictive Auslegung des §. 292. wird auch durch die in dem Pensum XI. der Gesetzrevision von 1833 S. 99 mitgetheilten Materialien (Gräff Bergrecht S. 59) unterstützt; und diese restrictive Interpretation rechtfertigt denn auch den von dem Ober-Tribunal aufgestellten Grundsatz, welcher sich aus der Umkehrung des §. 292. mit Nothwendigkeit ergiebt.

In Bezug auf die zweite Frage hat das Ober-Tribunal in dem vorhin angeführten Erkenntnisse den Grundsatz aufgestellt, dass der Begriff der Grubenschulden nur die im §. 343. A. L. R. II. 16. unter No. 1. bis 8. namentlich aufgeführten Schulden der Gewerkschaft umfasse, und dass insbesondere der Kaufpreis der von der Gewerkschaft bestellten, jedoch zum Bergwerksbetriebe nicht wirklich verwendeten Maschinentheile nicht unter diesen Begriff falle (a. a. O. S. 50). In einer älteren Entscheidung vom 3. Mai 1854 (Striethorst's Archiv Bd. 13. S. 328) ist ferner die Ansicht aufgestellt, dass der Anspruch auf Grundentschädigung für den gemäss §. 109. A. L. R. II. 16. zum Bergbau überlassenen Grund und Boden nicht zu den Grubenschulden im Sinne des §. 292 a. a. O. gehören. Beide Erkenntnisse sind von Strohn in einem Nachworte (Striethorst's Archiv Bd. 21. S. 358) einer eingehenden Kritik unterzogen, welche zugleich eine umfassende Erörterung der vorliegenden Frage enthält. Die Vorschrift des §. 292.

ist nach der durch zahlreiche Quellenzeugnisse unterstützten Ausführung des Verfassers lediglich eine Anwendung der gemeinrechtlichen Regel, dass das persönliche Vermögen der Gewerken für die Grubenschulden nicht haftet. Diese Regel aber, welche in dem Preussischen Bergrechte nur als Ausnahme in ihrer Anwendung auf den einzelnen Fall der Caducirung recipirt ist, beruht auf der altdeutschen Rechtsansicht von der Personificirung der Grundstücke. Diese Anschauung ist einerseits der Grund, weshalb die Bergschulden gegen die Grube geltend gemacht werden können, ohne Rücksicht auf den jeweiligen Besitzer derselben; sie erklärt andererseits, weshalb die Grubenschulden die Natur dinglicher Verpflichtungen haben und weshalb der Berggläubiger alle persönlichen Gläubiger der Bergwerksbesitzer von der Befriedigung aus dem Grubenvermögen ausschliesst (a. a. O. S. 365). Aus diesen Grundsätzen des Deutschen Bergrechts lässt sich der Begriff der Grubenschulden dahin bestimmen, dass derselbe alle Schuldverhältnisse umfasst, welche das Bergwerk angehen, welche Namens der Gewerkschaft für die Grube contrahirt sind, eine Begriffsbestimmung, welche sowohl durch die Vorschriften der älteren Bergordnungen, als auch durch die Definitionen der Lehrer des gemeinen Bergrechts unterstützt wird (S. 360). Wenn nun auch das Allgemeine Landrecht im §. 343. eine vollständige Classification der Grubenschulden in Bezug auf die abgesonderte Befriedigung im Concurse über das Bergwerksvermögen aufzustellen beabsichtigt, so kann doch der Inhalt dieser Classification nicht eine einschränkende Begriffsbestimmung der Grubenschulden rechtfertigen, da die Auslegungsregel des §. 488. A. G. O. I. 50. nur auf die im 4. Abschnitte der Concursordnung enthaltene generelle Classificationsordnung zu beziehen ist. Nach den Regeln der logischen Interpretation fällt aber auch die Grundentschädigung und die Forderung für eine zum Bergwerksbetriebe gelieferte, wenn gleich noch nicht verwendete Maschine unter die siebente der im §. 343. A. L. R. II. 16. aufgestellten Kategorien, unter die Verwendungen zum Bau oder zur Erhaltung des Bergwerks. Jedenfalls würde die aus der Classification der Berggläubiger abgeleitete ausschliessende Interpretation des §. 292. nicht auf das Rechtsgebiet der drei revidirten Provinzialbergordnungen bezogen werden können, welche im Cap. 81. (Cleve-Märk. B. O.) beziehungsweise im Cap. 83. (Schlesische, Magdeburg-Halberstädt. B. O.) §. 10. die gemeinen Schulden und Creditoren »so erweisen können, dass ihre Schuldforderungen vom Bergwerke herrühren«, ohne Ausnahme an der siebenten Stelle lociren (S. 362).

Durch die vorstehend in ihren Hauptresultaten resümirte gründliche und scharfsinnige Untersuchung ist der Begriff der Grubenschulden und die Tragweite des §. 292. A. L. R. II. 16. in einer Weise definirt worden, welche als endgültig betrachtet werden darf. Es muss hiernach als festgestellt angenommen werden, dass mit der Caducirung des Bergwerksantheils und mit der Auflässigkeit des Bergwerks die persönliche Verhaftung des Gewerken für alle von der Gewerkschaft für und durch den Bergwerksbetrieb contrahirten Verbindlichkeiten erlischt. Abgesehen von dieser Ausnahme sind dagegen die Gewerken persönlich für alle während ihrer Besitzzeit entstandenen Verbindlichkeiten der Gewerkschaft verhaftet, weil das Gesetz die Gewerkschaft nicht als ein selbstständiges, mit juristischer Persönlichkeit versehenes Rechtssubject ansieht. Der Umfang der persönlichen Verhaftung aber ist für jeden einzelnen Fall nach den allgemeinen Regeln des Civilrechts zu entscheiden.

§. XX. Die Ausbeute und die Zubusse.

In den beiden vorigen Abschnitten ist die Frage erörtert, wie sich die rechtliche Beziehung der Gewerken zu den in dem Vermögen der Gewerkschaft befindlichen Sachen und Rechten und zu den Schulden der Gewerkschaft gestaltet. Das gewerkschaftliche Rechtsverhältniss wirkt jedoch nicht bloss modificirend auf diese rechtlichen Beziehungen der Gewerken zu den Vermögensgegenständen und zu dritten Personen ein; es hat zugleich einen selbstständigen obligatorischen Inhalt. Das gewerkschaftliche Rechtsverhältniss erzeugt gegenseitige Forderungsrechte zwischen der Gewerkschaft und den einzelnen Gewerken, deren Gegenstand in den Beiträgen zu den Kosten des Bergwerksbetriebes — der Zubusse — und in dem Ertrage des Bergbaus — der Verlagserstattung und der Ausbeute — besteht. Die Grundsätze, nach welchen das Bergrecht diese gegenseitigen Forderungen regelt, sind aus dem praktischen Bedürfnisse des Bergbaus hervorgegangen. In der Eigenthümlichkeit dieser Grundsätze besteht der wesentliche Unterschied zwischen der Gewerkschaft und der Actiengesellschaft.*)

Beide stimmen darin überein, dass die Antheilrechte der Mitglieder nach gewissen Maasseinheiten (Actien oder Kuxen) abgemessen werden, und dass der obligatorische Inhalt des Rechtsverhältnisses in dem dieser Maasseinheit entsprechenden Beitrage zu den Kosten des Unternehmens und in dem gleichen Antheile an dem Ertrage desselben besteht. Das Betriebskapital besteht jedoch bei der Actiengesellschaft in einem zum voraus festgesetzten Grundkapitale, bei der Gewerkschaft in laufenden Zubussen. Der zu vertheilende Ertrag wird bei der Actiengesellschaft durch die eintretende Vermehrung des Grundkapitals bestimmt, bei der Gewerkschaft durch den disponiblen Erlös der Producte. Die Leistung des Actionairs ist daher eine einmalige und genau begrenzte. Sein Forderungsrecht ist relativ ebenso bestimmt, indem es sich auf den ratirlichen Antheil an der eintretenden Vermögensvermehrung erstreckt. Das Forderungsrecht des Actionairs, die Dividende, kann, abgesehen von der etwaigen Bildung eines Reservefonds, weder unter dieses Maass sinken, noch während der Dauer der Gesellschaft über dasselbe hinausgehen, da Rückzahlungen aus dem Grundkapital gesetzlich unzulässig sind. (Gesetz vom 9. November 1843. §. 17.) Die von den Gewerken zu erlegende Zubusse wird dagegen durch das jedesmalige. Bedürfniss des Betriebes bestimmt. Und die Erstattung des Verlages, sowie die Schliessung der Ausbeute, ist nicht von einer Bilanz, von dem Nachweise einer Vermögensvermehrung abhängig, sondern davon, dass ein disponibler Kassenbestand vorhanden ist, welcher die muthmaasslichen Betriebskosten des nächsten Jahres übersteigt (§. 301. A. L. R. II. 16.). Die Verlagserstattung und der Anspruch auf die Ausbeute haben also dieselbe rechtliche Voraussetzung, sie machen nur ein unterschiedsloses Forderungsrecht auf den ratirlichen Antheil an dem disponiblen Erlöse der Bergwerksproducte aus. Dies wird besonders da ersichtlich, wo die Bergwerksproducte nicht für gemeinschaftliche Rechnung verkauft, sondern nach Verhältniss der Kuxe in Natur getheilt werden. Das Gesetz unterscheidet jedoch zwischen dem erstatteten Verlage, d. h. dem bis auf Höhe der eingezahlten Zubussen vertheilten Ertrage, und dem wei-

*) Nicht in der juristischen Persönlichkeit der letzteren, denn nach gemeinem Rechte hat auch die Actiengesellschaft als solche keine juristische Persönlichkeit. Dasselbe war auch nach Preussischem Rechte vor dem Erlasse des Gesetzes vom 9. November 1843 der Fall.

teren Ueberschusse, der Ausbeute (§§. 298. 299.). Und dieser Unterschied ist nicht nur in Bezug auf die Theilnahme der gesetzlichen Freikuxe an der Vertheilung der Ausbeute von Einfluss (§§. 304. 305), sondern es werden auch vertragsmässig häufig Rechte auf den Bezug der eigentlichen Ausbeute constituirt. Es muss daher auch in den Fällen, wo die Bergwerksproducte in Natur getheilt werden, wo also der Verlag nicht nach der Regel des §. 298. in Gelde zurückgezahlt wird, bestimmt werden, welcher Antheil des vertheilten Rohertrages zu dem erstatteten Verlage zu rechnen, und welcher Theil als Ausbeute zu betrachten ist. Die Entscheidung dieser Frage ist Gegenstand des folgenden Rechtsfalles:

Christoph B. war auf Grund eines Vertrages vom 26. September 1822 berechtigt, von den Erben des Justus W. die halbe Ausbeute von 8 Kuxen der Grube Hitzberg Dickebank für seine Lebensdauer zu fordern. Bis zum 1. Juli 1836 war diese halbe Ausbeute von den Erben W. in der Weise berechnet und geleistet worden, dass der von der Bergbehörde festgesetzte Verzehntungspreis der auf 8 Kuxe der Grube Hitzberg jährlich vertheilten Steinkohlen nach Abzug der von den Besitzern in demselben Zeitraum erlegten Betriebskosten und der landesherrlichen Gefälle zur einen Hälfte an Christoph B. gezahlt worden war. Christoph B. behauptete nun, dass der Erlös, welchen die Erben W. aus dem Verkaufe der auf jene 8 Kuxe vertheilten Steinkohlen gezogen haben, den Verzehntungspreis übersteige und dass die zu leistende halbe Ausbeute in dem Ueberschusse dieses Erlöses über die aufgewendeten Betriebskosten und die Gefälle bestehe. Er forderte deshalb im Wege der Klage gegen die Erben W. die nachträgliche Zahlung der bis zum 1. Juli 1836 zu wenig entrichteten Ausbeute und verlangte, dass auch künftig die Ausbeute nach dem Erlöse der von den Verklagten verkauften Kohlen berechnet werde. Die beiden ersten Richter wiesen den Kläger ab. Der Appellationsrichter führte aus, dass nach §§. 299. 300. A. L. R. II. 16. die Ausbeute in einer Geldsumme bestehe. Dies setze voraus, dass vor der Vertheilung der Ausbeute das Product bereits verkauft oder doch zu einem festen Preise bei der Berechnung angeschlagen sei, da ohne dies die Feststellung der Ausbeute unmöglich sein würde. Wenn daher die Bergwerksproducte in Natur vertheilt würden, so vertrete das vertheilte Product die Stelle der eigentlichen Ausbeute. Der Betrag dieser Ausbeute bestimme sich indess auch in diesem Falle nach dem Werthe, zu welchem die Kohlen in der Rechnung angeschlagen seien, also nach dem Verzehntungspreise. Auf dasjenige, was die Verklagten mit dem verkauften Producte noch ausserdem gewinnen, habe der Kläger keinen Anspruch.

Auf die Beschwerde des Klägers hat das Ober-Tribunal das zweite Erkenntniss durch die ungedruckte Entscheidung vom 27. April 1841 vernichtet. In den Gründen wird ausgeführt:

»Den Bestimmungen der §§. 299. 300. A. L. R. II. 16. liege die Voraussetzung zum Grunde, dass der Verkauf der gewerkschaftlichen Producte für gemeinschaftliche Rechnung erfolge. Finde dagegen Naturaltheilung statt, so können diese Vorschriften nicht Anwendung finden; der im §. 299. erwähnte reine Ueberschuss bestehe vielmehr in diesem Falle in Kohlen. Jedenfalls könne der Verzehntungspreis nicht als maassgebend für die Beurtheilung des unter den Parteien bestehenden Rechtsverhältnisses angenommen werden. In der Sache selbst sei zu erwägen, dass für die Vergangenheit dem Anspruche des Klägers entgegenstehe, dass er die geleisteten Zahlungen ohne Vorbehalt angenommen und die dabei zu Grunde gelegten Rechnungen als richtig anerkannt habe. Auch für die Zukunft könne ihm kein Anspruch auf den Erlös eingeräumt werden, welchen die Verklagten aus dem Verkaufe der Kohlen erzielen, sondern nur auf die Hälfte dieser Kohlen selbst, so weit dieselben nicht ihrem Werthe nach durch die gezahlten Betriebskosten und Gefälle absorbirt werden.«

Zur Rechtfertigung dieser Entscheidung stellt das Ober-Tribunal den folgenden Grundsatz auf:

72. Die Ausbeute eines Zechenantheils besteht, wenn das Product in Natur getheilt wird, in derjenigen Quantität Kohlen, welche von den vertheilten Kohlen, nach Abzug eines dem Betrage der entrichteten Gefälle und Betriebskosten seinem Werthe nach gleichkommenden Theiles, übrig bleibt.*)

*) Es erscheint fraglich, ob nicht der Rechtsweg in dieser Sache durch §. 300. A. L. R. II. 16. ausgeschlossen war, welcher die Bestimmung wann und wieviel an Verlag erstattet und an Ausbeute bezahlt werden soll, der Beurtheilung des Bergamts unterwirft (vergl. S. 267). Diese Frage lässt indess die materielle Richtigkeit des obigen Grundsatzes unberührt. — Nach §. 12. des Gesetzes vom 12. Mai 1851 ist die Naturaltheilung des Products bei Stein- und Braunkohlenbergwerken nur mit Zustimmung aller Betheiligten zulässig. Die oben erörterte Frage behält indess für die Erzbergwerke, bei welcher die Naturaltheilung noch jetzt nicht ungewöhnlich ist, ihre praktische Bedeutung.

welcher aus der gesetzlichen Definition des Verlages und der Ausbeute (§§. 298. 299. a. a. O.) und aus deren Anwendung auf den Fall der Naturaltheilung unzweifelhaft folgt.

Die Ausbeute eines Bergwerks enthält nicht eine Nutzung im Sinne des §. 110. A. L. R. I. 2., sondern einen aus der Substanz des Bergwerks gezogenen Erlös. Das Allg. Landrecht bestimmt daher im Anschluss an die Regel des §. 30. Th. I. Tit. 21. über den Umfang der dem Niessbraucher zustehenden Nutzungen:

> §. 37. Bei solchen unterirdischen Erzeugnissen, welche zu den Regalien gerechnet werden, gebührt dem Niessbraucher bloss die Nutzung der auf das Eigenthumsantheil fallenden Ausbeute.

Diese Vorschriften sind unter Bezugnahme auf den amtlichen Schlussbericht von Suarez S. 62 dahin gedeutet worden, dass sie sich nur auf den Fall bezögen, wenn an dem Grund und Boden, unter welchem ein Bergwerk betrieben wird, ein Niessbrauch bestellt worden, nicht aber auf den Fall, wenn ein Bergwerksantheil für sich allein Gegenstand des Niessbrauchs sei (Gesetzrevision Pensum XIII. XIV. S. 53, Bornemann, Systematische Darstellung des Preussischen Civilrechts Bd. IV. S. 418). Das Ober-Tribunal hat indess in der Entscheidung vom 22. Januar 1846 diese beschränkende Auslegung des §. 37. cit. wie folgt reprobirt:

73. Dem Niessbraucher eines Bergwerkseigenthums gebührt nur der Zinsgenuss von der vertheilten Ausbeute, nicht die Ausbeute selbst.
Entscheidungen Bd. 12. S. 463.

In den Gründen wird ausgeführt, dass die oben angeführte Meinung im offenbaren Widerspruch mit dem Wortlaut des §. 37. stehe, welcher gerade von dem Niessbrauche bei solchen unterirdischen Erzeugnissen rede, die zu den Regalien gehören. Ueberdies werde der Grundsatz, dass der Niessbraucher eines Bergwerksantheils nicht auf den Bezug der Ausbeute, sondern nur auf den Zinsengenuss davon Anspruch habe, von den Lehrern des gemeinen Bergrechts und durch das Gutachten der Gesetzcommission vom 23. Januar 1798 (Rabe Bd. V. S. 25) bestätigt.

Eine jüngere Entscheidung vom 20. November 1857 (Striethorst's Archiv Bd. 27. S. 149) erörtert die rechtliche Natur der Ausbeute, insofern aus derselben das Wesen des Vertrages über die Abtretung der künftigen Ausbeute von einem Bergwerksantheil beurtheilt werden soll.

Der Fahrsteiger M. hat mit dem Kaufmann B. am 19. November 1851 aussergerichtlich einen Vertrag abgeschlossen, nach dessen wörtlichem Inhalte M. dem B. seinen und seiner Kinder Antheil von etwa 4 Kuxen der Grube Vereinigter General und Erbstolln auf die Dauer von 30 Jahren vom 1. Januar 1852 an verpachtete. Die jährliche Pacht ist auf 30 Thlr. festgestellt und hinzugefügt, dass dagegen B. die Ausbeute ziehe, welche in dem dreissigjährigen Zeitraume auf den näher bezeichneten Flötzen gebaut werde. Die Erben des inzwischen verstorbenen M. — dessen Wittwe und Kinder — erachten sich an diesen Vertrag nicht für gebunden, weil derselbe als ein gewagtes Geschäft anzusehen und als solches wegen der mangelnden gerichtlichen Form nach §. 583. A. L. R. I. 11. ungültig sei. Ausserdem habe B. beim Abschluss des Vertrages Umstände verschwiegen, welche ihren Erblasser von der Eingehung des Vertrages zurückgehalten haben würden, weshalb sie nach §. 540. A. L. R. I. 11. zum Rücktritt von dem Vertrage berechtigt seien. Als daher B. auf Anerkennung und Erfüllung des Vertrages vom 19. November 1851 gegen die Erben M. Klage erhob, beantragten dieselben widerklagend, sie zum Rücktritt von diesem Vertrage für befugt zu erklären. Der erste Richter erkannte nach dem Klageantrage und wies die Klage ab. Der zweite Richter änderte zwar dies Erkenntniss in so weit ab, als er die Kinder des M. zum Rücktritt von dem Vertrage in Bezug auf die zur Zeit des Contractschlusses ihnen gehörigen Kuxe für befugt erachtete. In Betreff der dem M. selbst zugehörigen Kuxantheile jedoch erkannte er auf Bestätigung des ersten Urtheils. Er bezeichnet den Vertrag vom 19. November 1851 als einen Kauf. Weder die Regeln des Pachtvertrages noch der gewagten Geschäfte können auf denselben Anwendung finden. Der Gegenstand des Vertrages sei die in den Flötzen enthaltene und aus denselben zu gewinnende Kohle. Diese bilde aber nicht eine Nutzung, sondern einen Bestandtheil der Sache, welche keine fruchttragende und überhaupt keiner Pachtnutzung fähig sei. Eben so wenig könne die innerhalb des dreissigjährigen Zeitraums zu gewinnende Kohle als die Hoffnung eines künftigen, noch ungewissen Vortheils, oder als ein zwar nach dem natürlichen Verlauf der Dinge zu erwartender, aber noch unbestimmter Vortheil im Sinne des §. 527. A. L. R. I. 11. bezeichnet werden. Ueberdies sei §. 583. a. a. O. durch das Gesetz vom 11. Juni 1845 aufgehoben und der Einwand aus §. 540. a. a. O. nicht substantiirt. (Gruchot, Beiträge, Jahrg. I., S. 471 ff.)

Die Verklagten legten die Nichtigkeitsbeschwerde ein und behaupteten, der Appellationsrichter habe die rechtliche Natur des Kaufvertrages verkannt und die §§. 31. 527. ff. und §. 582. A. L. R. I. 11. durch Nichtanwendung verletzt, da das von den Contrahenten beabsichtigte Geschäft nach den Regeln von den gewagten Geschäften beurtheilt werden müsse.

Das Ober-Tribunal hat die Nichtigkeitsbeschwerde verworfen und die rechtliche Natur des zur Beurtheilung stehenden Vertrages wie folgt definirt:

74. Die gegen einen bestimmten Preis geschehene Ueberlassung der Ausbeute bestimmter Kuxe enthält weder einen Pachtvertrag, noch auch ein gewagtes Geschäft im Sinne der §§. 527. ff. A. L. R. I. 11., sondern einen Kaufvertrag.

In den Urtheilsgründen (a. a. O. S. 155) wird zur Rechtfertigung dieses Satzes ausgeführt:

»Die Ausbeute eines Bergwerks bilde die wirkliche Substanz desselben und sei deshalb nicht Gegenstand eines Pachtvertrages. Eben so wenig liege ein gewagtes Geschäft vor, denn wenn auch die Ertragsfähigkeit des bestimmten Bergwerks und folgeweise die Grösse und der Umfang der Ausbeute nicht zweifelsfrei und für alle Zeiten festgestellt werden könne, so sei doch der Gegenstand selbst bereits vorhanden und dessen Existenz und Umfang nicht von einem künftigen Ereignisse abhängig.«

Gegen diese Begründung des obigen unzweifelhaft richtigen Satzes ist einzuwenden, dass nicht die in den Flötzen vorhandenen Kohlen, sondern der Erlös der aus den Flötzen zu gewinnenden Kohlen den Gegenstand des Ausbeuterechts ausmacht. Dieser Gegenstand ist daher beim Abschlusse des Vertrages über die künftige Ausbeute keinesweges vorhanden. Die Kohlen selbst werden erst durch die Separation, also durch die Förderung, zu selbstständigen Sachen. Allein auch diese künftige Sache selbst ist nicht einmal Gegenstand des Vertrages, sondern der Erlös aus dem Verkaufe derselben. Wenn es sich daher um die Ausbeute eines ganzen Bergwerks handelt, so dürfte es keiner Frage unterliegen, dass entweder ein irregulairer Pachtvertrag nach der Regel des §. 271. A. L. R. I. 21. oder ein Kauf künftiger Sachen, resp. eines künftigen noch ungewissen oder doch unbestimmten Vortheils, also ein gewagtes Geschäft vorliegt. Ganz anders verhält es sich dagegen bei der Veräusserung der künftigen Ausbeute von Bergwerksantheilen. Das Recht auf die Ausbeute macht den Inhalt des dem Gewerken gegen die Gewerkschaft zustehenden

Forderungsrechtes aus. Dieses Recht hat eine besondere Existenz und kann cedirt, also nach §. 381. A. L. R. I. 11. verkauft werden. Der Gegenstand eines solchen Kaufs ist nicht der aus der künftigen Realisirung dieses Rechts entstehende ungewisse Vortheil, sondern das Recht selbst. Von der Anwendung der Regeln der *emtio spei* oder der *emtio rei speratae* kann also nicht die Rede sein.

Unter der Zubusse werden nach §§. 274. 275. A. L. R. II. 16. die von den Gewerken vierteljährlich nach Verhältniss ihrer Antheile zu entrichtenden Beiträge zu den Betriebskosten verstanden. Der Inhalt dieser Leistung ist ein arbiträrer, welcher eine Schätzung der muthmaasslich aufzuwendenden Betriebskosten voraussetzt. Die Festsetzung der Zubusse ist nach §. 274., eben so wie nach §. 300. die Festsetzung der Ausbeute, dem Bergamte übertragen. Diese Vorschriften hängen mit den allgemeinen Bestimmungen der §§. 82. ff. §§. 272. ff. zusammen, denen zufolge der Bergbau unter der Direction des Bergamtes geführt wurde. Nachdem durch §. 6. des Gesetzes vom 12. Mai 1851 die Beschlussfassung über Gegenstände des Haushaltes und Betriebes den Gewerkenversammlungen übertragen worden ist, hätte folgerichtig auch die Festsetzung der erforderlichen Zubusse von einem gewerkschaftlichen Beschlusse abhängig gemacht werden müssen. Dies ist indess nicht geschehen. Dagegen ist im §. 18. No. 5. des angeführten Gesetzes dem Repräsentanten die Ausschreibung der erforderlichen Betriebsgelder übertragen, insofern diese nicht durch das Zubussverfahren aufgebracht werden müssen. Diese Bestimmung schafft einen zweifelhaften Rechtszustand. Aus den Schlussworten, in Verbindung mit der unmittelbar folgenden Vorschrift (No. 6.), welche dem Repräsentanten die Anträge auf Zubussausschreibung, Retardatsetzung und Caducirung von Bergwerksantheilen überträgt, ergiebt sich nämlich, dass die §§. 274—285. A. L. R. II. 16. nicht haben aufgehoben werden sollen. Andererseits ist dem Repräsentanten im §. 18. No. 5. die Ausschreibung der erforderlichen Betriebsgelder in demselben Umfange übertragen, wie solche nach §. 274. cit. dem Bergamte zusteht. Die zugefügte Beschränkung: »insofern diese nicht durch das Zubussverfahren aufgebracht werden müssen« führt nicht zu einer Vereinigung beider Gesetzesstellen, da nach §§. 274. ff. alle erforderlichen Betriebskosten auf diesem Wege aufgebracht werden müssen. Die bestehende Antinomie kann also nur dadurch aufgehoben werden, dass entweder die Vorschrift des §. 18. No. 5. als eine perplexe ausser Anwendung bleibt, oder dem Repräsentanten und dem Bergamte die concurrirende Befugniss zur Festsetzung der zu erlegenden Betriebskosten beigelegt wird. Die letztere von der Praxis angenommene Lösung führt zu dem weiteren Resultate, dass die von dem Repräsentanten ausgeschriebenen Betriebsgelder nicht nach den Vorschriften der §§. 278. ff. im Verwaltungswege durch das Retardat- und Caducirungsverfahren beigetrieben werden können, weil die Ausschreibung durch den Repräsentanten nach §. 18. No. 5. nur geschehen soll, insofern dieses Verfahren nicht stattfindet. Soll also der Rechtsnachtheil der Caducirung eintreten, so muss nach §. 18. No. 6. die Zubussausschreibung bei dem Bergamte nachgesucht werden. Es entsteht daher die Frage, auf welchem anderen Wege und durch welche Rechtsmittel die von dem Repräsentanten ausgeschriebenen Betriebsgelder eingezogen werden. Diese Frage ist von dem Ober-Tribunal in der Entscheidung vom 18. Februar 1859 (Striethorst's Archiv Bd. 32. S. 278. Entscheidungen Bd. 41. S. 371) wie folgt beantwortet worden:

75. Der Repräsentant einer Gewerkschaft ist befugt, die Beiträge eines säumigen Mitgewerken zu den ausgeschriebenen Betriebskosten im Rechtswege einzuklagen.*)

Das Ober-Tribunal constatirt in den Entscheidungsgründen zunächst, dass vor dem Erlass des Gesetzes vom 12. Mai 1851 die Zubusse nur durch das in den §§. 278. ff. A. L. R. II. 16. vorgeschriebene Verfahren, nicht im Wege der persönlichen Klage eingefordert werden konnte. Es leitet jedoch aus den Bestimmungen des angeführten Gesetzes die Folgerung ab, dass das Rechtsverhältniss des Repräsentanten zu den Gewerken nicht nach jenen älteren Vorschriften, sondern nach den Regeln des Vollmachtsauftrages zu beurtheilen sei, da das Gesetz ihn ausdrücklich als den Generalbevollmächtigten der Gewerkschaft bezeichne. Nach §. 65. A. L. R. I. 13. müsse der Machtgeber den Bevollmächtigten für den gemachten Aufwand entschädigen. Auch liege es in der Natur der Sache, dass er ihn in den Stand setzen müsse, die gegen dritte Personen

*) In einer älteren Entscheidung vom 6. Januar 1857 (Strieth. Archiv Bd. 23. S. 196) ist derselbe Grundsatz in seiner Anwendung auf den Fall ausgesprochen, dass das Product der Grube in Natur getheilt wird. Die dort aufgestellte eingeschränkte Interpretation der §§. 274. ff., nach welcher bei der Naturaltheilung des Products eine eigentliche Zubussausschreibung nicht Anwendung finden soll, ist indess durch die oben angeführte spätere Entscheidung antiquirt.

eingegangenen Verpflichtungen, z. B. wegen schuldiger Arbeitslöhne, zu erfüllen. Endlich sei im §. 18. No. 5. dem Repräsentanten ausdrücklich die Befugniss beigelegt, die erforderlichen Betriebsgelder zum Voraus auszuschreiben. Er müsse deshalb auch für befugt erachtet werden, die rückständigen Beiträge im Rechtswege einzuklagen.

Diese Folgerung, deren Nothwendigkeit anerkannt werden muss, enthält eine tief eingreifende Abweichung von den Grundsätzen des älteren Preussischen und des gemeinen Deutschen Bergrechts, nach welchen der Gewerke nur mit seinem Antheile an dem gewerkschaftlichen Vermögen für die zur Fortsetzung des Betriebes erforderlichen Beiträge haftete, so dass er niemals gezwungen werden konnte, etwas aus seinem übrigen Vermögen zu den künftig aufzuwendenden Betriebskosten beizutragen, sondern durch die Aufgabe seines Antheilrechts sich von allen ferneren Beiträgen zu befreien vermöchte. Die durch das Gesetz vom 12. Mai 1851 eingeführte Neuerung ist ferner praktisch bedenklich, da sie die Ausschreibung der Betriebsgelder lediglich dem Ermessen des Repräsentanten überlässt und diesen nicht einmal an die vorherige Einholung eines Beschlusses der Gewerkschaft bindet. Sie enthält endlich eine Inconsequenz, indem sie das frühere Verfahren, welches die Festsetzung der Zubusse durch das Bergamt verlangt, neben dem neu eingeführten Modus der Beitragerhebung bestehen lässt und es dem Ermessen des Repräsentanten überlässt, welches Verfahren er anwenden will.

Durch §. 1. des Gesetzes vom 21. Mai 1860 (Ges. Samml. S. 291) ist die dem Bergamte nach den Vorschriften des Allg. Landrechts zustehende Einwirkung auf den gewerkschaftlichen Bergwerksbetrieb vollständig aufgehoben und damit auch die durch §. 18. No. 6. des Gesetzes vom 12. Mai 1851 noch aufrecht erhaltene Befugniss des Bergamts zur Festsetzung des zu erstattenden Verlags und der Ausbeute ebenfalls weggefallen (vergl. Brassert in der Zeitschrift für Bergrecht Jahrg. I. S. 309). Dies gilt jedoch nicht von den Vorschriften des §. 18. No. 5. 6. und der §§. 274—285. A. L. R. II. 16., welche dem Bergamte die Befugniss übertragen, auf Antrag des Repräsentanten die erforderliche Zubusse auszuschreiben und bei versäumter Entrichtung derselben die säumigen Gewerken seines Antheilrechts durch das Caducirungsdecret (§. 281.) verlustig zu erklären. Denn diese Vorschriften enthalten in ihrer durch §. 18. No. 5. 6. des Gesetzes vom 12. Mai 1851 modificirten Gestalt nicht eine aus dem Directionsprincip fliessende Befugniss der Aufsichtsbehörde, sondern sie stellen ein *forum speciale causae* her, welchem die Cognition über die nach den Vorschriften des §. 274. cit. und §. 18. No. 6. cit. festgesetzten Leistungen der Gewerken mit Ausschluss des Rechtsweges zugewiesen ist.*)

Dass die dem Bergamte durch §§. 280. 281. übertragene Cognition den Rechtsweg ausschliesst, ist von dem Ober-Tribunal in der Entscheidung vom 10. August 1847 (Entscheidungen Bd. 14. S. 471) wie folgt, anerkannt worden:

76. Gegen das Decret des Bergamts, wodurch der Verlust von Kuxen, wegen Säumigkeit in Zahlung der Zubusse ausgesprochen wird, findet der Rechtsweg nicht statt; auch dann nicht, wenn der bisherige Eigenthümer der Kuxe behauptet, dass ihm eine Säumigkeit in Zahlung der ausgeschriebenen Zubusse nicht zur Last falle und dass überhaupt die gesetzlichen Bedingungen der Caducirung nicht vorhanden seien.

Präjudiz 1898.

Dieses Präjudiz ist in einer späteren Entscheidung vom 9. Juli 1858 (Striethorst's Archiv Bd. 30. S. 177) aufrecht erhalten und wie folgt motivirt:

»Nach §. 274. II. 16. des Allg. Landrechts werden die zum Baue nöthigen Kosten vierteljährlich überschlagen, und es wird nach dem Erfordernisse des Baues die Zubusse vierteljährlich berechnet und ausgeschrieben. Schon hiernach hat die Bergbehörde allein zu beurtheilen, was nach Maassgabe des Bedürfnisses an Zubusse auszuschreiben sei, und es steht dem Richter nicht zu, sie hierin zu controliren, insbesondere ihr Urtheil darüber, ob und inwieweit dabei die Forderungen der Lieferanten zu berücksichtigen, seiner Prüfung zu unterwerfen. Der §. 280. II. 16. des Allg. Landrechts verordnet:

Wer nach Ablauf des dritten Quartals von der Zeit an, da die Zubusse entrichtet werden sollte, mehr als die Zubusse des letzten Quartals schuldig ist, der wird seiner Kuxe auf die Anzeige

*) Dass die Beibehaltung dieser Vorschriften neben der aus §. 18. No. 5. folgenden Befugniss des Repräsentanten zur Einziehung der erforderlichen Betriebsgelder im Rechtswege eine Inconsequenz ist, muss zugegeben werden, doch lässt sich die Aufhebung derselben aus §. 1. des Gesetzes vom 1. Mai 1860 nicht ableiten. Auch hat der Gesetzgeber offenbar nicht beabsichtigt, das Caducirungsverfahren, welches auch gegenwärtig noch in dem Bedürfnisse einer prompten Herbeischaffung der erforderlichen Zubusse seine Begründung findet, zu beseitigen.

des Schichtmeisters oder sonstigen Zubusse-Einnehmers sofort verlustig,

und der §. 281. setzt hinzu:

dazu bedarf es keines förmlichen Gehörs des säumigen Gewerken oder ausdrücklichen Erkenntnisses, sondern nur eines vom Bergamte abzufassenden Decrets.

Implorant versteht dieses dahin, das Bergamt entscheide in dem gedachten Falle, wie in vielen anderen Fällen, allerdings nur durch Decret, daraus folge aber nicht, dass der Rechtsweg ausgeschlossen sei, dieser müsse dem Caducirten vielmehr ebenso gestattet sein, wie einem zur Ungebühr zurückgewiesenen Muther gegen den nachträglich beliehenen Besitzer des Bergwerks. Dem kann jedoch nicht beigestimmt werden. Denn durch das Decret des Bergamts wird ausgesprochen, dass der säumige Gewerke seiner Kuxe verlustig sei, und das Bergamt ist nach §. 282. a. a. O. befugt, dieselben zum Besten der Gewerkschaft zu verkaufen, was die definitive Erledigung der Rechte des säumigen Gewerken voraussetzt. Deshalb ist auch schon in einem früheren Falle die Unzulässigkeit des Rechtsweges gegen das die Caducirung aussprechende Decret angenommen worden. Auch macht es keinen Unterschied, dass die hier zunächst zur Anwendung kommende Provinzialbergordnung sich über die Zulässigkeit oder Unzulässigkeit des Rechtsweges nicht ausdrücklich ausspricht, da beim Mangel abweichender Bestimmungen des Provinzialrechts die Frage, ob die Bergbehörde befugt sei, wegen Säumigkeit in Zahlung der Zubusse den Verlust von Kuxen definitiv auszusprechen, nach dem subsidiarisch zur Anwendung kommenden Allg. Landrechte zu beurtheilen ist.« *)

Der Verlust des Kuxeigenthums durch die Caducirung kann nicht nur von dem Eigenthümer, sondern auch von jedem Dritten, welcher ein Interesse an der Erhaltung des Eigenthums hat, durch Erlegung der ausgeschriebenen Zubusse abgewendet werden, also namentlich auch von den Hypothekengläubigern und den anderen Realberechtigten, deren dingliches Recht nach §. 289. A. L. R. II. 16. durch die Caducirung aufgehoben wird. Dergleichen zur Erhaltung des Bergwerkseigenthums gemachte Vorschüsse haben nach §. 343. a. a. O. im Concurse über das Bergwerkseigenthum das Vorrecht der siebenten Klasse, in welcher dieselben unmittelbar nach den

---

*) In dem letzten Theile der Entscheidungsgründe führt das Ober-Tribunal aus, dass die §§. 274—281 auch auf den Fall Anwendung finden, wenn der Alleineigenthümer eines ganzen Bergwerks die von dem Schichtmeister nach vorheriger Festsetzung des Bergamts ausgeschriebene Zubusse nicht entrichtet. Dies folgt jedoch aus §. 287. a. a. O. nicht. Die Caducirung entspringt lediglich aus dem gewerkschaftlichen Rechtsverhältnisse. Der Alleineigenthümer dagegen kann sein Eigenthumsrecht nur durch die Freifahrung (§§. 189—199) verlieren.

unter No. 6. aufgeführten Hypothekengläubigern locirt sind. Ist aber die ausgeschriebene Zubusse im Auftrage des Gewerken von dem Verleger, d. h. dem von dem Gewerken zur Zahlung der Zubusse und zur Empfangnahme der Ausbeute bestellten Mandatar vorgeschossen worden, so erlangt dieser Vorschuss nach §. 293. a. a. O. das Vorrecht der Verlagsschulden, welche nach §. 343. im Concurse in der fünften Klasse vor den Hypothekengläubigern locirt werden.

Mit Bezug auf die angeführten Vorschriften hat das Ober-Tribunal in der Entscheidung vom 5. Januar 1854 (Strieth. Archiv Bd. 11. S. 182) den Grundsatz angenommen:

77. Die von einem Dritten für den Gewerken einer Zeche vorgeschossene Zubusse hat nur dann das Privilegium der Verlagsschulden, wenn der Vorschussleistende den Vorschuss als Bevollmächtigter der Gewerken gegeben hat.

Dem Hypothekengläubiger, welcher die Zubusse zur Erhaltung seines Pfandrechts vorschiesst, steht also, wie das Ober-Tribunal in den Entscheidungsgründen ausführt, nicht das Vorrecht der fünften, sondern nur das der siebenten Klasse zu. Dass zur Erlangung des Vorrechtes der fünften Klasse auch die Genehmigung des Bergamts zu dem von dem Verleger geleisteten Vorschusse erforderlich sei, geht aus §. 293. und §. 343. a. a. O. nicht hervor. Nach §. 343. ist diese Genehmigung nur für die Namens der Gewerkschaft gemachten Anlehne erforderlich, die Verlagsschulden, wozu nach §. 293. auch die von dem Verleger entrichtete Zubusse begriffen ist, sind dagegen ohne diese Einschränkung in der fünften Klasse locirt.

Nachträge und Berichtigungen.

S. 20 Z. 13 v. o.

statt: 26. November 1857 lies: 7. Mai 1858.

S. 31 Z. 2 v. o.

statt: R. v. 13. December 1769 lies: R. v. 30. December 1769.

S. 51 Z. 1 v. o.

statt: Abth. *B*. lies: Abth. *A*.

S. 63 Z. 9 v. u.

»Insofern eine Muthung auf das Tiefste eines vorhandenen Werkes neue, durch den Betrieb in der oberen Teufe noch nicht vorhandene Rechte erzeugen soll, kommen auch die bergrechtlichen Vorschriften über die Erfordernisse einer Muthung zur Anwendung; die Frage: inwiefern gewissen Erfordernissen durch den bisherigen Bau Genüge geleistet sei? hängt von der Beurtheilung ab, welche Thatsachen durch denselben erweislich gemacht sind.«

Präjudiz 1157. vom 28. Mai 1842.

S. 97 Z. 5 ff. v. u.

Vergl. die während des Drucks eingeschaltete Anmerkung zu Seite 108.

S. 146 Z. 14 v. o.

»Wird der Abfluss der Grubenwasser durch ein Naturereigniss gehemmt, so liegt der Gewerkschaft des Erbstollns gesetzlich keine Verbindlichkeit ob, dem Erbstolln auch für diesen Fall eine solche Einrichtung zu geben, wodurch den Grubenwassern stets ein ungehinderter Abfluss gewährt wird.

Es kann sie vielmehr nur ein Verlust der Stollngebührniss nach Maassgabe der durch die Stauung eingetretenen Hemmung des Betriebes treffen.«

Präjudiz 1610. vom 22. September 1845.

S. 209 Z. 14 v. o.

statt: §§. 177 ff. lies: §§. 117 ff.

S. 233 Z. 6 v. o.

statt: A. L. R. II. 16. lies: A. L. R. II. 6.

Chronologisches Register.

Abkürzungen:

B. O. Bergordnung.
C. O. Cabinets-Order.
E. Entscheidung des Ober-Tribunals.
G. Gesetz.
Pl. B. Plenarbeschluss.
Pr. Präjudiz.
R. Rescript.
V. Verordnung.

Sachregister.

F.

G.

H.

I.

J.

K.

T.

U.

V.

W.

Z.

Berlin, gedruckt in der Königlichen Geheimen Ober-Hofbuchdruckerei
(R. Decker).

FSC
www.fsc.org
MIX
Papier | Fördert
gute Waldnutzung
FSC® C083411

Kolibri 360 GmbH
Ferdinand-Jühlke-Straße 7
99095 Erfurt, Deutschland
produktsicherheit@kolibri360.de